한사군 연구

한사군 연구

고조선단군학회 엮음

서경문화사

한국 고대사 연구에서 가장 쟁론이 많은 주제가 漢四郡이었다. 소재지를 비롯해 존속 기간 등 이견이 상충하는 연구 대상이었다. 그럼에도 불구하고 지금까지 학회에서는 '낙랑'을 주제로 한 학술대회만 개최하였고, 낙랑군 관련 논저만 출간된 바 있었다. 漢四郡 전체에 대한 논의는 시도된 바 없었다. 그렇지만 학계의 연구 성과가 축적됨에 따라 한사군 논의의 공론화가 필요한 시점이 되었다.

이에 부응해서 고조선단군학회 봄 학술대회(2022년 4월 1일)는 「'금기'의 영역 한사군 大解剖」라는 주제로 개최하였다. 학술대회 주제에 '금기'라는 단어를 넣었듯이 한사군은 중·고등학교 국사 교과서에서 사라졌다. 한사군에 대한 거론 자체가 없었다. 비록 한사군의 역사는 설치 주체인 중국의 역사이기도 하지만, 한국사의 한 부분인 것은 부인할 수 없다.

한국의 고대국가 성립과 발전 과정에서 맞닥뜨릴 뿐 아니라 극복의 대상이 한사군이었다. 漢 武帝가 설치한 四郡 즉 한사군 이전의 중국 郡이 滄海郡이었다. 그러나 창해군의 소재지는 여전히 미궁 속에 놓여 있을 뿐 아니라, 설치 자체를 아예 부정하는 견해까지 제기되었다. 그러나 창해군은 전통시대 한국인들의 역사 인식 속에 깊이 각인되어 있었다. 창해군과는 직접 관련이 없다치더라도 秦始皇을 저격했다는 滄海力士의 출신지를 강릉과 결부 짓는 등 가깝게 받아들여 왔다.

본서에서는 한사군의 前身 格인 창해군과 가장 나중에 설치된 대방군을 포함했다. 그러므로 한사군이 아니라 '漢郡縣'으로 표기하는 게 마땅하지 않은가라는 생각을 할 수 있다. 그러나 204년 경에 설치된 것으로 추정되는 대방군은, 漢이나 魏의 통치권 밖인 '絶域'에 소재하였다. 게다가 대방군의 설치 주체는 요동의 공손강이었다. 따라서 대방군은 '漢郡縣'에 속하지 않았다. 반면 대방군은 낙랑군의 속현인 대방현에서 출발했다. 넓게 보아 낙랑군에 연원을 둔 대방군도 한사군에 포함된 것이다.

보다 중요한 사실은 신라 말부터 고려에 이르기까지 우리나라를 '四郡'으로 일컬었다. 이 '四郡'은 漢四郡을 가리키고 있다. 그리고 '四郡' 안에는 대방군이 포함되었다. 따라서 본서의 제목을 '한사군 연구'로 정했음을 밝혀둔다. 한사군은 실체적 존재감 뿐 아니라 인식론적인 차원에서도 의미가 지대하였다. 삼국의 역대 왕이나 고려 왕에 이르기까지 한사군 이름에서 封爵 받은 경우가 허다했기 때문이다. 심지어는 조선조에서도 封號로서 '낙랑'은 여전히 생명력을 지니고 있었다. 이처럼 한사군은 실체와 인식론, 양면에서 모두 의미가 지대했다. 그런 의미에서 지금까지의 연구 성과를 학회 차원에서 집성해 보았다.

2022년 12월 30일
고조선단군학회 회장
이도학

종합토론.

제1장
蒼海郡 위치비정의 쟁점과 전제

최슬기

(국사편찬위원회 편사연구사)

Ⅰ. 머리말

『漢書』武帝紀에는 기원전 128년, 東夷 薉君南閭 등 28만구가 來降하여 蒼海郡을 설치했고 2년 뒤인 기원전 126년에 이를 파했다는 기사가 전한다.[1] 같은 내용은 『史記』平準書,[2] 『漢書』食貨志,[3] 『漢紀』孝武皇帝紀,[4] 『後漢書』東夷傳 薉條[5]에도 전한다. 이 시기는 바로 衛滿朝鮮 존속시기이며 동시에 漢武帝가 匈奴와 격전을 벌이기로 결정한 기원전 133년에서 얼마 떨어지지 않은 시점이다.

창해군 설치 1년 전인 기원전 129년, 한은 흉노의 정신적 중심지인 龍城을 함락시켰고 이에 반격하여 흉노는 한의 遼西郡에 침입하여 太守를 살해[6]하였다. 창해군 설치 1년 뒤인 기원전 127년에는 한이 흉노의 오르도스 지역[7]을 빼

---

1) 『漢書』권6, 武帝紀. "元朔元年秋 東夷薉君南閭等口二十八萬人降 置蒼海郡 … 元朔三年春 罷蒼海郡"
2) 『史記』권30, 平準書. "彭吳賈滅(滅)朝鮮 置滄海之郡 則燕齊之間靡然發動"
3) 『漢書』권24下, 食貨志. "彭吳穿穢貊朝鮮 置滄海郡 則燕齊之間靡然發動"
4) 『漢紀』孝武皇帝紀 권3. "東夷穢君南閭等 口二十八萬人降 以爲蒼海郡"
5) 『後漢書』권85, 東夷傳, 薉. "元朔元年 薉君南閭等 畔右渠 率二十八萬口 詣遼東內屬 武帝以其地爲蒼海郡 數年乃罷"
6) 『史記』권111, 衛將軍驃騎列傳. "元朔元年春 衛夫人有男 立爲皇后 其秋 靑爲車騎將軍 出雁門 三萬騎擊匈奴 斬首虜數千人 明年 匈奴入殺遼西太守"
   『漢書』권6, 武帝紀. "元朔元年秋 匈奴入遼西 殺太守 入漁陽 雁門 敗都尉 殺略三千餘人 遣將軍衛靑出雁門 將軍李息出代 獲首虜數千級"
   『史記』에는 기원전 127년, 『漢書』에는 기원전 128년으로 기록돼있어 1년의 차이가 보인다.
7) 지금의 오르도스 지역으로 秦漢代에 河南·新秦中으로 표기되었다. 黃河가 몽골고원을 향하여 반월모양으로 굽은, 현재의 山西省·內蒙古自治區·寧夏回族自治區 등이 교차되는 지역으로 동서 문화의 십자로이자 유목민족의 남하로로 전략적 가치가 높게 인식되어온 곳이다(朴元吉, 「오르도스의 역사」, 『몽골학』 2, 1994, 210쪽).

앗아 朔方郡을 설치[8]함으로써 흉노 右賢王이 駐牧하며 對漢·西域 전초기지 역할을 수행하던 요충지를 빼앗아 세력균형을 반전시켰다. 그리고 그 다음해 인 기원전 126년에는 결국 재정부담이 크다는 이유로 公孫弘의 건의에 의해 西南夷 지역의 군현과 함께 창해군의 폐지가 결정되었는데, 이들을 폐지함으로써 삭방군 유지에 힘쓰게(奉) 한 것[9]으로 해석된다. 다시 말해 이때 한은 무엇보다 흉노와의 대치상황에 주력하고 있었으며, 그 와중에 예군남려가 귀부하자 조선 지역에 창해군을 설치, 그리고 폐지하게 된 것이다.

창해군은 위만조선 멸망 후에 설치된 漢四郡보다 20년 앞서서, 다시 말해 한국 고대사에서의 첫 중국 군현이라고 할 수 있다. 그러나 소위 한사군에 대한 문제가 근대 이후 식민사학과 민족사학 양측에서 격렬하게 논의된데 반해, 창해군과 관련된 주제는 쟁점이 되지도 않았고 한국사 이해의 전면에 등장하지도 않았다. 이에 이를 전론으로 다룬 연구도 드물고[10] 그마저도 설치 여부에 대해 회의적인 논고[11]마저 존재하는 등 그 실체의 명징성에 의문이 제기되기도 하였다.

한편 창해군 연구는 대부분 한군현의 위치를 비정하는 과정에서 부수적으로 다루어지면서 眞番郡 혹은 玄菟郡의 前身으로 이해되면서 그 위치 비정 역시 이를 전제로 한 지역에, 다시 말해 진번군 혹은 현도군의 고지에 설치되었을 것

---

8) 『漢書』 권55, 衛青霍去病傳. "元朔元年春 … 明年 青復出雲中 西至高闕 遂至於隴西 捕首虜數千 畜百餘萬 走白羊 樓煩王 遂取河南地爲朔方郡"

9) 『史記』 권112, 平津侯主父列傳. "元朔三年 張歐免 以弘爲御史大夫 是時通西南夷 東置滄海 北築朔方之郡 弘數諫 以爲罷敝中國以奉無用之地 願罷之 於是天子乃使朱買臣等難弘置朔方之便 發十策 弘不得一 弘迺謝曰 山東鄙人不知其便若是 願罷西南夷滄海而專奉朔方 上乃許之"

10) 尹乃鉉, 「滄海郡考」, 『韓國의 社會와 歷史』, 崔在錫教授停年退任紀念論叢 刊行委員會, 1991 ; 최인철, 「창해군의 위치문제에 대하여」, 『력사과학』 172, 과학백과사전출판사, 1999 ; 權五重, 「滄海郡과 遼東東部都尉」, 『歷史學報』 168, 2000 ; 박노석, 「고조선대 창해군에 대한 재고찰」, 『전북사학』 50, 2017.

11) 李基白·李基東, 『韓國史講座(1)-古代篇』, 一潮閣, 1982, 64쪽 ; 김한규, 『한중관계사』, 아르케, 1999, 126쪽.

이라는 결론을 얻기도 하였다. 마찬가지로 초기 고구려사나 부여사, 혹은 예(동예)와 관련한 논고들에서는, 연구자의 연구 분야에 입각한 해석이 시도되었는데 결과적으로 '예맥'을 기반으로 한 주민집단들과 연동하여 창해군의 위치문제가 고려되어왔다.

이와 같은 연구경향은 특히 근대 이후에 더 두드러지는데, 논의가 갈리는 핵심 지점은 바로 창해군 설치의 계기를 만든 '濊君南閭의 귀부'와 관련한 해석 차이에서 드러났다. 즉 예군남려가 속한 족적 기반을 무엇으로 둘 것인가에 따라 창해군의 위치가 고려되었는데 당시 예맥족으로 구성된 예군남려의 집단을 부여로 볼 것인가 고구려로 볼 것인가, 예(동예)로 볼 것인가가 주요 전제가 되었다.

한편 군의 이름이 된 '창해'를 동해로 볼 것인가, 발해로 볼 것인가 역시 논의가 갈리는 지점에 자리하고 있는데, 여기에 더하여 '夫租薉君' 인장이나 '臨薉丞印' 봉니가 발견됨으로써 고고학적 해석까지 덧붙여져 창해군의 위치와 관련된 연구사의 난맥상이 노출되었다. 위의 고고자료는 창해군 위치문제 해결과 관련하여 결국 각기 연구자 자신의 논지를 강화하는데 쓰이거나 출토맥락의 불명확성을 근거로 외면되기도 하였다. 이처럼 창해군과 관련된 논의는 애당초의 설치맥락과 별개로 한군현의 전신으로 다루어지거나 연구자의 연구 분야에 입각하여 다소 굴절되어왔다.

그러나 당초 창해군 위치를 다루는 문제는, 그 설치문제를 촉발시킨 '예군남려의 투항 기록'이 전하고 있는 본래의 맥락으로 되돌아가, 그 내적 분석이 다시 시도되어야 한다. 예군남려의 투항 이유가 '조선왕 右渠에게 반발(畔)'하여 '요동에 내속'한 것이기 때문에 이는 기원전 2세기경의 역사적 맥락에서 이해되어야 한다.

이에 이 글에서는 위와 같은 문제의식을 기준으로 하여 그동안 전개된 연구사를 정밀하게 분석 및 정리하여 각 주장의 내적 논리와 맥락을 재검토해보고자 한다. 이와 함께 연구 환경 역시 염두에 둘 것이며 각 설이 어떤 근거로 성립한 것인지 파악하고 계통화하여 검토함으로써 창해군의 위치비정을 위해 고려되었던 그간의 쟁점들을 정리하고 각 주장들이 가진 한계를 파악, 향후에 시도될 새로운 위치비정을 위한 기반을 다져보고자 한다.

Ⅱ. 창해군에 관한 역대 인식과 쟁점

'어디에 있었는가', 즉 위치를 따지는 문제는 해당 시기에 역사가 전개되었던 공간을 확인하는 일로, 결국 수도와의 관계나 각 지역 간의 관계, 나아가 해당 사회 전체를 파악하는 일과 관련되어있다. 또한 공간에 대한 인식은 과거의 공간을 구체적으로 실증하는 것에서 나아가 현재의 우리가 역사가 전개된 공간을 상상하고 인식하는 과정을 통해 영토의식 또는 민족의식을 형성하는 것과도 연결되는 주제이기 때문에 실증성과 인식론 양 측면에서 현재적 의미와 유리될 수 없다.

고조선 연구가 100년이 넘는 기간 동안 중심지나 강역을 비정하는데 노력을 기울였던 것은 거꾸로 위치 비정이 선행돼야 해당 지역 유적·유물의 성격규명이나 문헌자료의 해석을 통한 사회상을 복원할 수 있기 때문이었다.[12] 고조선 중심지가 요동이었는가 평양이었는가 혹은 이동했는가, 그리고 패수가 압록강인가 청천강인가 혹은 대릉하인가가 오래도록 논제가 되었던 이유도 고려시대 이후부터 최근까지 쌓여온 한국인의 영토의식과도 연결되기 때문이었다.

이처럼 공간을 인식하는 역사지리 분야에서의 관심은 조선 후기 실학자들에 의해 시작되었다. 기존의 도덕적 포폄을 강조하던 전통역사학과 달리 실학자들은 영토에 대한 현재적 관심에서 역사지리 문제를 실증적으로 연구하기 시작한 것인데 이는 임진왜란과 병자호란이라는 대규모 난리를 겪은 뒤에 전개된 흐름으로 볼 수 있다.

---

12) 송호정, 『한국 고대사속의 고조선사』, 푸른역사, 2003, 23쪽.

한편 두 차례의 전쟁과 明淸 교체라는 중국 대륙의 변화 속에서 대명의리론 · 존주론, 대청복수론 · 북벌론이 대두되면서 북방에 대한 관심도 심화되었다. 또한 조선과 청의 영토분쟁이 발생하고, '三藩의 난'으로 인하여 청이 그 본거지로 후퇴하여 조선이 전란에 휩싸일지 모른다는 '寧古塔回歸說'이 유포되면서 북방 지리에 관한 파악은 중대한 현실의 과제가 되었다. 이와 함께 고증학을 기반으로 하는 실증적인 연구방법이 수용되고, 청으로부터 지리 서적이 들어오면서 체계적인 역사지리 연구의 기반이 마련되었다.[13]

이 시기의 역사지리 연구는 실증적인 학풍을 토대로 철저한 문헌고증을 통해 진행되었다는 특징이 있다. 그 중에서는 현재도 논의되고 있는 고조선 · 한사군 · 고구려의 강역이나 위치 비정 등에 관한 주제도 다루어지고 있는 점이 유의된다. 이와 같은 조선후기 실학자들의 성과는 후대에 계승되지 못하고 일제강점을 겪으면서 단절되었는데, 한편으로 1920년대 이후 일본인 연구자들의 한반도와 만주의 역사지리 연구 자료로 십분 활용된 측면이 있다는 점에서 또 다른 의의가 있다고 할 수 있다.

조선 후기 실학자들의 역사지리 연구는 지명고증에 집중하는 경향성을 보인다. 이는 지명과 위치비정이 선결돼야 전체상을 조망할 수 있다는 점에서 필수적인 기초 작업이라고 여겨진다. 창해군을 언급한 대표적인 실학자들의 논의를 살펴보면 다음과 같다.

1. 조선 후기

창해군 연구는 조선의 실학자들로부터 시작하였다. 星湖 李瀷은 『星湖僿說』에서 창해군을 지금의 강릉으로 보았다. 이익이 창해군을 강릉으로 비정한 근거는 "說者"의 언급인데, '창해는 즉 예국'이라는 주석 때문이다. 이 주석은 『正義』가 그 출처인 것으로 여겨지는데 여기에서 '예군남려 등이 항복하여 창해군

---

13) 박인호, 『조선시기 역사가와 역사지리인식』, 이회, 2003.

을 두었는데 지금의 貊穢國이다'[14]라는 언급이 이익의 사고에 영향을 미친 것으로 보인다.

> A. 張良이 진시황을 저격하려 할 때에 동쪽으로 와서 滄海君을 만나 보았는데, 해설자의 말에, "창해는 곧 예국이다." 했으니, 지금 江陵에 해당되는 것이다. 그러나 한 무제때에 濊君南閭가 요동에 예속되어 그 땅으로써 창해군을 삼았는데, 응당 작은 고을 하나로 군을 삼지는 않았을 것인즉 그 땅이 반드시 남쪽으로 멀리 미쳤을 것이다.[15]

安鼎福 역시 『東史綱目』에서 창해군을 강릉을 중심으로 한 강원도 일대로 보았다. 『東史綱目』에는 창해군과 관련하여 여러 곳에서 언급하는데, 卷1 馬韓 (衛滿朝鮮), 附卷下 地理考에서 滄海郡考, 四郡考의 臨屯考, 濊考에서 언급하고 있으며 맥락은 대동소이하다. 대표적으로 마한과 임둔고를 살펴보면 창해군을 예와 연결시키고, 한군현으로는 임둔군과 연결시키는 것이 특징이다. 이는 후술할 근대 이후의 연구가 창해군을 진번군 혹은 현도군의 전신으로 연결시키는 것과 다른 지점이다.

> B-1. 가을, 濊君南閭가 漢에 항복하니, 한이 창해군을 두었다. 예도 조선의 땅이다. 한이 彭吳를 시켜 길을 열어 濊貊朝鮮에 통하게 하였는데, 예군남려가 남녀 28만 구를 거느리고 요동으로 가서 내속하니, 武帝가 그 땅을 창해군으로 삼았다【예국의 옛성이 지금 江陵府 동쪽에 있다】.[16]

---

14) 『史記』 권55, 留侯世家. "良嘗學禮淮陽 東見倉海君【正義 漢書武帝紀云 元朔元年 東夷穢君南閭等降 爲倉海郡 今貊穢國】…"

15) 『星湖僿說』 권3, 天地門 三韓. "張良之狙擊 東見滄海君 說者謂 滄海卽濊國 以今 江陵當之 然漢武時 濊君南閭內付遼東 而其地爲滄海郡 不應一小邑爲郡 則其地必 迤南及遠也"

16) 『東史綱目』 권1上, 癸丑 馬韓(衛氏朝鮮). "秋濊君南閭降漢 漢置滄海郡 濊亦朝鮮 之地 漢令彭吳 開道通濊貊朝鮮 濊君南閭率男女二十八萬口 詣遼東內屬 帝以其地 爲滄海郡【濊國古城 在今江陵府東】"

B-2. 臨屯은『한서』에, "위만이 그 곁에 있는 소읍인 진번과 임둔을 침략하여 항복시켰다." 하였으니, 그 임둔이란 이름이 있은 지 오래다. 무제가 사군을 두었는데 임둔이 그 중 하나이다. 아마 국을 격하시켜 군으로 만든 것이리라. … 『고려사』 지리지에, "명주는 본시 예국인데, 한무제 때 임둔으로 만들었다." 하고, 『여지승람』에는, "명주는 지금의 강릉부인데 다른 이름으로는 임둔·예국·창해군·동이현이다." 하였으며, 『한서』를 상고하면, "무제 원삭 원년에, 예군남려가 남녀 28만 구를 거느리고 요동에 와서 내속하니, 무제가 그 땅으로 창해군을 삼았다가, 얼마 안 가서 없애버렸다." 하였으니, 이것은 사군을 정하기 20년 전에 있었던 일이다. 임둔과 예국은 모두 한때에 있었다. 또 예국 인구가 28만이었음을 볼 때 그 땅이 작지 않은데, 강릉 1읍이 어떻게 두 나라를 수용하였겠는가? 임둔은 이미 작은 읍이라 불리었으니, 아마 부락 추장의 호에 불과했을 것이고, 당시 예국이 이미 한에 항복하여, 그 땅이 아울러 임둔에 소속되고 예국의 도읍인 동이현으로 임둔의 치소를 삼았던 것이리라. 단대령은 지금 철령 안팎에서 대관령에 이르는 한 가닥 고개가 바로 그것이다. 『여지승람』에서 대관령을 또한 대령이라고 칭하였으니, 아마 옛 이름이 없어지지 않았던 것같다. 이에 근거해서 말하면 지금 함경도와 강원 영동의 땅이 모두 임둔의 관할 지역이었을 것이다.[17]

韓鎭書도『海東繹史』에서 창해군을 동해안의 예(동예)지역으로 보았다. 먼저 『海東繹史』 濊條에서 후주를 달아 예국은 강릉부이며 창해군을 이곳에 두었다고 하였다.[18] 그 뒤『海東繹史續』의 지리고 부분에서 濊의 지리고증을 하면서

---

17)『東史綱目』附권下, 地理考 四郡考 臨屯考. "臨屯 漢書衛滿侵降其傍小邑眞番臨屯則其有號久 武帝置四郡 臨屯其一盖降國爲郡耳 … 高麗史地志 溟洲本濊國 漢武時爲臨屯 輿地勝覽 溟洲今江陵府別號 臨屯 濊國 滄海郡 東暆 更按漢書 武帝元朔元年 濊君南閭 率男女二十八萬口 詣遼東內屬 帝以其地爲滄海郡 尋罷之 此在定四郡前二十年矣 臨屯濊國 皆同一時 且觀濊衆至于二十八萬 則其地不小 以此言之 江陵一邑 豈能容二國乎 臨屯旣稱小邑 則盖不過部落酋長之號 而當時濊已降漢 其地幷屬臨屯 以濊都東暆縣 爲臨屯治所也 單大嶺 今鐵嶺內外至大關嶺一條山嶺是也 勝覽 大關嶺亦稱大嶺 盖舊號不替也 據此言之 則今咸鏡道曁江原嶺東之地 盖臨屯所管也"

18)『海東繹史』권3, 世紀3, 濊. "鎭書謹案 濊國 今江陵府 漢武帝初置滄海郡 數年乃罷

동해와 창해를 연결하였다.

> C. 『후한서』 예전에는 … 진서가 삼가 살펴보건대, 『한서』를 보면 "무제가 즉위하고서 몇 년 뒤에 팽오가 길을 열어 예맥조선에 길을 통하게 하고 창해군을 두니, 燕 · 齊의 사이가 휩쓸려 소란스러웠다"고 하였다. 남려가 항복한 것이 그때에 있었던 일임을 알 수가 있다. 그리고 동해를 창해라고 하는바, 예가 동해 가에 위치하였으므로 군명을 창해군이라고 한 것이다. 그 당시에 조선 일역은 衛氏가 북쪽에 있고, 韓侯가 남쪽에 있었다. 남려는 위씨의 부용국의 君이었는데, 한나라 군대의 위세를 두려워하여 경내를 들어서 항복해 귀부하였다. 그러자 한나라에서는 드디어 바다를 건너서 漢水 일대에서 동해 가에까지 가로질러서 군을 설치하였다. 한후와 위씨의 사이에 자리 잡고 있어서 경략하기가 불편하므로 곧바로 혁파한 것이다.[19]

    丁若鏞도 창해군을 강릉지역으로 이해하였다. 다만 『我邦疆域考』에서 「薉貊考」와 「薉貊別考」를 구분하여 예맥을 부여로 파악하였다. 그리고 강원도 지역의 예(동예)의 존재를 앞서의 예맥과 구별하여 예맥의 별고로 다루었다.

    한편 기존의 실학자들이 중국사서의 내용을 그대로 이해하고 반영한 반면, 정약용은 『후한서』 등 중국사서와 국내 사료인 『삼국사기』를 절충적으로 이해하여 다음과 같은 결론을 내렸다. 먼저 「薉貊考」에서 중국사서에서 말하는 예맥은 부여를 가리키는 것이고, 이 부여는 『삼국사기』에서 북부여의 왕 해부루 일족을 가리키는데 그가 가섭원(동부여쪽, 지금의 강릉)으로 이동했기 때문에 강원도 지역 역시 '예'라는 이름을 사용하게 된 것이라고 하였다.[20]

及滅朝鮮 滅地置臨屯郡 嶺東七縣卽其地也"

19) 『海東繹史續』 권2, 地理考2 滅. "後漢書滅傳 … 鏞書謹案 漢書 武帝卽位數年 彭吳 穿滅貊朝鮮 置蒼海郡 燕齊之間 靡然發動 南閭之降 知在是時也 且東海曰蒼海 滅 居東海之濱 故郡以蒼海名之也 時朝鮮一域 衛氏在北 韓侯在南 南閭者 衛氏附庸 之君 讐漢兵威 掃境降附 漢遂越海 自漢水一帶 至東海上 橫截置郡 居韓衛二國之 間 不便經畧故旋罷之也"

20) 『我邦疆域考』 권1, 薉貊考. "鏞案 北夫餘之地 東抵大海四千餘里 … 阿蘭弗所云東

이어 「薉貊別考」에서 해부루가 동부여 쪽(지금의 강릉)으로 처음에 이동했을 때 위씨(위만)에게 복속해 있었는데, 해부루가 죽자 예군남려가 우거를 배반하고 요동에 나가 한에게 복속했다고 하였다. 여기에서 예군에 대해 해부루와 그 가족을 따라온 자 이거나, 해부루의 副酋가 자리를 이어받은 것이라고 하였다. 결과적으로 정약용도 창해군을 강릉지역으로 이해하고 있는 것으로 생각된다.[21]

柳得恭도 『四郡志』에서 창해군을 춘천지역으로 보았는데[22] 앞서 살펴본 조선의 실학자들이 창해군의 위치를 대부분 강원도지역으로 추정한 것은 창해군 설치의 계기가 된 예군남려의 종족적 기반에 대해, 기원후 3세기경의 사실을 전하는 『삼국지』, 『후한서』동이전의 薉條에 근거하여 이를 이해한데서 연유한다. 한편 근대 이후의 연구자들이 이를 진번군이나 현도군과 연결한 것과 달리, 역시 『삼국지』, 『후한서』에 근거하여 이를 임둔군과 연결시키고 있는 점이 유의된다.

2. 근대 이후

앞서 조선 후기 실학자들의 창해군 위치관련 인식을 살펴보았다. 전술한 바와 같이 실질적으로 근대 역사학 성립 이전시기에 실학자들이 밝혀놓은 성과와 그 방법론은 일제 강점기 일본인들의 연구와 그 뒤, 현재 학계의 통설적 인식에 음으로 양으로 많은 영향을 미쳤다. 특히 조선 후기 실학자들의 고대 역사지리

海之濱 必當求之於咸興以南沿海之地 不可以他求也 又按 迦葉與何瑟 河西其聲相近【東方古音 皆讀何如迦】迦葉原者 今之江陵也 東海之濱土宜五穀者 非江陵而何 考諸漢魏之史 蓋馬 嶺東之人皆稱薉人 而其論疆域相接 每以江陵爲薉者 江陵舊爲薉王之所都也 江陵之得薉名 非以是乎"

21) 『我邦疆域考』권1, 薉貊別考. "解夫婁之初徙 亦嘗服屬於衛氏 夫婁旣卒 薉君南閭 乃畔右渠 詣遼降漢 … 鏞案 金富軾之史 解夫婁之子曰金蛙 孫曰帶素 其跡著於北方 此云南閭者 或其次子從行 或其副酋之襲位者也 又按 二十八萬旣詣遼東 則江陵之薉殆無餘矣 故設郡數年 旋又罷之也"

22) 『四郡志』古蹟. "春川府【按古貊都 新羅呼牛首州 漢蒼海郡地 後屬樂浪】"

연구에서 두드러진 성과를 거둔 분야 중 하나가 한사군에 대한 연구[23]인데 이는 모순적이게도 근대 이후 일인 학자들의 '식민지 지배에 공헌하는' 차원의 조선사 관련 연구에 적극 활용되었다.

주지하듯 근대 일본의 동양사학은 대륙침략 노선을 따라 성립·발전해 갔는데, 이에 복무하여 만들어낸 결과물인 『滿洲歷史地理』 2권(1913), 『朝鮮歷史地理』 2권(1913)이 이를 여실히 보여주고 있으며, 뒷날 일본에서의 동양사학 건설의 기초를 닦았다는 평가를 받게 되는 白鳥庫吉이 이를 총지휘 감독했다는 것 역시 널리 알려진 사실이다.[24] 특히, 白鳥庫吉의 동양학 연구의 시발은 오리엔탈리즘적 시각이 내재돼있으며, 만주지방에서의 역사전개와 역사를 결정짓는 요소로 '지리적 관계'가 강조되었다는 점에 특징이 있다. 그리고 그 내용적으로도, 한반도 이남의 조선사는 중국사에 예속된 채로 진행됐음을 강조했다는 점, 역사의 동태를 남북 2대 세력의 대립구도로 보려는 남북이원론의 입장에서 연구했다는 점 역시 지적된다.[25]

한편 고조선과 예맥세력을 의도적으로 분리하려는 시도가 농후했다는 점도 그 특징으로 지적되었는데[26] 이 중에서도 조선과 예맥을 분리해내려고 했던 지점은 이 글에서 쟁점사항으로 지적하고 있는 '예맥'세력의 종족적 기반이 창해군 관련 논의의 기준이 된다는 점에서 앞으로 전개될 내용과 관련하여 시사하는 바가 크다.

이상과 같은 연구 활동의 생태계를 언급한 이유는 근대 이후 일본인 연구자

---

23) 오영찬, 「조선후기 고대사 연구와 漢四郡」, 『역사와 담론』 64, 2012, 2~3쪽.

24) 박찬흥, 「白鳥庫吉와 '滿鮮史學'의 성립」, 『東北亞歷史論叢』 26, 2009 ; 박찬흥, 「滿鮮歷史地理調査部와 고대 '滿鮮歷史地理' 연구」, 『역사와 담론』 75, 2015 ; 井上直樹, 『帝國日本と「滿鮮史」』, 塙書房, 2013.

25) 마쓰이 다카시, 「일본의 동양사학은 어떻게 형성되었는가 -시라토리 구라키치의 역사학」, 『역사학의 세기-20세기 한국과 일본의 역사학』, 휴머니스트, 2009, 133~174쪽.

26) 이준성, 「『만주역사지리』의 한사군 연구와 '만선사'의 성격」, 『인문과학』 54, 2014, 36~44쪽.

들의 창해군 언급이 모두 만선사의 맥락에서 한사군의 위치를 고증하면서 부수적으로, 혹은 진번군이나 현도군의 전신으로서 막연하게 다루어졌다는 점을 다시 한번 환기하기 위해서이다. 그리고 이와 같이 창해군을 그 자체로서가 아니라 향후 설치될 진번 · 현도군과 연결하여 이해하는 프로세스는 이병도를 거쳐 현재까지 지속되고 있기 때문에 해당 연구사의 근거에 대한 정밀한 검토와 그 맥락파악이 요구된다.

먼저 만선경영을 위해 해당지역에 대한 학술적 연구가 선행돼야 함을 강조했던 白鳥庫吉은[27] 그 논저에서, 漢 · 韓 양국은 태고적부터 교류가 있었는데, 특히 한무제가 조선을 멸하고 설치한 한사군에 대해서는 기록이 부족해 그 地理에 대한 규명이 해결되지 않았다고 하면서, 그 위치를 비정하고자 하였다. 그 중 첫 번째 대상이 바로 진번군인데, '한사군 설치 이전에 이미 창해군이라는 존재가 있었고, 이 군의 위치를 고정하는 것이 곧 그 후에 설치될 진번군의 방위를 추측하는데 밀접한 관련이 있을 것'이라는 전제를 깔고 글을 전개하고 있다. 그에 따르면 창해군은 진번군의 전신으로, 그 위치는 지금의 압록강 상류유역 및 동가강의 전 유역을 포함하는 지역으로 보았다.

그는 『漢書』 武帝紀의 창해군 설치기록에 보이는 예군남려의 기록과, 같은 책 食貨志의 팽오가 穢貉朝鮮을 穿하고 창해군을 설치했다는 기록 양자를 연결시켜서, 창해군은 조선 및 예맥에 속한 지역을 略取해서 설치한 것이고, 한반도 서북부에 있었던 고조선에 인접한 지방에 있었을 것이라고 하였다.

한편 여기에 보이는 예맥에 대해서는, 『三國史記』 지리지에 인용된 賈耽의 『古今郡國志』,[28] 『新增東國輿地勝覽』,[29] 유득공의 『四郡志』 등 기존에서 모두 강원도 지역을 근거로 한 민족을 가리켜 왔는데, 이는 모두 『삼국지』 · 『후한서』

---

27) 滿鮮歷史地理調査部, 「序」, 『滿洲歷史地理(上)』, 南滿洲鐵道株式會社, 1913, 1~2쪽.
28) 『三國史記』 권35, 雜志4 地理2 新羅 溟州. "今新羅北界溟州 蓋濊之古國 前史以扶餘爲濊地 蓋誤"
29) 『新增東國輿地勝覽』 권44. "江原道 本濊貊之地"

동이전에 근거한 것이며, 한무제가 조선을 정벌하기도 전에, 위만조선보다 동쪽에 있었던 강원도 지역에 창해군을 설치하는 것은 불가능하다고 주장하면서 『四郡志』등의 고찰이 오류라고 지적하였다. 이어 漢代의 소위 예맥은 부여, 고구려를 시작으로 요동 새외로부터 조선 동북방면에 만연했던 퉁구스족을 일컫는 범칭이기 때문에 팽오가 경략한 예맥을 강원도나 부여에 한정할 수 없다고 하였다. 계속해서『삼국지』와『후한서』의 고구려전에 고구려가 맥으로 표기되는 것을 미루어 이들도 예맥으로 이해할 수 있으며 팽오가 관계한 예맥은 압록강 유역, 즉 고구려 本地에 근거한 예맥이 될 수 있다고 하였다. 또 이곳은 위만조선과 한 사이에 위치해서 창해군 위치로 타당하다는 점, 창해는 동쪽의 바다를 뜻하는 것으로 중국에서는 지금의 渤海를 창해로 지칭해왔다는 점을 근거로 들었다.[30]

한편 今西龍[31]과 池內宏[32]은 白鳥庫吉의 이와 같은 논의를 비판하면서 그 위치를 함경도로부터 영흥에 이르는 지역으로 보았다. 특히 池內宏은 白鳥庫吉이 자신이 자랑으로 여기는 一流의 형세론으로부터 창해군이 동가강 유역에 있었다고 豫斷하고 그것을 합목적적으로 설명하려는 경향이 강해서 논증에 무리가 따른다고 비판하였다. 다시 말해 白鳥가 예군남려의 족적 기반을 검토하기 위해 근거로 삼은 『史記』貨殖傳에 등장하는 예맥은,[33] 전국시대 연나라때의 존재로 이 시기에는 고구려가 있기도 전이었으며, 다분히 동가강 유역을 진번군에 비정하기 위한 전제로 창해군의 위치를 삼은 것이기 때문에 순환논리의 오류를 범하고 있다고 비판하였다.

---

30) 白鳥庫吉,「漢の朝鮮四郡疆域考」,『東洋學報』2, 1912, 126~133쪽.

31) 今西龍,「眞番郡考」,『史林』1, 1916 ;『朝鮮古史の研究』, 國書刊行會, 1970, 255~256쪽.

32) 池內宏,「眞番郡の位置について」,『史學雜誌』57, 3號, 1948, 26쪽.

33) 『史記』권129, 貨殖傳. "夫燕亦勃碣之閒 一都會也 南通齊趙 東北邊胡 … 北鄰烏桓夫餘 東綰穢貉朝鮮眞番之利"

또 창해가 발해일 것이라는데 근거한 『隋書』의 기록은 前漢代와 시대적 격절이 있으므로 이와 같은 단정은 옳지 않다고 하였다. 아울러 창해는 큰 바다라는 뜻으로 중국의 동쪽인 발해가 전유하는 명칭이 아니라고 하였다.

池內宏은 창해군의 위치를 『삼국지』, 『후한서』에 의거하여 후에 영동7현이 되는 不而縣으로 지목했다. 더욱 구체적으로는 함경남도 영흥부근, 영흥읍 동쪽 4km 지점의 순영면 소라리의 토성을 예군남려의 근거지로 본 것이다. 그러면서 이는 위만조선을 배후에서 위협할 수 있는 목적과 함께 경제적으로 동해의 물산을 획득하고자 하는 의도에서 함경남도 동해안 지역에 창해군을 두었을 것이라고 하였다.

이와 같이 함경도로부터 동해안 유역으로 창해군의 위치를 보는 견해는 三上次男[34]으로 계승되었다. 다만 차이점은 요동군과 창해군의 중심지에 있는 동해안을 연결한 교통로상의 요지에 설치되었을 것으로 논의를 구체화하였다는 점이다. 구체적으로 遼東 東北의 蘇子河 상류에서 永興에 이르는 광대한 지역에 창해군을 설치하였다고 이해하였다. 이 견해 역시 기원전 2세기경의 예맥을 기원후 3세기경 『삼국지』, 『후한서』 단계의 예(동예)와 연결하여 이해했으며, 이 시기까지 변치 않고 예맥이 해당 지역에 주거했을 것으로 추론하였다.

和田淸[35] 역시 같은 맥락으로 창해를 동해로 인식하였다. 다만 창해군을 진번군과 연결하지 않고 현도군의 전신으로 보았다. 구체적으로 창해군은 동해의 함흥으로부터 요동군 東邊에 달하는 細長한 교통로(撫順·咸興街道)로 장래에 현도군의 군역이 된 것이라고 보았다.

한편 三品彰英[36]은 창해군을 압록강·동가강 유역으로 보는 견해와 함경

---

34) 三上次男,「穢人とその民族的性格について(一)」,『朝鮮學報』2, 1951 ;『古代東北アジア史研究』, 吉川弘文館, 1966, 367~377쪽.

35) 和田淸,「玄菟郡考」,『東方學』1, 1951 ;『東亞史研究』(滿洲篇), 東洋文庫, 1955, 16~17쪽.

36) 三品彰英,「濊貊族小考」,『朝鮮學報』4, 1953, 20~21쪽.

도·강원도로 보는 견해를 절충하여 범위를 확장시켰다. 즉 창해군이 실제로 설치된 곳은 白鳥庫吉의 견해에 따라 요동군과 가까운 압록강과 동가강 유역이었겠지만 한이 이것을 영동의 동해까지 연장할 계획을 세우고 있었을 것이므로 이와 같은 "관념적 개념"까지 포함되어 있다고 본 것이다. 그러나 이를 좀 더 자세히 들여다보면 三品彰英은 요동쪽에 가깝다고 했던 白鳥庫吉의 설에 더 무게를 두었다고 생각된다.

국내학계에서 전개된 창해군과 관련된 논의도 대체로 압록강·동가강 유역[37]과, 함경도·동해안 일대[38]로 나뉘어 전개되었다. 다만 李丙燾[39]의 경우 白鳥庫吉과 달리 창해군이 진번군의 전신이 아니라 현도군의 전신이라고 보면서 예군남려를 압록강·동가강 유역의 고구려예맥지역의 토착 수장이었다고 이해하고 있다. 즉 예군남려의 족적 기반인 예맥이 곧 고구려라고 인식한 것이다. 또한 尹武炳의 경우 예군남려의 족적 기반인 예맥이 『삼국지』, 『후한서』의 예(동예)이므로 동해안 지역이라고 주장하면서도 실제로 예군남려가 활동한 기원전 2세기경을 전하는 『사기』 흉노전의 穢貉[40]은 고구려라고 인식하고 있다.[41]

한편 압록강·동가강 유역이나 함경도·동해안 지역에 대한 논의를 절충하여 요동으로부터 동해안에 이르는 교통로를 따라 창해군이 설치되었을 것으로 보기도 한다.[42] 이는 앞서 三上次男과 和田淸이 던진 화두를 이어받는 양상으

---

37) 金貞培, 「滅貊族에 關한 硏究」, 『白山學報』 5, 1968, 30쪽 ; 李基白, 『韓國史新論』, 一潮閣, 1979, 31쪽 ; 李基白·李基東, 『韓國史講座(1)·古代篇』, 一潮閣, 1982, 64쪽 ; 여호규, 『고구려초기 정치사연구』, 신서원, 2014, 158~159쪽.

38) 도유호, 「진번과 옥저성의 위치」, 『문화유산』 4, 1962, 3쪽 ; 황철산, 「예맥족에대하여」, 『고고민속』 3, 1963, 21쪽 ; 尹武炳, 「滅貊考」, 『白山學報』 1, 1966, 17쪽.

39) 李丙燾, 「玄菟郡及臨屯郡考」, 『史學雜誌』 41 4號, 1930 ; 『韓國古代史硏究』, 博英社, 1976, 169~176쪽.

40) 『史記』 권110, 匈奴傳. "漢使楊信於匈奴 是時漢東拔穢貉朝鮮以爲郡"

41) 尹武炳, 「滅貊考」, 『白山學報』 1, 1966, 19쪽.

42) 金美炅, 「第1玄菟郡의 位置에 대한 再檢討」, 『實學思想硏究』 24, 2002, 30쪽 ; 문안

로 이해할 수 있다. 다만 창해군의 관할범위와 창해군의 치소에 대해서는 각각 달리 여기는 점은 있으나 대개 절충적으로 이해하여 요동으로부터 동해에 이르는 교통로 상에 창해군이 설치되었을 것으로 보고 있으면서도 그 중심은 함흥의 동옥저 지역으로 보았다. 이후, 고구려를 중심에 둔 연구들에서 대개 이 견해를 지지하는 경향이 나타난다.[43]

그러나 이 경우도 예군남려의 족적 기반인 예맥을 『삼국지』, 『후한서』의 예(동예)라고 보는 것은 동일하다.[44] 특히 창해를 동해로 보는 주된 근거로 제시한 사료가 고려시대에 편찬된 『삼국사기』[45]라는 점은[46] 기원전에 설치된 창해군을 이해하기 위한 접근으로는 수긍하기 어렵다.

한편 이와 같은 논의들에서 조금 벗어나 창해군을 발해만유역이나 요동과 관련하여 이해하기도 한다. 윤내현[47]은 창해가 발해의 다른 이름이고, "彭吳가 穢貊朝鮮과 장사(賈)하고 창해군을 두니 곧 燕·齊가 靡然發動 하였다"는 『사기』, 『한서』의 기록을 따라 燕·齊와 가까운 지역으로 추정, 결과적으로 지금의

식, 「옥저의 기원과 대외관계의 변화」, 『역사학연구』 32, 2008, 9~10쪽.

43) 이종록, 「高句麗와 玄菟郡의 관계와 幘溝漊 설치 배경 검토」, 『先史와 古代』 55, 2018 ; 이준성, 「濊君 南閭의 동향과 滄海郡·玄菟郡 설치」, 『白山學報』 116, 2020. 다만 이준성은 그 근거에 대해, 요동보다 동해안 쪽의 길이 더 개척하기 어려웠다는 점을, 창해군 폐지 요인과 연결하여 이해했다는 점에서 약간의 차이가 있다.

44) 예군남려의 종족기반을 동예로 보아, 창해를 동해에 비정한 견해(劉子敏·房國鳳, 「蒼海郡研究」, 『東疆學刊』 16-2, 1999 ; 趙紅梅, 「蒼海郡考述」, 『社會科學戰線』 2017-8, 2017 ; 楊軍, 「濊人與蒼海郡考」, 『地域文化研究』 2018-4, 2018 ; 王綿厚·都惜青, 「對『漢書』和『三國志』中"單單大嶺"和"蒼海郡"再考辨」, 『地域文化研究』 2019-3, 2019)와, 같은 문제의식에 창해군이 요동에 있었다면 요동군과 중복된다는 문제의식을 더하여 동해안에 비정한 견해(孫穎, 「漢蒼海郡地望考」, 『黑龍江史志』 2018-5, 2018) 등의 중국측 연구경향도 대개 같은 맥락이다.

45) 『三國史記』 권15, 高句麗本紀 太祖王 4년 조. "秋七月 伐東沃沮 取其土地爲城邑 拓境東至滄海 南至薩水"

46) 金美䒷, 「第1玄菟郡의 位置에 대한 再檢討」, 『實學思想研究』 24, 2002, 26~27쪽.

47) 尹乃鉉, 「滄海郡考」, 『韓國의 社會와 歷史』, 1991, 648~651쪽.

산동성 동부지역(齊)과 북경(燕) 사이인 발해만 서부연안에 위치했다고 보았다.

최근에는 요동지역과 관련한 논의들이 전개되고 있다. 특히 요동의 남쪽지역을 언급한 견해들이 제출되었다. 먼저 최인철[48]의 경우 조선의 영역 내에 예군남려가 있을 만한 곳은 요동반도 동남쪽 지역의 바닷가 연안일대로 보았는데 이곳이 夫租縣이 있던 곳으로 夫租薉君이 살던 지역이기 때문으로 보았다.

권오중[49]은 山海關 이북의 바다(渤海)를 滄海라고도 불렀다는 점과 요동반도에서 '臨穢丞印'이라고 새겨진 봉니가 발견되었을 뿐만 아니라 漢代 遼南 일대에 이민족 통치와 관련된 部都尉가 설치되었다는 점 등을 근거로 하여 遼東東部都尉가 관할한 遼南 일대가 창해군이 설치되었던 지역에 만들어진 후신 기구라는 견해를 제기하였다. 다시 말해 창해군은 요동동부도위의 전신이라는 것이다. 이는 기존 견해들이 진번군, 현도군을 염두에 두는 것과 달라 유의된다.

臨穢丞印 봉니를 근거로 요남지구로 추정하는 견해는 王天姿 · 王禹浪[50]도 해당하는데 이 견해는 예족이 원래 송화강 유역의 길림시에 있었는데 전한 초에 눈강 유역에 있던 索離人이 남하하여 예의 지역에 부여국을 건국했고 이때 예족의 수령이었던 예군남려가 요동으로 남하하자 무제가 그를 위해 창해군을 설치했다고 설명한 점이 특징이다. 魏國忠 역시 王禹浪의 견해를 적극 지지하며 요동지역에 창해군이 있었을 것이라고 언급했다. 더 구체적으로 조선, 한, 흉노가 공존한 당대의 국제정세를 살피고, 남려가 '요동군'에 내속했다는 기록을 중시하여 창해군의 위치는 요동에서 찾아야 한다고 강조했다.[51] 예군남려를 부여와 관련된 세력으로 보는 입장은 박경철에 의해서도 제기된 적이 있으며 이에

48) 최인철, 「창해군의 위치문제에 대하여」, 『력사과학』 172, 1999, 57쪽.

49) 權五重, 「滄海郡과 遼東東部都尉」, 『歷史學報』 168, 2000, 85~116쪽.

50) 王天姿 · 王禹浪, 「西漢"南閭穢君", 蒼海郡與臨穢縣考」, 『民族歷史與邊疆學』 2016-1, 2016, 56~62쪽.

51) 魏國忠, 「漢蒼海郡治所的地理考察」, 『大連幹部學刊』 2017-9, 2017, 46~47쪽.

송화강 유역 전체를 창해군으로 보았다.[52] 예군남려의 족적 기반을 부여와 연결하는 견해의 주된 근거는 『삼국지』 부여전에 등장하는 "濊王之印"과 "濊城"과 관련된 사료[53]를 중시하는 것이다.

유사한 맥락에서 요동반도에 주목하면서도 이를 포함하여 압록강 유역까지 창해군의 영역으로 이해한 견해가 있다. 조영광[54]은 구체적으로 요동반도 지역과 압록강 중류유역을 지목했는데, 예군남려는 한·조선과 관련한 이유로 한에 귀순한 것이기 때문에 원래 근거지는 한과 조선 사이의 교차 혹은 중간지대에 위치했을 것이며, 요동반도 남부지역으로부터 압록강 중상류와 혼강 일대의 예맥계 종족을 모두 아우른 28만구를 이끌고 투항했을 것으로 이해하였다.

또한 조원진[55]은 창해군은 예군남려가 요동에 귀의하려고 했던 패수 이서의 요동군과 멀지 않은 곳에 위치했을 것이며 臨穢丞印 봉니를 주요한 고고자료로 인정하면서 특히 요남지역은 해로를 통해 제와 연결되고 북으로는 흉노와의 교역이 이루어졌던 곳이라는 점을 지적하였다.

이와 달리 가장 최근에는 창해가 바다를 의미하는 것이 아니라 "遼東"처럼 동쪽 끝 지역을 의미하는 것으로 이해하여 한의 동쪽 끝, 즉 고조선의 西界인 浿水(太子河) 유역에 창해군을 비정한 견해도 있다.[56]

이와 같이 전개된 창해군 위치관련 연구들을 종합적으로 분석해보면, 몇 가지 쟁점이 전제가 되어 진행되어왔던 것을 확인할 수 있다. 첫 번째는 "창해"라는 지명과 관련하여 연구사가 진행되었다는 점이다. 즉 창해라고 불린 지역이

---

52) 박경철, 「부여사 전개에 관한 재인식시론」, 『백산학보』 40, 1992, 39~40쪽.
53) 『三國志』 권30, 東夷傳, 夫餘 條. "其印文濊王之印 國有故城名濊城 蓋本濊貊之地 而夫餘王其中 自謂亡人 抑有(似)以也"
54) 조영광, 「초기 고구려 종족 계통 고찰 -예맥족을 중심으로-」, 『동북아역사논총』 27, 2010, 189~203쪽.
55) 조원진, 「衛滿朝鮮의 대외관계에 대한 검토 -朝·漢 전쟁 이전을 중심으로-」, 『白山學報』 109, 2017, 77~78쪽.
56) 박노석, 「고조선대 창해군에 대한 재고찰」, 『전북사학』 50, 2017, 12~17쪽.

한반도의 "동해"인가, 아니면 중국의 "발해"인가에 따라 그 위치가 설정되었다.

두 번째는 예군남려의 족적기반이 된 예맥족의 실체가 무엇인가와 관련하여 연구사가 진행되었다는 점이다. 즉 예맥족을 『삼국지』, 『후한서』에 보이는 예(동예)로 보았는가 아니면 압록강 근처의 고구려족으로 보았는가에 따라 그 위치가 고려되었다. 그러면서 양자는 서로 연관되어있다. 즉 『삼국지』, 『후한서』에 보이는 예(동예)를 예군남려의 족적기반으로 본 연구는 창해의 위치를 "동해"로 보았다. 반면 압록강유역의 고구려족을 예군남려의 족적기반으로 본 연구는 "발해"나 "요동" 혹은 "압록강유역"을 그 위치로 언급하였다.

이상의 연구들은 예군남려의 족적기반이 되는 "예"에 대한 분석이 『삼국지』, 『후한서』의 예(동예)와 관련되어 전개되었다는 점, 그리고 창해군이라는 군현의 실체가 한사군을 구성했던 진번군이나 현도군의 전신으로 이해되어왔다는 연구사적 맥락이 있다. 그 중에서도 특히 白鳥庫吉의 경우 창해군의 전신으로 진번을 이야기하지만 사실상 창해군-진번군-현도군의 순서로 군 설치를 이야기하고 있어 고구려 주민집단을 의식한 것은 마찬가지이다.

또한 고구려를 중심에 둔 견해들에서 공유되고 있는, 고구려 주민집단의 기원과 관련한 현도군과의 관계가 창해군 위치비정에 상당부분 영향을 미치고 있는 것을 간취할 수 있는데, 사실상 창해군과 현도군과의 직접적인 연결고리를 방증하는 사료가 없음에도 이 같은 인식이 작용하고 있음은 창해군을 위만조선사의 맥락에서 이해하는 것을 방해하는 요인들로 작용한다.

III. 창해군 위치비정을 위한 전제

앞서 창해군 위치와 관련하여 조선후기로부터 최근에 이르기까지의 전개된 연구사를 검토해본 결과 확인할 수 있었던 쟁점사항은 그 논의들이 창해라는 지명에 근거하고 있거나 족속집단에 근거하고 있다는 것이었다. 또한 이 양자가 얽혀서 논의가 전개되기도 했음을 확인하였다. 여기에서는 冒頭에서 제기한 문제제기를 상기하며 논의를 전개해 보고자 한다.

1. 예맥(예)의 실체 문제

창해군과 관련된 사료를 다시 살펴보자.

> D-1. 彭吳가 滅(滅)朝鮮과 장사(賈)하고 滄海郡을 두었다. 그러자 燕·齊의 사이가 휩쓸려(靡然) 소란스러웠다(發動).[57]
> D-2. 東夷의 薉君南閭 등 28만 인이 항복하니 蒼海郡을 두었다.[58]
> D-3. 彭吳는 穢貊朝鮮을 뚫고(穿), 滄海郡을 두었다. 그러자 燕·齊의 사이가 휩쓸려(靡然) 소란스러웠다(發動).[59]
> D-4. 東夷 穢貊君南閭 등 28만 인이 항복하니 蒼海郡을 두었다.[60]
> D-5. 元朔 元年(기원전 128) 滅君南閭 등이 右渠를 배반하고 28만 인을 이끌고, 遼東에 와서 내속하였다. 武帝는 그 땅에 蒼海郡을 두었으나 수년이 지나 파하였다.[61]

일련의 사료 D는 창해군 설치와 관련된 기초정보가 제공되어있다. 전하는 내용은 『사기』, 『한서』, 『한기』의 내용이 대동소이 하지만 『후한서』에 이르러 '畔右渠'와 '詣遼東內屬'이 추가되었다. 이것 때문에 池內宏은 『후한서』의 찬자가

---

57) 『史記』 권30, 平準書. "彭吳賈滅(滅)朝鮮 置滄海之郡 則燕齊之間靡然發動" '滅'이 '滅'의 誤字라는 것은 淸代 錢大昕(1728~1804)이 「史記考異」(『廿二史考異』 1, 藝文印書館, 1964)에서 이미 밝힌 바 있다. 근대에 今西龍, 「眞番郡考」, 『史林』 1-1, 1916 ; 『朝鮮古史の硏究』, 國書刊行會, 1970, 250쪽에서도 지적되었다.

58) 『漢書』 권6, 武帝紀. "東夷薉君南閭等 口二十八萬人降 爲蒼海郡"

59) 『漢書』 권24下, 食貨志. "彭吳穿穢貊朝鮮 置滄海郡 則燕齊之間靡然發動"

60) 『漢紀』 孝武皇帝紀 권3. "東夷穢貊君南閭等 口二十八萬人降 以爲蒼海郡"

61) 『後漢書』 권115, 東夷傳, 滅 條. "元朔元年 滅君南閭等 畔右渠 率二十八萬口 詣遼東內屬 武帝以其地爲蒼海郡 數年乃罷"

멋대로 내용을 추가한 것이라고 비판하였으나,[62] 그렇다고 한들 이 사건이 前漢 武帝期에 일어나지 않은 사건이 되는 것은 아니다.

한편, 창해군을 함흥에서 동해안 지역을 포괄한 강원도 지역으로 비정하는 가장 큰 근거는 예군남려의 기록이 『후한서』 동이전 濊條에 실려 있다는 사실에 있다. 조선후기 실학자들은 기원전 2세기경의 예와 기원후 3세기경의 예의 차이를 인식하지 않았던 것 같고 그 때문에 예(동예)와 관련된 지역을 창해군으로 지적했던 것이다. 그러나 이는 전술한대로 기원전 2세기경의 역사적 맥락 속에서 이해되어야 한다. 다만 앞서 정약용의 경우, 북방의 예맥과 동해안 지역의 예맥을 구분하는데 까지는 이르렀으나 예군남려의 기반을 역시 강원도 지역으로 본 점을 통해 한계를 확인할 수 있다.

또한 조선 후기나 근대 이래의 연구에서의 예맥관련 분석은 前漢代 예맥족의 실체에 대해 근래에 전개된 정치한 문헌비판과 진전된 고고학 발굴성과들을 토대로 문헌에 나타난 예맥의 용례를 분석한 이후의 성과를 반영하기 전의 연구라는 점에서도 한계가 있다. 다시 말해 先秦文獻에 등장하는 濊, 貊과 前漢代 이후 연칭되어 나타나는 濊貊의 실체, 그리고 3세기경의 濊貊의 실체에 대한 정치한 분석[63]이 시도되기 전의 연구인 것이다.

한편 기원후 3세기, 즉 『삼국지』, 『후한서』 단계의 예(동예)까지를, 광범한 범위의 동일 주민집단을 아우르는 이름의 "예"라고 볼 수 있다면 최근의 연구 성과[64]에 비추어 재고의 여지가 있다고 여겨진다. 이 같은 관점은 예군남려의 족적 기반을 고구려 족으로 보았기 때문에 도출된 견해인 압록강과 동가강 유역

---

62) 池內宏, 「眞番郡の位置について」, 『史學雜誌』 57, 1948, 27~28쪽.

63) 윤용구, 『예맥사료집성 및 역주』, 백산자료원, 2012 ; 박대재, 『중국고문헌에 나타난 고대 조선과 예맥』, 경인문화사, 2013.

64) 박대재, 「古朝鮮의 언어구역과 燕의 동북지역」, 『선사와 고대』 43, 2015 ; 박선미, 「고조선의 정체성(正體性) 탐색을 위한 초론(初論) -중국이라는 타자의 눈에 비친 고조선의 종족적 정체성」, 『동북아역사논총』 62호, 2018.

을 창해군으로 보는 견해에도 동일하게 적용될 것으로 여겨진다. 결과적으로 기원전 2세기경에 존재했던 '예맥' 혹은 '예'라고 불린 집단에 대해 접근하는 관점을 다시 설정하는 것이 창해군 위치문제를 해결하는 실마리가 될 것으로 여겨진다.

다시 말해, 지금까지 창해군 위치비정을 위한 고려에서 그 족적기반에 기준을 두어 이 문제를 해결하려 했던 시도들은, 예군남려를 부여나 고구려, 옥저, 예(동예)와 연결시켜왔다. 그러나 이들은 모두 위만조선 멸망 이후의 주민집단이나 정치체의 이름으로, 기원후 3세기경 『삼국지』, 『후한서』에 입각한 해석이기 때문에 예군남려가 생존했던 당시의 역사상과 거리가 멀다. 기원전 2세기경에 보이는 예맥은 위만조선의 주민을 구성했던 집단이며, 이는 기원후 3세기 경의 예(동예)와 구분해서 이해해야 한다. 그러므로 다시 원사료의 맥락으로 되돌아가, 이 사건이 발발한 전한 무제기, 즉 위만조선의 역사적 맥락 속에서 이해해야 창해군 위치문제 해결의 실마리를 찾을 수 있다.

2. 창해는 발해인가 동해인가

다음은 지명에 근거한 해석에 대한 논의이다. 창해를 발해로 보는 연구들의 근거 사료는 다음과 같다.

> E-1. 두 산(太行山 · 常山)은 연결되고 뻗어 동북으로 碣石에 이어지며 그리고는 滄海로 들어간다.[65]
>
> E-2. 韓忠이 말하길, 우리 遼東은 滄海의 동쪽에 있으며 백만의 병력을 보유하고 있으며 또한 부여와 예맥을 부릴 수 있다.[66]
>
> E-3. 臣은 과거에 돌아가신 武皇帝(曹操)를 따라서 남으로 赤岸에 이르고 동으

---

65) 『史記』 권2, 夏本紀. "太行常山至于碣石入于海【集解孔安國曰 此二山連延 東北接 碣石 而入于滄海】"

66) 『三國志』 권26, 牽招傳. "忠曰 我遼東在滄海之東 擁兵百萬 又有扶餘 濊貊之用"

로 滄海에 임하고 서로는 玉門을 관망하고 북으로 玄塞에 나아갔다.[67]

E-4. 遼東의 군역에 (내)護兒가 樓船을 거느리고 滄海로 향하여 浿水로 들어오
니 平壤과 60리 거리에서 高麗와 서로 만났다. 진격하여 그들을 大破하고
승세를 타고 바로 성 아래로 가서 그 郭郭을 파괴하였다.[68]

E-5. "滄州 景城郡은 본래 渤海郡이었다."[69]

사료 E-1은 『사기』의 기록으로 前漢代 孔安國의 주석이다. E-2와 E-3은 『삼
국지』의 기록이며 E-4는 『수서』, E-5는 『당서』의 기록이다. 권오중은 E-1, 2, 3을
통해 창해는 산해관 이북의 바다, 즉 발해지역을 일컫는다고 하였다. 白鳥庫吉
은 E-4, 5의 기록을 들어 창해는 발해를 가리키는 것이라고 하였으나 이에 대해
池内宏은 『수서』, 『당서』의 기록은 前漢代와 시대적 격절이 있으므로 인정할 수
없다고 하였다.

다음 창해를 동해로 보는 연구들의 근거사료는 대체로 다음과 같다.

F-1. 服虔이 이르기를, 예맥은 辰韓의 북쪽, 고구려 옥저의 남쪽에 있고 동쪽으
로 큰 바다에 접해있다.[70]

F-2. 4년(56) 가을 7월에 동옥저를 정벌하고 그 땅을 빼앗아 성읍으로 삼았
다. 국경을 넓혀 동쪽으로는 滄海에 이르고 남쪽으로는 薩水까지 이르렀
다.[71]

사료 F-1은 앞서 언급한 『한서』 무제기의 "동이 예군남려등"에 붙은 後漢代

---

67) 『三國志』 권19, 曹植傳. "臣昔從先武皇帝南極赤岸 東臨滄海 西望玉門 北出玄塞"

68) 『隋書』 권64, 來護兒傳. "遼東之役 護兒率樓船 指滄海 入自浿水 去平壤六十里 與
高麗相遇 (進)擊 大破之 乘勝直達城下 破其郭郭"

69) 『唐書』 권39, 地理2. "滄州景城郡上 本渤海郡"

70) 『漢書』 권6, 武帝紀. "東夷薉君南閭等【服虔曰 穢貊在辰韓之北 高句麗沃沮之南 東
窮于大海】口二十八萬人降 爲蒼海郡"

71) 『三國史記』 권15, 太祖王 4년 조. "秋七月 伐東沃沮 取其土地爲城邑 拓境東至滄
海 南至薩水"

服虔의 주석이다. 이미 후한 사람이었던 복건의 인식 속에 예맥은 예(동예)의 지역을 가리키는 것이 된 것이다. 이는 앞서 E-2와 E-3의 후한 말에서 삼국시대에 이르는 시기의 인물들이 자신들이 있는 요동의 위치를 '창해의 동쪽'이라 부르며 발해로 인식하고 있는 것과 대조적이다.

또 F-2는 12세기에 편찬된 『삼국사기』의 기록이면서 후한 초기 태조왕대를 (기원후 1세기) 전하는 자료인데, 이보다 늦은 시기인 『수서』나 『당서』에도 창해가 발해를 가리키는 것으로 이해되니, 사료의 편찬 시기를 기준으로 해서 동해와 발해를 논쟁의 여지없이 증명하는 것은 다소 곤란하다. 또, 당대의 자료에 가깝다고 여겨지는 『사기』와 『한서』에 부가한 후대의 주석내용 때문에 이와 같은 혼선이 생기는 면도 있어 이들 주석에 대한 면밀한 계통정리가 필요하다고 여겨진다. 이와 관련해서는 윤용구의 글이 참고된다.[72]

결국, 족적 기반이 되었든, 지명 문제가 되었든 간에 위만조선이 멸망하기도 전에 한이 위만조선의 영역을 관통하여 동해안 지역에 창해군을 설치했다는 점은 동의하기 어렵다. 한편 위만조선이 渾河를 경계로 한과 마주하고 있었으며 요동일대를 차지하고 있었다는 점을 고려하는 연구[73]에서도, 창해를 발해로 보는 견해를 지지하면서 창해군이 위치할 수 있는 지역은 위만조선 중심 지역의 남쪽에, 구체적으로는 서북한 지역에서 요동반도 남단까지 포괄하는 지역으로 보았다. 이 견해에서도 압록강, 동가강 유역이나 동해안 지역 모두, 위만조선을 멸망시키지 않는 이상 한의 군현이 들어오기 어렵다는 점을 지적하였다. 여기에 더하여 최치원의 「上太師侍中狀」에 등장하는 창해는 '넓은 바다' 혹은 '당의 동방세계'를 의미하는 것으로,[74] 창해가 곧 반드시 동해만을 가리킨다고 볼 수

---

72) 尹龍九, 「『史記』·『漢書』注文의 '古朝鮮' 관련 기사」, 『한국고대사연구』 85, 2017.

73) 金南中, 『위만조선의 성립과 발전과정 연구』, 서강대학교 사학과 박사학위논문, 2014, 149~150쪽.

74) 『三國史記』 권46, 崔致遠傳. "… 今三百餘年 一方無事 滄海晏然 此乃我武烈大王之功也"

없다.[75]

이상과 같은 내용을 종합하고, 전술한 대로 창해군 설치가 위만조선 존속시기에 일어난 예군남려의 투항과 관련한 역사적 사실로 인해 발발했다는 맥락에서 이해하면, 창해라는 지명은 곧 발해를 가리키는 것이라고 할 수 있다.

나아가 해당 사료가 중원왕조의 입장에서 바라본 관점이라는 것을 상기한다면, 창해를 동해로 보는 시각에는 다분히 한반도를 중심으로 사고한 경향이 간취되는 점도 지적할 수 있다. 중원왕조의 입장에서는 이미 위만조선과의 사이에 발해라는 바다를 사이에 두고 있는데, 그 너머의 한반도 동부의 동해라는 바다까지 일컬어 창해라고 했을까 하는 기본적인 의문이 들기도 하는 것이다. 중원왕조의 입장에서는 다소 번거로운 작업이 아니었을까 하는 생각도 해볼 수 있을 것이다.

3. 요동군과의 관계 문제

최근의 요동과 관련된 논의들도, 같은 시기에 공존했던 '요동군과의 관계'를 해결해야 한다. 요동에 창해군이 설치되었다면 요동군과 영역적으로 겹치게 될 가능성이 있기 때문이며, 요동군이 설치된 지역에 굳이 하나의 군을 더 설치하는 것에 설명이 필요하기 때문이다. 이런 이유로 창해군과 요동군은 공시적으로 존재한 것이 아니라 선후관계를 가지고 설치되었고 창해군이 설치됐던 지역에 후에 요동군 동부도위가 설치된 것으로 이해하거나[76] 당시 요동군의 군현통치가 완벽하게 전 지역을 장악하고 있지 않았다는 점을 논증하는 방식으로 논

---

75) 「上太師侍中狀」에 보이는 창해의 의미에 대해서는 朴璨旴, 「百濟の「山東·吳越進出」說に關する批判的考察 -崔致遠の「上太師侍中狀」を中心に-」, 『朝鮮學報』 256, 2020, 17~20쪽 참조.

76) 權五重, 「滄海郡과 遼東東部都尉」, 『歷史學報』 168, 2000.

의가 전개되었다.[77]

요동군과 관련한 정보는 기원후 2년을 기준으로 작성된 『한서』 지리지에 의지할 수밖에 없는데, 이 기록을 통해 기원전 2세기경의 요동군에 대해 면밀하게 파악하는 것에 한계가 있다. 또한 최근에는 변군지역의 군현통치의 한계성을 드러내는 연구의 맞은편에서, 다량의 간독자료에 근거하여 내군만이 아니라 진한제국의 다른 변경 지역에서도 문서와 율령에 기초한 군현지배가 보편적으로 확인된다는 점을 지적하는 연구가 제시되고 있기 때문에[78] 이와 관련한 숙고가 필요하다고 여겨진다.

다만 변군통치가 내군과 같이 이루어졌다고 하더라도, 당시 즉 무제 이전까지는 진말한초의 혼란기에 더불어 흉노의 활동으로 인해 요동지역의 통치가 일정 기간 동안 불안정했던 것 까지는 인정할 수 있을 것이다. 이와 같은 내용은 사료에서 여러 지점에 걸쳐 확인되는데, 무제 이전까지 흉노로 인한 피해가 극심한 지역으로 운중군과 요동군이 지목되며, 요동은 특히 흉노의 안마당(苑囿)[79]이었다는 서술은 창해군 설치지역과 요동의 관계에 시사하는 바가 크다.

---

77) 배진영, 「한대 요동군의 군현지배-군현체제로의 지향과 한계」, 『요동군과 현도군 연구』, 동북아역사재단, 2008, 101~111쪽 ; 조영광, 「초기 고구려 종족 계통 고찰 -예맥족을 중심으로-」, 『동북아역사논총』 27, 2010.

78) 김병준, 「中國古代 簡牘資料를 통해 본 樂浪郡의 군현지배」, 『역사학보』 189, 2006 ; 김병준, 「樂浪郡 初期 編戶過程과 '胡漢稍別' -<樂浪郡初元四年縣別戶口多少□□>木簡을 단서로」, 『목간과 문자』 1, 2008 ; 김병준, 「秦漢帝國의 이민족 지배 -部都尉 및 屬國都尉에 대한 재검토」, 『역사학보』 217, 2013 ; 김병준, 「낙랑군 동부도위 지역 邊縣과 군현지배」, 『한국고대사연구』 78, 2015.

79) 『史記』 권110, 匈奴傳. "漢孝文皇帝十四年 … 匈奴日已驕 歲入邊 殺略人民畜產甚多 雲中遼東最甚 至代郡萬餘人"
『漢書』 권94, 匈奴傳. "周秦以來 匈奴暴桀 寇侵邊境 漢興尤被其害 臣聞北邊塞至遼東 外有陰山 東西千餘里 草木茂盛 多禽獸 本冒頓單于依阻其中 治作弓矢 來出爲寇 是其苑囿也 至孝武世 出師征伐 斥奪此地 攘之於幕北 建塞徼 起亭隧 築外城 設屯戍 以守之 然後邊境得用少安"

이와 관련하여 전한대의 요동군에 대해 고찰한 견해[80]에서는 요동군의 치소가 본래 하북성 薊縣인 無終에서 한무제대에 현재 요양지역인 양평으로 이동한 것인데, 무제가 군을 이전한 것은 흉노문제에 적극 대처하며 동방지역으로 진출하기 위해서였다고 보았다. 동방지역인 요동은 이민족 거주 공간으로, 이 지역에 거주했던 주민집단이 예군남려의 족적기반이 된 예 혹은 예맥족이었으며, 이들은 결국 요동군의 주선에 의해 우거를 배반하고 중국에 내속한 것임을 지적하였다. 결국 창해군 설치는 당시의 국제관계, 즉 위만조선과 한, 흉노와의 관계가 계산된 결과라는 점이 재차 강조되어야 함을 확인할 수 있다.

더욱 구체적으로 전한 특히 무제대 요동군의 구체적 범위와, 군이 거느린 관할 현, 그리고 행정장악 정도를 파악하는데 까지 나아간다면 창해군의 위치와 관련된 논의는 더 구체적으로 진행될 수 있을 것이다.

IV. 맺음말

창해군은 이를 개척하는 길이 험난하고 비용이 지나치게 많이 들어간다는 公孫弘의 건의를 받아들여[81] 설치된 지 2년 만에 폐지되었다. 이 때문에 창해군이 실질적으로 설치됐다고 볼 수 없다는 의견 또한 제기되었다.[82] 그러나 설치기사는 『한서』뿐 아니라 『사기』와 『후한서』에 교차해서 확인되고 폐지의 정

---

80) 權五重,「前漢時代의 遼東郡」,『人文硏究』17, 1995, 270~228쪽.

81) 『史記』권112, 平津侯主父列傳 "元朔三年 張歐免 以弘爲御史大夫 是時通西南夷 東置滄海 北築朔方之郡 弘數諫 以爲罷敝中國以奉無用之地 願罷之 於是天子乃 使朱買臣等難弘置朔方之便 發十策 弘不得一 弘迺謝曰 山東鄙人不知其便若是 願 罷西南夷滄海而專奉朔方 上乃許之"

82) 李基白 · 李基東,『韓國史講座(1)-古代篇』, 一潮閣, 1982, 64쪽 ; 김한규,『한중관계사』, 1999, 126쪽.

황까지 구체적으로 드러나는 것으로 보아 창해군이 설치되지 않았다고 볼 수는 없다. 다만 본격적이고 실질적으로 오랜 기간, 관리를 두어 조세수취를 하여 운영이 될 정도로 지속되지는 못했던 것으로 여겨진다.

전술한 바와 같이 '군현통치'라는 사실은 과거 근대적 식민지의 경험을 떠오르게 하는 동시에 식민통치와 유사한 수단으로 활용된 측면이 분명히 존재하지만, 이와 같은 의식에서 벗어난 군현의 위치비정 연구가 전개되어야 함도 함께 지적할 부분이다.

여기에서는 기존에 전개된 창해군 위치문제를 맥락적으로 다루고 각 논의가 지닌 한계에 대해 비평하였지만, 창해군이 전한시기 요동군과 공간적으로 겹치는 문제에 대한 새로운 논의를 진전시키면서, 그렇다면 창해군은 어디에 있었는가에 대한 대안까지는 나아가지 못하였다.

주지하다시피 위에서 다룬 연구 각각이 창해군 위치를 밝히는 데에 있어 기준이 되어야 할 주변부의 위치비정, 예컨대 패수의 위치나 현도군의 치소와 같이, 이미 그 자체로도 매우 논쟁적인 주제를 전제로 하기 때문에 창해군의 위치비정에서 고려해야 할 경우의 수가 상당하다.

또 창해군 위치를 비정하는데 고려되는 다른 요소들, 예컨대 팽오의 역할, 연·제와의 관계, 28만구의 실체, 예왕지인 혹은 부조예군이나 임예승인의 존재 등 '이토록 많은 혼란'을, '전부 종합하여' '이론의 여지없이' 고증해 내는 것은 결코 쉽지 않다. 이 글에서 해결하지 못한 요동군의 범위에 대해서, 그리고 그를 통한 창해군 위치의 구체적 비정에 대해서는 위와 같은 조건들을 면밀히 고찰하여 후고를 통해 밝힐 것을 기약하고자 한다.

1. 사료

『史記』,『漢書』,『漢紀』,『後漢書』,『三國志』,『隋書』,『唐書』,『古今郡國志』,
『三國史記』,『星湖僿說』,『東史綱目』,『海東繹史』,『我邦疆域考』,『四郡志』,
『新增東國輿地勝覽』.

2. 저서 및 학위논문

金南中,『위만조선의 성립과 발전과정 연구』, 서강대학교 사학과 박사학위논문,
        2014.
김한규,『한중관계사』, 아르케, 1999.
박대재,『중국고문헌에 나타난 고대 조선과 예맥』, 경인문화사, 2013.
박인호,『조선시기 역사가와 역사지리인식』, 이회, 2003.
송호정,『한국 고대사속의 고조선사』, 푸른역사, 2003.
여호규,『고구려초기 정치사연구』, 신서원, 2014.
윤용구,『예맥사료집성 및 역주』, 백산자료원, 2012.
李基白 · 李基東,『韓國史講座(1)-古代篇』, 一潮閣, 1982.
李基白,『韓國史新論』, 一潮閣, 1979.
滿鮮歷史地理調査部,『滿洲歷史地理(上)』, 南滿洲鐵道株式會社, 1913.
井上直樹,『帝國日本と「滿鮮史」』, 塙書房, 2013.

3. 논문

權五重,「前漢時代의 遼東郡」,『人文研究』17, 1995.

權五重,「滄海郡과 遼東東部都尉」,『歷史學報』168, 2000.

今西龍,「眞番郡考」,『史林』1, 1916.

金美炅,「第1玄菟郡의 位置에 대한 再檢討」,『實學思想研究』24, 2002.

김병준,「中國古代 簡牘資料를 통해 본 樂浪郡의 군현지배」,『역사학보』189, 2006.

김병준,「樂浪郡 初期 編戶過程과 '胡漢稍別' <樂浪郡初元四年縣別戶口多少□□> 木簡을 단서로」,『목간과 문자』1, 2008.

김병준,「秦漢帝國의 이민족 지배 -部都尉 및 屬國都尉에 대한 재검토」,『역사학보』 217, 2013.

김병준,「낙랑군 동부도위 지역 邊縣과 군현지배」,『한국고대사연구』78, 2015.

金貞培,「濊貊族에 關한 研究」,『白山學報』5, 1968.

도유호,「진번과 옥저성의 위치」,『문화유산』4.

마쓰이 다카시, 2009,「일본의 동양사학은 어떻게 형성되었는가 -시라토리 구라키 치의 역사학」,『역사학의 세기-20세기 한국과 일본의 역사학』, 휴머니스트, 1962.

문안식,「옥저의 기원과 대외관계의 변화」,『역사학연구』32, 2008.

박경철,「부여사 전개에 관한 재인식시론」,『백산학보』40, 1992.

박노석,「고조선대 창해군에 대한 재고찰」,『전북사학』50, 2017.

박대재,「古朝鮮의 언어구역과 燕의 동북지역」,『선사와 고대』43, 2015.

박선미,「고조선의 정체성(正體性) 탐색을 위한 초론(初論) -중국이라는 타자의 눈 에 비친 고조선의 종족적 정체성」,『동북아역사논총』62, 2018.

朴元吉,「오르도스의 역사」,『몽골학』2, 1994.

朴璨旿,「百濟의「山東・吳越進出」說에 關한 批判的 考察 -崔致遠의「上太師侍中 狀」을 中心に-」,『朝鮮學報』256, 2020.

박찬흥,「白鳥庫吉와 '滿鮮史學'의 성립」,『東北亞歷史論叢』26, 2009.

박찬흥,「滿鮮歷史地理調査部와 고대 '滿鮮歷史地理' 연구」,『역사와 담론』75, 2015.

배진영,「한대 요동군의 군현지배-군현체제로의 지향과 한계」,『요동군과 현도군 연 구』, 동북아역사재단, 2008.

白鳥庫吉,「漢の朝鮮四郡疆域考」,『東洋學報』2, 1912.

三上次男,「穢人とその民族的性格について(一)」,『朝鮮學報』2, 1951.

三品彰英,「濊貊族小考」,『朝鮮學報』4, 1953.

孫穎,「漢蒼海郡地望考」,『黑龍江史志』2018-5, 2018.

楊軍,「濊人與蒼海郡考」,『地域文化研究』2018-4, 2018.

오영찬,「조선후기 고대사 연구와 漢四郡」,『역사와 담론』64, 2012.

劉子敏・房國鳳,「蒼海郡研究」,『東疆學刊』16-2, 1999.

尹乃鉉,「滄海郡考」,『韓國의 社會와 歷史』, 崔在錫敎授停年退任紀念論叢 刊行委
　　　員會, 1991.

尹武炳,「濊貊考」,『白山學報』1, 1966.

尹龍九,「『史記』・『漢書』注文의 '古朝鮮' 관련 기사」,『한국고대사연구』85, 2017.

王綿厚・都惜靑,「對『漢書』和『三國志』中"單單大嶺"和"蒼海郡"再考辨」,『地域文
　　　化研究』2019-3, 2019.

王天姿・王禹浪,「西漢"南閭穢君", 蒼海郡與臨穢縣考」,『民族歷史與邊疆學』
　　　2016-1, 2016.

魏國忠,「漢蒼海郡治所的地理考察」,『大連幹部學刊』2017-9, 2017.

李丙燾,「玄菟郡及臨屯郡考」,『史學雜誌』41 4號, 1930.

이종록,「高句麗와 玄菟郡의 관계와 幘溝漊 설치 배경 검토」,『先史와 古代』55,
　　　2018.

이준성,「『만주역사지리』의 한사군 연구와 '만선사'의 성격」,『인문과학』54, 2014.

이준성,「濊君 南閭의 동향과 滄海郡・玄菟郡 설치」,『白山學報』116, 2020.

조영광,「초기 고구려 종족 계통 고찰 -예맥족을 중심으로-」,『동북아역사논총』27,
　　　2010.

조원진,「衛滿朝鮮의 대외관계에 대한 검토 -朝・漢 전쟁 이전을 중심으로-」,『白山
　　　學報』109, 2017.

趙紅梅,「蒼海郡考述」,『社會科學戰線』2017-8, 2017.

池內宏,「眞番郡의 位置について」,『史學雜誌』57, 3號, 1948.

최인철, 「창해군의 위치문제에 대하여」, 『력사과학』172, 과학백과사전출판사, 1999.
和田淸, 「玄菟郡考」, 『東方學』1, 1951.
황철산, 「예맥족에 대하여」, 『고고민속』3, 1963.

제2장
낙랑국의 실체와
낙랑 조선 · 낙랑군의 관계

김남중

(전남대학교 역사문화연구센터 학술연구교수)

I. 머리말

『삼국사기』고구려본기 대무신왕 조에는 최리라는 왕이 있던 낙랑국이 고구려의 침공을 받아 멸망한 사건이 전한다. 漢이 설치한 낙랑군과 같은 이름을 지녔다는 점에서 이와 관련하여 주목되어 왔는데, 낙랑군의 성격, 고구려의 성장과 관련하여 논의가 이루어졌다. 신라본기에 고구려 대무신왕에게 멸망한 낙랑 유민이 신라로 망명한 기록이 있어 신라 초기 성장 과정과 관련해서도 논의되었다.

낙랑군과 관련해서는, 낙랑국은 낙랑군과 별개의 지역에 있던 세력이라는 입장[1]과 낙랑군 내의 세력이라는 입장이 있다. 다만 전자의 경우는 낙랑군을 한반도 밖에서 구하고 있어 한계를 보이고 있다. 낙랑군 내에 있다는 입장에서는 낙랑국이 국읍 형태로 낙랑군과 병존했다는 입장을 취하는데, 낙랑군이 군현 체제와 국읍 체제가 병존하는 체제였다는 점에서 논의를 전개한 입장[2]과 낙랑국은 후한 성립 무렵에 일시적으로 자립한 세력[3] 또는 縣侯國 중 하나[4]라는 입장이 있다. 낙랑군 설치 이전에 이미 낙랑이라는 이름을 지닌 세력이 있었다는 입

---

1) 북한학계가 이러한 입장을 취하고 있으며(박득준 편, 『고조선의 력사 개관』, 사회과학출판사, 2000, 183~208쪽), 남한학계에서는 윤내현의 견해(『韓國古代史新論』, 一志社, 1986, 319~330쪽)가 대표적이다.

2) 孫晉泰, 『朝鮮民族史槪說』, 乙酉文化社, 1948, 98~99쪽 ; 權五重, 『樂浪郡研究』, 一潮閣, 1992, 46~59쪽 ; 李鍾旭, 『古朝鮮史研究』, 一潮閣, 1993, 289~293쪽 ; 徐榮洙, 「對外關係史로 본 樂浪郡」, 『史學志』 31, 1998, 18~19쪽 ; 張傚晶, 「고구려왕의 平壤移居와 왕권강화」, 『實學思想研究』 15 · 16, 2001, 107쪽 ; 李峻誠, 「낙랑군과 낙랑국의 병존 가능성 고찰 -『삼국사기』 본기 기사의 분석을 중심으로」, 『3사교 논문집』 70, 2010, 330~334쪽.

3) 문안식, 「三國史記 新羅本紀에 보이는 樂浪 · 靺鞨史料에 관한 검토」, 『傳統文化研究』 5, 조선대학교, 1997, 22~23쪽 ; 김기흥, 『고구려 건국사』, 창작과비평사, 2002, 183~184쪽.

4) 김현숙, 「고구려 지방통치체제 연구」, 경북대학교 박사학위논문, 1996, 36쪽 ; 全德在, 「尼師今時期 新羅의 成長과 6部」, 『新羅文化』 21, 2003, 185~186쪽.

장[5]도 있다. 또한 낙랑군 안에 있었지만 실질적으로는 독립된 국가였다는 인식,[6] 한의 속현이었지만 실질적인 통치권을 지닌 지배자가 존재한 세력이라는 인식,[7] 낙랑군과 간접적인 관계만 지닌 채 국가 체제를 유지했을 것이라는 견해[8] 등이 있다. 낙랑국의 규모는 명확히 제시되지는 않았으나 대체로 현 내의 국읍·현후국 수준의 소국으로 인식하나, 낙랑군에 대비되는 지배력을 지닌 국읍[9]으로 보기도 한다. 낙랑국의 수장은 국읍 체제나 영동의 후국과 관련해서 논의한 경우 대체로 토착 세력으로 인식하였으나 낙랑군 관리[10]로 보는 입장도 있다. 토착 세력으로 보면서도 親 군현계 세력[11] 또는 親漢 세력[12]으로 보는 입장도 있다. 영동 7현의 후국 설치와 관련해서는 대체로 토착 세력의 독자성을 강조하는 경향이 있으나 王調의 난 평정에 대한 공로로 漢이 후국으로 전환해 주었으며 여전히 관리(相)를 두어 통제했다는 입장[13]도 있다. 이와 달리 낙랑 왕이란 표현은 고구려가 낙랑군 태수를 높여 부른 것이라는 견해도 있다.[14]

---

5) 조법종, 「낙랑군의 성격문제 -낙랑군의 낙랑국 계승 문제를 중심으로-」, 『韓國古代史研究』 32, 2003, 183~186쪽.

6) 김남중, 「위만조선의 멸망과 1세기 이전 낙랑 지역에 대한 여러 인식」, 『韓國史學報』 70, 2018, 90~92쪽.

7) 權五重, 『樂浪郡研究』, 一潮閣, 1992, 54~55쪽 ; 李鍾旭, 『古朝鮮史研究』, 一潮閣, 1993, 289~291쪽.

8) 李峻誠, 「낙랑군과 낙랑국의 병존 가능성 고찰 -『삼국사기』 본기 기사의 분석을 중심으로」, 『3사교 논문집』 70, 2010, 333쪽.

9) 徐榮洙, 「對外關係史로 본 樂浪郡」, 『史學志』 31, 1998, 18~19쪽.

10) 김기흥, 『고구려 건국사』, 창작과비평사, 2002, 184쪽.

11) 문안식, 「『三國史記』 초기기록에 보이는 낙랑의 실체에 대하여」, 『傳統文化論叢』 6, 한국전통문화대학교, 2008, 199쪽.

12) 이종록, 「高句麗의 東沃沮 정벌과 樂浪郡」, 『先史와 古代』 49, 2016, 58쪽.

13) 김병준, 「낙랑군 동부도위 지역 邊縣과 군현지배」, 『韓國古代史研究』 78, 2015, 167~177쪽.

14) 김성한, 「漢 郡縣을 둘러싼 한국고대사의 몇 개 문제 -문헌자료를 중심으로」, 『인문

낙랑국의 위치는 최리가 고구려의 호동 왕자를 북국 神國의 아들로 칭했다
는 점과 호동이 옥저 지역을 유람하던 중에 최리를 만났다는 점에서 고구려의
남쪽, 옥저 인근에서 찾으며, 또한 낙랑군과 관련된다는 점에서 낙랑군 지역에
서 찾는다. 대체로 조선현과 고구려 사이에서 찾거나 옥저가 있었던 동해안 일
대에서 찾고 있다. 대동강 하류의 북변,[15] 낙랑군 북부 일부,[16] 낙랑군 지역,[17]
청천강 상류,[18] 청천강과 대동강 사이로 독로강에 연접하면서 동해안으로 진출
이 용이한 지역,[19] 동옥저의 서변 어느 곳,[20] 옥저 부근,[21] 옥저 일대,[22] 영동 7
현 지역[23] 등의 입장이 있다. 물론 낙랑군과 낙랑국을 구별된 지역으로 보는 입
장에서는 낙랑국이 평양 일대에 있었던 것으로 본다.[24]

학연구』 97, 충남대학교 인문과학연구소, 2014, 68~69쪽.

15) 張傚晶, 「고구려왕의 平壤移居와 왕권강화」, 『實學思想硏究』 15 · 16, 2001, 107~
109쪽.

16) 李康來, 「『三國史記』에 보이는 靺鞨의 軍事活動」, 『領土問題硏究』 2, 1986, 55쪽.

17) 曺凡煥, 「『三國史記』 新羅本紀 初期記錄에 보이는 樂浪」, 『韓國古代史探究』 創刊
號, 2009, 135~145쪽.

18) 강종훈, 「『삼국사기』 고구려본기에 실린 '낙랑(樂浪)'관련기사의 독법」, 『한국고대사
를 바라보는 다양한 시선』, 진인진, 2021, 104~110쪽.

19) 朴京哲, 「高句麗의 國家形成 硏究」, 고려대학교 박사학위논문, 1996, 195~196쪽.

20) 김현숙, 「고구려 지방통치체제 연구」, 경북대학교 박사학위논문, 1996, 36쪽.

21) 김미경, 「高句麗의 樂浪 · 帶方地域 進出과 그 支配形態」, 『學林』 17, 1996, 4쪽 주
6 ; 全德在, 「尼師今時期 新羅의 成長과 6部」, 『新羅文化』 21, 2003, 185~186쪽 ; 李
道學, 「樂浪郡의 推移와 嶺西 地域 樂浪」, 『東아시아古代學』 34, 2014, 23~25쪽.

22) 문안식, 「三國史記 新羅本紀에 보이는 樂浪 · 靺鞨史料에 관한 검토」, 『傳統文化硏
究』 5, 조선대학교, 1997, 22~23쪽 ; 임기환, 「고구려와 낙랑군의 관계」, 『韓國古代
史硏究』 34, 2004, 146~149쪽.

23) 문창로, 「新羅와 樂浪의 關係」, 『韓國古代史硏究』 34, 2004, 191~192쪽.

24) 尹乃鉉, 『韓國古代史新論』, 一志社, 1986, 319~323쪽 ; 박득준 편, 『고조선의 력사
개관』, 사회과학출판사, 2000, 183~184쪽.

고구려의 성장과 관련해서는 대무신왕의 낙랑 복속에 대응하여 후한 광무제가 살수 이남을 다시 회복한 기사를 통해 당시 고구려가 살수(청천강) 유역까지 진출하였다는 입장[25])도 있다. 다만 청천강 북안의 안주 덕성동 전축분이 2세기 후엽 후반에서 3세기 전엽 정도로 편년되는 점을 고려하면[26]) 청천강이 고구려와 낙랑군의 경계가 된 시기를 이보다 빨리 보기는 어렵다. 『삼국사기』 신라본기 유리이사금 조의 낙랑 주민의 투항 기사의 경우 낙랑국 멸망의 연장선상에서 보기도 하나[27]) 고구려 측 전승과는 별개의 신라측 전승에 따른 것으로 보기도 한다.[28]) 영남 지역은 기원 이전에 이미 위만조선 또는 낙랑 지역 문화의 유입이 있어 고고학적으로 1세기 중엽 낙랑 주민의 이주 흔적을 명확히 구분하기 어렵다는 한계를 지닌다. 다만 중부 지역에 2세기경 낙랑 또는 낙랑계 문물이 조사된다는 점에서[29]) 1세기경 고구려의 진출에 따른 낙랑 일부 지역 주민의 남하 가능성이 없지는 않다. 이에 낙랑 주민이 신라 동북방에 일시 거주했다가 경주로 유입되었다거나[30]) 경주 분지로 유입된 시기를 2세기 전·중반으로 보는 견해가[31]) 주목되는 바이다.

---

25) 김미경, 「高句麗의 樂浪·帶方地域 進出과 그 支配形態」, 『學林』 17, 1996, 3~4쪽.

26) 高久健二, 「樂浪·帶方郡塼室墓의 再檢討」, 『国立歴史民俗博物館研究報告』 151, 2009, 181~182쪽.

27) 全德在, 「尼師今時期 新羅의 成長과 6部」, 『新羅文化』 21, 2003, 186쪽.

28) 임기환, 「고구려와 낙랑군의 관계」, 『韓國古代史研究』 34, 2004, 146~147쪽 ; 曺凡煥, 「『三國史記』 新羅本紀 初期記錄에 보이는 樂浪」, 『韓國古代史探究』 創刊號, 2009, 136~137쪽.

29) 권도희, 「중부지역 낙랑계 토기 및 철기에 대하여」, 『고고학』 16-3, 2017, 159~160쪽.

30) 문안식, 「三國史記 新羅本紀에 보이는 樂浪·靺鞨史料에 관한 검토」, 『傳統文化研究』 5, 조선대학교, 1997, 24~25쪽.

31) 全德在, 「尼師今時期 新羅의 成長과 6部」, 『新羅文化』 21, 2003, 19쪽 ; 曺凡煥, 「『三國史記』 新羅本紀 初期記錄에 보이는 樂浪」, 『韓國古代史探究』 創刊號, 2009, 141쪽.

낙랑과 관련해서는 『한서』 지리지에 樂浪 朝鮮이라는 표현과 『설문해자』의 樂浪潘國이라는 표현도 확인된다. 낙랑 조선은 기자의 교화를 받은 고조선 주민으로 표현되어 있어 漢人과 구별되는 낙랑군 내의 토착 세력을 지칭함을 알 수 있다. 낙랑반국은 낙랑의 진번국의 의미로도 보는데,[32] 國으로 표현하였다는 점에서 주목을 받았다. 漢이 낙랑을 국으로 편제한 적은 없었다는 점에서 낙랑반국은 실재하는 국가라기보다는 漢人들의 낙랑 사회에 대한 인식을 보여주는 표현으로 인식한다.[33] 낙랑의 조선인과 최리 낙랑국은 낙랑이라는 공간 안에서 언급되고 있다는 점에서 상호 관련성이 논의될 필요가 있으나 중국과 국내 자료라는 전거의 차이로 한계를 지닌다.

최리 낙랑국은 고구려의 성장 과정에서 언급된 나라이다. 이런 점에서 낙랑국의 위치는 고구려 세력의 확대와 관련해서 살필 필요가 있다. 이를 위해서는 고구려의 유물 · 유적 등이 나타나는 공간이 어디인가를 먼저 확인할 필요가 있다. 이에 이 글에서는 먼저 고고학적 상황을 바탕으로 낙랑국의 위치를 살펴보고자 한다. 이를 바탕으로 낙랑국과 낙랑군, 낙랑 내 토착 고조선인과의 관계 등을 검토하여 낙랑국의 실체를 살펴보고자 한다.

II. 낙랑국의 위치

고구려는 대무신왕 15년에 왕자 호동의 활약으로 최리의 낙랑국을 공격하여 항복시켰다. 『삼국사기』의 기년을 그대로 인정한다면 기원후 32년에 해당한다. 다만 중국 사서에는 이러한 고구려의 낙랑 공격 기사가 전하지 않는다. 更始

---

32) 李丙燾, 『韓國古代史硏究』, 博英社, 1976, 129쪽.
33) 김남중, 「『說文解字』의 고조선 · 낙랑 기록과 典據」, 『先史와 古代』 51, 2017, 11~12쪽.

帝 시기에 낙랑 토착인이었던 王調가 스스로 대장군 낙랑태수를 칭했다가 광무제 즉위 이후 건무 6년(30)에 진압된 내용만 나온다.[34] 왕조는 왕이 아닌 태수를 칭했던 점에서 이주 漢人[35]으로 보거나 土人이라는 표현에 주목하여 고조선계 주민[36]으로 보는데, 왕을 칭했던 낙랑국과 동일하게 보기는 어렵다. 또한 32년(건무 8) 12월에 고구려가 한에 사신을 보낸 계기로 한이 고구려 王의 號를 회복시켜주었다는 점에서 고구려의 낙랑국 병합 기사의 신뢰성에 회의를 갖게 한다. 다만 『삼국사기』에 왕자 호동 이야기가 여러 가지 실려 있는 것을 보면 호동을 가상의 인물로 보기에는 한계가 있다. 『삼국사기』의 기년이 부정확할 수 있다는 점에서 건무 6년 이전의 사건으로 보거나 최리 낙랑국을 왕조의 난과 연결된 세력으로 보는 것이 합리적일 수 있다. 이러한 낙랑국의 위치와 관련하여 다음 기사가 주목된다.

> 왕자 호동이 옥저를 유람하였다. 낙랑 왕 최리가 出行했다가 (그를) 만나 묻기를, "그대의 얼굴빛을 보니 평범한 사람이 아니도다. 어찌 북국 神王의 아들이 아니겠는가?"라고 하였다. 드디어 함께 돌아가서 그 딸을 아내로 주었다.[37]

이 기록을 보면 왕자 호동이 옥저를 유람하던 중에 때마침 출행하였던 낙랑왕 최리를 만났음을 알 수 있다. 『삼국사기』 고구려본기에 따르면 고구려는 동명왕 10년(기원전 28) 북옥저를 병합하였으며 대무신왕 9년(26)에 개마국과 구다국을 병합하였고 태조왕 4년(56)에 동옥저를 복속하였다. 대무신왕 시기에 고구려는 북옥저 지역만 병합하였고 동옥저는 여전히 독자적인 세력을 유지했던 셈

---

34) 『後漢書』 권1下, 光武帝紀1下 ; 『後漢書』 권76, 循吏列傳66, 王景.

35) 權五重, 「樂浪 王調政權 成立의 國際的 環境」, 『歷史學報』 196, 2007, 72~83쪽.

36) 오영찬, 『낙랑군 연구』, 사계절, 2006, 156~157쪽.

37) 『三國史記』 권14, 高句麗本紀2, 大武神王 15년 4월, "王子好童遊於沃沮 樂浪王崔理出行 因見之 問曰 觀君顏色 非常人 豈非北國神王之子乎 遂同歸 以女妻之"

이다. 이에 호동이 유람한 지역은 동옥저 자체는 아니라 할 수 있다. 『삼국지』
동옥저전에는 남(동)·북옥저가 800리 떨어져 있다고 하여 거리가 있었음을 알
수 있다. 남옥저는 함흥 일대, 북옥저는 길림성 연변·훈춘, 흑룡강성 여안현 동
북, 두만강 남쪽 등에서 구한다.[38] 북옥저는 한국·중국·러시아 지역에 걸쳐
있는 단결-크로우노브카 문화와 관련하여 이해하는 경향이 있다.[39] 이때 낙랑
왕 최리가 출행했다가 호동을 만났다는 점에서 낙랑국은 옥저 주변에 있었을
것으로 본다. 다만 최리가 약간 먼 곳까지 갔을 수 있기 때문에 반드시 옥저에
인접한 곳이라고 단정하기는 어렵다.[40]

이러한 최리 낙랑국에 대한 고구려의 병합에 漢이 아무런 조치도 취하지 않
고 오히려 고구려의 號를 하구려 侯에서 고구려 王으로 높여주었다는 점에서[41]
낙랑국은 한의 관심 밖 세력임을 알 수 있다. 이로 보면 낙랑국은 한이 설치한
군현 변두리 세력이었다고 하겠다. 이는 『삼국사기』의 기년이 정확하다는 전제
가 우선해야한다는 문제점이 있기는 하다. 혹 건무 6년 이후 사건이라 할지라도
한에서 낙랑국 관련 아무런 대응이 없었던 점을 고려하면 한이 별로 관심을 지
니지 않았던 세력이라 하겠다.

한편, 낙랑이라는 명칭을 사용하였다는 점에서 낙랑군에서 아주 떨어져 있던
세력으로 보기 어렵다. 한사군 설치 무렵에 진번·임둔과 함께 낙랑도 설치되었
던 점을 고려할 때 낙랑은 진번·임둔군과 구별되는 초기 낙랑군 지역에서 구

---

38) 이현혜, 「동예와 옥저」, 『한국사 4 초기국가 -고조선·부여·삼한』, 국사편찬위원회,
   1997, 246~247쪽.

39) 유은식, 「고고학자료로 본 沃沮와 挹婁」, 『한국상고사학보』 100, 2018, 83~85쪽.

40) 강종훈은 낙랑왕 최리가 옥저를 방문했다가 돌아갔다는 점에서 옥저에 낙랑국이 있
   었다고 보기는 어렵다고 보았다(「『삼국사기』 고구려본기에 실린 '낙랑(樂浪)'관련기
   사의 독법」, 『한국고대사를 바라보는 다양한 시선』, 진인진, 2021, 105쪽).

41) 『三國志』 권30, 烏丸鮮卑東夷傳30, 高句麗, "莽大悅 布告天下 更名高句麗爲下句
   麗 當此時爲侯國 漢光武帝 八年 高句麗王遣使朝貢 始見稱王"

할 필요가 있다. 임둔의 수현이었던 東暆縣은 덕원군 일대에서 찾는다.[42] 낙랑국은 낙랑군의 변두리이기는 하지만 이름으로 보았을 때 임둔이 있었던 동해안 일대에서 찾는 것은 한계가 있다. 또한 최리가 고구려를 북국으로 표현하였다는 점에서 낙랑국은 최소한 고구려 남쪽 세력임을 알 수 있다. 대략 낙랑국은 고구려의 남쪽, 옥저 부근, 낙랑군 변두리 지역에 위치한 세력이라 할 수 있다.

낙랑국은 낙랑군 변두리 세력으로 보인다는 점에서 일단 낙랑군 유적의 분포를 먼저 살필 필요가 있다. 평안·황해·함경도 일대에는 목곽묘·귀틀무덤·전실묘(벽돌무덤)·토성 등 漢式 문물이 출토되는 유적이 확인된다. 낙랑 유적은 평양시 락랑구역에서 집중적으로 출토되며, 인근의 사동구역·동대원구역·력포구역·중화군·강남군·상원군, 대동강 북안의 만경대구역·평천구역·룡성구역·삼석구역·순안구역, 대동강 동안의 승호구역·강동군 등 평양시 일원에 집중되어 있다. 이밖에도 남포시(강서구역, 룡강군), 온천군·대동군·평원군·청담구·안주시·순천시 등 평안남도 서쪽 일대, 황해남도 은률군·과일군·송화군·삼천군·안악군·신천군·재령군·신원군, 황해북도 황주군·연탄군·봉산군·은파군, 함경남도 함흥시·북청군·금야군 등에서 보인다. 청천강 부근과 평안남도 서·남부, 멸악산맥 북쪽의 황해도, 함흥 평야 일대 등이다. 청천강 일대를 제외한 평안북도 대부분, 함경남도 북청군 북쪽, 평안남도 동부 산간 지역은 낙랑 유적이 비어있음을 볼 수 있다. 대체로 낙랑 유적이 조사되지 않는 곳은 산간 지역이라는 특징을 지닌다. 평안도 일대는 안주시·순천시, 평양시 순안·삼석구역·강동군 선까지 낙랑 유적이 보일 따름이다. 안주시에서는 덕성동과 그 인근에서 여러 기의 전실묘가 조사되었고, 강동군에서는 강동읍(지례동) 일대에서 전실묘의 흔적이 조사된 바 있다. 순안구역 석암 야영소 일대와 삼석구역 광덕리에서도 전실묘가 확인된다. 한의 통치가 평야 지역을 중심으로 이루어졌음을 보여준다.

---

42) 李丙燾, 『韓國古代史研究』, 博英社, 1976, 196~198쪽.

표 1 북한 지역 낙랑군 유적 분포 상황[43]

평안남도	안주시 덕성동(전실묘), 청남구(舊안주시 입석면 내동리, 고분), 순천시(북창면, 벽돌), 평원군 청룡리(전실묘), 온천군 성현리(목곽묘, 전실묘, 토성)
남포시	강서구역 태성리(목곽묘, 귀틀묘, 전실묘), 룡강군 룡흥리(전실묘)·후산리(목곽묘)
평양시	락랑구역(목곽묘, 귀틀묘, 전실묘, 토성), 동대원구역 동대원리(목곽묘), 력포구역 장진리(전실묘)·대현동(전실묘), 사동구역 금탄리(전실묘)·리현리(전실묘)·미림동(벽돌), 만경대구역 룡산리(목곽묘)·대평동(전실묘), 룡성구역 룡추동(목곽묘), 순안구역 석암(벽돌), 은정구역 배산동(舊대동군 상리, 목곽묘), 삼석구역 광덕리(전실묘), 승호구역 봉도리(전실묘)·리천리(전실묘), 강남군 당곡리(벽돌)·룡포리(석곽묘), 중화군 마장리(목곽묘), 상원군 운구리(벽돌), 강동군 강동읍(지례동, 벽돌)
황해북도	황주군 순천리(목곽묘, 귀틀묘)·천주리(목곽묘)·선봉리(목곽묘)·금석리(목곽묘), 연탄군 금봉리(전실묘), 봉산군 봉산읍(벽돌)·묘송리(전실묘)·토성리(벽돌)·지탑리(토성, 벽돌)·송산리(목곽묘)·청룡리(목곽묘)·류정리(목곽묘), 은파군 초구리(목곽묘)·양동리(전실묘)·갈현리(목곽묘)·금대리(목곽묘)·옥현리(목곽묘), 서흥군 문무리(토광묘?)
황해남도	재령군 부덕리(목곽묘)·봉천리(벽돌)·삼지강리(목곽묘), 안악군 복사리(목곽묘)·로암리(전실묘)·오국리(벽돌)·류성리(벽돌), 신천군 신천읍(벽돌)·새길리(전실묘)·새날리(전실묘)·석당리(벽돌)·청산리(토성, 벽돌)·복우리(벽돌)·백석리(벽돌), 신원군 아양리(벽돌), 삼천군 고현리(벽돌)·추릉리(전실묘), 송화군 룡호리(전실묘), 과일군 신대리(전실묘), 운률군 운성리(목곽묘, 귀틀묘, 토성)·관산리(전실묘)
함경남도	금야군 새동리(토성), 북청군 하세리리(목곽묘), 함흥시 리화동(목곽묘)

43) 이 표는 오영찬의 「국립중앙박물관 소장 낙랑고분 자료와 연구 현황」에 제시된 '낙랑고분 조사 연표Ⅰ·Ⅱ'(『낙랑군 연구』, 사계절, 2006, 275~280쪽)를 기본으로 하고 『조선고고연구』 등에 실린 내용으로 보충하였다. 銘文 벽돌 자료는 『譯註 韓國古代金石文 제1권』(韓國古代社會研究所 編, 駕洛國史蹟開發研究院, 1992) 자료로 일부 보강하였다. 순천시, 청남구는 『樂浪郡時代の遺蹟』(關野貞 外, 朝鮮總督府, 1927, 11쪽), 평양시 석암은 석광준, 『각지고인돌무덤조사 발굴보고』(사회과학출판사, 2002), 강남군 룡포리는 김재용, 「룡포리돌곽무덤에 대하여」(『조선고고연구』 1998-2), 강동군 강동읍은 『朝鮮古蹟圖譜解說 一』,(朝鮮總督府, 1915, 8쪽), 신원군 아양리는 안병찬, 「장수산일대의 고구려유적유물에 대하여」(『조선고고연구』 1990-2), 서흥 문무리는 「평양부근과 황해남북도일대에서 알려진 좁은놋단검관계유물(과학,백과사전출판사, 『고고학자료집』 6, 1983)을 참고하였으며, 만경대구역 룡

이와 비교하여 살펴볼 필요가 있는 유적은 고구려 적석총이다. 적석총은 渾江, 압록강 일대의 桓仁 · 集安 · 만포 · 위원 · 초산 등에서 많이 확인되며 청천강 일대에서 가까운 평안북도 정주 · 태천 · 운산 · 구장, 자강도 희천 · 동신 · 송원 등에도 보인다.[44] 이밖에 평안남도 개천 · 순천 · 성천 · 북창 일대, 평양시 일

산리, 력포구역 대현동 · 양읍리, 동대원구역 동대원동, 사동구역 리현리 자료는 「조선력사유적유물 지명표(북반부편)(1)」(궁성희, 『조선고고연구』 1993-3), 평천구역 평천동, 삼석구역 광덕리, 중화군 룡산리, 상원군 은구리는 「조선력사유적유물 지명표(북반부편)(2)」(궁성희, 『조선고고연구』 1993-4), 금야군 새동리 귀틀묘는 「조선력사유적유물 지명표(북반부편 3)」(궁성희, 『조선고고연구』 1994-1), 평원군 청룡리는 「조선력사유적유물 지명표(북반부편 13)」(궁성희, 『조선고고연구』 1997-1), 룡강군 룡흥리는 「조선력사유적유물지명표(북반부편 16)」(궁성희, 『조선고고연구』 1997-4), 과일군 신대리는 「조선력사유적유물지명표(북반부편 17)」(궁성희, 『조선고고연구』 1998-3), 송화군 룡호리, 삼천군 고현리, 안악군 복사리, 신천군 새길리는 「조선력사유적유물지명표(북반부편 18)」(궁성희, 『조선고고연구』 1998-4), 재령군 삼지강리는 「조선력사유적유물지명표(북반부편 19)」(궁성희, 『조선고고연구』 1999-3)를 참고하였다. 이밖에 2006년 이후 자료는 다음 자료를 참고하였다. 지명은 가급적 북한에서 지금 사용하는 명칭을 사용하였다.
안춘성, 「승리동86호벽돌무덤 발굴보고」, 『조선고고연구』 2006-4 ; 안춘성, 「승리동95호벽돌무덤 발굴보고」, 『조선고고연구』 2007-4 ; 리영, 「정오동104호귀틀무덤 발굴보고」, 『조선고고연구』 2009-2 ; 김재용, 「승리동83호무덤 발굴보고」, 『조선고고연구』 2009-3 ; 리철민, 「정오동99호귀틀무덤 발굴보고」, 『조선고고연구』 2010-1 ; 지화산 · 차달만, 「리천리3호벽돌무덤 발굴보고」, 『조선고고연구』 2011-3 ; 리영, 「후산리나무곽무덤 발굴보고」, 『조선고고연구』 2012-1 ; 김대영, 「대평동벽돌무덤 발굴보고」, 『조선고고연구』 2012-1 ; 백남현, 「통일거리46호, 47호나무곽무덤 발굴보고」, 『조선고고연구』 2012-3 ; 고영남 · 안춘성, 「통일거리동57호벽돌무덤발굴보고」, 『조선고고연구』 2013-4 ; 고영남 · 백현남, 「통일거리동73호무덤 발굴보고」, 『조선고고연구』 2015-1 ; 안춘성 · 김정철, 「관문동 5호귀틀무덤 발굴보고」, 『조선고고연구』 2015-2 ; 안춘성 · 강영철, 「통일거리2동19호귀틀무덤 발굴보고」, 『조선고고연구』 2016-2 ; 차달만 · 고영남, 「동산동2호벽돌무덤 발굴보고」, 『조선고고연구』 2018-1 ; 차달만, 「리천리유적 제5지구 무덤발굴보고」, 『조선고고연구』 2018-3 ; 김영일 · 김광철, 「전진동6호벽돌무덤 발굴보고」, 『조선고고연구』 2018-3 ; 고영남 · 전광진, 「전진동2호벽돌무덤 발굴보고」, 『조선고고연구』 2018-4 ; 안춘성 · 김정철, 「전진동7호벽돌무덤 발굴보고」, 『조선고고연구』 2018-4.
44) 정찬영, 「기원 4세기까지의 고구려 묘제에 관한 연구」, 『고고민속론문집』 5, 사회과

대, 황해남도 신원군 장수산성과 대현산성 일대, 황해북도, 강원도 일대에서도 확인된다. 평양은 대성산 부근에서 무기단식·기단식 적석총이 조사되었고,[45] 대성구역 안학동,[46] 승호구역 금옥리에서도 조사되었다.[47] 손수호 논문에 따른 북한 지역 적석총(돌각담무덤)의 분포는 다음과 같다.

표 2 북한 지역 적석총 분포 상황

량강도	후창군 10여 기
자강도	만포시 711기, 시중군 716기, 위원군 1,400여 기, 우시군 833기, 초산군 1,083기, 송원군 120여 기, 고풍군 110여 기, 동신군 50여 기, 희천시 70여 기, 자성군 210여 기, 중강군 110여 기
평안북도	벽동군 300여 기, 창성군 220여 기, 삭주군 160여 기, 의주군, 피현군, 천마군, 운산군, 구장군, 구성시, 태천군, 정주군 각 60여 기
평안남도	개천시, 순천시, 성천군, 북창군 각 수백 기
평양시	평양시 일대 50여 기
황해북도	서흥군, 평산군 각 40여 기
강원도	평강군, 이천군 각 10여 기

이러한 적석총 중에서 상대적으로 남쪽에서 조사된 서흥군과 이천군에서는 기단식 적석총이 석실분과 함께 출토되어 늦은 시기 것으로 보인다. 평안남도 개천군에서도 기단식이 대부분이다. 북창군 송남과 매현리에서도 기단식이 확인되었지만 북창군 봉창리에서는 무기단식도 30기 가량 확인되었다.[48] 석실분

학출판사, 1973, 20~22쪽 ; 손수호, 「고구려돌각담무덤의 분포상 특징」, 『조선고고연구』 1998-3, 27쪽.
45) 손수호, 「고구려돌각담무덤의 분포상 특징」, 『조선고고연구』 1998-3, 30쪽 ; 최응선, 「대성산에서 처음으로 발굴된 횡혈식돌각담무덤」, 『조선고고연구』 2008-3, 38~40쪽.
46) 김사봉·최응선, 「안학동, 로산동 일대의 고구려무덤 발굴보고」, 『조선고고연구』 1988-4, 40쪽.
47) 리준걸, 「금옥리 고구려무덤떼에 대하여」, 『조선고고연구』 1995-3, 20~25쪽.
48) 정찬영, 「기원 4세기까지의 고구려 묘제에 관한 연구」, 『고고민속론문집』 5, 사회과

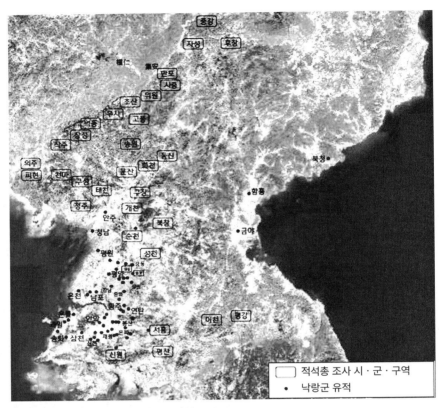

그림 1 북한 일대 적석총 및 낙랑군 유적 분포도

(벽화고분 포함)이 낙랑 유적 인근에서 확인되는 것과 달리[49] 적석총은 대체로 이와 구별되는 지역에서 출토된다는 특징을 보인다. 평양시에서도 낙랑 유적이 미흡한 대성산 일대에서 적석총이 주로 조사되었다. 무기단식 적석총은 고구려 고

    학출판사, 1973, 21~22쪽.

49) 고구려 벽화분, 석실분의 발굴 상황은 백종오 논문에 잘 정리되어 있다(「북한의 고구려 유적 연구 현황 및 성과」, 『정신문화연구』 31-1, 2008, 339~341쪽).

분 중 이른 시기로 편년된다는 점에서[50] 이러한 유적이 나오는 곳은 고구려가 일찍 진출한 곳임을 알 수 있다. 다만 평안남도 일대 적석총에 대한 발굴과 세밀한 편년이 이루어지지는 않았기 때문에 1세기 무렵 고구려의 진출을 파악하는 데 한계가 없지 않다.

이런 점에서 고구려 진출과 관련하여 주목되는 유적은 북창군 대평리 2지점 주거 유적이다.[51] 이 유적은 북창군 북창읍에서 2km 떨어진 대동강 기슭의 삼각주에 형성된 것이다. 1지점에서는 청동기시대 석관묘가 조사되었고, 2지점에서는 주거 유적 등이 조사되었다. 이 유적은 크게 3개 층으로 구분되는데, 정찬영은 아래층은 기원전 2~1세기, 가운데층은 기원 1~2세기, 위층은 3~4세기로 편년하였으며 모두 고구려와 밀접한 관련이 있는 것으로 보았다. 특히 아래층에서 조사된 작은 단지들은 로남리 유적 철기시대 층과 통하는 것으로 보았다.[52] 아래층은 녕변 세죽리 철기시대 층보다 늦은 것으로 보았는데, 여기서는 단철 제품이 출토되어 기원전 1세기를 상회하기는 어려워 보인다. 이 유적과 이 일대에서 조사되는 무기단식 적석총까지 고려하면 고구려가 일찍이 평안남도 동부 산간 지역까지 내려왔음을 확인할 수 있다.

평안남도 동부 산간 지역은 낙랑의 변두리, 옥저 인근, 고구려의 이른 진출 등이라는 특징이 확인된다. 이러한 점에서 최리 낙랑국은 이 일대에 있었을 가능성이 높다. 평안남도 동부 산간은 낭림산맥 · 북대봉산맥이 가로지르고 있기는 하나 동옥저가 있었던 함흥 일대에서도 멀지 않다.

『삼국사기』에 보면 3세기 이전부터 고구려 지역과 삼한 지역 주민이 서로 이

---

50) 정찬영은 강돌돌각담무덤은 기원전 2세기에서 기원 전후, 산자갈 돌각담무덤은 기원 후에서 4세기 이후까지 사용된 것으로 보았다(「기원 4세기까지의 고구려 묘제에 관한 연구」, 『고고민속론문집』 5, 사회과학출판사, 1973, 47쪽). 魏存成은 무기단 적석총을 기원전 1세기에서 기원후 5세기까지로 보았다(『高句麗 考古』, 吉林大學出版社, 1994, 53쪽).

51) 정찬영, 「북창군 대평리유적 발굴보고」, 『고고학자료집』 4, 1974, 140~156쪽.

52) 정찬영, 「북창군 대평리유적 발굴보고」, 『고고학자료집』 4, 1974, 155쪽.

동한 것을 확인할 수 있다. 백제 건국 과정에서 비류와 온조가 남하하였고,[53] 고구려 유리왕 때 대보 협보가 남한으로 달아났다.[54] 백제 온조왕 37년에는 한수 동북쪽 주민들이 대거 고구려로 도망하였으며,[55] 43년에는 남옥저 사람들이 백제에 귀부하였다.[56] 동천왕 때에는 고구려가 신라 북변을 공격하였다.[57] 양 지역 사이에 낙랑군이 있었다는 점에서 이러한 활동에는 제약이 따를 수밖에 없었다. 특히, 평안도 서부 지역은 청천강·대동강 하구가 위치하기 때문에 쉽게 통과하기도 어려웠다. 漢이 주민의 이동을 엄격히 통제하였던 점을 고려할 때[58] 이민족이 그들의 거주지를 그냥 통과하도록 하였다고 보기 어렵다. 큰 강을 건너기 위해서는 배가 필요하다는 점에서도 외지인의 이동은 제한적일 수밖에 없다. 반면 평안·황해도 동부는 산간 지역으로 통행을 방해하는 깊은 강도 없다. 이 지역은 낙랑 유적도 없어 낙랑군의 통제가 제대로 이루어지지 않았을 가능성이 높다.

후한은 광무제 때 전국적으로 도위를 폐지하면서 낙랑군 동부도위도 폐지하였다. 이후 다시 토착 거수들을 縣侯로 삼아 영동 지역을 후국으로 편제했다가 통치를 포기하였다.[59] 이 과정에서 고구려가 옥저를 병합하여 공물을 수취하였고[60] 漢末에 동예도 속국으로 삼았다.[61] 후한대 들어 한은 영동 지역에 대한 통

53) 『三國史記』 권23, 百濟本紀1, 溫祚王.

54) 『三國史記』 권13, 高句麗本紀1, 琉璃王 22년 12월.

55) 『三國史記』 권23, 百濟本紀1, 溫祚王 37년.

56) 『三國史記』 권23, 百濟本紀1, 溫祚王 43년 10월.

57) 『三國史記』 권17, 高句麗本紀5, 東川王 19년 10월.

58) 宋眞, 「漢代 通行證 制度와 商人의 移動」, 『東洋史學研究』 92, 2005, 80~92쪽.

59) 『三國志』 권30, 烏丸鮮卑東夷傳30, 東沃沮·濊.

60) 『三國志』 권30, 烏丸鮮卑東夷傳30, 東沃沮, "國小 迫于大國之間 遂臣屬句麗 句麗 復置其中大人爲使者 使相主領 又使大加統責其租稅 貊布魚鹽海中食物 千里擔負 致之"

61) 『三國志』 권30, 烏丸鮮卑東夷傳30, 濊, "漢末更屬句麗"

치를 완화했다가 포기해버린 것이다. 한은 군현을 설치한 지역에 대한 통치를 포기한 경우는 중국에 도움이 되지 않는 쓸모없는 땅이거나 토착민의 반란이 심했을 경우이다.[62] 토착민의 반발이 심한 곳이라 해서 무조건 포기하지는 않았으며 대부분 진압을 시도하였다.[63] 그런데 영동 지역은 漢에 대항하여 반란을 일으킨 기록이 없다. 한사군 설치 초기 夷貊의 침입으로 현토군의 치소를 옥저성에서 고구려 서북으로 옮긴 내용만 보인다.[64] 이로 보면 후한의 영동 지역 통치 포기는 이 지역 토착 세력의 반발 때문으로 보기 어렵다.

고구려가 평안남도 동부 산간 지역을 장악하게 되면 한은 조선현을 거쳐 백두대간을 넘어 영동 지역으로 관리를 파견하는 것이 불안하게 된다. 낙랑군 지역은 육로가 막히면 해로로 관리와 군사를 보낼 수 있지만 영동 지역은 육로 이외의 방안이 없다. 고구려가 이 지역 전체를 점유하고 있지 않더라도 소규모 군사 활동을 비정기적으로 벌이기만 해도 漢은 통행의 어려움을 겪을 수밖에 없는 것이다. 영동 지역을 후국으로 삼았다가 결국 통치를 포기한 것은 고구려의 진출을 고려하지 않을 수 없다.

『한서』에는 낙랑군에 25현이 전하나 본래는 그 이상이었을 것이다. 『茂陵書』에는 임둔과 진번에 각각 15현이 있었다고 전한다.[65] 소제 때 임둔 · 진번군을 파하고 낙랑 · 현토군에 병합하고 본래 현토군 치소였던 옥저는 낙랑군에 소속시켰다.[66] 임둔은 함경도 · 강원도 동해안, 진번은 황해도 일대로 보므

---

62) 김남중, 「韓-曹魏 전쟁과 韓 사회의 재편」, 『한국고대사탐구』 37, 2021, 182~183쪽.

63) 『後漢書』 南蠻西南夷列傳에 보면 武陵 · 交阯 · 日南 등의 蠻夷들이 반란을 일으킬 때마다 漢이 평정했던 것을 살필 수 있다.

64) 『三國志』 권30, 烏丸鮮卑東夷傳30, 東沃沮, "以沃沮城爲玄菟郡 後爲夷貊所侵 徙郡句麗西北 今所謂玄菟故府是也"

65) 『漢書』 권6, 武帝紀6, 元封 3년, "夏朝鮮斬其王右渠降 以其地爲樂浪臨屯玄菟眞番郡[臣瓚曰 茂陵書臨屯郡治東暆縣 去長安六千一百三十八里 十五縣 眞番郡治霅縣 去長安七千六百四十里 十五縣]"

66) 『後漢書』 권85, 東夷列傳75, "武帝滅朝鮮 以沃沮地爲玄菟郡 後爲夷貊所侵 徙郡

로[67] 사실상 임둔·진번군은 낙랑군에 포함되었다. 이로 보면 소제 이후의 낙랑 군은 30현이 넘어야 하나 『한서』에는 25현뿐이다. 현토군도 3현뿐이다. 이는 많은 현들이 편제되지 않았음을 의미한다. 한은 박천·녕변 이북이나 멸악산맥 이남 등 통치에 어려움이 있는 지역을 제외시켰을 가능성이 있다. 평안남도 동부지역도 박천·녕변 이북과 마찬가지로 산간 지역이라는 점에서 한 입장에서는 통치에 어려움을 겪을 수 있는 곳이다.

낙랑군에 설치된 현 중에서 평안남도 동부로 비정되는 현으로는 呑列이 있다. 탄열에는 列水가 나오는 分黎山이 있었던 것으로 나오는데,[68] 점제현신사비 출토지를 통해 점제현은 용강 일대, 열수는 대동강으로 본다.[69] 탄열은 대동강의 발원지라는 점에서 평안북도 녕원군[70]으로 본다. 다만 낙랑 유적이 주로 평지 쪽에 위치하는 것으로 볼 때 좀 더 하류인 개천·순천·강동 일대일 수도 있다. 탄열은 『한서』에는 보이나 『후한서』에는 보이지 않는다. 대신 『후한서』에는 樂都縣이 보인다. 『후한서』 군국지 서문에서는 이전 책에 보이나 실리지 않은 것은 광무제가 병합하여 없앤 것이며 이전에 없던 것은 뒤에 설치한 것이라 하였다.[71] 이로 보면 단순히 탄열이 낙도로 이름이 바뀌었다기보다는 탄열이 사라지고 낙도가 새로 설치되었음을 알 수 있다. 낙도는 '樂浪 都邑'의 의미를 담고 있다. 낙랑군의 치소는 조선현이었으므로 낙도라는 표현을 쓸 수 있는 곳은

於高句驪西北 更以沃沮爲縣 屬樂浪東部都尉 … 至昭帝始元五年 罷臨屯眞番 以 幷樂浪玄菟 玄菟復徙居句驪”

67) 李丙燾, 『韓國古代史硏究』, 博英社, 1976, 117~129쪽, 195~208쪽.

68) 『漢書』 권28下1, 地理志8下1, 樂浪郡, “呑列 分黎山 列水所出 西至黏蟬入海 行 八百二十里”

69) 李丙燾, 『韓國古代史硏究』, 博英社, 1976, 146~147쪽.

70) 李丙燾, 『韓國古代史硏究』, 博英社, 1976, 151쪽 ; 苗威, 『樂浪硏究』, 高等敎育出版 社, 2016, 108쪽.

71) 『後漢書』 志19, 郡國1, “凡前志有縣名 今所不載者 皆世祖所幷省也 前無今有者 後 所置也”

조선현이어야 할 것이다. 그런데 낙랑군 변두리에 있던 지역에 이러한 명칭이 부여된 것이다.

『삼국사기』에는 낙랑국 사람 5천 명가량이 고구려에 멸망한 이후 신라로 내려간 것으로 전한다.[72] 멀리 신라까지 망명할 정도라면 가까운 낙랑군으로도 망명한 자들이 있었을 법하다. 낙랑 도읍의 의미를 지닌 낙도현은 군현으로 망명해 온 낙랑국 주민들을 편제하면서 만든 현이 아닐까 한다. 이 과정에서 탄열을 鄕으로 낮추어 낙도현에 편입하면서 『후한서』에 탄열 대신 낙도현이 보이는 것이다.[73] 『삼국사기』에서 대무신왕 20년(37)에 낙랑이 고구려에 멸망하자[74] 7년 뒤(44)에 한이 살수(청천강) 이남의 땅을 빼앗아 군현을 설치했다고 하였는데,[75] 고구려가 복속한 곳이 낙랑국이었다는 점에서 이 기사는 낙랑국 지역에 대한 편제로 보인다. 평안북도 동부 산간도 청천강 남쪽이라는 범주에 들어가므로 한이 살수 남쪽을 군현으로 삼았다는 내용과 배치되지 않는다.

이러한 낙랑국이 그 이전부터 한의 통제 아래에 있었는지는 불분명하다. 초원 4년 호구부에 탄열현은 1,988호 16,330명이었다. 신라로 갔다고 전하는 5천의 낙랑국 주민은 탄열현의 1/3 수준이다. 신라로 간 주민이 낙랑국 사람의 다수라고 단정할 수 없다는 점에서 5천은 탄열현 규모에서 볼 때에 많은 편이다. 그러나 한이 토착 세력을 정확히 파악하고 있었다고 볼 수는 없다. 이와 비교해 볼 수 있는 것은 夫租이다. 초원 4년 호구부에 부조는 1,150호였다. 부조는 옥저로 보는데,[76] 『삼국지』 동옥저전에 동옥저는 5천 호로 전한다. 3백여 년 만에

72) 『三國史記』 권1, 新羅本紀1, 儒理尼師今 14년.

73) 탄열을 낙랑국과 연관시킨 연구자로는 강종훈이 있는데, 청천강 상류의 희천과 영원 일대로 보았다(강종훈, 「『삼국사기』 고구려본기에 실린 '낙랑(樂浪)'관련기사의 독법」, 『한국고대사를 바라보는 다양한 시선』, 진인진, 2021, 108~110쪽).

74) 『三國史記』 권14, 高句麗本紀2, 大武神王 20년, "王襲樂浪 滅之"

75) 『三國史記』 권14, 高句麗本紀2, 大武神王 27년 9월, "漢光武帝遣兵渡海伐樂浪 取其地爲郡縣 薩水已南屬漢"

76) 李丙燾, 『韓國古代史硏究』, 博英社, 1976, 206~207쪽.

4.3배가 증가한 셈이다. 반면 『후한서』에는 낙랑 18현의 호구는 61,492호로 전한다.[77] 초원 4년 호구부에 영동 7현을 제외한 낙랑군 호구가 37,239호였으므로, 2백여 년간 1.7배가 증가했을 따름이다. 이로 보면 초원 4년 호구부에는 파악되지 않은 옥저인들이 많았음을 알 수 있다. 수치로 볼 때 절반 이상이 파악되지 않았다고 할 수 있다. 통치에 어려움이 있는 지역에 거주하는 토착민은 제대로 호구 파악이 이루어지지 않았던 것이다. 평안남도 동부 산간 지역에 있었던 낙랑국의 경우도 낙랑군에서 호구를 제대로 파악하였다고 보기 어렵다. 즉 낙랑국은 본래 탄열현 외곽에 있으면서 한의 느슨한 통제 아래에 있었던 세력이 아닐까 한다. 그러다가 고구려에 도읍이 함락되면서 일부는 남쪽으로 망명하고 일부는 낙랑군으로 들어가 보호를 받고자 하였다고 할 수 있다. 낙랑군은 이들을 적극 포섭하고자 탄열 대신 낙도를 중심으로 평남 동북부 일대를 재편한 것이다.

III. 낙랑국과 낙랑 조선의 관계

낙랑군이 설치되었던 한반도 북부 지역에는 최소한 청동기시대 이래로 거주했던 토착 세력도 있었고 중국 동북 지역에서 이주한 예맥계 주민도 있었다. 또한 낙랑군에는 이주 漢人들도 거주했다. 최리 낙랑국은 낙랑으로만 표현되어 있기 때문에 구체적으로 어떤 세력인지 명확히 파악하기 어렵다.

지리적 위치로 볼 때 낙랑국은 낙랑의 변두리 세력이다. 낙랑군 유적이 주로 출토되는 지역에서 비껴나 있다는 점에서 토착 세력이 다수를 점하는 세력으로 보인다. 물론 녕원군 온양리, 덕천시 청송동 일대에서 전국 燕의 명도전 관련 유

---

77) 『後漢書』志23, 郡國5, "樂浪郡 … 十八城 戶六萬一千四百九十二 口二十五萬七千五十"

적이 조사되었다는 점에서[78] 평남 동부 산간 지역에 중국계 주민의 이주 흔적도 확인된다. 다만 낙랑군 유적은 강동군-순천시-안주시 서쪽, 녕변군 남쪽에서 주로 보인다는 점에서 낙랑군 설치 이후 중국계 주민이 평북 및 평남 동부 산간 일대에서 주도적인 위치에 있었다고 보기 어렵다. 북한 지역에서 명도전은 자강도 자성군 서해리, 전천군 전천읍 · 중암리 · 길상리, 시중군 로남리, 위원군 룡원리, 룡림군 룡문리, 고풍군 고풍읍, 희천군 청상리 · 부흥리, 평안북도 동창군 리천리, 구장군 도관리, 녕변군 세죽리, 철산군 등곶 · 가도 등 자강도, 평안북도[79] 산간 지역에서 많이 조사되었다. 이러한 지역 역시 낙랑 군현 유적이 이어지지는 않는다.

청동기시대 대표적인 유적인 고인돌은 북한 일대에서 2만 기 이상이 조사되었다.[80] 대체로 평안남도와 황해도, 강원 서부 일대에 집중되어 있으며, 평안북도 · 량강도 · 자강도와 함경도 · 강원도 일대 동해안 지역에서도 간헐적으로 확인된다. 평안남도와 황해도 일대는 넓게 확인되기는 하나 대체로 동부 지역에 집중되어 있는 양상을 보인다.

고인돌은 평양시의 경우는 대동강 북안의 순안구역과 동안의 강동군, 상원군에서 많이 조사되었는데, 순안구역에서 540여 기, 강동군에서 2천여 기, 상원군에서 1천여 기가 조사되었다. 강남군 해압산 일대에서도 150여 기가 조사되었다. 남포시는 룡강군 석천산 일대에서 230여 기(500여 기라는 언급도 있음)가 조사되었다. 평안남도 지역에서는 동부의 신양, 성천에 집중되어 있는데, 신양군에서 2,030여 기, 성천군에서 1,600여 기가 조사된 것으로 전한다. 인근의 맹산

---

78) 온양리에서는 명도전, 안양포, 택양포, 양평포 등이, 청송동에서는 명도전, 쇠도끼, 쇠낫 등이 조사된 바 있다(궁성희, 「조선력사유적유물지명표(북반부편 10)」, 『조선고고연구』 1996-2, 47~48쪽).

79) 정찬영, 「기원 4세기까지의 고구려 묘제에 관한 연구」, 『고고민속론문집』 5, 사회과학출판사, 1973, 62쪽.

80) 석광준, 『조선의 고인돌무덤 연구』, 중심, 2002, 12쪽.

군에서도 많은 수가 확인되었다. 이밖에 개천 묵방리에서 50여 기, 북창 룡산리에서 80여 기가 확인되었다. 평안남도 서부의 경우 숙천·평원·증산·평성 등에서 50여 기 정도 확인되어 동부 지역만큼 집중되어 있지는 않다. 황해북도 지역은 연탄·황주군에서 집중적으로 조사되었다. 황해남도 지역은 은천군에서 320여 기가 조사되었고, 룡연군에서 210여 기, 배천군에서 120여 기가 조사되었다. 이밖에 안악·신천·은률·송화·벽성·해주 등에서는 수십 기씩 조사되었다. 은천과 안악 동부 지역, 룡연 일대에 약간 집중되어 있는 모습을 보인다. 강원도 서부는 판교·이천·철원에서 집중적으로 조사되었다.

표 3 북한 지역 고인돌 유적 분포 상황[81]

자강도	동신군	동신읍, 온사리, 경흥리 고인돌(북6)
평안 북도	염주군	룡흥리(북9)
	피현군	동상리 3기(석)
	운산군	조양리, 제인리(북9)
	향산군	향산읍(북10)
	구장군	가좌리, 상로리, 수구리(북8)
	녕변군	오봉리, 팔원(북8)
평안 남도	안주시	송암리 3기(북13)
	숙천군	50여 기, 쌍운리 8기, 룡덕리 1기, 운정리 14기, 검산리 12기, 평산리, 송덕리(석)
	평원군	룡이리 10기, 원암리 50여 기, 원화리 20여 기, 덕포리 3기+傳12여 기(사15), 원리 7기(석)
	대동군	덕화리(북10)
	증산군	국녕동 14기, 광제리 3기, 석다리 14기, 룡덕리 7기+傳여러 기(사15), 증산읍 극내동, 락생리(북13)
	온천군	금당리 3기(16-3), 룡월리, 성현리(북13)
	순천시	내남리, 동암동, 북창리(북12)
	평성시	50여 기, 삼화동 2기, 자모리 11기, 자산리, 평성 시내, 리과대학 주변 등(석), 고천리, 덕산동 2기, 오리동, 옥전동 49기, 화포리 오탄, 화오마을 고인돌(북10)
	녕원군	도삼리, 룡대리(북10)

	맹산군	수전리 4기, 송광리 30여 기, 주포리 37기, 인흥리 35기(석), 맹산읍, 기양리, 룡암리, 장동리(북11)
	덕천시	남양동 3기(북10)
	개천시	묵방리 50여 기(사15), 내동리(북10)
	북창군	룡산리 80여 기, 대평리 2기(사15), 상하리, 신평리(북12)
	신양군	2,030기, 신양읍 와동 24기, 문명리 음병 20여 기, 양병 5기, 백석리 17기, 창계리 덕진 7기, 지경동 8기(석), 관성리, 인평, 장산리 4기(북12)
	양덕군	태흥리(북13)
	성천군	1,600여 기, 군자구 5기, 거흥리 60여 기, 금평리 80여 기, 백원리 70여 기(석), 룡산리, 류동리, 삭창리, 삼덕리, 온정리, 장상리(북12)
남포시	강서구역	덕흥동, 약수리 2기, 천산리 2기, 태성리 100여 기(북16)
	룡강군	석천산 일대 229기(석)/500여 기(북16), 룡흥리(북16)
평양시	순안구역	540여 기, 오산리 55기 이상, 구서리 9기, 석암야영소 19기, 동산리 일대(사15), 택암리 4기(15-2), 호남리 3기(10-1)
	만경대구역	만경대동, 삼흥동 지구 등 20여 기(17-3)
	서성구역	와산동(북2)
	강동군	2,000여 기, 문흥리 140여 기, 송석리 400여 기, 화강리 60여 기, 구빈리 70여 기(사15), 강동읍, 란산리, 향단리(북2)
	중화군	어룡리 9기(10-4), 마장리(북2)
	강남군	해압산 일대 150여 기(사15) 中 신흥리 50여 기(00-4)
	상원군	룡곡리 250여 기, 대흥리 150여 기, 전산리 280여 기(석), 번동 47기(傳 140여 기), 장리 270여 기, 중리 60여 기(사15), 귀일리 4기(傳10여 기)(96-3), 장리 왁새봉(05-1) 5기, 로동리 7기(11-3), 령천리, 사기리, 식송리 12기, 장항리 3기(북2)
	승호군	광정리 여러 기(16-2)
황해북도	연탄군	연탄읍 260여 기, 두무리 500여 기, 창매리 150여 기 이상, 봉재리 19기, 풍답리 34기(석), 오덕리 350여 기, 송죽리 1기(傳10여 기), 성매리 31기, 신금리 50여 기(사16)
	황주군	침촌리 560여 기(사16)
	사리원시	경암동 1기, 원주동 1기(석), 해방동 2기, 광성동 25기(사16)
	봉산군	토성리 75기, 관정리 3기(석)
	신계군	지석리 79기(傳 300여 기)(04-2)
	금천군	강남리 5기(11-1)

황해남도	은천군	정동리 267기(석)/600여 기(13-3), 남산리 44기(석), 덕양리 1기(88-2), 은천읍, 학월리(북19)
	안악군	판륙리 30여 기, 한월리 6기, 룡산리 4기(석), 로암리 30여 기(사16), 안악읍, 금강리 5기, 오국리 12기(북18)
	삼천군	군산리 3기(석), 고현리 3기, 석관동 4기, 하검동 2기(북18)
	신천군	서원리 5기, 우룡리 3기, 근로자리 17기, 복우리 2기(석)
	재령군	서림리, 신환포리(북19)
	신원군	운양리(북18)
	은률군	관산리 수십 기(28기 이상)(석), 산동리, 서곡리, 은혜리(북19)
	송화군	구탄리 5기, 원당리 34기(북18)
	과일군	장암리 2기, 천남리(북17)
	장연군	락연구 3기(석), 박산리, 삼산리 6기, 석장리, 청계리, 추화리, 학림리 (북19)
	룡연군	곡정리 47기, 가평리 11기, 구미리 45기, 평촌리 65여 기(석), 석교리 40여 기(사16), 룡연읍, 근록리 6기, 룡정리, 원천리(북17)
	태탄군	수동리 2기(북19)
	옹진군	로호리, 룡천리, 삼산리, 장송리(북19)
	벽성군	내호리 13기, 간촌, 도현리, 옥정리(북17)
	해주시	신광리, 영양리 10기, 장방리(북17)
	청단군	덕달리, 영산리, 흥산리(북19)
	연안군	도남리, 와룡리(북19)
	봉천군	신답리(북17)
	배천군	룡동리 80여 기, 창포리 43기(석), 배천읍, 대아리(북17), 화산리(북18)
량강도	풍서군	신명리 12기(석)
함경북도	어랑군	수남리 1기(석)
	화성군	화룡리 7기(석), 룡덕리(북4)
	길주군	평륙리 1기, 문암리 3기(석), 온천리 6기(북3)
	김책시	덕인리 6기, 옥천리(사16), 동흥리(북3)
함경남도	단천시	57기, 백산리 5기(석), 광천동 5기, 덕주리 4기, 마천령, 룡연리, 복평리 5기, 쌍룡리(북5)
	허천군	포월촌 1기, 상농 10기(석)
	덕성군	동중리, 중동리 3기(북5)
	북청군	죽상리 대벌중촌, 송정암 2기, 토성리 10기(북5)
	신포시	신풍리(북5)

	금야군	룡상리, 비단리(북5)
	고원군	다천리, 신창리(북5)
강원도	안변군	풍화리(북14)
	고성군	삼일포리, 장포리(북14)
	금강군	순갑리, 현리(북14)
	창도군	사동리, 지석리(북15)
	법동군	로탄리(북14)
	판교군	지하리 142여 기, 군한리, 명덕리, 사동리, 천암리, 상린원리, 하린원리, 구당리(사16), 판교읍, 구당리 8기, 구봉리 6기, 군한리 19기(북15)
	이천군	121기, 성북리 22기, 신흥리 26기, 룡정리 20기, 우미리 25기, 산참리 28기(석), 문동리, 신당리 8기(북14)
	철원군	50기, 화식점리 3기, 저탄리 30여 기, 류대포리 4기(석), 철원읍, 문암리 33기, 월암리 20기(북15)

---

81) 이 표는 현재까지 알려진 자료를 중심으로 정리하였다. 평양 승호구역에서도 고인 돌이 여러 기가 있는 것으로 전하나 구체적인 규모를 밝힌 자료가 없어 이 표에서 는 제시하지 못하였다. 석광준, 『각지고인돌무덤조사 발굴보고』(사회과학출판사, 2002)(석)를 중심으로 하여 『조선고고학전서 15(고대편 6) 북부조선지역의 고인돌 무덤(1)』(사회과학원 고고학연구소, 진인진, 2009)(사15), 『조선고고학전서 16(고대 편 7) 북부조선지역의 고인돌무덤(2)』(사회과학원 고고학연구소, 진인진, 2009)(사 16)와 아래의 『조선고고연구』에 실린 자료를 참조하여 작성하였다.
라명관, 「약사동 고인돌발굴보고」, 『조선고고연구』 1988-2(88-2) ; 차달만, 「상원군 귀일리 2호고인돌무덤에 대하여」, 『조선고고연구』 1996-3(96-3) ; 차달만, 「강남군 신흥리고인돌무덤에 대하여」, 『조선고고연구』 2000-4(00-4) ; 로철수, 「신계군 지석 리고인돌무덤 발굴보고」, 『조선고고연구』 2004-2(04-2) ; 한인덕, 장철만, 「장리 왁 새봉고인돌무덤떼 발굴보고」, 『조선고고연구』 2005-1(05-1) ; 박철, 「표대유적에서 발굴된 고인돌무덤」, 『조선고고연구』 2010-1(10-1) ; 최응선, 「어룡리고인돌무덤 발 굴보고」, 『조선고고연구』 2010-4(10-4) ; 로철수, 「강남리고인돌무덤 발굴보고」, 『조 선고고연구』 2011-1(11-1) ; 고영남, 「로동리고인돌무덤 발굴보고」, 『조선고고연구』 2011-3(11-3) ; 성철, 「정동리유적 고인돌무덤의 분포상특징」, 『조선고고연구』 2013-3(13-3) ; 김영근, 리경일, 「택암리일대 고인돌무덤발굴보고」, 『조선고고연구』 2015-2(15-2) ; 리명철, 「황해북도 승호군 광정리에서 새로 알려진 좁은놋단검」, 『조선고 고연구』 2016-2(16-2) ; 강영철 · 김정철, 「남포시 온천군 금당리일대 고인돌무덤발

이러한 고인돌 유적의 분포 양상은 세형동검 관련 유적(세형동검, 세형동모, 한국식 동과, 다뉴경 등 출토 유적)과 일치하지는 않는다. 세형동검 관련 유적은 평안남도 동부 산간 지역에서는 傳맹산 조문경 용범, 傳성천 출토 조문경, 성천 백원리 고인돌에서 출토된 세형동검 정도가 보일 따름이며, 대체로 평양·남포시와 대동·평성 등 서쪽 지역에서 주로 출토되었다. 황해도 일대의 경우 개성시와 연안·배천 등 황해남도 남부 해안 일대, 서흥·봉산·재령·신천 일대에서 출토되었다. 황주·은률군은 주로 낙랑군 유적에서 세형동검 관련 유물이 출토되었다. 세부적으로 봐도 평양시의 경우 순안구역·강동군·상원군 일대가 고인돌이 많이 조사되었으나 순안구역 두 곳에서만 세형동검, 조문경 등이 조사되었을 따름이며, 오산리 유적에서는 고인돌에서 세형동검이 나왔다. 황해남도 서·남부에서는 룡연·배천군이 그나마 고인돌이 조사되었는데, 배천군에서만 세형동검이 조사되었다. 연안·배천·개성은 세형동검 관련 유적이 많은 편이

굴보고(1)」, 『조선고고연구』 2016-3(16-3) ; 심철·윤송학, 「만경대구역일대의 고인돌무덤 발굴보고」, 『조선고고연구』 2017-3(17-3) ; 궁성희, 「조선력사유적유물 지명표(북반부편)(2)」, 『조선고고연구』 1993-4(북2) ; 궁성희, 「조선력사유적유물 지명표(북반부편 3)」, 『조선고고연구』 1994-1(북3) ; 궁성희, 「조선력사유적유물 지명표(북반부편)(4)」, 『조선고고연구』 1994-2(북4) ; 궁성희, 「조선력사유적유물 지명표(북반부편)(6)」, 『조선고고연구』 1995-1(북6) ; 궁성희, 「조선력사유적유물 지명표(북반부편)(8)」, 『조선고고연구』 1995-3(북8) ; 궁성희, 「조선력사유적유물 지명표(북반부편)(9)」, 『조선고고연구』 1995-4(북9) ; 궁성희, 「조선력사유적유물 지명표(북반부편)(10)」, 『조선고고연구』 1996-2(북10) ; 궁성희, 「조선력사유적유물 지명표(북반부편)(11)」, 『조선고고연구』 1996-3(북11) ; 궁성희, 「조선력사유적유물 지명표(북반부편)(12)」, 『조선고고연구』 1996-4(북12) ; 궁성희, 「조선력사유적유물 지명표(북반부편)(13)」, 『조선고고연구』 1997-1(북13) ; 궁성희, 「조선력사유적유물 지명표(북반부편)(14)」, 『조선고고연구』 1997-2(북14) ; 궁성희, 「조선력사유적유물지명표(북반부편)(15)」, 『조선고고연구』 1997-3(북15) ; 궁성희, 「조선력사유적유물지명표(북반부편 16)」, 『조선고고연구』 1997-4(북16) ; 궁성희, 「조선력사유적유물지명표(북반부편 17)」, 『조선고고연구』 1998-3(북17) ; 궁성희, 「조선력사유적유물지명표(북반부편 18)」, 『조선고고연구』 1998-4(북18) ; 궁성희, 「조선력사유적유물지명표(북반부편 19)」, 『조선고고연구』 1999-3(북19).

나 고인돌은 조사된 것이 그리 많지 않다. 남포시와 평성시 일대가 그나마 고인돌과 세형동검 관련 유적이 어느 정도 나온 편이다.

표 4 북한 지역 세형동검 관련 유적 분포 상황[82]

자강도	희천시 송정(검)
평안북도	곽산군 초장리(검), 의주시 홍남리(검)
평안남도	안주시 룡흥리(검), 문덕군(검), 순천시(모), 평원군 신송리(검 등), 대동군 반천리(검, 정 등), 마산리(검 등), 연곡리(검, 모), 증산군 증산읍(검, 정 등), 평성시 경신리(모), 자모리(검), 자산리(검), 성천군 백원리(검 등), 傳성천(조), 傳맹산(조문경 용범)
남포시	룡강군 후산리(검+철, 거 등), 강서구역 태성리(검, 모+철, 거 등), 수산리(모), 덕흥리(검)
평양시	순안구역 신성동(변, 조 등), 오산리(검 등), 은정구역 배산동(舊대동군 상리, 검+철, 거 등), 삼석구역 도덕리(검), 장수원동(모), 룡성구역 룡추동(검+일산대꼭지 등), 평천구역 평천동(검, 모), 대성구역 고산동(모), 형제산구역 신미리(검 등), 천남리(검, 경), 만경대구역 룡악산(검), 룡산리(검+철, 거 등) 평양역(검), 락랑구역 석암리·정백동·토성리·정오동·낙랑동·원암리(검, 모, 과, 경+철, 거 등), 력포구역 장진동(검, 모 등), 선교구역 선교동(검, 모), 사동구역 미림동·장천동·리현리(검, 모 등), 대동강구역 문수동(과), 승호군 광정리(검), 중화군 금산리(모), 마장리(검), 傳중화(조), 강남군 동정리(검), 신흥리(검 등), 傳평양(조)
황해북도	황주군 흑교리(검, 모+거 등), 천주리(검+거 등), 금석리(검+철, 거 등), 청룡리(검+거 등), 봉산군 도마산(검), 송산리(검, 정 등), 은파군 갈현리(검, 모+철, 거 등), 서흥군 천곡리(검 등), 문무리(검+일산꼭지), 신계군 정봉리(검, 모 등), 금천군 양합리(검)
황해남도	은률군 운성리(검, 모+철, 거 등), 안악군 로암리(검), 신천군 청산리(검), 석당리(검, 과), 룡산리(검, 정), 재령군 부덕리(검, 모+철, 거 등), 삼지강리(검+거 등), 벽성군 제1건설대(검, 모), 연안군 오현리(검, 모), 연안읍(검, 모), 부흥리 금곡동(모), 소아리(조), 배천군 일곡리(검), 석산리(검, 과 등)
개성시	개풍군 개풍읍(검), 해평리(검), 판문군 월정리(검), 삼봉리(검, 모), 대련리(검), 장풍군 국화리(과)
함경북도	온성군 강안리(검), 청진시
함경남도	북청군 하세동리(검, 모, 과+거 등), 청해토성(검), 토성리(검, 과), 영광군 풍호리(검), 함흥시 리화동(검, 모, 과, 정 등), 차마동(과), 지장동(검), 호상동(검), 송해리(과), 당보1동(검+철), 영광동(검), 함주군 조양리 우개골·탑골(검, 모, 과 등), 대성리(검, 과), 고원군 미둔리(모), 금야군 련동리(검), 진수리(검), 새동리(舊룡강리, 검+철, 거 등)
강원도	문천군 남창리(검, 과), 통천군 통천읍(동검 용범), 하수리(검 등)
검-세형동검, 모-세형동모, 과-한국식동과, 조-조문경, 정-정문경, 경-동경, 변-변형비파형동검, 철-철제 무기, 거-거마구[83]

82) 북한 일대 세형동검, 세형동모, 한국식 동과, 다뉴경이 조사된 유적을 중심으로 정리
하였다. 趙鎭先, 「北韓地域 細形銅劍 文化의 發展과 性格」의 표1·2(『韓國上古史
學報』 47, 2005, 61~64쪽)를 기본으로 작성하였으며, 빠진 내용은 『조선고고연구』
등을 참조하여 보충하였다. 희천시 송정은 박철, 「자강도일대에서 처음으로 알려진
좁은놋단검」(『민족문화유산』 2017-1), 곽산군 초장리, 의주군 홍남리, 안주시 룡흥
리는 사회과학원 고고학연구소, 「조선서북지역에서 알려진 고대 청동단검」(『조선고
고연구』 2016-1), 성천군 백원리는 성철, 「백원로동자구9호고인돌 무덤 발굴보고」
(『조선고고연구』 2004-3), 룡강군 후산리는 리영, 「후산리나무곽무덤 발굴보고」(『조
선고고연구』 2012-1), 순안구역 신성동은 「순안구역 신성동에서 새로 발굴된 고조선
시기의 돌곽무덤」(『조선고고연구』 2004-1), 대동강구역 문수동은 송순탁, 「새로 알
려진 고대시기유물」(『조선고고연구』 1997-3), 승호군 광정리는 리명철, 「황해북도
승호군 광정리에서 새로 알려진 좁은놋단검」(『조선고고연구』 2016-2)을 참고하였
다. 룡성구역 룡추동, 만경대구역 룡산리, 력포구역 장진동는 「조선력사유적유물 지
명표(북반부편)(1)」(궁성희, 『조선고고연구』 1993-3), 평천구역 평천동, 형제산구역
신미리, 천남리, 선교구역 선교동, 중화군 마장리, 강남군 신흥리는 「조선력사유적
유물 지명표(북반부편)(2)」(궁성희, 『조선고고연구』 1993-4), 온성군 강안리는 「조선
력사유적유물 지명표(북반부편 3)」(궁성희, 『조선고고연구』 1994-1), 대동군 마산리,
평성시 자모리, 자산리는 「조선력사유적유물 지명표(북반부편)(10)」(궁성희, 『조선
고고연구』 1996-2), 증산군 증산읍은 「조선력사유적유물지명표(북반부편 13)」(궁성
희, 『조선고고연구』 1997-1), 통천군 하수리는 「조선력사유적유물지명표(북반부편)
(15)」(궁성희, 『조선고고연구』 1997-3), 재령군 삼지강리는 「조선력사유적유물지명
표(북반부편 19)」(궁성희, 『조선고고연구』 1999-3), 개풍군 해평리, 판문군 대련리는
「조선력사유적유물지명표(북반부편 21)」(궁성희, 『조선고고연구』 2000-2)를 참조하
였으며, 문덕군, 청진시, 금야 진수리는 『조선유적유물도감2』(《조선유적유물도감》
편찬위원회, 동광출판사, 1990, 257~259쪽)를 참조하였다.

83) 낙랑 유적의 철제 무기(鐵劍, 鐵戈 등)와 車馬具는 주로 낙랑군 설치 이후의 유물이
다. 중국 내에서 강철제 劍, 刀가 전한 중·후기에 널리 보급되기 시작한다는 점에서
강철제 무기는 낙랑 설치 이후로 보인다(李南珪, 「1~3세기 낙랑지역의 금속기 문화
-鐵器를 중심으로-」, 『한국고대사논총』 5, 1993, 225~227쪽 ; 「韓半島 初期鐵器文化
의 流入 樣相 -樂浪 설치 以前을 중심으로-」, 『韓國上古史學報』 36, 2002, 40~41쪽).
또한 그동안 非漢式 거마구로 인식되었던 낙랑 지역의 乙字形銅器 등은 전한 중기
이후의 雙轅車 관련 도구로 낙랑군의 영향을 받은 漢式 거마구로 파악되었다(孫璐,
「韓半島 北部地域 車馬具의 등장과 性格」, 『韓國上古史學報』 76, 2012, 100~103쪽).

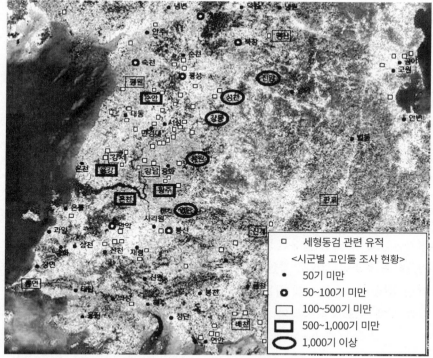

그림 2 북한 일대 고인돌 및 세형동검 관련 유적 분포도

이러한 분포로 보면 세형동검 관련 세력과 고인돌 축조 세력이 어느 정도 거주지를 달리했던 것으로 보인다. 평안남도 일대의 경우 맹산·성천·평양 순안구역 등에서 조문경 등 초기 세형동검 단계 유물이 주로 나올 따름이며, 황해도지역은 낙랑군 시기 유물이 나오는 황주를 제외하면 고인돌 집산지와 세형동검관련 유적이 구분되는 양상을 보인다.

이렇게 분포 차이를 보이는 것은 세형동검 관련 유적을 남긴 사람들이 기존의 고인돌 축조 세력을 완전히 몰아내고 북한 일대에 정착한 것이 아니라 거주지를 약간 달리하며 공존했음을 시사한다. 성천군 백원 노동자구, 평양시 순안구역 오산리, 봉산군 도마산 등에서 고인돌 유적에서는 세형동검이 출토되었으며, 순안구역 오산리 담화골·석암·구서리 고인돌 유적 등에서는 점토대토기, 흑도장경호 등이 출토되었다.[84] 평양 승호군 광정리에서는 고인돌 무덤이 많이 분포한 곳에서 세형동검이 수습되었다.[85] 고인돌과 같은 시기에 석관묘·석곽묘 등도 축조되었는데, 서흥 천곡리 석관묘에서는 세형동검, 철제 十字形 검병두식, 삼각편평석촉 등이 출토되었다.[86] 최근 고인돌이 집중되어 있는 전남 동부 지역의 고인돌 하한은 기원후 1·2세기까지 내려 보는 것을 고려하면[87] 서북한의 동부 지역도 늦게까지 고인돌·석관묘가 축조되었을 가능성이 없지 않다.

한편, 평양 강남군 룡포리에서는 철모·철부·철착·철겸·화분형토기·원저단경호 등 낙랑군 유물을 부장한 석곽목관묘가 출토되었다. 큰 판돌을 이용하여 축조한 것으로 북한학계에서는 고조선 시기 석관묘와 비슷한 구조라는 점에서 계승 관계에 있는 것으로 보았다.[88] 유물도 목곽묘 출토품과 같다는 점에서 초기 목곽묘와 같은 시기인 기원전 1000년기 중엽으로[89] 보았

84) 오대양, 『북한지역의 청동기시대 묘제와 고조선 연구』, 단국대학교출판부, 2020, 120~126쪽.

85) 리명철, 「황해북도 승호군 광정리에서 새로 알려진 좁은놋단검」, 『조선고고연구』 2016-2, 39쪽.

86) 백련행, 「천곡리 돌상자 무덤」, 『고고민속』 1966-1, 27~28쪽.

87) 이동희, 「전남동부지역 초기철기~원삼국시대 유적의 편년」, 『史林』 59, 2017, 139~141쪽.

88) 김재용, 「룡포리돌곽무덤에 대하여」, 『조선고고연구』 1998-2, 10쪽.

89) 북한학계에서는 단군릉 발굴 이후 목곽묘의 기원을 기원전 3세기 이전으로 올렸다가(리순진, 「평양일대 나무곽무덤의 성격에 대하여」, 『조선고고연구』 1996-1, 7쪽) 다시 초기 형태의 것을 기원전 5~4세기로 올려보았다(성철, 「우리 나라 나무곽무덤의 발상지에 대하여」, 『조선고고연구』 2004-1, 8~9쪽 ; 김재용, 「평양일대 나무곽무덤의 년대」, 『조선고고연구』 2017-1, 8쪽).

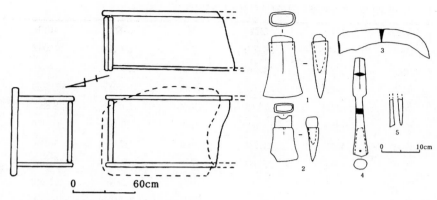

그림 3 강남군 룡포동 유적 및 출토 유물

다.[90] 세형동검 사용 시기에도 고인돌·석관묘 전통이 이어졌던 것을 고려하면 낙랑군 설치 이후라도 이들 토착 세력이 완전히 소멸되었다고 단정할 수 없다. 두 세력은 공존하다가 낙랑군 지배 아래로 들어간 것으로 보인다. 물론 기원전 3~2세기경에 팽이형토기 문화 전통의 고인돌 축조가 쇠퇴하고 마지막까지 잔존했던 것은 소형 탁자식이라는 점에서[91] 이들이 기원전 2세기 이후에 주도적인 위치에 있었다고 보기에는 한계가 있다.

그런데 낙랑군 시기 인구 분포로 보면 당시 세형동검 관련 세력이 다수를 점하였다고 단정하기 어려운 점이 있다. 초원 4년 호구부에 따른 인구수는 다음과 같다.

---

90) 김영근, 「평양일대 고조선 돌곽무덤의 류형과 변천에 대하여」, 『조선고고연구』 2012-1, 15쪽.

91) 오강원, 「팽이형토기문화 무덤의 출현과 전개」, 『호서고고학』 51, 2022, 61쪽.

표 5 초원 4년 호구부에 따른 기원전 45년 낙랑군 인구 상황[92]

縣	戶數	口數	縣	戶數	口數
朝鮮	9,678	56,890	遂成	3,005	19,092
䛁邯	2,284	14,347	鏤方	2,335	16,621
增地	548	3,353	渾彌	1,758	13,258
黏蟬	1,039	6,332	浿水	1,152	8,837
駟望	1,283	7,391	吞列	1,988	16,330
屯有	4,826	21,906	東暆	279	2,013
帶方	4,346	28,941	蠶台	544	4,154
列口	817	5,241	不而	1,564	12,348
長岑	683	4,932	華麗	1,291	9,114
海冥	338	2,492	邪頭昧	1,244	10,285
昭明	643	4,435	前莫	534	3,002
提奚	173	1,303	夫租	1,150	10,□76[93]
含資	343	2,813			

대방~함자 7현은 『진서』에 대방군에 포함되어 있다는 점에서 남부도위부 지역, 동이~부조 7현은 『후한서』 군국지에 보이지 않는다는 점에서 동부도위부 지역으로 본다. 이에 조선~둔유 6현, 수성~탄열 5현 지역까지 포함하여 총 4개 권역으로 구분하여 이해한다.[94] 패수 · 증지 · 누방은 浿水(청천강)와 관련한 위치 정보가 전하며,[95] 열구 · 탄열은 列水(대동강), 대방 · 함자는 帶水(재령

---

92) 윤용구, 「낙랑군 초기의 군현 지배와 호구 파악」, 『낙랑군 호구부 연구』, 동북아역사 재단, 2010, 188~189쪽.

93) 박준형은 10,831명으로 산출하였다(『고조선사의 전개』, 서경문화사, 2014, 240~242쪽).

94) 윤용구, 「'낙랑군 호구부'연구의 동향」, 『역사문화연구』 72, 2019, 11쪽.

95) 『漢書』 권28下1, 地理志8下1, 樂浪郡, "浿水 水西至增地入海 莽曰樂鮮亭", 『水經注』 권14, 浿水, "浿水出樂浪鏤方縣 東南過臨浿縣 東入于海 [許慎云 浿水出鏤方 東入海 一日出浿水縣]"

강)[96]와 관련된 기록이 보인다. 대방은 대방태수 장무이 묘와 봉산에 漢代 토성(지탑리 토성)과 유적이 많다는 점에서[97] 봉산 일대, 둔유는 3세기 초 공손씨 시기에 둔유현 남쪽에 대방군을 두었다는 기록에 근거하여 대방현 북쪽, 조선현 남쪽으로 보아 황주 일대로 본다.[98] 이밖에 신천군 청산리 토성 부근에서 '太康四年三月昭明王長造' 명 벽돌이 조사되어 소명현은 신천 일대로 본다.[99] 함자현은 재령강이 나오는 곳이라는 점에서 서흥 일대로 보나[100] 안악군 류성리에서 '含資逸民王君' 명 벽돌이 조사되어 안악읍 일대로 보기도 한다.[101]

이 중에서 주목되는 것은 황해도 일대로 비정되는 현들이다. 황주천·재령강 유역의 황해북도 지역으로 비정되는 둔유·대방은 각각 4천 호가 넘는 반면 나머지 현들은 1천 호도 안 된다. 후에 대방군에 포함된 현 중에서 대방을 제외한 6개 현의 인구는 대방현 하나보다 못하다. 남부도위의 치소가 있었던 소명현은 643호에 불과하여 대방현의 1/7 수준이었다. 둔유·대방현은 고인돌이 많이 조사된 황주·연탄·은천군 부근이다. 반면 소명현으로 비정되는 신천 일대는 세형동검 관련 유적은 여러 곳에서 보이나 고인돌 유적은 적은 편이다. 두 지역을 비교해 보면 낙랑군 시기에 고인돌 집산지에 위치한 현들의 인구가 많았음을 알 수 있다. 수성·탄열·혼미 등 평남 동부 권역으로 비정되는 현들[102]도

---

96) 『漢書』 권28下1, 地理志8下1, 樂浪郡, "含資 帶水西至帶方入海"

97) '대방=봉산설'의 근거는 오영찬의 논고에 잘 정리되어 있다(「帶方郡의 郡縣支配」, 『강좌 한국고대사 10 -고대사 연구의 변경』, 駕洛國史蹟開發研究院, 2002, 195~212쪽).

98) 李丙燾, 『韓國古代史研究』, 博英社, 1976, 117~120쪽.

99) 李丙燾, 『韓國古代史研究』, 博英社, 1976, 126~127쪽.

100) 李丙燾, 『韓國古代史研究』, 博英社, 1976, 128~129쪽.

101) 오영찬, 『낙랑군 연구』, 사계절, 2006, 103~104쪽.

102) 초원 4년 호구부에서 수성~탄열 5현의 III 구역은 낙랑군 동부 지역으로 보며, 최근 白石南花, 鄭威 등 일부 연구자가 청천강 유역으로 보려고 한다(윤용구, 「'낙랑군 호구부'연구의 동향」, 『역사문화연구』 72, 2019, 11~13쪽).

점제·사망 등 평남 서부 권역으로 비정되는 현들보다 인구가 많다. 또한 이러한 평남 일대로 비정되는 현들은 황해도 일대로 비정되는 현들보다 인구가 많은데, 고인돌 유적의 분포와 통한다.

이러한 분포 양상으로 볼 때 북한 일대에 세형동검 관련 문화가 확산되었어도 인구의 다수는 기존부터 있었던 세력이었음을 유추할 수 있다. 세형동검 관련 세력이 기존의 토착 세력에 대한 대량 학살을 벌이지 않은 이상 토착민이 이주민보다 다수를 이루는 것은 특별하다고 할 수 없다. 순안구역 오산리, 성천 백원노동자구 등 고인돌에서 세형동검이 조사된 지역은 고인돌 집산지 부근이다. 세형동검 관련 문화가 확산되었어도 기존 토착 문화가 소멸되지 않았음을 보여주는 바이다. 특히 북한 지역 세형동검 관련 유적은 낙랑군 유적을 제외하면 서남한 지역 세형동검 유적과 비교했을 때 부장품이 빈약하여[103] 큰 세력을 이루었다고 보기에도 한계가 있다.

서북한의 세형동검 관련 문화와 고인돌·석관묘 문화(팽이형토기 문화)의 관계에 대해서는 별개의 세력이라는 설과 동일 계통이라는 설이 있다. 먼저 북한 학계에서는 세형동검 관계 문화를 보급한 주민들이 이전의 팽이형토기 문화 주민의 매장 풍습을 계승한 것으로 이해하였다가[104] 최근 평양 중심설을 주장하면서 고인돌·석관묘에서 석곽묘·돌돌림무덤·움무덤 등으로 이어진 것으로 보고 있다.[105] 또한 초기 형식 목곽묘는 정봉리 유적같은 돌곽돌무

---

103) 아산 남성리, 예산 동서리, 대전 괴정동, 장수 남양리, 부여 구봉리·합송리, 함평 초포리, 화순 대곡리 등 서남한 지역 세형동검 관련 유적에서는 청동 무기·공구뿐만 아니라 의기·장신구도 풍부하게 출토되었다.

104) 안병찬, 「우리 나라 서북지방의 이른시기 좁은놋단검관계유적유물에 관한 연구」, 『고고민속론문집』 8, 1983, 95쪽.

105) 석광준은 고인돌이 정봉리형 돌곽돌무덤, 돌돌림무덤, 움무덤으로 변화했다고 보았으며(「평양일대 고인돌무덤의 변천에 대하여」, 『조선고고연구』 1996-3, 20쪽), 리창언은 돌관무덤, 돌곽무덤, 돌칸무덤(횡혈식무덤)으로 변화했다고 보았고(「평양일대의 돌관무덤과 그 변천에 대하여」, 『조선고고연구』 1996-2, 10~13쪽), 김동

덤[106]이나 그 이전에 평양 일대에 존재했던 움무덤·돌돌림무덤·고인돌 등의 무덤들을 계승하여 나타난 것으로 보고 있다.[107] 송호정 역시 평양 중심설 입장에서 팽이형토기 문화가 세형동검 문화로 이어진 것으로 이해하였다.[108] 즉 고조선 평양 중심설 입장에서는 고인돌·석관묘 사용 집단이 세형동검 문화를 수용한 것으로 이해하고 있는 것이다. 이와는 다른 시각이지만 三上次男도 고인돌 세력을 위만조선 시기의 대표적인 토착 세력으로 논하였는데, 이 경우는 서북한 지역 고인돌 축조 시작 시기를 기원전 3~2세기로 낮춰 보았다는 점에서[109] 한계를 지닌다.

이와 달리 대체로 한반도 청동기 문화는 중국 동북 지방에서 유입된 것으로 본다. 이청규는 중국 동북 지방에서 한반도에 이르는 지역에서 지석묘 사회는 청동기 문화의 중심으로 보기 어렵고 주변이나 기층 사회와 관련해서 보아야 할 것이라 하였다.[110] 또한 요동 지역의 전기 고조선 문화(십이대영자·정가와자 유형)가 대동강 유역으로 유입된 것으로 보았다.[111] 오강원은 대동강~재령강 유역의 물질문화를 지석묘와 관련된 신흥동 문화와 토광묘와 관련된 고산리 문화 고산리 유형을 구분하고 고산리 유형은 준왕 조선과 직결되는 십이대영자 유형[112]과

일은 평양 일대 돌관 무덤은 기원전 2천년기 말에 돌곽무덤과 병행하다가 기원전 1천년기 초에 돌곽무덤으로 이어졌다고 보았다(「평양일대 돌관무덤의 류형과 변천에 대하여」, 『조선고고연구』 2007-1, 6쪽).

106) 리순진, 「우리 나라 서북지방에서의 나무곽무덤의 기원과 발생시기에 대하여」, 『조선고고연구』 1992-1, 22~23쪽.

107) 성철, 「우리 나라 나무곽무덤의 발상지에 대하여」, 『조선고고연구』 2004-1, 6~9쪽.

108) 송호정, 「청동기시대 대동강 유역 팽이형토기문화와 고조선」, 『東洋學』 55, 2014, 17~19쪽.

109) 三上次男, 『古代東北アジア史硏究』, 吉川弘文館, 1966, 17~19쪽.

110) 이청규, 「靑銅器를 통해 본 古朝鮮과 주변사회」, 『북방사논총』 6, 2005, 22~26쪽.

111) 이청규, 「靑銅器를 통해 본 古朝鮮과 주변사회」, 『북방사논총』 6, 2005, 42~44쪽.

112) 吳江原, 「청동기~철기시대 요령·서북한 지역 물질문화의 전개와 고조선」, 『東洋

연결되는 외래문화로 보았다.[113] 조진선은 중국 동북 지역 청동기 문화(십이대영자 · 정가와자 · 상보 유형 등)를 고조선과 관련된 것으로 보았으며,[114] 서북한의 전형적인 세형동검 문화는 중국 동북 문화가 남한 지역으로 유입되어 동서리식(괴정동식) 세형동검를 만들고 다시 북한 지역으로 파급된 것으로 보았다.[115] 이후 석은 서북한 세형동검 문화를 중국 동북 지방에서 발전한 정가와자 · 상보촌 · 윤가촌 유형의 확산으로 이해하였다.[116] 오대양은 기원전 5~3세기 무렵의 석곽목관묘를 십이대영자 문화의 영향을 받은 외래적 성격이 강한 묘제로 보았다.[117] 한편 박진욱은 좁은놋단검 문화는 비파형단검 문화를 계승한 것으로 좁은놋단검이 요동에서 시작되어 서북한에서 완성을 보았지만 좁은놋단검 문화 초기부터 서북한과 요동 지역은 고조선의 강역이자 하나의 단일 문화 지역으로 묶여 발전한 것으로 보았다.[118] 서북한의 세형동검 관련 유물 · 유적이 정가와자 유형의 문화 요소와 이어진다는 점을 고려하면 서북한의 고인돌 축조 세력이 발전시킨 것이라기보다는 요동 일대 이주민과 관련해서 이해하는 것이 타당해 보인다.

그렇다면 낙랑국은 청동기시대 이래의 서북한 토착민과 요동 이주민 중 어디

學』 53, 2013, 205쪽.

113) 오강원, 「遼寧~西北韓 地域 墓制와 土器의 組合 關係 및 變動을 통하여 본 古朝鮮과 그 周邊」, 『한국학논총』 50, 2018, 278~282쪽.

114) 趙鎭先, 「中國 東北地域의 靑銅器文化와 古朝鮮의 位置 變動」, 『東洋學』 56, 2014, 119~127쪽.

115) 趙鎭先, 「北韓地域 細形銅劍文化의 發展과 性格」, 『韓國上古史學報』 47, 2005, 71~75쪽.

116) 이후석, 「요령식 세형동검문화와 고조선의 변천」, 숭실대학교 박사학위논문, 2015, 248~273쪽.

117) 오대양, 『북한지역의 청동기시대 묘제와 고조선 연구』, 단국대학교출판부, 2020, 167~168쪽.

118) 박진욱, 「비파형단검문화의 발원지와 창조자에 대하여」, 『비파형단검 문화 관한 연구』, 과학,백과사전출판사, 1987, 72~92쪽.

와 관련이 있을까. 樂浪이란 이름이 언제 처음 사용되었는지는 불분명하다. 낙
랑을 아라 · 알라에서 유래한 'proper 조선'의 별칭이라는 견해,[119] 나라를 의미
하는 보통명사에서 유래한 것으로 조선국을 지칭한다는 견해[120] 등이 있지만
명확한 것은 아니다. 낙랑은 원봉 3년(기원전 108) 한이 설치한 군 이름이다. 사건
으로는 漢 文帝 초 王仲의 낙랑 망명 기사[121]에 처음 언급되어 있는데, 이를 토
대로 낙랑이라는 명칭이 한사군 설치 이전부터 있었다고도 본다.[122]

한은 위만조선을 멸하고 낙랑군뿐만 아니라 진번 · 임둔 등도 설치하였다. 진
번 · 임둔은 한사군 설치 이전부터 있었던 국가로 위만조선에 복속된 세력이다.
한은 최소한 위만조선 시기부터 사용되던 이름을 군 이름에 사용한 것이다. 한
은 다른 세력을 복속했을 때와는 달리 남월과 위만조선 등 중국계 주민의 이주
에 의해 성립된 국가를 복속한 경우에는 본래 사용되던 지역명을 군 이름에 사
용하였다.[123] 이러한 점을 고려하면 진번 · 임둔과 마찬가지로 낙랑 역시 위만
조선에서 사용하던 지역명일 가능성이 높다.

위만조선은 준왕의 고조선을 복속하고 성립된 국가로, 국명을 조선으로 삼
았다. 위만조선 시기에 조선은 국명이었으므로 하위 지역 단위명은 될 수 없었
다. 이와 달리 하나의 국가였던 진번과 임둔이 지역 단위 명칭으로 사용된 것

---

119) 李丙燾, 『韓國古代史研究』, 博英社, 1976, 151~156쪽.

120) 徐榮洙, 「對外關係史로 본 樂浪郡」, 『史學志』 31, 1998, 12~15쪽.

121) 『後漢書』 권76, 循吏列傳66, 王景.

122) 趙法鍾, 「衛滿朝鮮의 崩壞時點과 王險城 · 樂浪郡의 位置」, 『韓國史研究』 110,
     2000, 21~22쪽.

123) 漢은 秦의 관리였던 조타가 세운 남월을 복속하고 儋耳, 珠崖, 南海, 蒼梧, 鬱林,
     合浦, 交趾, 九眞, 日南 등을 설치하였는데, 『史記』 南越列傳에 따르면 南海는 秦
     代에 설치했던 것이며 蒼梧는 남월의 제후왕국이었다. 交趾, 九眞도 한에 저항하
     지 않고 투항한 공으로 군수의 지위가 유지되었다고 한다(劉仁善, 「秦漢時代의 南
     越」, 『史叢』 15 · 16, 1971, 484쪽). 이는 西南夷나 항복한 흉노 왕 지역에 설치한
     군의 경우 새로운 이름을 붙였던 것과 차이를 보인다.

은 위만조선이 이들을 중심으로 토착 사회를 재편했기 때문일 것이다.[124] 위만조선은 직할지[125]가 아닌 여타 토착 세력 지역을 통제하는 데 한계가 있었기 때문에 유력 토착 세력을 대표로 하는 형태로 지역을 구분한 것이다. 다만 진번, 임둔이 관할 지역 토착 세력을 제대로 통제했는지는 알기 어려운데, 위만이 진번·임둔 등 소읍들을 복속하였던 것으로 기록된 것을 보면 토착 세력에 대해 어느 정도의 통제는 있었을 것이다. 이러한 진번·임둔 지역과 마찬가지로 낙랑 지역도 특정 세력을 내세워 일정 지역을 통제하였을 것이다.

위만조선 입장에서 볼 때 原 고조선 세력은 일정 지역에 대한 통제를 맡길 만큼 신뢰할 만한 세력이 아니다. 준왕이 韓 지역으로 망명한 이후에도 그 아들과 친족들이 남아 있었다고 하였으므로[126] 원 고조선 왕실을 배출한 세력이 위만조선 지역에 어느 정도 있었던 것은 분명하다. 다만 이들은 위만에게 나라를 빼앗긴 세력이라는 점에서 위만조선에 반감을 가질 만한 자들이다. 이런 점에서 낙랑이라는 이름이 이들에게서 비롯되었다고 보기는 어렵다.

낙랑국이 위치했던 평안남도 동부 산간 지역은 고인돌 집산지이고, 고인돌 축조 세력은 서북한 지역의 오랜 전통을 지닌 세력이었다. 수적으로도 서북한 일대에서 다수를 이룰 만한 세력이다. 위치로 볼 때 낙랑국도 그들 중 한 세력으

---

124) 위만조선은 濊君 南閭 등의 이탈 사건 이후 토착 세력을 통제하고자 진번과 임둔을 사용한 것으로 보인다(김남중, 「위만조선의 성립과 발전 과정 연구」, 서강대학교 박사학위논문, 2014, 151~163쪽).

125) 최근 위만조선의 중심지는 낙랑군과 별개의 지역에서 구해야 한다는 견해가 제기되고 있다(趙法鍾, 「衛滿朝鮮의 崩壞時點과 王險城·樂浪郡의 位置」, 『韓國史研究』 110, 2000, 11~20쪽 ; 조법종, 「낙랑군의 성격 문제 -낙랑군의 낙랑국 계승 문제를 중심으로-」, 『韓國古代史研究』 32, 2003, 175~180쪽 ; 金南中, 「衛滿朝鮮의 領域과 王儉城」, 『韓國古代史研究』 22, 2001, 35~52쪽 ; 김남중, 「위만조선의 성립과 발전 과정 연구」, 서강대학교 박사학위논문, 2014, 65~78쪽 ; 정인성, 「고고학으로 본 위만조선 왕검성」, 『韓國考古學報』 106, 2018, 105~133쪽).

126) 『三國志』 권30, 烏丸鮮卑東夷傳30, 韓, "將其左右宮人走入海 居韓地 自號韓王 [魏略曰 其子及親留在國者 因冒姓韓氏 準王海中 不與朝鮮相往來]"

로 보인다. 즉 낙랑은 원 고조선과 무관하고 고인돌을 축조하던 서북한 토착 세력의 후손 중 하나 즉 낙랑국과 관련된 이름으로 보인다.

물론 위만조선 멸망 후 조선현이 설치되고 준왕의 고조선 세력과 연결하여 기자 교화 전승이 확산된 것을 보면[127] 낙랑군 시기에 낙랑 지역의 원 고조선 세력(낙랑 조선인[128])이 부상한 것으로 보인다. 그렇다고 해도 한 입장에서는 非漢系 토착민의 다수를 이루는 세력을 무시할 수만은 없었을 것이다. 군현을 효과적으로 통치하기 위해서는 모든 토착 세력의 협력을 얻어내는 것이 중요하다. 진번·임둔과 마찬가지로 낙랑을 군명으로 삼은 것은 이를 고려한 것이다. 원고조선 세력이 왕중 일가와 결합하면서 위만조선 멸망 이후 낙랑군 사회의 주요 세력으로 부상했지만[129] 그들이 토착 사회의 다수를 이루었던 것은 아니었기 때문에 漢 입장에서는 다른 정책도 필요했던 것이다. 이에 낙랑군의 首縣은 원 고조선(낙랑 조선)의 '조선', 군 명칭은 낙랑국의 '낙랑'을 채택하여 북한 일대의 대표적인 두 세력을 포용하고자 것이다.

IV. 한의 낙랑군 통치와 낙랑 조선 · 낙랑국

한은 기원전 2세기 후반에 위만조선을 복속하고 낙랑·임둔·진번·현토군 등을 설치하였다가 기원전 82년에 임둔·진번군을 폐하고 낙랑·현토군으로 재편하였다. 이 과정에서 한은 관리를 파견하여 낙랑 지역을 통치하였다. 『한

---

127) 吳炫受, 「箕子 전승의 확대 과정과 그 역사적 맥락 -중국 고대 문헌을 중심으로」, 『大東文化硏究』 79, 2012, 168~172쪽.

128) 『한서』 지리지의 낙랑 조선인은 낙랑군 지역의 고조선인으로 기자 전승과 관련이 있는 집단이라 하겠다.

129) 김남중, 「위만조선의 멸망 원인에 대한 새로운 접근 -왕검성의 소멸과 조선현의 中心地化와 관련하여-」, 『고조선단군학』 46, 2021, 65~80쪽.

서』·『후한서』 등의 사서와 인장·봉니 자료를 통해 낙랑군에 태수(대윤)·현령·현장·승 등의 장리와 여러 속리가 확인된다. 낙랑 25현의 장리는 90~100명, 속리는 700~800명 정도로 추정하는데,[130] 장리는 본적지 회피 제도를 적용받았고 속리는 현지인에서 충원되었다. 다만 낙랑군은 설치 초기에 속리를 요동군에서 충원하였다.[131]

한이 서남이와 남월을 복속하고 군을 설치한 뒤 수취를 하였던 것을 고려할 때[132] 낙랑군에서도 수취가 이루어졌음을 고려할 수 있다.[133] 4군의 통폐합은 과도한 세금 문제 해결을 위한 것으로도 본다.[134] 수취를 위해서는 수취 대상자들에게 정확히 무엇을 얼마나 거둘 것인가를 전달해야 한다. 다만 한나라 통치자들이 낙랑의 非漢系 토착 세력과 언어가 통했다고 보기는 어렵다. 한은 낙랑 통치 초기에 중국 내지의 경우처럼 속리의 역할을 수행할 토착인이 필요했던 것이다. 한이 초기에 요동에서 관리를 취한 것은 이들이 그나마 토착 세력과 말이 통했기 때문일 것이다. 중국 동북의 십이대영자·정가와자 유형 청동기 문화가 북한 일대로도 확산되었던 점을 고려하면 요동과 북한 일대 주민들 중에는 어느 정도 말이 통하는 자들이 있었을 것이다. 특히 혼하 동쪽은 위만조선의 강역에 포함되어 있었기 때문에[135] 토착 세력과 오랫동안 함께 거주했던 중국계 유

---

130) 이성규, 「중국 군현으로서의 낙랑」, 『낙랑 문화 연구』, 동북아역사재단, 2006, 52~63쪽.

131) 『漢書』 권28下, 地理志8下, "樂浪朝鮮民犯禁八條 … 郡初取吏於遼東"

132) 武帝 말에 珠崖太守가 廣幅布를 징수하였으며 이후 무거운 징수에 대한 토착 세력의 반발로 결국 元帝 初元 3년(기원전 44)에 漢은 珠崖郡을 철폐하였다.

133) 이성규, 「중국 군현으로서의 낙랑」, 『낙랑 문화 연구』, 동북아역사재단, 2006, 107~109쪽.

134) 김병준, 「낙랑군 동부도위 지역 邊縣과 군현지배」, 『韓國古代史研究』 78, 2015, 163~164쪽.

135) 위만조선의 西界인 浿水는 『前漢紀』 기록에 의거하여 최근 渾河로 보는 것이 대세를 이루고 있다(김남중, 「위만조선의 멸망 원인에 대한 새로운 접근 -왕검성의 소멸과 조선현의 中心地化와 관련하여-」, 『고조선단군학』 46, 2021, 55쪽).

이민도 많이 있었다. 낙랑군의 경우 한의 관리(장리)-요동 출신 속리-토착 출신 속리로 이어지는 통치 질서를 고려할 수 있다.

양한 시대에 한의 서·남쪽에 있던 邊郡에서 과도한 수취에 반발한 움직임이 나타나곤 하였다. 안정적인 수취를 위해서는 군사력이 뒷받침되어야 하는 것이다. 토착 세력에게 세금 납부를 강제한 최종 세력은 이들과 말이 통하면서 郡·縣政에 참여한 토착 출신 속리일 수밖에 없다. 조선현이 치소였다는 점과 『한서』 지리지 분야조 기록을 통해 낙랑군에서는 조선인들에게 이 역할이 위임되었음을 알 수 있다.

『한서』 지리지 분야조에는 낙랑 조선인을 기자의 교화를 받은 자들로 표현하고 있으며, 이들이 지녔던 8조 범금이 한의 통치 때 60여 조로 확대되었음을 전한다.136) 당시 한의 관리와 상인들이 토착 세력의 재물을 훔쳐가는 일이 발생하면서 범금이 늘어난 것으로 기록되어 있다. 이러한 범금 확대를 언급하면서 『한서』 저자는 "귀하다, 인현의 교화여"라며 낙랑 조선인 사회를 높이 평가하였다. 한의 법이라 해도 토착 세력의 언어로 전달되어야 적용될 수 있다는 점을 고려할 때 실제 낙랑군 통치 과정에서 한의 법보다 범금이 중요한 역할을 할 수밖에 없다. 범금을 인현의 교화로 칭송하고 있는 것은 이 때문일 것이다.

이러한 낙랑 조선인의 범금은 한의 법에 위배된 것은 아닐 것이다. 한은 변군 지역에서도 자신들의 통치 질서를 적용하고자 하였다. 『설문해자』에는 樂浪挈슈이 보인다.137) 낙랑설령이 있었다는 점에서 한이 낙랑군 사정에 맞게 자신들

---

136) 『漢書』 권28下, 地理志8下, "玄菟樂浪 武帝時置 皆朝鮮濊貉句驪蠻夷 殷道衰 箕子去之朝鮮 教其民以禮義 田蠶織作 樂浪朝鮮民犯禁八條 相殺以當時償殺 相傷以穀償 相盜者男沒入爲其家奴 女子爲婢 欲自贖者 人五十萬 雖免爲民 俗猶羞之 嫁取無所讎 是以其民終不相盜 無門戶之閉 婦人貞信不淫辟 其田民飮食以籩豆 都邑頗放效吏及內郡賈人 往往以杯器食 郡初取吏於遼東 吏見民無閉臧 及賈人往者 夜則爲盜 俗稍益薄 今於犯禁寖多 至六十餘條 可貴哉 仁賢之化也 然東夷天性柔順 異於三方之外 故孔子悼道不行 設浮於海 欲居九夷 有以也"

137) 『說文解字』 권13上, "絼 樂浪挈令織"

의 법을 적용했음을 알 수 있다. 다만 『한서』 지리지에서 범금을 따로 언급한 것은 한의 법이 범금에 담겨 토착 세력에게 적용되었기 때문일 것이다.[138] 인현의 교화를 특별히 언급한 것은 낙랑 사회가 한의 의도대로 통치되었음을 의미한다. 토착 세력들은 표면적으로는 낙랑 조선인 범금의 적용을 받았지만 실제로는 한의 법을 적용받았던 것이다. 한의 법이 非漢系 토착인의 언어로 번역·적용되는 과정에서 범금으로 정리되었을 따름이다.

낙랑 조선인의 범금이 적용되었다는 것은 이들이 군현 관리와 비한계 토착인 사이에서 중간 역할을 했음을 의미한다. 이들이 이러한 역할을 지속할 수 있었던 것은 다른 토착 세력들보다 정치적 우위에 있었기 때문일 것이다. 이와 비교해 볼 수 있는 것은 현토군의 옥저와 고구려이다.

『삼국지』 동옥저전에서는 한 무제가 4군을 설치하였을 때 옥저성을 현토군으로 삼았으나 이후 夷貊의 침입을 받아 현토를 구려 서북으로 옮겼다고 하였다.[139] 『한서』 지리지에는 고구려현이 가장 먼저 언급되어 있어 이후 고구려현이 현토군의 치소였음을 알 수 있다. 이러한 현토군 지역도 낙랑과 마찬가지로 비한계 토착 세력에게 한의 명령을 전달할 자들이 필요했다. 옥저성이 처음 현

---

138) 김병준은 범금 60여 조에는 중국 內地의 법령과 유사한 수준의 내용이 갖추어져 있었을 가능성이 높다고 보았으며(「중국고대 簡牘자료를 통해 본 낙랑군의 군현 지배」, 『歷史學報』 189, 2006, 158~160쪽), 김남중은 범금 8조에서 기인했지만 한의 율령이 어느 정도 반영되었을 것으로 보았다(「『說文解字』의 고조선·낙랑 기록과 典據」, 『先史와 古代』 51, 2017, 24쪽). 이성규는 범금 60여 조는 낙랑 挈令에 포함된 것으로 故俗을 고려하여 漢이 만든 특별법으로 보았다(「중국 군현으로서의 낙랑」, 『낙랑 문화 연구』, 동북아역사재단, 2006, 119~122쪽).

139) 옥저가 현토군에 속해 있었다는 기록을 杜撰으로 보고 본래 임둔군에 소속되어 있었다고도 보나 뚜렷한 근거가 있는 것이 아니므로 사료 그대로 현토군에 소속된 것으로 보아도 무방하다고 본다(이승호, 「衛滿朝鮮 시기 濊族 사회의 동향과 滄海 郡路 -'滄海郡 在沃沮說'에 대한 최근 비판의 반론을 겸하여-」, 『고조선단군학』 45, 2021, 147~149쪽 ; 박대재, 「위만조선의 영역구조와 漢郡縣의 재편」, 『고조선단군학』 46, 2021, 145~148쪽).

토군의 치소였다는 것은 군현 설치 초기에는 옥저 세력이 중간 통치자 역할을 했음을 의미한다. 이후 고구려현으로 치소가 바뀌고 옥저가 낙랑군에 편입된 것은 옥저에서 고구려로 중간 통치자가 바뀌었음을 의미한다. 이러한 변화는 옥저와 고구려 두 세력 간의 힘의 차이가 작용했을 것이다. 고구려는 후에 북옥저·동옥저를 병합[140]하여 통치했을 만큼 옥저보다 힘이 있었다. 옥저성에 처음 현 치소가 설치된 것은 옥저와 한의 우호적 관계에서 기인했을 것이다. 그러나 고구려에 비해 힘이 약했던 옥저는 중간 통치자 역할을 수행하는 데 한계가 있었고 결국 한은 현토군의 치소를 고구려현으로 바꾼 것이다.

현토군 치소 변경 과정에서 옥저를 낙랑군에 편입시킨 것은 한의 배려라 할 수 있다. 치소가 바뀌었다는 것은 현토군 안에서 옥저와 고구려의 정치적 관계가 바뀌었음을 의미한다. 옥저 입장에서는 중간 통치 세력에서 피지배 세력으로 전락하게 된 것이다. 한은 옥저의 처지가 이렇게 바뀌는 것을 우려하여 현토군이 아닌 낙랑군으로 소속을 변경시킨 것이다. 평양시 낙랑구역에서는 부조예군 인장이 출토된 목곽묘가 조사되었다.[141] 부조는 옥저로 본다. 이 무덤에서는 세형동검·동모뿐만 아니라 철제 단검·장검, 철모, 철과, 쇠뇌, 철제 도구, 차마구, 청동 유리, 옥 장식품 등이 나왔다. 세형동검은 검날이 깔끔하고 온전한 상태로 부장되었다. 반면 철검의 경우 단검 한 자루만 온전한 상태이고 나머지 4자루는 일부가 파손되었다. 특히 장검들은 柞蠶으로 만든 천으로 싸서 부장되어 있다. 파손이 되었다는 것은 그만큼 많이 사용했다는 의미이다. 이 무덤의 주인공은 철검을 주로 사용하였고 세형동검은 장식용으로 소유했음을 보여주는 바이다. 특히 부러진 철제 장검을 고운 천으로 싸서 부장한 것을 보면 특별한 의

---

140) 『三國史記』 고구려본기에 보면 고구려는 동명왕 10년(기원전 28)에 북옥저를, 태조왕 4년(56)에 동옥저를 병합하였다. 『三國志』 東沃沮傳에서도 동옥저가 고구려에 복속되어 공물을 바친 내용이 전한다.

141) 리순진, 「부조예군무덤 발굴보고」, 『고고학자료집 4』, 1974, 183~191쪽.

미가 있는 검으로 보인다. 漢代에는 관리들이 佩劍을 하였다.[142] 부조예군의 경우 한으로부터 철검을 하사받았기 때문에 부러졌음에도 특별하게 보관했던 것으로 보인다. 부장품의 양이나 인장으로 볼 때 부조예군은 한으로부터 특별한 대우를 받았음을 알 수 있다.[143] 중간 통치자들은 한으로부터 대우를 받았다고 하겠다.

현토군의 치소가 옥저에서 고구려로 바뀐 것을 보면 통치의 중간 역할을 하는 세력을 漢의 의지로 선택하는 데 한계가 있었음을 알 수 있다. 조선현이 낙랑의 首縣

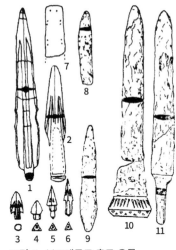

그림 4 부조예군묘 출토 유물

자리를 유지할 수 있었던 것은 단순히 원 고조선 세력과 漢과의 우호적 관계에 의한 것만이 아니라 이들이 그만한 정치적 역량을 갖추었기 때문일 것이다. 비록 고조선은 燕과 위만에 의해 세력이 지속적으로 약화되었지만 수천 리의 강역을 차지하였던 경험을 지닌 세력이었다.

정리하면 낙랑군 통치에서 낙랑 조선 즉 원 고조선 계통이 중간 지배자 역할

---

142) 『晉書』 권25, 志15, 輿服, "漢制 自天子至于百官 無不佩劍 其後惟朝帶劍"

143) 김기흥은 漢이 군현 통치를 강화하는 과정에서 토착 세력자들을 제거할 목적에서 부조예군 등을 朝鮮縣으로 이주시킨 것으로 보았다(「夫租薉君에 대한 고찰 -漢의 對土着勢力 施策의 一例-」, 『韓國史論』 12, 서울대학교 국사학과, 1985, 27~30쪽). 다만 부장 유물의 풍부함으로 볼 때 토착 세력가를 견제하기 위한 목적에서만 이들을 이주시켰다고 보기에는 한계가 있다. 도유호는 부조예군을 부조현 세력가로 漢人의 앞잡이 노릇을 한 이로 평가하였는데(「왕검성의 위치」, 『문화유산』 1962-5, 61쪽), 漢의 통치에 협력한 대가로 부귀를 누렸다는 것이다. 이종욱도 부조예군은 강제가 아닌 자의로 낙랑군 치소에 간 것으로 보았다(『古朝鮮史硏究』, 一潮閣, 1993, 269~270쪽).

을 하면서 낙랑국 등 토착 세력 위에 군림하였다. 이들은 漢의 법을 犯禁으로 바꾸어 토착 세력에게 적용하였다. 이런 점에서 비록 한의 관리에 의한 낙랑군 통치가 이루어지기는 하였지만 토착 세력들 입장에서는 낙랑 조선인들이 통치의 중심에 서 있었던 것으로 비춰졌다. 이렇게 고조선계 세력이 중요한 역할을 하였다는 점에서 낙랑을 중국의 군현이 아닌 고조선 역사의 연장으로 보기도 한다.[144]

한의 통치로 낙랑 사회는 변화하였다. 『논형』에서는 후한 시기에 낙랑 주민들이 皮弁을 쓰고 詩書를 읊을 정도로 변했다고 전한다.[145] 이러한 낙랑 사회의 변화에 대해 『삼국지』 濊傳에서는 '胡漢稍別'이라는 표현을 사용하였다. 호한초별의 의미에 대해 권오중은 주민의 종족 계통을 차별한 것으로 군의 지배에도 적용한 것으로 이해하였고,[146] 이성규는 名籍上 胡·漢의 구분을 의미한다고 보았다.[147] 김병준은 종족적 구별이 아니라 호적 작성 과정에서 점령자와 피점령자를 구별한 것으로 이해하였다.[148] 박대재는 이러한 입장을 계승하여 胡와 구별되는 漢은 낙랑군 설치 이후 발생한 新來 漢人으로 보았다.[149] 이처럼 호한초별을 통치 차원에서 살핀 것과 달리 오영찬은 위만조선 시기에는 胡·漢의 종족적 분화 현상이 없었으나 군현 지배가 이루어진 이후 분화 현상이 나타났음을 의미하는 것으로 이해하였다.[150] 胡漢稍別의 의미를 바로 보기 위해서

144) 李鍾旭, 『古朝鮮史研究』, 一潮閣, 1993, 293쪽.
145) 『論衡』 권19, 恢國, "巴蜀越巂鬱林日南遼東樂浪 周時被髮椎髻 今戴皮弁 周時重譯 今吟詩書"
146) 權五重, 『樂浪郡研究』, 一潮閣, 1992, 73~74쪽.
147) 이성규, 「중국 군현으로서의 낙랑」, 『낙랑 문화 연구』, 동북아역사재단, 2006, 27~32쪽.
148) 金秉駿, 「樂浪郡 初期의 編戶過程과 '胡漢稍別' - '樂浪郡初元四年縣別戶口多少□□'木簡을 단서로-」, 『목간과 문자』 1, 2008, 183쪽.
149) 박대재, 「樂浪郡과 고조선 유민」, 『낙랑고고학개론』, 진인진, 2014, 40~45쪽.
150) 오영찬, 『낙랑군 연구』, 사계절, 2006, 41~43쪽.

는 앞 문장부터 읽을 필요가 있다.

> 陳勝 등이 봉기하여 천하가 秦에 반기를 들자 燕·齊·趙 지역의 주민으로 조
> 선으로 피해 온 자가 수만 명이었다. 燕 지역 사람 위만이 魋結 夷服을 하고 다
> 시 와서 왕이 되었다. 漢 武帝가 조선을 벌하여 멸망시키고 그 땅을 나누어 4군
> 을 두니, 이 후로 胡와 漢이 점차 구별되었다.[151)]

秦末 진승의 봉기로 중원이 혼란해지자 燕·齊·趙 지역 수만 명이 조선으
로 도망해 왔고 燕 지역 사람 위만이 魋結 夷服 차림으로 다시 와서 조선의 왕
이 되었는데, 漢이 위만조선을 멸하고 군현을 설치한 이후에 胡와 漢이 점차 구
별되기에 이르렀다는 것이다. 魋結 夷服은 『사기』의 魋結 蠻夷服을 고친 것이
다. 『한서』에는 椎結 蠻夷服, 『위략』에는 胡服으로 바뀌어 있다. 모두 중원에서
넘어와서 조선의 왕이 된 인물이 오랑캐[蠻夷] 복장을 했음을 강조하고 있다.
중원 출신이 漢人과는 다른 차림을 했다는 것이다. 이러던 것이 한의 통치로 변
화하여 胡·漢의 구별이 생긴 것이다. 본래 중원 이주민이 만이 차림을 하면서
胡·漢의 구별이 없었는데 이제는 달라졌다는 것이다. 낙랑 유적을 보면 중국
내지와 별 차이가 없을 정도이다. 王景[152)]·채협총 주인공[153)] 등 낙랑군을 벗어
나 관직 생활을 했던 자들도 있었다. 이주 한인들이 중국 內地의 한인들과 비슷
해졌던 것이다.

　호한초별은 낙랑 사회가 세련되어 갔어도 여전히 非漢系 토착민은 한인과

---

151) 『三國志』권30, 烏丸鮮卑東夷傳30, 濊, "陳勝等起 天下叛秦 燕齊趙民避地朝鮮
　　　數萬口 燕人衛滿 魋結夷服 復來王之 漢武帝伐滅朝鮮 分其地爲四郡 自是之後
　　　胡漢稍別"

152) 王景은 후한 시기에 侍御史·徐州刺史·廬江太守 등을 역임했던 인물이다(『後漢
　　　書』권76, 循吏列傳66, 王景).

153) 이성규, 「중국 군현으로서의 낙랑」, 『낙랑 문화 연구』, 동북아역사재단, 2006, 57~
　　　59쪽.

다른 모습을 지녔다는 의미이기도 하다. 중국에서는 낙랑을 중국의 일부로 보는 것뿐만 아니라 구별된 지역으로 보는 인식도 공존하였다.[154] 낙랑 사람을 良夷로 부른 사례도 확인된다.[155] 漢人化하지 않은 사람이 많았던 것이다. 평양역 구내 공사 중에 조사된 '永和九年三月十日 遼東韓玄菟太守令佟利造' 명문 벽돌[156]에서도 樂浪 대신 韓이 언급되어 있는 점을 확인할 수 있는데, 낙랑 지역 민들이 韓人 의식을 가졌음을 유추할 수 있다. 낙랑의 목곽묘 피장자에 대해 漢人說과 토착민설이 있는데, 낙랑군 설치 이전에 이주해온 한인들이나 漢化한 토착민과 관련해서 이해된다.[157] 초원 4년 호구부의 其戶에 대한 해석을 통해서도 86% 정도는 고조선계 원주민, 14% 정도는 漢人으로 이해한다.[158] 한의 군현 통치에도 불구하고 낙랑 조선, 낙랑국으로 표현되는 다수의 非漢系 토착인들은 한인과 구별되었던 것이다.

이처럼 낙랑 조선이 중간 통치자로서의 역할을 수행하면서 토착 세력들에게 실질적인 지배자로 인식되었다는 점, 非漢系 토착인들이 한인들과 구별된 모습을 유지했다는 점 등에서 낙랑 사회를 고조선사의 연장선상에서 파악하는 것은 타당성이 있다고 본다. 한의 군현 통치로 한화의 과정을 겪은 세력도 있었겠지만 많은 수의 고조선·낙랑국 계통의 토착 세력들은 여전히 자기 정체성을 유지했던 것이다.

---

154) 김남중, 「위만조선의 멸망과 1세기 이전 낙랑 지역에 대한 여러 인식」, 『韓國史學報』 70, 2018, 85~88쪽.

155) 『汲塚周書』 권7, 王會解59, 郭璞 注, "良夷 樂浪之夷也"

156) 韓國古代社會硏究所 編, 『譯註 韓國古代金石文』, 駕洛國事蹟開發硏究院, 1992, 385쪽.

157) 이에 대한 연구사 검토는 윤용구의 글에 잘 정리되어 있다(「낙랑군 초기의 군현 지배와 호구 파악」, 『낙랑군 호구부 연구』, 동북아역사재단, 2010, 165~178쪽).

158) 박대재, 「樂浪郡과 고조선 유민」, 『낙랑고고학개론』, 진인진, 2014, 40~46쪽.

Ⅴ. 맺음말

　사료상에 낙랑과 관련된 세력으로는 크게 셋이 보인다. 한이 설치한 군현으로서의 낙랑군, 낙랑 지역 고조선계 토착민을 의미하는 낙랑 조선, 『삼국사기』에서 고구려에 멸망한 것으로 전하는 낙랑국이다. 이 글에서는 낙랑국을 중심으로 이 세 세력의 관계를 살펴보았다. 본문의 내용을 정리하면 다음과 같다.

　『삼국사기』 고구려본기에서는 대무신왕 20년(37)에 고구려가 낙랑국을 멸망시켰다고 전한다. 당시 고구려 왕자 호동이 옥저 지역을 유람하다가 낙랑왕 최리를 만났다는 점과 낙랑이라는 명칭 등을 토대로 낙랑국은 낙랑군 지역 또는 옥저 부근에서 찾고 있다. 고구려 초기 무덤인 적석총과 낙랑군 유적을 비교해 보면 평안남도 동부 산간 지역이 주목된다. 낙랑군 유적은 평안·황해도 일대는 안주시-순천시-강동군 이서 지역, 멸악산맥 북쪽에서 확인되고, 함경도 지역은 함흥 평야 일대에서 확인된다. 반면 고구려 적석총은 평안북도·자강도 일대뿐만 아니라 개천·순천·성천·북창 등 평안남도 동부 지역에서도 확인된다. 이를 통해 일찍이 고구려가 이 지역까지 세력을 확대했음을 알 수 있다. 평안남도 동부는 고구려 남쪽이고 낙랑군 외곽이면서 옥저에서 멀지 않다는 점에서 낙랑국의 정황에 맞아떨어진다.

　『삼국사기』에는 이른 시기에 고구려와 삼한 지역 주민의 이주가 있었음을 알 수 있는데, 양 지역 사이에 낙랑군의 통제가 제대로 이루어지지 않았던 곳이 있었음을 알 수 있다. 후한 대에 한이 특별한 반란을 일으키지도 않았던 영동 7현 지역에 대한 통치를 포기한 것도 고구려의 남하를 고려할 수 있다. 특히, 이 지역은 낙랑군 탄열현이 있었던 것으로 보는데, 후한 대에는 탄열현 대신 낙도현이 두어졌다. 탄열현은 대동강이 발원하는 곳으로 전한다. 이러한 낙도현은 '낙랑 도읍'의 의미를 지니고 있어 낙랑국 일부 주민의 낙랑군 이주와 관련하여 붙여진 이름으로 보인다.

　낙랑국·낙랑 조선이 있었던 한반도 북부 지역은 청동기시대 이래로 여러 세력이 거주하였다. 청동기시대에는 먼저 고인돌·석관묘 등을 축조하던 세력이 있었다. 특히 고인돌은 북한 지역에서 2만 기 이상이 조사된 바 있는데, 평안남도 신양군·성천군·강동군·성원군, 황해북도 황주군·연탄군, 황해남도 은천군 등 평안·황해도 동부 지역에서 집중적으로 조사되었다. 이밖에 평양시 순안구역, 남포시 일대에서 많이 조사되었다. 이러한 분포는 세형동검 관련 유적과 구별되는 양상을 보인다. 물론 순안구역·성천·봉산 일대에서는 고인돌 유적에서 세형동검이 출토되어 양 세력의 교류 양상도 확인된다. 이러한 분포를 초원 4년(기원전 45) 호구부와 비교해 보면 양 세력의 규모를 확인할 수 있다. 이 호구부에 보면 대방·둔내·조선 등 재령강, 대동강 중류 일대로 비정되는 현들의 인구가 다수를 차지한다. 반면 황해남도 신천으로 비정되는 소명현은 대방현의 1/7 수준을 보이는데, 신천은 고인돌 유적이 적고 세형동검 관련 유적이 상대적으로 많은 곳이다. 세형동검 관련 문화는 중국 동북의 십이대영자·정가와자 유형과 연결된다는 점에서 고조선계 이주민의 것이라 할 수 있다. 북한 지역에는 이러한 이주민보다 고인돌 등을 쓰던 토착민의 인구가 많았음을 알 수 있다. 특히, 고인돌 유적이 평안·황해도 동부에 집중되어 있다는 점에서 낙랑국은 세형동검 관련 세력보다 이들과 관련된 후손임을 알 수 있다. 즉 낙랑국은 북한 일대 다수를 이루었던 세력 중 한 국가였다. 이에 진번·임둔의 경우처럼 위만조선·한 군현 시기에 낙랑이 하나의 지역을 지칭하는 단위 정치체의 이름으로 사용될 수 있었던 것이다.

낙랑 조선은 한의 낙랑군 통치 과정에서 중간 통치자 역할을 하였다. 이에 한의 명령은 낙랑 조선인의 통역을 통해 토착 세력에게 전해졌고, 이 과정에서 한의 법은 고조선의 범금으로 번역·적용되었다. 이들이 이러한 역할을 하였던 것은 한 통치자와의 우호적 관계도 있었지만 어느 정도 정치적 역량을 지닌 세력이기 때문이었다. 이로 인해 비록 낙랑군은 한의 관리에 의한 통치가 이루어졌지만 낙랑국 등 토착 세력에게는 낙랑 조선인들이 통치의 중심에 서 있었던 것으로 비춰졌다. 한편, 한의 통치로 이전부터 고조선 지역으로 이주하였던 漢人들은 중국 내지의 한인들과 비슷해졌다. 반면 토착 세력들은 한인들과 더욱 뚜렷하게 구별되었다. 한의 통치 속에서도 非漢系 토착 세력은 한에 동화되지 않았던 것이다.

낙랑은 한이 군현을 설치했다는 점에서 중국사의 일부로 볼 수도 있으나 非漢系 토착민들이 다수를 이루며 통치의 중요한 역할을 담당하고 정체성을 지켰다는 점에서 고조선사의 일부로도 다뤄질 수 있다고 본다. 최고 지배층이 누구였는가를 통해서만 역사를 보아서는 안 될 것이다. 그 땅에 살던 다수의 사람들이 정체성을 유지했는가 하는 부분도 주목할 필요가 있다.

참고문헌

강종훈, 「『삼국사기』 고구려본기에 실린 '낙랑(樂浪)'관련기사의 독법」, 『한국고대
　　사를 바라보는 다양한 시선』, 진인진, 2021.

권도희, 「중부지역 낙랑계 토기 및 철기에 대하여」, 『고고학』 16-3, 2017.

권오중, 『樂浪郡研究』, 一潮閣, 1992.

권오중, 「樂浪 王調政權 成立의 國際的 環境」, 『歷史學報』 196, 2007.

김기흥, 「夫租薉君에 대한 고찰 -漢의 對土着勢力 施策의 一例-」, 『韓國史論』 12,
　　서울대학교 국사학과, 1985.

김기흥, 『고구려 건국사』, 창작과비평사, 2002.

김남중, 「衛滿朝鮮의 領域과 王儉城」, 『韓國古代史研究』 22, 2001.

김남중, 「위만조선의 성립과 발전 과정 연구」, 서강대학교 박사학위논문, 2014.

김남중, 「『說文解字』의 고조선 · 낙랑 기록과 典據」, 『先史와 古代』 51, 2017.

김남중, 「위만조선의 멸망과 1세기 이전 낙랑 지역에 대한 여러 인식」, 『韓國史學
　　報』 70, 2018.

김남중, 「韓-曹魏 전쟁과 韓 사회의 재편」, 『한국고대사탐구』 37, 2021.

김남중, 「위만조선의 멸망 원인에 대한 새로운 접근 -왕검성의 소멸과 조선현의 中
　　心地化와 관련하여-」, 『고조선단군학』 46, 2021.

김미경, 「高句麗의 樂浪 · 帶方地域 進出과 그 支配形態」, 『學林』 17, 1996.

김병준, 「중국고대 簡牘자료를 통해 본 낙랑군의 군현지배」, 『歷史學報』 189, 2006.

김병준, 「樂浪郡 初期의 編戶過程과 '胡漢稍別' -「樂浪郡初元四年縣別戶口多少□
　　□」木簡을 단서로-」, 『목간과 문자』 1, 2008.

김병준, 「낙랑군 동부도위 지역 邊縣과 군현지배」, 『韓國古代史研究』 78, 2015.

김성한, 「漢 郡縣을 둘러싼 한국고대사의 몇 개 문제 -문헌자료를 중심으로」, 『인문
　　학연구』 97, 충남대학교 인문과학연구소, 2014.

김현숙, 「고구려 지방통치체제 연구」, 경북대학교 박사학위논문, 1996.

문안식, 「三國史記 新羅本紀에 보이는 樂浪 · 靺鞨史料에 관한 검토」, 『傳統文化研
　　究』 5, 조선대학교, 1997.

문안식, 「『三國史記』 초기기록에 보이는 낙랑의 실체에 대하여」, 『傳統文化論叢』 6, 한국전통문화대학교, 2008.

문창로, 「新羅와 樂浪의 關係」, 『韓國古代史硏究』 34, 2004.

박경철, 「高句麗의 國家形成 硏究」, 고려대학교 박사학위논문, 1996.

박대재, 「樂浪郡과 고조선 유민」, 『낙랑고고학개론』, 진인진, 2014.

박대재, 「위만조선의 영역구조와 漢郡縣의 재편」, 『고조선단군학』 46, 2021.

박준형, 『고조선사의 전개』, 서경문화사, 2014.

백종오, 「북한의 고구려 유적 연구 현황 및 성과」, 『정신문화연구』 31-1, 2008.

서영수, 「對外關係史로 본 樂浪郡」, 『史學志』 31, 1998.

孫璐, 「韓半島 北部地域 車馬具의 登場과 性格」, 『韓國上古史學報』 76, 2012.

손진태, 『朝鮮民族史槪說』, 乙酉文化社, 1948.

송진, 「漢代 通行證 制度와 商人의 移動」, 『東洋史學硏究』 92, 2005.

송호정, 「청동기시대 대동강 유역 팽이형토기문화와 고조선」, 『東洋學』 55, 2014.

오강원, 「청동기~철기시대 요령 · 서북한 지역 물질문화의 전개와 고조선」, 『東洋學』 53, 2013.

오강원, 「遼寧~西北韓 地域 墓制와 土器의 組合 關係 및 變動을 통하여 본 古朝鮮과 그 周邊」, 『한국학논총』 50, 2018.

오강원, 「팽이형토기문화 무덤의 출현과 전개」, 『호서고고학』 51, 2022.

오대양, 『북한지역의 청동기시대 묘제와 고조선 연구』, 단국대학교출판부, 2020.

오영찬, 「帶方郡의 郡縣支配」, 『강좌 한국고대사 10 -고대사 연구의 변경』, 駕洛國史蹟開發硏究院, 2002.

오영찬, 『낙랑군 연구』, 사계절, 2006.

오현수, 「箕子 전승의 확대 과정과 그 역사적 맥락 -중국 고대 문헌을 중심으로」, 『大東文化硏究』 79, 2012.

유은식, 「고고학자료로 본 沃沮와 挹婁」, 『한국상고사학보』 100, 2018.

유인선, 「秦漢時代의 南越」, 『史叢』 15 · 16, 1971.

윤내현, 『韓國古代史新論』, 一志社, 1986.

윤용구, 「낙랑군 초기의 군현 지배와 호구 파악」, 『낙랑군 호구부 연구』, 동북아역사재단, 2010.

윤용구, 「'낙랑군 호구부'연구의 동향」, 『역사문화연구』 72, 2019.

이강래, 「『三國史記』에 보이는 靺鞨의 軍事活動」, 『領土問題研究』 2, 1986.

이남규, 「1~3세기 낙랑지역의 금속기 문화 -鐵器를 중심으로-」, 『한국고대사논총』 5, 1993.

이남규, 「韓半島 初期鐵器文化의 流入 樣相 -樂浪 설치 以前을 중심으로-」, 『韓國上古史學報』 36, 2002.

이도학, 「樂浪郡의 推移와 嶺西 地域 樂浪」, 『東아시아古代學』 34, 2014.

이동희, 「전남동부지역 초기철기~원삼국시대 유적의 편년」, 『史林』 59, 2017.

이병도, 『韓國古代史研究』, 博英社, 1976.

이성규, 「중국 군현으로서의 낙랑」, 『낙랑 문화 연구』, 동북아역사재단, 2006.

이승호, 「衛滿朝鮮 시기 濊族 사회의 동향과 滄海郡路 -'滄海郡 在沃沮說'에 대한 최근 비판의 반론을 겸하여-」, 『고조선단군학』 45, 2021.

이종록, 「高句麗의 東沃沮 정벌과 樂浪郡」, 『先史와 古代』 49, 2016.

이종욱, 『古朝鮮史研究』, 一潮閣, 1993.

이준성, 「낙랑군과 낙랑국의 병존 가능성 고찰 -『삼국사기』 본기 기사의 분석을 중심으로」, 『3사교 논문집』 70, 2010.

이청규, 「靑銅器를 통해 본 古朝鮮과 주변사회」, 『북방사논총』 6, 2005.

이현혜, 「동예와 옥저」, 『한국사 4 초기국가 -고조선 · 부여 · 삼한』, 국사편찬위원회, 1997.

이후석, 「요령식 세형동검문화와 고조선의 변천」, 숭실대학교 박사학위논문, 2015.

임기환, 「고구려와 낙랑군의 관계」, 『韓國古代史研究』 34, 2004.

장효정, 「고구려왕의 平壤移居와 왕권강화」, 『實學思想研究』 15 · 16, 2001.

전덕재, 「尼師今時期 新羅의 成長과 6部」, 『新羅文化』 21, 2003.

정인성, 「고고학으로 본 위만조선 왕검성」, 『韓國考古學報』 106, 2018.

조범환, 「『三國史記』 新羅本紀 初期記錄에 보이는 樂浪」, 『韓國古代史探究』 創刊號, 2009.

조법종, 「衛滿朝鮮의 崩壞時點과 王險城 · 樂浪郡의 位置」, 『韓國史研究』 110, 2000.

조법종, 「낙랑군의 성격문제 -낙랑군의 낙랑국 계승 문제를 중심으로-」, 『韓國古代史研究』 32, 2003.

조진선, 「北韓地域 細形銅劍 文化의 發展과 性格」, 『韓國上古史學報』 47, 2005.

조진선, 「中國 東北地域의 靑銅器文化와 古朝鮮의 位置 變動」, 『東洋學』 56, 2014.

한국고대사회연구소 編, 『譯註 韓國古代金石文 제1권』, 駕洛國史蹟開發硏究院, 1992.

김동일, 「평양일대 돌관무덤의 류형과 변천에 대하여」, 『조선고고연구』 2007-1.

김영근, 「평양일대 고조선 돌곽무덤의 류형과 변천에 대하여」, 『조선고고연구』 2012-1.

김재용, 「평양일대 나무곽무덤의 년대」, 『조선고고연구』 2017-1.

도유호, 「왕검성의 위치」, 『문화유산』 1962-5.

리순진, 「부조예군무덤 발굴보고」, 『고고학자료집 4』, 1974.

리순진, 「우리 나라 서북지방에서의 나무곽무덤의 기원과 발생시기에 대하여」, 『조선고고연구』 1992-1.

리순진, 「평양일대 나무곽무덤의 성격에 대하여」, 『조선고고연구』 1996-1.

리창언, 「평양일대의 돌관무덤과 그 변천에 대하여」, 『조선고고연구』 1996-2.

박득준 편, 『고조선의 력사 개관』, 사회과학출판사, 2000.

박진욱, 「비파형단검문화의 발원지와 창조자에 대하여」, 『비파형단검 문화 관한 연구』, 과학,백과사전출판사, 1987.

사회과학원 고고학연구소, 「조선서북 지역에서 알려진 고대 청동단검」, 『조선고고연구』 2016-1.

사회과학원 고고학연구소, 『조선고고학전서 15(고대편 6) 북부조선지역의 고인돌무덤(1)』, 진인진, 2009.

사회과학원 고고학연구소, 『조선고고학전서 16(고대편 7) 북부조선지역의 고인돌무덤(2)』, 진인진, 2009.

석광준, 「평양일대 고인돌무덤의 변천에 대하여」, 『조선고고연구』 1996-3.

석광준, 『각지고인돌무덤조사 발굴보고』, 사회과학출판사, 2002.

석광준, 『조선의 고인돌무덤 연구』, 중심, 2002.

성철, 「우리 나라 나무곽무덤의 발상지에 대하여」, 『조선고고연구』 2004-1.

손수호, 「고구려돌각담무덤의 분포상 특징」, 『조선고고연구』 1998-3.

안병찬, 「우리 나라 서북지방의 이른시기 좁은놋단검관계유적유물에 관한 연구」, 『고고민속론문집』 8, 1983.

정찬영, 「기원 4세기까지의 고구려 묘제에 관한 연구」, 『고고민속론문집』 5, 사회과 학출판사, 1973.

정찬영, 「북창군 대평리유적 발굴보고」, 『고고학자료집』 4, 1974.

《조선유적유물도감》 편찬위원회, 『조선유적유물도감2』, 동광출판사, 1990.

苗威, 『樂浪研究』, 高等敎育出版社, 2016.

魏存成, 『高句麗 考古』, 吉林大學出版社, 1994.

高久健二, 「樂浪・帶方郡塼室墓の再檢討」, 『国立歴史民俗博物館研究報告』 151, 2009.

關野貞 外, 『樂浪郡時代の遺蹟』, 朝鮮總督府, 1927.

三上次男, 『古代東北アジア史研究』, 吉川弘文館, 1966.

朝鮮總督府, 『朝鮮古蹟圖譜解說 一』, 1915.

제3장

「樂浪郡 戶口簿」의 구역 구분과 고조선의 정치구조

이종록

(고려대학교 강사)

Ⅰ. 머리말

지금까지 학계에서 樂浪郡에 대해 사료를 통한 접근에서부터 고고학 자료의 분석까지 다양한 방법으로 접근해 왔으며, 그 위치 비정에서부터 성격에 이르기까지 방대한 양의 연구를 축적하여 왔다. 낙랑군은 그 자체로도 중요한 연구의 대상이지만 관련 문제에 있어서 한국 고대사에서 지니고 있는 또 다른 의의는 그 기반이 된 衛滿朝鮮과의 관계성이다. 『史記』 朝鮮列傳을 비롯한 여러 기록에서는 위만조선을 정벌을 통해 그 영역에 낙랑군을 포함한 4郡을 설치하였다고 하며, 양자의 직접적인 관계를 밝히고 있기 때문이다. 이때 설치된 4개의 군, 소위 '漢四郡'은 각 郡이나 그 내부의 속현 구조 등이 위만조선의 토착사회를 단위로 하여 설치되었다고 보는 것이 통설이었다.[1] 본래부터 한나라는 이민족의 공간이나 그 집단을 군현제로 재편할 경우, 이민족 고유의 통치 질서를 허용하는 정책을 취하기도 했던 것이다.[2]

때문에 낙랑군의 구조를 파악하는 것은 위만조선 당시의 사회상과, 더 나아가 그 지배구조를 파악하는 작업과도 직결된다고 할 수 있다. 그렇지만 낙랑군이 최초부터 토착 주민, 곧 과거 위만조선 영역 내의 주민들을 어떤 방식으로 편제하였는지는 여러 이유로 인해 그 실상을 파악하기가 쉽지 않다. 그 하나는 사료상의 시기 차이라고 할 수 있는데, 중국 정사류에서 가장 이른 시기 낙랑군의 구조를 전하는 『漢書』 地理志의 양상은 실제 설치 시점과는 약 1세기 이상의 차이가 있었다. 또 낙랑군을 포함한 소위 '漢四郡'은 설치 이후 잦은 재편과 폐지를 거듭하였기 때문에 현존 사료상에서 나타나는 낙랑군의 구조가 과연 어느 단계까지 위만조선의 구조를 반영하고 있었는지 판단하기 어렵게 한다.

그런데 1990년대 초 평양 貞柏洞의 나무곽무덤 364호에서 발견된 「樂浪郡

---

1) 서영수, 「衛滿朝鮮의 形成過程과 國家的 性格」, 『한국고대사연구』 9, 1996, 113쪽.
2) 송호정, 「한군현(漢郡縣) 지배의 역사적 성격」, 『역사와 현실』 78, 2010, 48쪽.

初元 四年 縣別 戶口多少□(簿)」(이하 「樂浪郡 戶口簿」)의 보고는 이 문제에 새로운 단서를 제공하는 계기가 되었다.[3] 「낙랑군 호구부」는 그동안의 낙랑군의 위치 논쟁을 종결지었을 뿐만 아니라, 한군현의 폐합 전후 지역집단의 행방을 추정할 수 있게 하는 자료로 평가된다.[4] 나아가 이를 통해 위만조선과 낙랑군의 관계도 계기적으로 이해할 수 있는 발판이 마련되었다.[5] 호구부의 기록을 통하여 보다 이른 시기 낙랑군의 속현 구성에 대해 확인할 수 있을 뿐만이 아니라, 위만조선시기의 지역구분이 낙랑군 편제에도 유지되고 있었던 것으로 이해되기 때문이다.

「樂浪郡 戶口簿」에 대해서는 국내 학계에 보고된 이래 지금까지 다양한 접근 방식을 통한 여러 연구가 제출되어 왔으며,[6] 위만조선과 낙랑군의 관계를 파악하는 데에도 중요한 자료로 취급되고 있다. 비록 『漢書』 地理志나 「낙랑군 호구부」는 모두 진번·임둔의 폐합과 현도군의 치소 이전 후의 사정을 반영하고 있어, 설치 직후 樂浪郡의 속현이나 구조에 대해서는 알 수 없다.[7] 그렇지만 특

---

3) 「낙랑군 호구부」는 북한의 손영종이 2006년의 저서에 「락랑군 초원 4년(B.C. 45년) 현별호구다소□□」라는 통계표를 처음 발표하고, 이를 입수한 국내 연구자들의 발표로 인해 학계에 알려지게 되었다(윤용구, 「새로 발견된 樂浪木簡 -樂浪郡 初元四年 縣別戶口簿」, 『한국고대사연구』 46, 2007). 그러나 이 시점에서는 원본 사진이나 출토된 부덤의 부장품 등의 정보도 결여되어 있어, 상세한 검토에 한계가 있었다(고정의, 「樂浪郡 初元四年 戶口簿 檢討」, 한국목간학회 제10회 정기발표회 발표요지, 2011 참조). 이후 사회과학출판사, 『조선고고연구』 2008년 제4호(누계 제149호), 2008, 49쪽에서 뒷 표지 背面에 '락랑유적에서 나온 목간'이란 설명이 붙은 木牘 3 枚를 좌우로 모아 찍은 흑백사진 1장이 '사진 김정문'의 이름으로 게재되어 원문을 확인할 수 있게 되었다.

4) 송호정, 『다시 쓰는 고조선사』, 서경문화사, 2020, 89쪽.

5) 박대재, 「위만조선의 영역구조와 漢郡縣의 재편」, 『고조선단군학』 46, 2021, 122쪽.

6) 이하 「낙랑군 호구부」의 발견 이후 최근까지의 연구 동향에 대해서는 윤용구, 「'낙랑군 호구부' 연구의 동향」, 『역사문화연구』 72, 2019, 3~5쪽을 참조하여 작성하였다.

7) 『漢書』 지리지의 기사에서 군국별 호구수는 기원전 2년, 군국별 소속현의 목록은 成帝 元延 연간(기원전 12~9)에서 緩和 연간(기원전 8~7)의 추산을 반영한 것으로 추

별한 원칙을 간취할 수 없는 『漢書』 地理志와는 달리, 「낙랑군 호구부」의 속현 기재 방식에서는 일정한 지역별 구분을 확인할 수 있다. 이러한 구역 구분은 위만조선 시기부터 존재하였던 지역의 구분으로 여겨지기에, 곧 위만조선의 영역 구조를 파악할 수 있는 단서로 여겨졌던 것이다. 때문에 기존 연구에서는 「낙랑군 호구부」의 구역 구분과 호구수를 통하여 이전 시기인 위만조선의 사회적 양상에 대해 논의하거나,[8] 호구부의 호구수를 통하여 위만조선 당시의 인구 구조를 추정하기도 하였다.[9]

무엇보다도 위만조선과 낙랑군의 관계 문제를 추적할 경우 「樂浪郡 戶口簿」에서 가장 주목되는 사항은 낙랑군 내부에서 나타난 일정한 지역 구분의 흔적이다. 기존 연구에서는 여기에서 기재된 속현의 목록이 어떠한 구분을 두고 배치되었다고 보며 이에 대해 다양한 견해를 제기해 왔다. 이 지역 구분은 낙랑군 당시의 호구 파악을 위한 운영 구조의 반영이지만, 동시에 군 설치 이전 현지 주민들의 정치 · 사회적 구조의 반영으로 이해하는 경우가 많다. 그런데 호구부의 속현 구조나 구역 분류 또한 진번 · 임둔군의 폐지와 재편 등을 거친 이후의 자료이다. 뿐만 아니라 시기적으로도 기원전 45년의 사정을 반영하는 자료로서 낙랑군의 최초 설치시기와 50년 이상 차이가 난다. 眞番 · 臨屯郡의 폐지 및 낙랑군으로의 속현 이관이 20여 년에 불과한 기간에 이루어졌던 것을 본다면 이시기의 구조 또한 위만조선 당시의 영역 내지 사회구조를 전적으로 반영한다고 단언할 수는 없을 것이다.

이러한 문제는 사실 「樂浪郡 戶口簿」만이 아니라 낙랑군과 관계된 자료 전

정되고 있다(周振鶴, 『西漢政區地理』, 商務印書館, 2017, 1쪽).

8) 노태돈, 『한국고대사』, 경세원, 2014, 52~53쪽 ; 송호정, 「위만조선의 왕검성 위치에 대한 최근 논의와 비판적 검토」, 『역사와 담론』 92, 2019.

9) 김정배, 「古朝鮮의 稱王과 人口問題」, 『古朝鮮에 대한 새로운 解釋』, 高麗大學校 民族文化研究所, 2010 ; 박준형, 「古朝鮮의 領域과 人口」, 『고조선사의 전개』, 서경 문화사, 2014.

반에 해당한다고 할 수 있다. 곧 현존 자료상에서 나타나는 낙랑군의 양상을 통해 위만조선의 사회상을 복원한다고 해도, 과연 어디까지 위만조선의 구조를 반영하고 있었으며 어떤 부분이 이후 군현 운영을 위해 이루어진 편제의 결과인지에 대해 확인할 필요가 있는 것이다. 특히 낙랑군이나 나머지 郡들이 『史記』朝鮮列傳 등에서 전하는 것처럼 기원전 108년에 일시에 완성된 것이 아닌, 보다 장기간에 걸친 속현 편제의 과정을 거쳤을 것으로 여겨지기에 더욱 그러하다. 곧 위만조선 시기의 사회에 대해서는 호구부 작성 이전까지 50여 년간의 군현 구축 기간을 염두에 두지 않을 수 없는 것이다. 그럼에도 「樂浪郡 戶口簿」의 속현 목록에서 나타나는 지역 구분의 흔적 자체는 이전 시기부터 이어져 왔던 현지 주민들의 토착 사회상을 일정 부분 반영했을 가능성은 부정할 수 없으며, 이로부터 멸망 직전 위만조선 당시의 양상을 복원하는 시도는 충분히 가치가 있다고 여긴다.

때문에 본고에서는 나머지 3개 군의 병합으로 형성된 소위 '大樂浪郡' 이전 최초의 낙랑군, 곧 '原樂浪郡'[10]으로 칭할 수 있는 군의 설치 과정과 범위를 확인할 수 있을지 호구부의 기록을 중심으로 논의해보고자 한다. 신설 군이 정복 지역에 대한 사회 구조를 어떤 식으로든 반영하고 있었다고 본다면, 최초의 낙랑군이라고 칭할 수 있는 군의 구조는 당시 위만조선의 사회 구조를 가장 가깝게 반영하고 있었을 것이기 때문이다.

이를 위해 먼저 낙랑군을 포함한 4군의 설치 시점에 관한 기록들과 이들 郡의 설치 시기에서 대해 간략하게 논의하고자 한다. 동시에 기존 연구를 토대로

---

10) 알려진 것처럼 낙랑군은 기원후 4세기경 고구려에 의해 축출되어 이후 소멸되기까지 다대한 변천을 겪었으며, 이러한 변천은 진번군과 임둔군의 속현을 병합한 설치 후 얼마 지나지 않은 기원전 82년경부터 진행되고 있었다. 때문에 연구에 따라서는 속현 병합 이전까지의 낙랑군을 proto-낙랑군이라고 칭하기도 한다(윤선태, 「한사군의 역사지리적 변천과 '낙랑군 초원 4년 현별 호구부'」, 『낙랑군 호구부 연구』, 동북아역사재단, 2010). 본고에서는 편의를 위해 기원전 108년부터 82년까지 진번·임둔의 폐지 이전까지의 낙랑군을 '原樂浪郡'이라고 칭한다.

「낙랑군 호구부」의 구역 분류 기준이 과연 위만조선 시기의 구역 분류인지의 문제에 대해 검토할 것이다. 그리고 이들을 통하여 낙랑군은 위만조선 멸망 직후부터 장기간의 속현 편제 등의 과정을 거쳤으며, 이는 호구부상에서 나타나는 층위, 특히 그 소속이 모호한 3구역의 실체에서 반영되었다는 점을 논의해보고자 한다.

II. 衛滿朝鮮의 멸망과 樂浪郡의 설치

衛滿朝鮮과 樂浪郡의 관계에 대한 논의는 낙랑군만이 아니라 소위 漢四郡이라고 불리는 4개의 군, 즉 樂浪 · 臨屯 · 玄菟 · 眞番郡 각각의 설치 대상과 구분의 문제와 직결된다고 할 수 있다. 이는 나머지 郡, 특히 진번군과 임둔군이 본래부터 위만조선의 영역이었으며, 그 내부에서 반 독자적으로 존재하였던 하나의 지방단위 내지 세력을 군으로 편제하였다고 보는 것이 보편적이기 때문이다. 『史記』 朝鮮列傳에 따르면 한나라는 기원전 109년부터 1년에 걸친 전쟁 끝에 위만조선을 멸망시키고 그 땅에 4개의 군을 설치했다고 전하고 있다. 소위 漢四郡이라고 불리는 이들 郡에 대해서는 그 위치나 설치 대상 등에 대해 많은 논란이 있었으며, 이는 비교적 기년이 명확하게 나타나는 설치시기에도 해당하였다.

또 낙랑군에 대해서도 『史記』나 『漢書』 등의 사료에서는 전하는 것처럼 기원전 108년에 설치되었다고 보는 것이 통설임에도, 이에 대해서도 논란의 여지가 없는 것이 아니다.

A-1) 元封三年夏 尼谿相參乃使人殺朝鮮王右渠來降 王險城未下 故右渠之大臣成巳又反 復攻吏 左將軍使右渠子長降 相路人之子最告諭其民 誅成巳

①以故遂定朝鮮 爲四郡.[11]

A-2) 樂浪郡 [①武帝元封三年開 莽曰樂鮮屬幽 戶六萬二千八百一十二 口
四十萬六千七百四十八 有雲鄣] 縣二十五.[12]

A-3) 玄菟郡 [①武帝元封四年開 高句驪 莽曰下句驪 屬幽州 戶四萬五千六 口
二十二萬一千八百四十五] 縣三.[13]

A-4) (元封)三年 … 夏 朝鮮斬其王右渠降 以其地爲樂浪臨屯玄菟眞番郡.[14]

A-5) 元封六年秋 蝗 先是 兩將軍征朝鮮 開三郡.[15]

　　먼저 A-1)은 상술한 『史記』 조선열전의 위만조선의 멸망과 四郡 설치에 대한
기록이다. 『史記』에서는 기원전 109년부터 진행된 한과 위만조선의 갈등 및 전
쟁 경과를 상세하게 전하고 있으며, 이 과정에서 위만조선에서 투항한 인물들
의 처우도 함께 기록하고 있다. 그리고 기록 말미에 "이로서 마침내 조선을 정
벌하여 4郡으로 삼았다(以故遂定朝鮮 爲四郡)"고 하여 위만조선-4郡의 관계를 밝
히고 있다. 이를 액면 그대로 취신한다면 4郡의 영역은 옛 위만조선의 영역이었
으며, 그 설치시기도 전쟁이 끝난 기원전 108년 여름이 된다.

　　그런데 『史記』의 기록은 당대 인물인 司馬遷에 의해 작성되었음에도 4郡의
명칭이나 그 구성에 대해서는 전하는 바가 없어 그 기록의 신빙성, 특히 이 시점
에 4군이 정말 설치되었는지의 여부에 의문이 제기되기도 하였다.[16] 4郡의 명칭
이 실제로 나타나는 것은 『漢書』 武帝紀의 기록으로, 여기에서도 『史記』의 기록
처럼 원봉 3년 위만조선의 항복을 계기로 郡을 설치했다고 전한다(A-4). 그런데
같은 『漢書』 五行志 元封 6년(기원전 105)에서는 "이전에 두 장군을 (보내) 조선을

---

11) 『史記』 권115, 列傳55 朝鮮列傳.

12) 『漢書』 권28下, 地理志 樂浪郡.

13) 『漢書』 권28下, 地理志 玄菟郡.

14) 『漢書』 권6, 武帝紀6.

15) 『漢書』 권27中之下, 五行志7中之下.

16) 서영수, 「衛滿朝鮮의 形成過程과 國家的 性格」, 『한국고대사연구』 9, 1996, 113쪽.

정벌하고 3군을 열었다(先是 兩將軍征朝鮮 開三郡)"라고 기록하여 『史記』나 『漢書』 무제기와는 차이가 있다. 곧 위만조선 멸망이 4郡의 설치로 이어지는 기록들과 다르게 조선 정벌의 결과로 설치된 군은 3개에 불과했다는 것이다.

이 『史記』 朝鮮列傳과 배치되는 기록에 대해서는 오래 전부터 많은 논란이 있었다. 이는 顔師古가 주석으로 "三郡"이 "四郡"을 잘못 기록한 것으로 서술한 이래[17] 전통시대 이후의 연구에서도 이와 같이 해석하기도 하였다.[18] 그런데 『漢書』 지리지의 낙랑군 설치시기는 무제 元封 3년으로 『史記』의 기록과 일치하는 반면(A-2) 현도군의 설치시기는 기원전 107년으로 나타난다(A-3). 이를 주목하며 현도군은 위만조선의 영역 밖의 고구려를 포함한 예맥의 거주지로, 薉君南閭의 투항[19]을 계기로 설치된 滄海郡의 後身으로 본 견해가 제시되었다.[20] 곧 창해군이자 이후의 현도군은 나머지 3개 군과 별도의 과정으로 설치되었기에 자연 설치시기에 차이가 있었다는 것이다. 이와 같은 이병도의 견해 이래 오늘날의 연구에서는 위만조선의 멸망으로 설치된 군은 나머지 3군으로 제한하는 경우가 다수를 차지한다. 비록 현도군에 대해서는 그 위치나 창해군과의 관계 등에 대해 견해가 분분하지만,[21] 五行志의 기록처럼 기원전 108년 위만조선

---

17) 『漢書補注』 권18, 五行志7上, "師古曰 武紀云以其地爲樂浪臨屯玄菟眞番郡 是四郡也 而此云三 蓋傳 寫志者誤"

18) 池內宏, 『滿鮮史硏究』 上世1冊, 吉川弘文館, 1978, 4쪽. 다만 해당 연구에서는 五行志의 기사에 대해서는 顔師古의 주석에 동의하였음에도, 4군 설치가 각각의 군이 원근의 상이함에 따라 동시에 이루어지지 않았을 가능성을 언급하며 무제기의 4군 설치 기록은 편의상 일괄적으로 조선 정벌의 해에 연결하였을 것으로 보았다.

19) 『漢書』 권6, 武帝紀6 元朔 元年 秋, "東夷薉君南閭等 口二十八萬人降 爲蒼海郡"

20) 이병도, 『韓國古代史硏究』, 博英社, 1976, 169~176쪽.

21) 현도군의 설치 대상은 크게 1) 옥저설, 2) 옥저-고구려설, 3) 고구려설로 나누어지며, 그 영역과 치소도 이에 따라 견해가 다양하다. 필자는 현도군은 창해군의 後身으로서 옥저(함흥)에서부터 압록강 중·상류의 고구려를 포괄하는 지역에 설치되었다는 견해를 따랐다. 상세한 관련 연구사와 필자의 입장에 대해서는 이종록, 『高句麗 前期 동해안지역 복속과 濊族社會 연구』, 고려대학교 박사학위논문, 2022, 37~42쪽

의 영역을 재편한 군은 3군에 한정된다고 보며 현도군은 『漢書』 지리지처럼 1년 늦게 설치되었다고 보는 경우가 대부분이다.

그런데 현도군을 제외한다고 해도 나머지 3군이 모두 기원전 108년에 설치되었는지에 대해서나, 위만조선의 영역이 이들 3개 군으로 일괄 편제되었는지에 대해서도 의문의 여지는 있다. 예컨대 조선열전에서는 4郡 설치 기록이 기원전 108년 여름의 기년에 포함되어 있는데(A-1①), 해당 기록에서 기원전 108년 여름에 진행된 사건으로 尼谿相 參의 우거 살해-大臣 成己의 저항 지속-우거의 아들 長降(陷)과 相 路人의 아들 最의 성기 살해-4郡 설치 사실을 모두 함께 전하고 있다. 이들 사건이 모두 기원전 108년 여름에 이루어졌다고 보기에는 그 기간이 지나치게 짧은 것이다. 곧 이 정도의 기간에 이들 사건, 특히 진번과 임둔이라는 변방 지역까지 포함한 영역에 군 편제까지 실현할 수 있었을지 의문이 들 수밖에 없게 된다.

이러한 문제 때문인지 기존 연구에서는 4군, 특히 진번군과 임둔군의 설치 여부에 의문을 제기하기도 하였다. 신채호는 4군이 실제 정복된 영역 내에서 구획으로 성립된 것이 아니라 특정 집단, 예컨대 南沃沮를 멸한 후 임둔군을 설치하겠다는 지도상의 가정이었다고 보았다.[22) 또 A-1)의 『史記』 기록은 원래는 조선을 평정하고 군을 설치하였다는 내용이었지만, 후대에 이르러 四方支配라는 중국적 천하관에 따라 위만조선의 복속지 명칭을 토대로 4군을 도식적으로 조합했다는 견해도 있다. 그리고 이 4군의 명칭이 『漢書』에 기록되고, 이후 『史記』에서도 이 시기 설치된 군을 4군으로 이해한 기록이 혼입되었다고 본 것이다. 그리고 최초에 설치된 군은 낙랑군뿐이었으며, 진번과 임둔군은 계획상의 군으

참조. 현도군의 위치 문제는 본고의 주 논의 대상과 직결되는 사항은 아니기 때문에 관련 논의는 생략한다.

22) 신채호, 『朝鮮上古史』, 鐘路書院, 1948, 123~124쪽(단재신채호전집편찬위원회 편, 『단재신채호전집』 1, 독립기념관 한국독립운동사연구소, 2007, 347~348쪽).

로 남았을 가능성을 제기하였다.[23]

사실 임둔군과 진번군 모두 『漢書』 地理志 등의 사료에서 그 존재가 나타나지 않으며, 속현의 수나 치소조차 현재는 亡失된 사서의 逸文에서 확인할 수 있을 뿐이다. 두 군에 대해서는 『漢書』에서 인용된 『茂陵書』의 逸文으로부터 속현의 수와 치소를 전하고 있다. 이에 따르면 임둔군은 설치 당시 15개 현을 보유하고 있었으며, 그 치소는 이후 낙랑군 영동 7현의 하나로 편제되는 東暆縣이었다. 그리고 같은 기사에서 진번군 역시 현이 15개, 치소는 霅縣이었다고 한다.[24] 두 郡은 기원전 82년에 폐지되어 낙랑군이 그 영역을 관할하였지만 이들 현 전체가 낙랑군에게 포함된 것은 아니었다. 이는 낙랑군과의 병합 이후 그 속현 수가 총 25개에 불과했다는 점도 그렇고, 진번군의 치소였다는 霅縣이 이들에 포함되지 않았다는 점에서 확인할 수 있다. 그런데 『무릉서』에 기록된 여타 군에 대한 逸文에는 실제와는 차이가 있는 경우가 많아, 진번군과 임둔군에 대한 기록도 전적으로 받아들이기 어렵다는 점이 지적된다.[25] 곧 『무릉서』에서 전하는 것처럼 두 郡이 15개나 되는 현을 보유하는 체제가 실제로 성립되었는지의 여부는 재고의 여지가 있는 것이다.

이처럼 진번·임둔군에 대해서는 그 양상에 대해 의문의 여지가 많으며, 이는 존속 시기가 극히 짧을 뿐만 아니라 관련 사료조차 단편적이며 신빙성도 불분명한 데에서 기인했다고 할 수 있다. 그러나 실제 속현의 수나 운영 문제와는 별개로, 『漢書』 소제기의 기원전 82년 진번군 폐지나[26] 『後漢書』 동이열전의 진번·임둔군 폐지 기록[27]을 감안하면 군 설치 자체는 이루어졌던 것이 분명하다.

---

23) 서영수, 「對外關係史에서 본 樂浪郡」, 『史學志』 31, 1998, 13~14쪽.

24) 『漢書』 권6, 武帝紀6 臣瓚註所引, "臣瓚曰 茂陵書 臨屯郡治東暆縣 去長安 六千一百三十八里 領十五 縣 眞番郡治霅縣 去長安七千六百四十里 十五縣"

25) 박대재, 「위만조선의 영역구조와 漢郡縣의 재편」, 『고조선단군학』 46, 2021, 150쪽.

26) 『漢書』 권7, 昭帝紀 始元 5年, "罷儋耳眞番郡"

27) 『後漢書』 권85, 東夷列傳 濊, "至昭帝 始元五年 罷臨屯眞番 以幷樂浪玄菟"

나아가 1997년 중국 遼寧省 錦西市에서 발견된 '臨屯太守章'의 封泥는 임둔군과 그 태수가 실존하였다는 증거가 된다.[28] 따라서 그 설치시기나『무릉서』등에서 전하는 구조를 전적으로 받아들일 수 없다고 해도 적어도 위만조선의 영역을 그 중심지까지 포함하여 3개의 군으로 편제한 것은 사실로 보아야 할 것이다.

진번군과 임둔군이 실제로 설치되었다고 본다면 이들은 위만조선 시기에도 엄연히 조선의 영역 내에서 군으로 편제될 수 있었던 지역 구분에 해당했을 것이다. 그리고 설치 대상의 경우 각각 아래의 기사에서 나타나는 위만이 정벌한 '진번'과 '임둔'에 대응되며, 위만조선 멸망 이후 이들을 군으로 전환하였다고 보는 것이 오늘날의 일반적인 견해이다.

> B-1) 會孝惠高后時 天下初定 遼東太守卽約滿爲外臣 保塞外蠻夷 無使盜邊 諸蠻夷君長欲入見天子 勿得禁止 以聞 上許之 以故滿得兵威財物 侵降 ①其旁小邑 ②眞番臨屯皆來服屬 方數千里.[29]

이 기록에서 위만은 孝惠·高后 시기에 한나라로부터 병력과 재물 등을 빌어 "其旁小邑"을 "侵降"하였다고 하며, 그 결과 진번과 임둔을 복속시켰다고 전한다. 여기에서 진번과 임둔, 특히 진번의 경우는 그 위치나 실체에 대해서 전통시기부터 논란이 매우 많았다.[30] 그렇지만 두 집단 모두 어떤 형태로 위만조

---

28) 나아가 해당 봉니의 존재를 임둔군의 위치를 요녕성 일대로 보는 근거로 삼기도 하지만, 군의 위치 문제와는 별개로 봉니가 실제로 사용되었다면 임둔군은 허구의 존재로 볼 수 없게 된다. 복기대,「臨屯太守章 封泥를 통해 본 漢四郡의 위치」,『백산학보』61, 2001 참조.

29) 『史記』권115, 朝鮮列傳55.

30) 진번군의 위치에 대해서는 조선시대 이수광의『芝峯類說』이나 유형원의『東國輿地志』에서 진번군을 요동 일대로 비정한 이후 압록강 유역에서부터 요동 일대에 이르는 지역, 곧 '진번재북설'로 칭할 수 있는 관점이 다수설이었다. 그러나 근대 이후에는 황해도 대부분과 강원도 및 경기도의 일부 지역으로 비정된 이래(이병도,『韓國古代史硏究』, 博英社, 1976, 195쪽) 낙랑군의 남쪽에 위치했다고 보는 견해가 통

선에게 복속되어 있었는지는 구체적으로 알기 어렵지만, "侵降"이라는 표현을 감안하면 군사력을 동원한 침공을 통해 이루어졌음이 분명하다. 곧 위만조선 시기에 진번과 임둔으로 칭할 수 있는 어떠한 정치집단이 존재했던 것이며, 이를 위만이 무력을 동원하여 복속시켰다고 보아야 한다.[31] 진번군과 임둔군은 본래부터 일정한 독자성을 가지고 있었던 정치집단을 군으로 전환한 것임을 확인할 수 있는 것이다.

그런데 3군중 진번·임둔군의 경우 그 기반이 된 집단을 사료상에서 적시하는 반면, 낙랑군(원낙랑군)의 경우는 이에 해당하지 않는다. 오늘날 연구에서는 낙랑군이 위만조선의 도읍인 王儉城과 그 주변 지역을 편제한 결과로 보는 견해가 다수설을 차지하고 있다. 그렇지만 이에 대해서는 후술하겠지만 왕검성의 위치 비정에도 여전히 논란이 있을 뿐만 아니라, 앞의 두 郡과는 달리 그 명칭이 위만조선과 뚜렷하게 대응되지 않는 점도 논란의 소지를 준다. 진번·임둔군 사례에 비추어 볼 때 낙랑 또한 위만조선이 아니라 그 이름에 대응되는 별도의 집단을 대상으로 군을 설치했을 가능성도 부정할 수 없기 때문이다.

종래 낙랑군의 명칭에 대해 국내 학계에서는 주로 고조선 고유의 언어로서 평양이나 혹은 고조선 그 자체를 칭한 용어에서 기원을 찾았다. 신채호는 '平壤'이나 '樂浪'은 모두 '펴라'를 일종의 假音으로 쓴 것이므로, 곧 평야지대인 이 일

설의 위치에 있다. 비록 진번군의 위치도 여전히 논란의 여지가 있겠지만, 본고에서도 잠정적으로 기존의 통설을 따라 진번군은 황해도 일대를 중심으로 설치되었다고 보며 논의를 진행한다. 보다 자세한 조선시대 진번군의 위치 문제에 대한 논쟁은 박대재·김철민, 「『我邦疆域考』 역주·비평 (4) -臨屯考·眞番考-」, 『한국사학보』 81, 2020, 258~264쪽을, 근대 이후의 주요 연구사에 대해서는 조원진, 「고대 진번의 변천 연구」, 『先史와 古代』 66, 2021, 149~156쪽을 참고할 수 있다.

31) 위만조선이 "侵降"한 대상은 "①其旁小邑"이며 진번과 임둔은 "(위만조선에게) 와서 복속하였다(來服屬)"고 하였기 때문에, 정벌이나 현지 지배세력의 해체와 같은 강압적인 지배는 행사하지 않았을 수도 있다. 그렇지만 앞 구절의 주변 小邑에 대한 "侵降" 기록과 진번과 임둔의 복속을 서로 무관한 것으로 생각하기 어려운 이상, 진번과 임둔의 복속은 위만조선의 軍事的 압박의 결과로 여겨진다.

대를 칭한 용어였다고 추정하였으며[32] 이병도는 낙랑이란 '아라' 내지 '알라'로 고조선의 별칭이었다는 견해를 제시하였다.[33] 또 서영수는 '낙랑'이라는 용어가 고조선 고유의 언어로 '나라'를 뜻하는 보통명사에서 유래했다고 보았다.[34] 그리고 이에 나아가 만약 3군이 현지의 지역단위로 편제되었던 것이라면 이러한 명칭을 채용하지는 않았을 것이며, 이를 근거로 임둔·진번군은 결국 관념상의 존재로 남았을 가능성도 지적하였다.

반면 중국 학계에서는 『逸周書』 王會解篇에서 등장하는 九夷 중 하나인 良夷와, 이를 "樂浪의 夷(良夷樂浪之夷也)"로 보았던 孔晁의 주석[35]에 주목하며 낙랑군과 연결시키는 경우가 많다. 이는 중국 학계에서 檀君朝鮮의 존재를 부정하고, 箕子朝鮮을 중심으로 그 기원을 연구하는 경향과 밀접한 관련이 있는데, 곧 주나라로부터 이주하여 조선을 세웠다는 箕子 이전 현지의 선주민들의 종족적 정체성을 『逸周書』의 良夷에서 찾았던 것이다. 이른 시기 呂思勉은 良夷가 이 지역 종족집단의 명칭으로 곧 낙랑을 지칭하며 4군 설치 당시 이를 군의 명칭으로 그대로 사용했다고 추정한 바가 있다.[36] 이후 李德山은 이에 더 나아가 양이의 기자조선 이전의 선주민족의 명칭으로 그 유래를 동이족인 萊族과 연결시키며 산동 지역의 래족이 발해 연안을 거쳐 동북으로 이동 후 양이 혹은 낙랑

---

32) 신채호, 『朝鮮上古史』, 鐘路書院, 1948, 121~122쪽(단재신채호전집편찬위원회 편, 『단재신채호전집』 1, 독립기념관 한국독립운동사연구소, 2007, 345~346쪽).

33) 이병도, 『韓國古代史研究』, 博英社, 1976.

34) 서영수, 「衛滿朝鮮의 形成過程과 國家的 性格」, 『한국고대사연구』 9, 1996, 113~116쪽. 해당 연구에서는 낙랑의 어원을 이병찬, 『한국고대국명지명연구』, 형설출판사, 1982, 152~153쪽의 견해를 따른 것으로 밝히고 있다. 그리고 오영찬도 '낙랑'이라는 명칭은 한이 부여한 명칭이 아니라 군현 설치 이전 고조선 시기부터 평양 일대를 지칭하는 재래 토착 명칭이었다고 보았다(오영찬, 『낙랑군 연구』, 사계절, 2006, 160쪽).

35) 『逸周書』 권7, 王會解59, "良夷在子 在子□身人首 脂其腹炙之霍 則鳴曰在子" 및 孔晁 注 "良夷 樂浪之夷也 貢奇獸"

36) 呂思勉, 『呂思勉讀史札記』, 上海古籍出版社, 1982, 1229쪽.

이로 불리게 되었다고 이해하였다.[37] 그리고 苗威는 기자조선의 선주민으로서 역시 『逸周書』의 良夷를 상정하였으며, 비록 萊夷-양이를 연결시키는 李德山의 견해에는 비판적인 입장을 취하고 있지만, 양이가 고조선 주민들의 종족명이자 '낙랑'이라는 군의 명칭에 기원으로 보는 데에는 상기한 중국 연구자들과 의견을 같이 하고 있다.[38]

이상의 연구들은 비록 낙랑의 어원에 대해서는 견해의 차이가 있지만, 낙랑군이 위치한 지역(평양)이나 주민들의 종족명, 혹은 고조선 그 자체에서부터 연원을 찾았다는 데에는 공통점이 있다. 곧 낙랑군이 위만조선의 중심지에 설치되었다는 것을 전제로 하고, 그 어원을 고조선에 대응되는 별칭으로 추정한 것이다. 비록 중국 학계의 고조선의 종족집단=양이라는 견해는 국내 학계에서 취신되는 관점은 아니지만, 낙랑군에 대응될 수 있는 집단이 고조선이며 낙랑은 이에 대한 별도의 명칭으로서 그 종족명인 '良夷'라고 이해했던 것이다.[39]

반면 낙랑군이 위만조선의 중심지와 구별되는 집단을 대상으로 설치되었으며, 위만조선과 한의 전쟁이 끝난 시점도 실제로는 기원전 107년이었다고 추정한 견해도 있다. 이는 『史記』 조선열전에서 전하는 것처럼 기원전 108년에 위만조선 멸망-낙랑군 설치라는 계기적인 과정이 아니라 위만조선과 한의 전쟁이 지속되는 중에 낙랑군은 별도의 집단을 대상으로 설치되었다고 본 것이다.[40] 여기에서는 먼저 『史記』의 建元以來侯者年表에서 우거왕의 아들 張降과 조선상 路人의 아들 最의 봉후 기록에 주목한다.[41] 이들은 위의 조선열전의 기록에서

---

37) 李德山・攀凡, 『中國東北古民族發展史』, 中國社會科學出版社, 2003, 126~128쪽.

38) 苗威, 『古朝鮮研究』, 香港亞洲出版社, 2006, 51~52쪽.

39) 국내 학계에서 '良夷'를 고조선의 선주민으로 연결시키는 중국 학계의 연구 동향과 그 문제점에 대한 검토로 이동훈, 「중국의 고조선사 연구동향과 문제점」, 『사총』 66, 2008, 11~13쪽이 있다.

40) 조법종, 「衛滿朝鮮의 崩壞時點과 王險城・樂浪郡의 位置」, 『한국사연구』 110, 2000, 23쪽.

41) 『史記』 권20, 建元以來侯者年表8 幾 涅陽.

마지막까지 왕검성에서 저항한 우거의 大臣 成己를 살해하고 한에 투항하였으며, 이로 인해 전쟁은 종결되게 되었다.

이후 이들은 한에 의해 幾侯와 溫陽侯로 봉해지는데, 연표에 따르면 그 시기는 元封 4년(기원전 107) 3월로 조선열전의 왕검성 멸망 시점에서 1년 가까이 차이가 난다. 그리고 이전에 위만조선에서 투항한 인물들이 큰 시차를 두지 않고 작위를 받은 사실로 감안하여, 이들의 봉후 시점을 왕검성의 실제 함락 시점으로 파악한 것이다. 반면 낙랑군의 설치시기는 『한서』 지리지에서 전하는 것처럼 기원전 108년으로, 이들은 위만조선의 왕검성 함락 이전 조선에 복속된 번국, 혹은 『史記』에서 전하는 "眞番 옆의 衆國"[42] 중의 하나였을 가능성이 높다고 보았다. 나아가 낙랑이라는 그 유래가 불분명한 명칭도 위만조선 주변에 존재했던 정치집단의 명칭이었으며, 낙랑군의 '조선현'은 한에 대항하였던 조선을 축소 및 격하시켜 속현의 명칭으로 사용하였다고 해석하였다.[43]

이처럼 낙랑군의 명칭과 설치 대상에 관련해서는 다양한 해석이 있으며, 이는 단지 語原의 문제에 한정된 것이 아닌 낙랑군의 구체적인 설치 대상과 범주와 직결된다고 할 수 있다. 특히 진번과 임둔은 군 설치 시점에서 위만조선의 하위 영역에 불과했음에도 이를 군의 명칭으로 차용한 반면, '朝鮮'이라는 명칭은 1개 현의 명칭에 불과했던 것이다. 이는 진번이나 임둔 외에도 한나라에서 특정 토착 집단을 군으로 전환하고 그 명칭도 그대로 유지했던 사례가 많은 것을 감안한다면 돌출되는 점이다.[44] 또 최근에 고고학적으로도 평양 일대에서 위만조

---

42) 『史記』 권115, 列傳55 朝鮮列傳.

43) 조법종, 「낙랑군의 성격문제 -낙랑군의 낙랑국 계승 문제를 중심으로-」, 『한국고대사연구』 32, 2003, 183~185쪽. 김남중도 같은 맥락에서 낙랑군은 왕검성 함락 전에 이미 설치되었으며, 낙랑은 위만조선의 통치 아래에 있던 세력으로서 전쟁 과정에서 투항하여 설치되었다고 보았다(김남중, 『위만조선의 성립과 발전 과정 연구』, 서강대학교 박사학위논문, 2013, 170~171쪽).

44) 조선이라는 명칭이 진번과 임둔과는 달리 현의 이름으로 사용되었다는 점에서 왕검성=낙랑군의 치소로 보기 어려우며, 이들은 위만조선에 의해 약화된 원래의 고조선

선 시기로 비정될 수 있는 토성의 부재와 및 고고학 자료의 빈약함을 지적하며 왕검성은 그 자료상으로 볼 때 요동 일대로 비정되어야 한다는 견해도 새롭게 제시되었다.[45] 이를 취신한다면 그 위치 문제와는 별개로 낙랑군의 중심지를 왕검성과 동일시하는 기본 전제부터 재검토해야만 할 것이며, 곧 낙랑군 자체가 위만조선 외의 별도의 집단을 대상으로 설치되었을 가능성도 부정하기 어렵게 된다.

이처럼 위만조선의 중심지=낙랑군의 중심지=평양이라는 관점이 다수설임에도, 최근에도 이에 대한 반론이 제기되고 있는 만큼 이 문제에 대해서는 신중한 검토가 요구된다. 그리고 이는 사료와 고고학 자료 전반의 상세한 분석이 필요한 만큼, 본고의 한정된 지면에서 결론을 낼 수 있는 사항은 아닐 것이다. 나아가 상기 왕검성의 위치를 요동 지역으로 보는 연구들에 대해, 다시 왕검성을 평양 일대로 보는 관점에서 재반론이 제출되기도 했기 때문에,[46] 학계에서 논의의 진전을 기다릴 필요가 있을 것이다. 다만 현재로서는 기원전 108년 낙랑군의 중심지가 평양 일대였음은 다양한 사료와 고고학적 자료가 증명하고 있으며, 비록 시기 차이가 있다고 하더라도 이를 위만조선의 중심지와 동일시하는 사료상의 인식을 전적으로 무시하기 어렵다고 본다. 때문에 본고에서는 잠정적으로 원낙랑군이 위만조선의 도읍을 중심으로 설치되었으며, 그 위치도 종래의 이해처럼 평양으로 보는 것을 전제로 하여 위의 문제들에 대해 접근해보고자 한다.

낙랑군이 위만조선의 중심지에 설치되었다고 볼 경우 비록 '낙랑'이라는 명칭의 기원은 알기 어렵지만, 이와 동시에 조선이라는 명칭을 縣의 이름으로 사용하고 있었다는 점은 주목할 필요가 있다. 상술한 것처럼 '樂浪'이 고조선이나 그 주민집단 등을 칭하는 용어에서 기원했다고 보면 같은 의미를 지닌 '朝鮮'을

세력과 관련이 있을 것으로 보는 견해도 제시되었다(김남중, 「위만조선의 멸망 원인에 대한 새로운 접근」, 『고조선단군학』 46, 2021, 51~52쪽).

45) 정인성, 「고고학으로 본 위만조선 왕검성」, 『韓國考古學報』 106, 2018.

46) 송호정, 「위만조선의 왕검성 위치에 대한 최근 논의와 비판적 검토」, 『역사와 담론』 92, 2019.

굳이 현의 이름으로 사용한 이유를 이해하기 어렵게 되며, 이는 '평양'과 같이 지명을 의미했다고 볼 경우에도 마찬가지다.

그렇지만 이 문제는 낙랑군 내지 원낙랑군을 처음부터 1개의 군으로 구획될 수 있는 집단으로 보지 않는다면 이해하기 어려운 일이 아니다. 즉 본래부터 위만조선의 영역은 진번과 임둔 외에도 주변에 독자성을 지닌 다수의 집단을 포괄하고 있었지만, 4군의 정립 시점에서 원낙랑군은 위만조선의 도읍을 중심으로 하여 그 주변의 일부 집단만을 군으로 편제된 결과에 불과했다는 것이다. 그리고 낙랑군의 치소인 조선현에 '조선'이라는 명칭이 부여되었던 것은 이 지역이 본래 진번과 임둔을 포괄한 이들 전체의 중심지였던 사실의 반영이었다고 생각한다.

이를 확인할 수 있는 단서로는 먼저 상술한 연구에서 지적한 것처럼 張降이나 最의 封侯 시점이 있다. 이는 위만조선과 한의 전쟁 종료 시점을 의미할 수도 있겠지만, 반대로 조선열전에서 전하는 전쟁 종결과 4군 설치의 기년으로부터 1년 이상 미루어졌던 것은 이로부터 戰後 처리까지 소요된 기간을 의미한다고 볼 수도 있다. 즉 『史記』 朝鮮列傳이나 『漢書』 武帝紀에서 4郡 설치를 기원전 108년 여름의 사건에 기입한 것은 실제 이 시기에 四郡 혹은 3군의 설치가 완료된 것이 아니라, 기원전 108년 여름 왕검성 함락과 위만조선 멸망의 결과를 기술한 표현이라고 여겨진다. 이는 3군의 영역이 본래 위만조선이었다는 점과, 이후 현도군으로 편제된 과거 예군남려의 세력이 본래는 위만조선의 영역이었다는 점을 감안한 것이다. 곧 "4군으로 삼았다(爲四郡)"란 위만조선 정벌과 이후의 4군 사이의 인과관계를 나타내기 위한 서술인 것이다.

추측에 불과하지만, 이러한 전제 하에서 낙랑군 그 자체도 4군이 병존하던 시기의 原樂浪郡의 체제가 정착하기까지 상당한 기간이 소요되었을 것으로 예상할 수 있다. 즉 기원전 108년 전쟁이 끝난 후 위만조선의 왕검성을 함락시켰지만, 이 시점에서 한나라가 직접적으로 관할할 수 있는 지역은 평양 일대와 그 주변 영역 일부에 한정되었을 것으로 생각할 수 있는 것이다. 낙랑군이 처음에는 郡吏들을 자체적으로 선발하지 못하고 요동군으로부터 군리들을 차출하여 낙랑군으로 파견했다는 점을 보면[47] 그 지배질서 수립에 일정 기간 난항이 있었으며, 이는 진번·임둔에 지배질서를 구축하는 데에도 마찬가지였을 것이다.[48] 나아가 위만조선의 멸망 후 한나라는 먼저 왕을 중심으로 한 중앙권력 기구의 해체와 지배세력의 정리를 수행했다고 보는 견해를 참고한다면[49] 이 기간에는 현지 지배기구의 해체 과정도 포함되어 있을 것이다.

이와 관련하여 위만조선이 군현제와 같은 단일한 지배구조를 가진 것이 아닌 복수의 반독자적 정치집단을 포괄하는 분권적 국가로 보는 기존 연구의 지적도 염두에 두어야 한다. 위만조선의 정치체제에 관해서는 군현제와 같이 단일한 정치체제를 구축한 것이 아니며, 분산적인 지배구조를 가진 초기국가[50] 혹은 연맹체[51]의 형태로 이루어졌다고 보는 경우가 많다. 낙랑군의 구조가 위만조선 당시의 지역적 편제 및 사회구조를 반영하고 있었다고 본다면 자연 이들과 같이 분산된 집단들에 대한 편제도 그 도읍의 점령으로 일시에 이루어졌다고 생각하기는 어려운 것이다.

---

47) 『漢書』 권28下, 地理志8, "郡初取吏於遼東"

48) 서영수, 「對外關係史에서 본 樂浪郡」, 『史學志』 31, 1998, 13쪽. 그러나 한편으로는 이렇게 이웃 군에서 군리들을 차출하였다는 것은 낙랑군에만 한정되는 사례가 아니며, 이들은 변경이라는 특성과 인력의 부족으로 인해, 邊縣에까지 정밀한 군현지배를 실현하기 위한 인력을 차출한 결과로 여겨진다. 김병준, 「낙랑군 동부도위 지역 邊縣과 군현지배」, 『한국고대사연구』 78, 2015, 155~158쪽 참조.

49) 오영찬, 『낙랑군 연구』, 사계절, 2006, 72~73쪽.

50) 박대재, 『고대한국 초기국가의 왕과 전쟁』, 경인문화사, 2006 ; 「국가형성기의 복합사회와 초기국가」, 『선사와 고대』 38, 2013, 237쪽.

51) 송호정, 『古朝鮮 國家形成 過程 硏究』, 서울대학교 박사학위논문, 1999, 156~160쪽 ; 박준형, 『고조선의 성립과 발전에 대한 연구』, 연세대학교 박사학위논문, 2012, 133~134쪽. 송호정은 기원전 5~4세기경의 고조선을 중심으로 하여 그 주변에 예맥·진번·임둔 등의 소국 세력에 대해 일정한 영향력을 행사하는 '조선연맹체'가 형성되었다고 보았다. 또한 오영찬은 재지기반을 가진 세력들의 느슨한 연맹체를 이루고 있었다고 추정하며 예군남려와 역계경의 존재를 그 예시로 들었다(오영찬, 『낙랑군 연구』, 사계절, 2006, 66쪽).

때문에 위만조선의 영역을 대상으로 한 군의 설치는 낙랑군이 가장 먼저 설치되고, 이후 점차 주변 지역의 집단을 속현으로 편제해 나가면서 과거 진번과 임둔의 고지에서 신설 군을 설치했다고 추측된다. 즉 낙랑군은 진번과 임둔과 구별되는 어떠한 단일 집단 내지 구역에 대한 편제보다는, 朝鮮縣을 중심으로 하여 그 주변의 다양한 층위를 지닌 지역 혹은 집단을 군현으로서 순차적으로 편제했던 것이다. 곧 3군의 설치와 원낙랑군의 영역은 기원전 108년 전쟁 종결 이후 장기적인 속현의 편제와 이를 포괄한 군의 편제 등을 거쳤던 결과로, 그것이 3개의 구역으로 정립되었다는 것이다. 그리고 이 양상을 간접적으로나마 확인할 수 있는 자료로는 2000년대에 들어 손영종에 의해 그 존재가 알려진 「낙랑군 호구부」에서 나타나는 속현 목록이 있다. 호구부의 기록은 기원전 45년 시점의 戶口나 과거 군현의 영역만이 아니라 최초로 설치된 시기 낙랑군의 편성 과정에 대한 단서를 제공한다고 여겨지기에, 장절을 바꿔 그 속현 목록과 지역 구분에 대해 살펴보고자 한다.

III. 「樂浪郡 戶口簿」의 구역 구분 문제

위만조선이 멸망하고 그 땅에 낙랑군을 설치된 이래 한나라에서는 「樂浪郡 戶口簿」에서 나타나는 것처럼 군현 지배를 위해 속현 편성과 호구 파악을 실행하였다. 상술한 것처럼 위만조선은 君長社會 단계의 집단들이 반독립적인 형태로 병존하고 있던 분산적 지배구조를 가지고 있었다. 그렇지만 이 지역을 낙랑군 혹은 4군으로 편제한 시점에서 한의 지배는 위만조선의 직접적인 호구 파악과 지배대상이 된 집단이나 반독립적 집단을 막론하고 원칙적으로는 일관된 군현지배의 대상이 되었던 것으로 추정된다.[52] 이는 반대로 말하자면 호구부상의

---

52) 김병준, 「樂浪郡 初期의 編戶過程과 '胡漢稍別' -「樂浪郡初元四年縣別戶口多少□

표 1 「낙랑군 호구부」의 구역별 호구와 속현 위치 비정[53]

제 1구역 (평안남도 서부 평야지역)

縣名	戶	口	주요 위치 비정
朝鮮	9,678	56,890	평양 낙랑토성
訷邯	2,284	14,337	평안남도 순안 以西(⑦)
增地	548	3,353	평안남도 안주(①)
黏蟬	1,039	6,332	평안남도 용강(①②)
駟望	1,283	7,391	-
屯有	4,826	21,906	황해도 황주(①)
계	19,658	110,209	

제 2구역 (황해도 서남부 지역)

縣名	戶	口	주요 위치 비정
帶方	4,346	28,941	황해도 봉산(①②⑧)
列口	817	5,241	황해도 은율(①④⑦)

□」木簡을 단서로」, 『목간과 문자』 1, 2008, 167쪽.

53) 해당 표에서 호구수의 판독은 권오중 외, 『낙랑군 호구부 연구』, 동북아역사재단, 2010, 23쪽의 종합 판독안을 기준으로 작성하였다. 더불어 호구부에서는 전년도 대비 호구의 증가를 기재하였지만, 본고에서는 생략한다. 해당 표에서 부기한 속현 위치 비정에서 참고한 연구는 다음과 같다(괄호 안의 번호는 각 연구에 대응).

① 이병도, 「漢四郡과 그 變遷」, 『韓國史(古代編)』, 乙酉文化社, 1959, 157~162쪽 ;
② 조선유물유적도감편찬위원회 편, 『조선유적유물도감』 2, 조선유물유적도감편찬위원회, 1989 ;
③ 박진욱, 「함경남도일대의 고대유적 조사보고」, 『고고학자료집』 4, 과학백과사전출판사, 1974 ;
④ 리순진, 「운성리유적 발굴보고」, 『고고학자료집』 4, 사회과학원출판사, 1974 ;
⑤ 윤용구, 「平壤出土 「樂浪郡初元四年縣別戶口簿」 研究」, 『목간과 문자』 3, 2009 ;
⑥ 윤선태, 「동옥저와 예 지역의 역사지리적 변천」, 『삼국지 동이전의 세계』, 성균관대학교 출판부, 2013 ;
⑦ 譚其驤 主編, 『中國歷史地圖集 釋文汇編 東北卷』, 中央民族學院出版社, 1988 ;
⑧ 鄭威, 「漢帝國空間邊緣的伸縮：以樂浪郡的變遷為例」, 『社會科學』 2016-11, 2016.

縣名	戶	口	주요 위치 비정
長岑	683	4,932	황해도 장연(①)
海冥	338	2,492	황해도 옹진 혹은 해주(①⑦)
昭明	643	4,435	황해도 신천(①②)
提奚	173	1,303	-
含資	343	2,813	황해도 서흥(①)
계	7,343	50,157	

제 3구역 (평안남도 동부 산악지대)

縣名	戶	口	주요 위치 비정
遂城	3,005	19,092	황해도 수안(①⑤) 평안남도 증산(⑦) 평안남도 안주-평안북도 박천 일대(⑧)
鏤方	2,335	16,621	평안남도 강동-성천 일대(①) 양덕(⑤) 개천(⑧)
渾彌	1,758	13,258	평안남도 평원(①) 맹산(⑥) 순천(⑦) 평안북도 구장(⑧)
浿水	1,152	8,837	자강도 희천(⑥⑦)
呑54)列	1,988	16,330	평안남도 영원(①⑤⑥⑦⑧)
계	10,238	74,138	

제 4구역 (낭림산맥 동쪽)

縣名	戶	口	주요 위치 비정
東暆	279	2,013	함경남도 원산-문천(①) 강원도 강릉(⑦)
蠶台	544	4,154	-
不而	1,564	12,348	강원도 안변(①⑦⑧) 함경남도 금야(③)
華麗	1,291	9,114	함경남도 금야(①)
邪頭昧	1,244	10,285	-
前莫	534	3,002	-
夫租	1,150	10,□76⁵⁵⁾	함경남도 함흥
계	6,616	약 5만	

---

54) 호구부의 원문에서는 '呑'字 위에 '艹'을 쓴 글자이다.

속현에는 기존의 위만조선의 중심지나 혹은 변방에 독자성을 가진 집단들이 모두 일괄적으로 호구 파악의 대상이 되었다는 것이다. 이를 확인하기에 앞서 먼저 호구부를 공개한 손영종이 2006년 호구부에 대한 통계표를 작성하였을 당시 도표화한 구역 분류를 기준으로 하여, 그 호구수와 기존 연구에서 제시한 낙랑군 속현의 위치 비정을 정리하도록 한다.

먼저 호구부상에서 8번째 현인 帶方부터 열구-장잠-해명-소명-제해-함자 7개현이 『晉書』 지리지에 보이는 대방군 소속 7현이고, 『漢書』 지리지 낙랑군 기사에 나타난 대로 소명현에 설치한 南部都尉의 관할 영역으로 추측된다.[56] 그리고 목독 3번에 기재된 동이-잠태-불이-화려-사두매-전막-부조는 소위 낭림산맥 동쪽의 東部都尉 관할인 '嶺東 7縣'[57]이 된다. 이들을 구분할 경우 조선현부터 앞부분 6개현과 14번째 현인 수성부터 5개 현을 또 다른 단락으로 구분되어 총 4개 구역으로 나누어 질 수 있다. 이 구분은 대체로 서로 인접한 지역으로 묶여지고 있는데, 첫 번째 단락은 평양을 중심으로 한 평안남도 서부 평야지역으로 모여진다. 이어서 두 번째 단락은 황해도 서남부 지역에 7개현, 세 번째 단락의 황해도 동북부를 일부 포함한 평안남도 동부 산악지역에 5개현, 네 번째 단락은 낭림산맥의 동쪽 일대에 7개현이 집중되어 있다.[58]

이 분류 방식은 손영종이 처음 제시한 이래 이를 검토한 국내의 여러 연구자들도 타당한 방식으로 보며 받아들이고 있다. 그렇다면 이 구분이 기원전 108년을 전후하여 위만조선의 체제나 혹은 기존 3군의 구조를 반영하고 있었는지

---

55) 부조현의 口數는 사진이 명확하지 않아 판독에 5,111호와 10,□76호로 의견에 차이가 있다. 본고에서는 비슷한 호수를 지닌 邪頭昧나 화려가 호수의 10배정도 되는 인구수를 보유한 점을 감안하여, 종합 판독안과 같이 잠정적으로 10,□76호의 비정을 따른다.

56) 손영종, 『조선단대사(고구려사1)』, 과학백과사전출판사, 2006, 121쪽.

57) 『三國志』 권30, 魏書 東夷傳 東沃沮, "漢以土地廣遠 在單單大嶺之東分置東部都尉 治不耐城 別主嶺東七縣 時沃沮亦皆爲縣"

58) 윤용구, 「平壤出土「樂浪郡初元四年縣別戶口簿」研究」, 『木簡과 文字』 3, 2009.

의 여부가 문제시되는데, 3군의 설치가 위만조선의 체제를 전환한 것이라는 관점에 따른다면 이 속현 내부의 구분 방식 또한 위만조선 시기의 영역 구조를 반영하고 있다고 보는 것이 자연스러운 해석일 것이다. 곧 본래 1구역은 옛 고조선의 중심지역인 속현이었으며, 2구역은 진번군이 폐지되면서 낙랑군에 편입된 지역, 4구역은 옛 임둔군의 속현이었으나 재편을 거쳐 낙랑에 편입된 지역으로 볼 수 있다.[59] 상술한 것처럼 기원전 82년에 임둔군과 진번군이 폐지되고 현도군도 기원전 75년 만주 북쪽 방면으로 퇴출된 이후 그 일부 현들은 낙랑군으로 편입되었다. 곧 호구부 내에서 4개로 분리될 수 있는 속현의 목록은 별개의 행정구역이었던 지역들로 호구 파악 시에도 각각의 구역은 과거 같은 군의 속현들을 모아 옛 공동체를 단위로서 구성했던 것이다.[60]

그렇다면 문제가 되는 것은 이들 속현의 기반이 된 집단과 위만조선 시기 '진번'과 '임둔'이라는 정치집단과의 관계일 것이다. 그러나 위의 가정을 따른다면 속현의 구역 분류와 그 首縣도 당시의 정치·사회구조에 맞는 형태로 배치되어 있었다고 보아야 하지만, 구역에 따라서는 이를 단언하기 어려운 경우도 있다. 먼저 1구역은 그 속현이 조선현을 기점으로 해서 시계 반대 방향으로 반원을 이루는 형태가 된다.[61] 그렇다면 이들의 기재는 군치로부터 각 방향의 현을 放射狀으로 한 곳씩 연결하는 방법을 취했던 것이 된다. 그리고 이 구역의 수현이 평양 일대의 조선현이라는 점을 보아, 1구역은 고조선의 중심지인 왕검성과 그 주변 지역으로 보는 견해가 다수를 차지한다. 곧 1구역은 위만조선의 도읍을 중

59) 윤선태, 「한사군의 역사지리적 변천과 '낙랑군 초원 4년 현별 호구부」, 『낙랑군 호구부 연구』, 동북아역사재단, 2010, 251~252쪽.

60) 윤용구, 「낙랑군 초기 군현지배와 호구 파악」, 『낙랑군 호구부 연구』, 동북아역사재단, 2010, 196쪽.

61) 본문에서 각 구역별 속현의 배치와 그 의미에 대해서는 낙랑군의 윤용구, 「낙랑군 초기 군현지배와 호구 파악」, 『낙랑군 호구부 연구』, 동북아역사재단, 2010, 193~195쪽의 내용을 참조하여 작성하였으며, 필자도 본문에서 서술할 세부 사항을 제외하면 이를 따른다.

심으로 하는 핵심 지역이었으며, 연구에 따라서는 1구역을 곧 진번과 임둔 등을 제외한 고조선의 본래 영역으로 비정하기도 한다.[62]

한편 2구역의 경우는 대방을 중심으로 하여 역시 서쪽과 남쪽을 돌아서 반원을 그리는 형태가 된다. 곧 2구역도 대방을 기준으로 각 현을 방사상으로 지목해 기재했다고 여겨진다. 그런데 상술한 『무릉서』의 기록에 따르면 진번군의 본래 치소는 霅縣으로 2구역의 수현인 대방현이 아니다. 만약 대방현을 수현으로 하는 어떤 구역 구분이 별도로 있었다면 이는 위만조선 시기부터 대방현을 중심으로 하는 별도의 체제가 있었다거나, 혹은 낙랑군 설치 이후에 군현 운영의 필요에 따라 설정된 구역으로 보아야 할 것이다. 그러나 전자의 경우 '진번'에 속하는 지역 내지 집단 내에서 대방현을 중심으로 별도의 관할 체제가 존재했을 가능성은 회의적이며, 이는 역시 낙랑군 설치 이후의 사정을 반영했다고 여겨진다. 곧 『무릉서』의 기록을 신뢰한다면 2구역이 대방현을 중심으로 하는 어떠한 관할 체제가 있었다고 해도, 이 구조는 기존의 진번군이나 위만조선 시기의 진번의 체제를 반영한 것으로 볼 수는 없는 것이다.

사정이 이렇다면 2구역의 분류나 그 속현이 모두 본래부터 진번군이나 위만조선의 진번에 속한 지역이었다고 단언할 수 없게 된다. 즉 진번군 폐지-낙랑군 병합 후 그 남쪽의 영역을 재편하는 과정에서 묶여진 구역이었던 것이며, 본래 고조선의 중심지로 1구역에 편제되었을 현들이나 그 밖의 지역에 위치한 속현도 지리적 인접성이나 행정상의 편의에 따라 대방현을 중심으로 한 별도의 관리 체제 내에 포함되었을 가능성도 생각해야 하는 것이다.[63] 다시 말해 2구역이 과

---

62) 박준형, 『고조선의 성립과 발전에 대한 연구』, 연세대학교 박사학위논문, 2012, 184 쪽 ; 한편 3구역과 4구역을 모두 본래 임둔군의 소속으로 보는 견해들 또한 1구역을 고조선의 본래 영역으로 해석했다고 볼 수 있다. 관련 문제는 본문에서 후술한다.

63) 이성제, 「낙랑의 군현 재편과 예(濊)」, 『낙랑군 호구부 연구』, 동북아역사재단, 2010, 224쪽에서는 진번지역에 군현조직이 붕괴된 후 그 잔현을 수습하는 과정에서, 황해도 일대의 진번군 잔현 중 가장 북방에 위치한 동시에 군치인 조선현으로부터 거리가 상대적으로 짧고 교통로와도 연결되는 지역으로 수현을 삼았다고 보았다.

거 진번이라는 어떠한 정치집단 내지 지역 구분을 얼마나 반영하고 있는지의 문제는 호구부의 속현 분류만으로는 속단할 수 없다.

또 3구역과 4구역의 경우에도 그 지역 분류의 기준에 대해 논란의 여지가 있다. 3구역에 대해서는 후술하도록 하고 먼저 4구역의 속현 위치 비정은 동이가 덕원, 불이가 안변 혹은 금야, 화려는 금야, 본래 현도군이었던 부조가 함흥으로 추정된다(표 1 참조). 이 비정을 기준으로 하면 이들이 그 수현인 동이현을 기준으로 방사상으로 분포되었다고 말하기 어렵다. 그렇지만 이는 동이현이 『무릉서』에서 전하는 것처럼 본래 임둔군의 치소였던 사정의 반영이었다고 본다면 이해할 수 있다. 비록 2구역처럼 이 편제가 얼마나 임둔군 혹은 임둔의 구조를 반영하고 있었을지 의문이지만, 이들 현이 모두 영동지역에 위치하고 있던 것을 감안하면 위만조선 시기에도 어떠한 별도의 정치집단이나 지역 구분으로 존재했을 가능성이 높다. 곧 4구역의 속현 모두 본래는 '임둔'으로 칭해진 집단에 소속되었거나, 그렇지 않더라도 위만조선의 중심지와는 구분되는 지역으로서 존재했다고 보아야 할 것이다.[64]

그렇다면 3구역의 경우도 임둔군처럼 위만조선의 중심인 1구역과 구분되는 집단 내지 영역으로 묶일 수 있었으며, 수현인 수성현이 그 중심이었던 것일까? 현존 사료상에서 고조선 주변 세력 중 이 지역에 위치했던 집단은 기록이 전무하다. 기존 연구에서는 이들 3구역의 속현들에 주목하면서, 이들을 『三國志』 東夷傳에 등장하는 '嶺東濊'에 대비되는 '嶺西濊' 지역으로 비정한 바가 있다.[65] 본래 『三國志』 동이전에 따르면 '濊' 지역은 單單大領(嶺)을 기준으로 '영서'와

---

64) 다만 부조현의 경우는 『三國志』 東夷傳 東沃沮條에서 전하는 것처럼 본래 현도군의 소속이었기 때문에(『三國志』 권30, 魏書30 東夷傳 東沃沮, "漢武帝元封二年 伐朝鮮殺滿孫右渠 分其地爲四郡 以沃沮城爲玄菟郡 後爲夷貊所侵 徙郡句麗西北 今所謂玄菟故府是也") 적어도 임둔군의 설치 시점에는 임둔과 구별되고 있었다고 여겨진다.

65) 윤선태, 「한사군의 역사지리적 변천과 '낙랑군 초원 4년 현별 호구부」, 『낙랑군 호구부 연구』, 동북아역사재단, 2010, 248~251쪽.

'영동'으로 나눌 수 있으며, 4구역에 해당하는 영동 7현[66]이 이 嶺東濊에 해당하였다. 반면 낙랑군 내의 영서예 지역은 그 영역을 명확하게 파악할 수 없었으며 이것은 『漢書』 지리지의 속현 목록으로는 영서예에 해당하는 지역을 구분할 수 없었기 때문이었다.[67] 그러나 「낙랑군 호구부」의 속현 목록이 지역별로 구분되며, 영서예를 3구역으로 대응시킨다면 그 실체가 보다 명확해질 수 있게 되었다. 특히 3구역의 속현들은 대체로 함흥평야 서남쪽 일대에서 청천강-대동강 상류로 비정되므로 곧 단단대령 서쪽 일대인 '영서예'로 볼 수 있다는 것이다. 나아가 이들 5개 현은 영동 7현과 더불어 본래는 임둔군에 소속되어 있었지만, 이후 영동 7현이 동부도위의 관할로 분리된 것과는 달리 낙랑군에 직속되었던 현들이었을 것으로 보았다.[68]

3구역의 속현들을 주로 단단대령 이동 지역으로 대응시키는 것은 다수의 국

---

66) 『三國志』 권30, 魏書30 東夷傳 東沃沮, "沃沮還屬樂浪 漢以土地廣遠 在單單大嶺之東分 置東部都尉 治不耐城 別主嶺東七縣 時沃沮亦皆爲縣"

67) 「낙랑군 호구부」의 보고 이전까지 기존 학계에서 '영서예'에 관한 논의는 주로 강원도 영서 지역의 주민집단을 대상으로 논의되었다. 강원도 영서지역과 영동지역은 고고학계의 기준으로 硬質無文土器와 凸·呂字形 주거지를 특징적인 문화 요소로 하고 있으며, 곧 같은 예계의 문화권으로 비정되는 경우가 많다. 이와 함께 『三國志』 동이전에서 언급되는 용어인 '영동예'를 근거로 '영서예'도 존재했으며, 이들이 남·북한강 유역의 주민집단으로 보았다(문안식, 「영서예문화권의 설정과 역사지리적 배경」, 『동국사학』 30, 1996 ; 윤선태, 「馬韓의 辰王과 신분고국 -領西濊 지역의 歷史的 推移와 관련하여」, 『백제연구』 34, 2001 ; 김창석, 「古代 嶺西地域의 種族과 文化變遷」, 『한국고대사연구』 51, 2008). 그리고 「낙랑군 호구부」의 보고 이후에는 고고학적인 자료를 통해 강원도 영서 지역의 濊와 호구부 3구역에 해당하는 지역의 濊와의 상관성을 논의하는 견해도 제출되었다(유은식, 「濊文化의 형성과 확산양상」, 『한국상고사학회 학술대회 논문집』, 한국상고사학회, 2018).

68) 윤선태, 「한사군의 역사지리적 변천과 '낙랑군 초원 4년 현별 호구부」, 『낙랑군 호구부 연구』, 동북아역사재단, 2010, 255~256쪽. 이승호 또한 이 견해를 타당한 것으로 보았지만, 4구역의 부조현은 각주 64번의 문제를 감안하여 본래부터 임둔군의 속현으로 보기는 어렵다고 하였다(이승호, 「衛滿朝鮮 시기 濊族 사회의 동향과 滄海郡 路」, 『고조선단군학』 45, 147쪽).

내 연구자들이 취신하는 관점이다.[69] 그런데 최근에는 3구역의 속현들을 청천
강 유역으로 비정하는 견해도 제시되어[70] 논란의 여지를 준다. 해당 연구에서는
3구역의 탄열현을 대동강 상류의 영원으로 비정하여 여타 연구와 동일하지만,
3구역의 수현인 수성현을 평안남도 안주-평안북도 박천 일대로 비정하는 동시
에, 나머지 수성현-탄열현 사이의 3구역의 현들은 모두 청천강 유역을 따라 배
치되었을 것으로 보았다. 이는 북한 학계에서 보고된 평안북도의 대령강 유역
장성유적을[71] 진나라 장성으로 보는 관점을 공유하면서, 곧 수성현도 '秦 長城
의 동단'인 청천강 유역에서 찾아야 한다고 논증한 것이다.

그런데 3구역 비정, 특히 수성현의 위치를 청천강 유역으로 보기에는 여러
문제점이 있다. 먼저 해당 연구에서는 종래 다수의 중국 연구자들처럼 낙랑군
수성현이 진나라 장성의 동단에 위치하고 있었다는 근거로『晉書』地理志[72] 및
『史記索隱』에 인용된『太康地理志』의[73] 기록을 제시하고 있다. 그렇지만 이들
기록에서의 수성현은 이미 낙랑군이 요서 일대로 이전된 시기의 사정을 반영하
고 있음이 기존에 상세하게 논증되었으며,[74] 대령강의 장성유적 또한 강의 동
안에서 설치되었다는 점에서 진 장성의 방비 대상이었을 북방의 흉노와 남쪽의
고조선에 대한 방어시설의 일부였다고 보기 어렵다.[75]

---

69) 최근에는 이 지역을 영서예의 거주지로 보는 견해도 긍정하면서 그 종족적 성격과
　　사회상을 논의한 연구도 제출되었다. 김재홍, 「生業으로 본 韓과 濊의 종족적 특성」,
　　『한국고대사연구』 79, 2015, 113쪽.

70) 鄭威, 「漢帝國空間邊緣的伸縮 : 以樂浪郡的變遷為例」, 『社會科學』 2016-11, 2016.

71) 손영종, 「대령강반의 옛 장성에 대하여」, 『역사연구』 1987-2, 1987.

72) 『晉書』 卷14 志4 地理上 樂浪郡, "遂城[秦築長城之所起]"

73) 『史記索隱』 卷1 夏本紀2, "太康地理志云 樂浪遂城縣 有碣石山 長城所起"(欽定四
　　庫全書本)

74) 『晉書』와 『太康地理志』의 진 장성 기록의 문제에 대해서는 공석구, 「秦 長城 東端인
　　樂浪郡 遂城縣의 위치문제」, 『한국고대사연구』 81, 2016, 229~257쪽을 참조.

75) 한인호, 「대령강장성의 축조경위에 대하여」, 『조선고고연구』 1992-1, 1992, 27쪽. 이

게다가 청천강 유역에는 1구역의 增地縣도 있었으며, 3구역의 탄열현은 대동강 상류에 위치하고 있었다. 때문에 위의 연구를 긍정한다면 3구역은 청천강 하류 일부에서부터 청천강 상류 상류-대동강 상류라는 모호한 지역으로 분류된다. 곧 위만조선 시기나 낙랑군 운영 당시에 이러한 구역 구분이 어떤 집단 내지 행정상의 구역으로 대응될 수 있는지 의문인 것은 마찬가지인 것이다. 물론 상기 연구의 비정을 받아들이지 않는다고 해도 3구역의 정확한 범위는 유동적으로 이해할 필요가 있겠지만, 현재로서는 그 위치가 가장 명확한 탄열현을 기준으로 하여 청천강 유역 일부에서 영원-맹산-수안 등을 포괄하는 영서지역으로 보는 것이 가장 적절하다고 생각된다.[76]

그런데 3구역을 영서 지역으로 비정하고 이들을 일괄하여 영서에 혹은 어떤 집단에 따른 분류로 단언하기에는 세부적으로 여전히 해명해야 할 요소가 많다. 예를 들어 호구부의 구역이 그 수현을 중심으로 한 호구 파악 내지 행정적 관리가 이루어졌다고 본다면 3구역의 속현들의 위치는 이해하기 어렵다. 3구역의 수현인 수성현을 황해도 수안으로 비정한다면 이는 나머지 현들, 특히 패수현과 탄열현 같이 대동강 상류-청천강 일대에 위치한 현과 지리적으로 너무 격절되기 때문이다. 게다가 패수·탄열현처럼 대동강 혹은 청천강을 통해 치소인 조선현과 직접 접선이 가능한 지역이 과연 가장 남쪽에 치우친 수성현의 행정적 관할을 받았을지도 논의가 좀 더 필요하며, 같은 이유로 위만조선 시기부터 형성된 독자적 정치집단을 반영한 것으로 보기 어렵게 된다.

또 기원전 45년 호구부 작성 시점의 행정적 운영 문제는 제외한다고 해도 3

를 들어 대령강장성을 진 장성의 유지로 해석하는 중국 학계의 주장은 실증적인 측면에서 문제가 있어 증거가 부족한 것으로 지적된다(공석구, 「『中國歷史地圖集』의 평양지역까지 연결된 秦 長城에 대한 검토」, 『선사와 고대』 43, 2015, 162~163쪽).

76) 최근 「낙랑군 호구부」에 관한 최근까지의 연구사를 정리한 논고에서도 상기 연구를 검토하면서 기존의 수성현을 황해도 수안으로 비정하는 기존의 이해와 3구역 범위 비정의 문제점을 논의하며 재검토의 필요성을 제기하였다(윤용구, 「'낙랑군 호구부' 연구의 동향」, 『역사문화연구』 72, 2019, 13쪽).

구역을 과거 임둔군의 속현이라고 가정한다면 속현의 지리적 위치나 당시 정황에 비추어 설명이 필요한 요소가 많다. 예를 들어 임둔이 하나의 독자성을 가진 정치집단이었다면 그 범위는 3·4구역을 모두 포괄한 지역을 아우르는 것이 된다. 그러나 이 경우 영역이 지나치게 방대하게 되며, 호구부의 인구를 기준으로 한다면 위만조선의 1구역을 압도하는 수를 보유하게 된다. 물론 기원전 45년 호구부 시점의 각 구역별 인구 격차가 기원전 108년 시점과 얼마나 일치하고 있을지는 알 수 없지만, 1구역과 3·4구역간의 비등한 인구 규모와 완전히 달랐을 것으로 생각하기는 어렵다. 즉 임둔이라는 집단이 단단대령 東西를 포괄하는 광범위한 영역을 포괄하며, 그 인구도 당시 이 일대의 가장 강대한 세력인 위만조선 중심지(1구역)의 인구를 능가할 정도로 대규모 정치집단이었을 것으로 상상하기는 어려운 것이다.

물론 이는 임둔을 하나의 단일 토착 정치세력이었다고 볼 경우의 사정이며, 임둔이라는 실체를 이해하는 방식에 따라서는 설명이 불가능한 것이 아니다. 예시로 최근 연구에서는 위만조선 이전 존재하였던 임둔에 대해 그 명칭이 屯陣의 의미를 가지고 있다고 보며, 이것이 단단대령 서록을 따라 고조선이 설치한 군사적 둔진에서 유래한 명칭이라고 파악하기도 하였다.[77] 혹은 임둔을 특정 종족이나 정치체가 아니라 지역 개념으로 이해하는 경우도 있다.[78] 특히 전자의 해석에서는 3·4구역을 모두 과거 임둔군의 속현으로 보며, 이와 같이 단단대령으로 양분된 불편한 교통로를 감수하면서도 1개의 郡으로 편제한 이유도 함께 제시하였다. 이에 따르면 본래 이 임둔군은 영동과 영서의 濊人들을 포괄하는 고조선의 광역의 지역단위로 상당한 개척이 이루어져 있었으며, 이후 한나라가 고조선을 멸망시킨 후 이 지역을 통제하기 위해 그대로 郡으로 편제하였다

77) 윤선태, 「동옥저와 예 지역의 역사지리적 변천」, 『삼국지 동이전의 세계』, 성균관대학교 출판부, 2013, 214~217쪽.

78) 문안식, 「옥저의 기원과 대외관계의 변화」, 『역사학연구』32, 2008, 5~6쪽.

고 보았다.[79]

그렇지만 임둔이 독자적 세력을 가진 단위정치체가 아닌 위만조선에 의한 지역 구분이나 영역으로 볼 경우에도 설명이 필요한 문제들은 남는다. 먼저 임둔이 지역명이나 고조선에 의해 편제된 어떤 기구라고 한다면 고조선이 어째서 3·4구역을 포괄하는 넓은 범위의, 그것도 단단대령으로 분리된 두 지역을 일괄하는 구분을 두었는지 문제시된다. 나아가 임둔에게 단일 정치집단으로서 독자성이 없었다면 기원전 108년 시점에서 위만조선의 영역으로 편입된 지역에 굳이 별도의 군을 두며, 그 치소도 영동 지역이라는 멀리 떨어진 위치에 둔 이유도 설명이 필요할 것이다.

그리고 3구역으로 비정되는 지역 전체가 과연 '영동예'와 같은 문화권으로 포함되었는지 좀 더 확인이 필요한 점도 유의된다. 3구역의 속현 중 탄열현으로 비정되는 영원과 그 주변의 덕천 일대는 명도전이 매납된 退藏遺蹟이 확인되는 것으로 보고되었다.[80] 이를 보아 이 지역은 세죽리 연화보유형 문화권에 속하므로, 영서예의 거주지로는 적절하지 않다는 지적이 제기되었다.[81] 이를 받아들인다면 3·4구역이 '濊'란 종족적 친연성에 근거하여 묶일 수 있으며, 이를 통합하여 임둔군으로 편제되었다고 보기도 어려운 것이다. 다만 이는 상술한 3구역 속현들의 위치를 영서 지역으로 전제한 결과이며, 이 지역 고고학 자료도 상대적으로 다른 지역에 비해 많지 않다는 점을 감안한다면 주민들의 종족적 성격을 섣불리 정의할 수 있는 것은 아니다. 그렇지만 같은 이유로 이 지역의 종족적·문화적 성격이 명확하게 밝혀지기 전까지 3구역 전체를 구 임둔군의 속현이나 단일 집단으로 비정하는 데에는 역시 신중을 기할 필요가 있다고 판단한다.

---

79) 윤선태, 「한사군의 역사지리적 변천과 '낙랑군 초원 4년 현별 호구부」, 『낙랑군 호구부 연구』, 동북아역사재단, 2010, 255~256쪽.

80) 유정준, 「자강도 내 원시 유적 및 옛날 돈이 발견된 유적」, 『문화유산』 1958-5, 1958.

81) 유은식, 「濊文化의 형성과 확산양상」, 『한국상고사학회 학술대회 논문집』, 한국상고사학회, 2018, 84쪽.

이처럼 호구부의 지역 구분이나 속현에 대해서는 그 자체를 위만조선 시기의 지역이나 집단의 구분으로 일괄 이해하기에는 해명해야 할 요소가 많다.[82] 특히 3구역은 그 자체가 위만조선 시기부터 존재하였던 정치집단 내지 종족집단의 분류가 적용된 결과인지도 판단하기 어렵다. 그럼에도 기존 연구에서 본 「낙랑군 호구부」의 구역별 분류 방식을 긍정하고 낙랑군의 최초 설치 과정의 문제를 논의한다면, 호구부 3구역의 실체를 밝히는 작업은 역으로 이 문제를 이해할 단서를 가지고 있다고 할 수 있다. 곧 3구역 구분의 의미를 이해할 수 있다면, 그것은 역으로 낙랑군의 설치 과정에서 위만조선 시기의 사회상이 어떻게 반영되었는지를 나타내는 하나의 사례로 볼 수 있기 때문이다.

앞에서 논의한 사항을 감안해도 이 지역이 본래 임둔군의 속현이었을 가능성은 여전히 존재하며, 이 또한 향후 조사의 진전과 논의를 거친 후에 결론을 내야 할 것이다. 그렇지만 현재로서는 상술한 문제들이 해명되기 전까지는 역시 이 지역 또한 과거 위만조선 시기부터 진번·임둔과는 구별되는 지역이었으며, 이후 진번군과 임둔군이 설치된 시점에도 이들은 낙랑군으로 편제된 구역이라고 보는 것이 가장 안전한 이해가 아닐까 싶다.[83]

그렇다면 과연 이 지역이 어떠한 이유로 본래 原樂浪郡이었음에도 호구부상에서 1구역과 구분될 필요가 있었는지에 대한 문제가 남게 된다. 이 점에서 앞장에서 제기했던 것처럼 낙랑군이나 나머지 2군의 설치가 108년 위만조선 멸망

---

82) 호구부의 구역 구분의 문제점에 대해서는 박대재, 「위만조선의 영역구조와 漢郡縣의 재편」, 『고조선단군학』 46, 2021, 153쪽 참조.

83) 김정배, 「古朝鮮의 稱王과 人口問題」, 『古朝鮮에 대한 새로운 解釋』, 高麗大學校 民族文化研究所, 2010, 578~581쪽에서도 설치 직후 낙랑군이 1구역과 3구역을 합한 11개의 현으로 이루어져 있었으며, 호구부의 인구를 추산하여 기원전 108년 위만조선의 인구를 113,836명으로 추정하였다. 그리고 이성제도 원낙랑군에서 각각 진번과 임둔에 해당하는 구역을 배제하고, 3구역까지 임둔군의 소속이었다면 낙랑군의 규모가 지나치게 적어지는 점을 지적하며 3구역 또한 본래부터 낙랑군의 소속이었다고 보았다. 이성제, 「낙랑의 군현 재편과 예(濊)」, 『낙랑군 호구부 연구』, 동북아역사재단, 2010, 225쪽 각주 34번 참조. 필자도 이들 견해를 따른다.

이후 일정 기간 그 내부의 지배구조를 재편할 필요성이 있었다는 점, 그리고 위만조선 자체가 분산적인 지배구조를 가진 국가였다는 점이 상기된다. 그렇다면 '원낙랑군'은 특정 영역을 군으로 일시에 전환한 것이 아니라 분산된 재지세력에 대한 통합과 재편을 일정 기간 거쳐야만 했을 것이며, 3구역과 이에 포함된 속현의 기원은 이들로부터 찾을 수 있지 않을까 싶은 것이다. 곧 호구부의 지역 구분은 장기간에 걸쳐 여러 소집단들을 포괄하여 설치되는 양상을 반영하고 있다고 여겨지기에, 이를 다음 장에서 확인해보고자 한다.

IV. 「樂浪郡 戶口簿」의 3구역과 위만조선의 '藩屛'

臨屯郡의 기저가 된 임둔은 위만이 정벌했다는 '其旁小邑'의 하나로 언급되고 있으며[84] '邑'이라는 명칭만 본다면 임둔도 단일 읍락의 하나처럼 볼 수도 있다. 그렇지만 앞서 논의한 것처럼 적어도 그 이름을 따서 군을 설치했다는 것은 이들 15개의 속현에 해당하는 토착사회가 '임둔'이라는 집단을 중심으로 하여 어떤 식으로든 문화적·사회적 교류를 가지고 있었던 것으로 보아야 할 것이다.[85] 이들은 기원전 108년 시점에서 위만조선에 이미 복속된 상태였음에도 1개 현이 아니라 하나의 군 단위로 설치되었다. 곧 임둔은 본래부터 현 단위의 지역 범위를 넘어선 어떠한 영향력을 보유한 집단이라고 해석해야 할 것이다. 그리고 이후 동옥저(남옥저)나 濊가 임둔으로부터 분화된 것으로 보며 이들이 10개 안팎의 유력한 정치집단들이 완만한 연대를 맺고 있던 집단으로 비정

---

84) 『史記』 권115, 朝鮮列傳55.

85) 김정배, 「史記 朝鮮列傳(註釋)」, 『中國正史 朝鮮傳 譯註』 1, 국사편찬위원회, 1990, 34쪽.

되기도 한다.[86]

비록 임둔군이 실제로 15개 현을 보유한 郡이었는지는 의문의 소지가 있지만, 적어도 군 설치 자체는 이루어졌다고 여겨지는 이상 임둔이란 본래부터 치소였던 동이현에 한정되지 않고 좀 더 광역의 읍락에 영향력을 가진 집단이었다고 보아야 할 것이다. 나아가 임둔군이 임둔에서 기원하여 군을 설치했다는 것은 당시 임둔의 중심지가 동이현이 위치한 지역이었으며, 복수의 토착 사회가 동이현을 중심으로 하여 어떤 식으로든 문화적·사회적 교류를 가지고 있었던 것으로 생각된다.[87]

진번군과 임둔군, 그리고 그 기반이 된 진번과 임둔의 실체 문제에 대해서는 여기에서 더 논의할 사항은 아니지만, 이들은 위만의 망명 이전까지 일정한 자기 세력을 거느린 집단이었으며 이후 위만조선에 의해 정벌되어 조선의 영향력 하에 놓이게 되었던 것이 옳다고 본다. 그리고 이들을 굳이 군으로 분리하였다는 사실은 위만조선 내에서도 기원전 108년 시점까지 일정한 독자성을 유지하고 있었거나, 위만조선 내에서 별도의 통치 구역으로서 취급되었던 사정의 반영으로 여겨진다. 곧 4구역의 경우 하나의 독자 세력으로 위만조선 이전까지 존재하였으며, 이후 임둔군의 설치 기반이 되거나 호구부상에서 별도의 구역으로 나타나는 원인은 여기에서 비롯된 것이다.

그렇지만 앞서 논의한 문제를 감안한다면 3구역의 경우에는 예외적으로 종족적·문화적인 문제보다는 위만조선 내부에서 현실적인 이 지역에 대한 정치적인 관계 내지 구조의 문제가 더 좌우했다고 보아야 할 것이다. 이는 낙랑군 설

---

86) 김창석, 「4세기 이전 한반도 중부지역의 정치체와 정세 변동」, 『고고학』 13-2, 2014, 34쪽.

87) 호구부의 동이현의 규모는 약 300호에 2000구 정도에 불과하지만, 『漢書』 권30, 藝文志서는 무제대의 인물인 "東暆令 延年"이 등장하며 동이현에 현령급 관리가 파견되었던 사실을 확인할 수 있다. 곧 동이현은 본래 4천호 이상의 규모를 지닌 현이었지만, 기원전 45년 시점에서는 그 인구가 급감하였던 것으로 처음 군 설치 당시에는 군의 치소로 충분한 호구를 보유하고 있었을 것으로 여겨진다.

치 이후 군의 운영을 위한 편의에 따라 구분된 결과로 생각할 수 있으나, 앞서 논의한 것처럼 수성현을 중심으로 하는 1구역의 외곽 지역을 하나로 묶는 것이 어떠한 행정적 편의를 담보하고 있을지 불분명하다.[88] 때문에 3구역은 낙랑군 시기보다는 위만조선 당시 분권적 지배구조 내에서 정치적으로 1구역을 중심으로 하는 주변 지역과 구분되는 층위가 있었으며, 이 정황이 낙랑군 시기에도 반영되어 구역 분류로서 그 흔적이 나타났을 것으로 생각할 수 있는 것이다.

3구역이 조선현을 중심으로 한 1구역의 외곽에 배치되어 있었다는 점을 감안한다면, 이 지역은 위만의 임둔 복속 이전부터 고조선의 영향 하에 있었음에도 상대적으로 변방에 위치하여 독자성을 지닌 지역으로서 인지되었다고 여겨진다. 그리고 낙랑군 설치 시기 자연 고조선의 영역을 군으로 편제하는 과정에서 그 층위가 나타났다는 것이다. 그렇지만 그 층위가 단일 종족집단 내지 정치집단의 반영은 아니었기 때문에, 그 범위나 수현의 구조가 모호한 형태를 취했던 것이 아닌가 싶다. 곧 '임둔'에 속한 집단은 아니지만 위만의 망명 이전부터 독자성을 지니고, 1구역인 고조선의 중심지와도 구별되는 중간 지역에 속했다는 것이다.

그렇다면 3구역의 분류 문제는 위만의 임둔 복속 이전 고조선이 어떠한 식으로 주변 지역, 예컨대 자신들과는 문화적으로 구분되는 집단에 대해 어떻게 지배력을 행사하였는지의 문제와 관련이 있을 것이다. 이에 주목되는 사료는 『三國志』 동이전 한조에 인용된 『魏略』의 기사로 여기에서는 위만조선을 전후한 시기 존재하였던 제후와 같은 독자성을 가진 집단을 언급하고 있다.

C-1) 及秦幷天下 使蒙恬築長城 到遼東 時朝鮮王否立 畏秦襲之 略服屬秦 不

---

88) 다만 상술한 것처럼 수성현의 위치가 수안군으로 단정할 수 없기에 이는 논란의 여지가 있다. 그럼에도 군 설치 이후의 편의를 위해서라고 보기에는 군 치소와 같은 대동강 연안에 위치한 탄열현과 같은 사례도 있기 때문에, 3구역의 분류가 위만조선 당시의 어떤 지역 구분과 무관하지 않았을 것으로 생각한다.

肯朝會 否死 其子準立 二十餘年而陳項起 天下亂 ①燕齊趙民愁苦 稍稍
亡往準 準乃置之於西方 及漢以盧綰爲燕王 朝鮮與燕界於浿水 及綰反
入匈奴 燕人衛滿亡命 爲胡服 東度浿水 詣準降 說準求居西界 故中國亡
命 爲朝鮮藩屛 準信寵之 拜爲博士 賜以圭 ②封之百里 令守西邊.[89]

C-2) 初右渠未破時 朝鮮相歷谿卿以諫右渠不用 東之辰國 時民隨出居者二千
餘戶 亦與朝鮮貢蕃不相往來.[90]

　　C-1)에 따르면 기원전 3세기 중반 진나라의 멸망과 진승·오광의 난과 같은
중국 방면의 혼란으로 인해 고조선으로 망명한 위만은 조선의 '藩屛'을 자처했
다고 전한다. 이들은 중국 본토의 정권에 배속되기를 거부한 정치적인 망명자이
며 중국에 적대적인 입장이었기에 번병을 자처하였던 것으로 여겨진다.[91] 그런
데 낙랑군 문제와 관련하여 주목되는 사항은 조선왕 준이 위만에게 "百里의 땅
을 封해 주어 서쪽 변경을 지키게 하였다"라는 부분이다. 여기에서의 위만이 받
은 '博士'라는 지위는 지방관적인 존재로 보는 견해와[92] 제후적 존재로 해석하
는 견해로[93] 대별되지만, 고조선에게 있어서 하나의 지방통치의 수단으로 운영
되었던 것은 분명할 것이다. 그렇지만 博士의 성격과는 별개로 '藩屛'을 자처하
고 승인받았다는 것은 이 시기 위만이 고조선의 변방에서 독자적 세력을 거느
린 집단으로서 활동을 보장받았다고 해야 할 것이다.

　　번병이란 변방의 울타리란 뜻으로 일종의 제후국을 의미한다고 하며, 비록 중
국식 표현이라고 해도 이에 상응하는 편제방식이 존재하였을 것으로 여겨진다.[94]

---

89) 『三國志』 권30, 東夷傳 韓 所引 魏略.

90) 『三國志』 권30, 東夷傳 韓 所引 魏略.

91) 권오중, 『낙랑군연구』, 一潮閣, 1992, 24~25쪽.

92) 이병도, 『韓國古代史研究』, 博英社, 1976, 78쪽 ; 조법종, 「한국고대신분제연구」,
　　『國史館論叢』 52, 1994, 113쪽.

93) 이종욱, 『고조선사연구』, 일조각, 1993, 185~187쪽.

94) 윤상열, 「고조선의 정치체제와 천하관 再論」, 『백산학보』 110, 2018, 77쪽.

이러한 고조선의 제후적 존재들은 C-2)에서 나타나는 朝鮮相·歷谿卿의 사례에서도 확인할 수 있다. 이들은 2천호를 거느리고 위만조선의 세력에서 이탈하고 있는데, 이는 이들이 본래부터 거느리고 있었던 인구로서 곧 지방의 재지 세력이었던 인물로 볼 수 있다.[95] 그리고 그가 거느렸던 인구는 2천호로 약 1만 정도로 비정되기에, 그 규모는 군장사회 수장 정도에 해당하는 인물로 추정된다.[96]

만약 위만이 영유한 분봉지와 "藩屛"을 고조선 내의 제후와 같은 존재로 이해한다면 이는 3구역의 이해에 하나의 단서가 될 수 있다. 특히 100리 정도의 지역에 대해서 '분봉'을 받아 제후와 같은 존재로 고조선의 변방을 지킨다는 양상이 그러하다. 위만은 이 시기 외부의 유이민들을 "거두어(收)" 번병이 되겠다고 청하였으며, 위만의 내투 이전에도 고조선은 중국으로부터의 유이민을 고조선의 서방에 거주하게 하였다(C-1①).[97] 곧 위만에 대한 분봉이나 藩屛으로 삼은 것은 고조선의 외부 집단에 대한 처우와 크게 다르지 않았을 것이다. 고조선은 외부로부터 유입된 집단을 변방에 위치시키며 그 세력을 중국 방면으로부터 경쟁세력에 대한 방어의 수단으로 삼았던 것이다. 그리고 이것이 예외적인 사례가 아니었다면 같은 정책이 동쪽 방면, 곧 영서예의 주민에게 적용되었다고 해도 이상한 일은 아닐 것이다. 이들 藩屛이 고조선의 입장에서 외부인에 대한 분봉이었으며 곧 반독립적인 세력을 외부에서 유지하는 정책이 있었다면, 자신들과 사회적·문화적으로 일정한 격차가 있었던 변방의 집단, 곧 3구역에 해당하는 영서예에게도 적용할 수 있는 사례인 것이다.

따라서 3구역에서 속현으로 편성된 집단의 기원은 위만이나 역계경의 사례

---

95) 한 연구에서는 "朝鮮相"과 "歷谿卿"을 두 사람으로 해석하며, 역계경의 卿을 중국의 채읍을 가진 제후로 보며, 2천호의 주민은 그가 거느린 봉지의 주민으로 보았다 (윤상열, 「고조선의 天下觀에 관한 試論」, 『사학연구』 88, 2007, 377~378쪽).

96) 박대재, 「국가형성기의 복합사회와 초기국가」, 『선사와 고대』 38, 2013, 271쪽.

97) 위만의 실제 거주지를 구체적으로 혼하~천산산맥 일대로 비정한 연구도 있어 참고가 된다(조원진, 「위만조선의 대외관계에 대한 검토 -朝·漢 전쟁 이전을 중심으로-」, 『백산학보』 109, 2017, 66~67쪽).

처럼 제후적 존재로 위만조선의 '번병'으로서 두었던 집단들이었을 가능성을 제기해보고자 한다. 이 지역의 토착 집단은 문화적으로는 모두 혹은 일부가 영동예에 속한 집단이었지만, 고조선에게 내투하거나 혹은 군사적 압박을 받아 고조선의 영향력 하에 편입된 것으로 생각된다. B-1)에서 나타나는 것처럼 임둔이 위만의 시기에 이르러 무력으로 이들을 복속시켜야 했다면 이들은 위만조선 이전에는 그 세력권으로부터 벗어나 있었거나, 연맹체 혹은 어떠한 관계를 맺었다고 해도 그 정치적 독자성은 유지했다고 보아야 할 것이다. 달리 말하면 영동예나 영서예는 고조선이 직접 통제할 수 있는 집단이 아닌 군사적 대립도 이루어질 수 있었다는 의미인 것이다. 그리고 이러한 상쟁 과정에서 고조선은 영서 지역에 위치한 濊人들을 위만과 같이 자신들의 영향력 하에 개별적으로 편입하였던 것으로 생각할 수 있다 곧 위만의 분봉과 유사한 방식으로 고조선은 중심지(1구역) 주변에 군장사회 단위의 집단을 제후와 같은 형태로서 다수 거느렸던 것이다.[98]

이러한 집단들이 고조선의 중심지인 평양에서부터 일정한 격절을 두고 영서 지역에 형성되어 있었다면, 자연 낙랑군 설치 시기에도 층위가 이루어졌던 이유와 이들이 문화적으로 통일된 집단이 아니었던 이유도 일부 해명이 가능해진다. 즉 이들은 고조선의 중심지인 평양 일대(1구역)와 문화적 격차와는 별개로 정치적으로 구분된 藩屏으로 존속한 집단으로서, 이후 위만조선의 멸망과 낙랑군의 최초 설치 과정에서 일정한 시차를 두고 군현 지배에 편제되었다는 것이다. 임둔에 속하는 집단이 아니지만 위만조선의 중심지인 1구역과 구분되는 구역으로 호구부상에서 나타난 것은 이러한 이 지역의 성격에서 기인했던 것이다.

---

98) 송호정은 기원전 4세기를 전후한 시점에서 여러 소국(소읍)을 아직 하나의 단일 통치체제 밑에 두지 못했으며, 고조선의 중앙은 이들에게 일정한 정치적 독자성을 허용하여 그 지역을 다스리게 하는 구조였다고 보았으며, 곧 진번, 임둔 등이 이에 해당했다고 보았다. 나아가 기원전 3세기에는 중국 방면의 유이민에 의해 일정한 정치 세력이 형성되었고, 요동 방면에서 서북한으로 망명한 위만도 이런 사례에 해당한다고 보아 참고할 수 있다(송호정, 『다시 쓰는 고조선사』, 서경문화사, 2020, 58쪽).

또 하나 주목되는 부분은 앞의 위만에 대한 조선왕 준의 분봉이 "封之百里"라고 하여 그 영역을 약 100리 정도로 기록하는 점이다(C-1②). 이 100리라는 영역은 같은 시기 한의 郡縣制 기준으로 1개 현 정도의 규모에 해당한다. 『漢書』백관공경표에 따르면 한나라 시기 縣을 구획하는 기준은 그 넓이를 사방 백 리로 하며, 호수는 萬戶를 기준으로 하되 그 가감을 고려한다고 전한다.[99] 물론 『魏略』에서 위만에게 "封之百里"했다는 것이 실제 영역이었는지는 알 수 없고, 이는 단지 관념적인 표현일 수도 있다. 나아가 『漢書』의 기준도 그 가감을 고려한다고 하였으며, 호구부에서 나타나는 것처럼 실제 낙랑군의 편성에서는 그 호수가 萬戶에 크게 미치지 못하는 현들이 대부분이다.[100] 그렇지만 위만에게의 "封之百里"가 예외적인 사례가 아니라면 고조선 내에서 그밖에도 1개 현 정도에 해당하는 영역을 지닌 제후적 존재들이 다수 존재했을 것으로 예상할 수 있다.

그리고 낙랑군이 대체로 일정 영역 안에서 정치·경제적으로 자체 운영되던 단위집단을 편의상 현으로 삼았다고 보면[101] 이러한 제후적 존재들도 이후 낙

---

99) 『漢書』 권19, 百官公卿表7 上 縣令長, "縣大率方百里 其民稠則減 稀則曠 鄕 亭亦如之 皆秦制也"

100) 낙랑군 속현들의 호수가 이 기준과 상당한 격차가 있다는 점을 지적하며, 이는 군의 설치 당시 토착 세력에서 그 영역과 함께 산천 경계에 의한 지형적 구분이 이미 비교적 잘 이루어졌기에 方百里 규정을 기계적으로 적용하기 어려웠던 결과로 추정되고 있다(오영찬, 『낙랑군 연구』, 사계절, 2006, 68~69쪽). 또 인구 규모가 적은 小縣은 중원과 가까운 지역에서도 찾을 수 있었고, 이들에게도 다른 지역과 다를 바 없이 정밀한 군현지배가 실시되었다는 지적도 참고할 필요가 있다. 관련 논의는 김병준, 「낙랑군 동부도위 지역 邊縣과 군현지배」, 『한국고대사연구』 78, 2015, 153~159쪽 참조.

101) 이현혜, 「三韓의 '國邑'과 그 成長에 대하여」, 『역사학보』 69, 1976, 5쪽. 해당 연구에서는 『한서』 지리지 등에서 낙랑군의 호구수가 평균적으로 2~3천호이며, 삼한의 소국도 비슷한 규모로 나타난다는 점을 감안하여 내린 결론이다. 이는 「낙랑군 호구부」가 보고되기 이전의 추산으로 실제 낙랑군의 호구수는 현마다 편차가 크다. 그럼에도 낙랑군이 처음 설치된 시기 현지 단위집단을 현으로 편제했을 개연성이

랑군에게 편입되었을 당시 각각 현의 규모로 편제되었을 것이다.[102] 곧 이 지역은 3구역의 나머지 현들처럼 위만조선의 번병으로서 존재한 집단이었기 때문에 자연 그 편제에서 층위가 발생하였던 것으로 생각된다. 이들은 위만조선-한의 전쟁 시기까지도 일정한 독자성을 유지하고 있었으며, 그 수장들은 博士나 相[103]과 같은 지위를 위만조선으로부터 수여받아 변방에서 독자적인 세력을 거느리고 있었다고 추정된다. 이들은 영동 지역의 '예'와 친연성을 가지고 있었던 집단도 있었으며, 한편으로는 보다 북쪽의 세죽리-연화보유형에 속하는 연나라 문화와 토착 세형동검 문화가 혼용되는 문화를 보유하는 등 각각 독자성을 가지고 위만의 망명을 전후하여 병존하고 있었던 것이다.[104] 곧 패수현과 탄열현의 기반이 된 재지 세력처럼 비록 영서예에 포함된 집단이 아니라고 해도 정치적으로는 3구역의 나머지 속현들의 기반이 된 집단과 같은 성격을 가지고 있었기 때문에 동일 구역으로 분류되었던 것이 아닌가 싶다.

나아가 이들은 왕검성이 함락됨에 따라 한의 세력에 복속하여 군현으로 편

높다는 점과, 3구역의 호구수도 대체로 이에 부합되기에 이를 받아들이는 데에 문제는 없을 것이다.

102) 낙랑군의 현들은 위만조선 내에 존재하던 '國邑'을 小國으로 보며 이를 단위로 설치되었던 것으로 이해하는 견해들도 있다(권오중, 「중국사에서의 낙랑군」, 『한국고대사연구』 34, 2004, 25~28쪽 ; 오영찬, 『낙랑군 연구』, 사계절, 2006, 65~90쪽).

103) 고조선에서 相은 각 지역에 독자적인 세력 기반을 거느리는 족장 출신으로서, 고조선의 중앙에 의해 편제된 세력의 수장으로 여겨진다. 송호정, 『한국고대사 속의 고조선사』, 푸른역사, 2003, 416쪽.

104) 세죽리-연화보유형은 청천강 이북의 서북한-요동의 초기 철기문화로 오늘날에는 중국계 유이민과 토착민의 문화가 융합하여 성립한 것으로 추정된다. 특히 서북한 지역의 초기 철기들은 전국계 철기가 요령성 지역을 경유하여 한반도에 유입되었다고 보며, 그 계기는 진개의 요동 침공, 혹은 진나라의 성립 이후 연의 망명자들을 통한 전래였다고 보는 견해가 있다(李南珪, 「東アジア初期鉄器文化の研究」, 廣島大學 博士学位論文, 1991, 380~390쪽). 이를 보면 곧 청천강 유역과 인접한 속현들은 중국 방면의 문화를 수용 내지 보유한 집단의 이주로 형성되었으며, 『사기』 조선열전에서 위만의 분봉지와 유사한 형태의 집단이 성립되었을 가능성이 있다.

제되었지만, 이들 지역의 재지 세력은 본래부터 위만조선의 1구역, 곧 왕검성을 중심으로 한 위만조선의 중심지역과 그 편제 과정에서 차이가 있을 수밖에 없었을 것이다. 1구역의 중심지는 기원전 108년 왕검성의 함락을 통하여 그 중심적인 지배세력과 영역은 한나라의 지배하에 들어가게 되었다. 그러나 변방이자 본래부터 독자성을 지닌 집단, 혹은 임둔과 같은 小邑의 편입은 좀 더 시차를 두고 속현으로 편제되었을 것이기 때문이다. 즉 기원전 108년 이후 토착 사회의 편제를 거쳐 4군이 정립된 시점에서 3구역은 1구역과 함께 '원낙랑군'이 되었지만, 군의 내부에서는 그 층위가 잔존하고 있었던 것이다. 곧 나머지 3군을 제외한 지역인 위만조선의 중심지를 기반으로 군을 설치했다고 해도, 그 내부에서는 본래 위만조선이 가진 중층적 구조가 반영되고 있었다고 할 수 있다.

이상의 논의는 단편적인 자료를 통한 추측에 불과하며, 설령 위의 추정이 허용된다고 해도 3구역의 수현이 어째서 수성현이 되었는지의 문제나, 세부적인 편제 과정 등의 문제 등은 현 단계에서 해명하기 어려울 것이다. 나아가 호구부의 기록이 기원전 45년의 사실이며 위만조선 멸망으로부터 50여 년의 시차가 있었다는 점을 감안한다면, 3구역의 성격을 위만조선 시기부터 내려온 어떤 구분이라고 단언할 수 있는 것은 아니다. 앞서 언급하였던 것처럼 호구부의 구역 구분은 어디까지나 낙랑군 설치 이후 이 지역 운영을 위한 인위적인 분류였을 수 있는 이상, 기원전 45년 이전 시기 군현의 재편 과정에서 나타난 결과였을 가능성도 향후 살펴봐야 할 것이다.

그러나 한편으로는 군현지배를 위한 행정적 편의라고 해도 그 또한 현지 주민들의 사회상을 전적으로 배제하여 이루어질 수는 없다고 생각한다. 곧 낙랑군의 설치 과정이란 위만조선 내의 다양하게 구분된 지역 세력을 재편하는 과정이었으며, 호구부상의 구역 구분은 결국 이 과정에서 군현지배와 일정한 타협이 이루어진 기존의 사회체제를 반영하고 있었다는 것이다. 그리고 82년 진번·임둔군의 폐지와 75년 현도군 속현의 이관 등에서 나타나는 것처럼 낙랑군은 『漢書』地理志의 체제로 정착되기까지 상당한 시간이 소요되어야 했다. 이와 같이 치폐가 반복되며 군현 정착에 난항이 있었던 사정에는 3구역의 주변 지역의 독자성을 지닌 세력에 대한 재편 및 편입도 포함되었을 것이다. 곧 3구역은 이와 같은 과정을 나타내는 하나의 사례였다고 생각하며, 이는 넓은 의미에서 위만조선이라는 국가가 본래부터 지닌 분권적 구조를 반영하고 있었던 것이다.

Ⅴ. 맺음말

본고에서는 일반적으로 평양 일대에 설치된 것으로 여겨지는 樂浪郡이 기원전 108년 위만조선의 멸망 이후 어떠한 과정을 거쳐 현지 사회를 재편하였으며, 이 과정이 「樂浪郡 戶口簿」와 같은 자료에서 어떻게 반영되었는지에 대해 검토하였다. 알려진 대로 낙랑군에 대해서는 그간 다대한 연구가 축적되어 왔으며, 세부적인 사항에서는 논란이 많다. 특히 낙랑군에 관한 오랜 쟁점 중 하나는 衛滿朝鮮과의 관계 문제로서, 이는 위만조선의 중심지 문제를 비롯한 여러 논란과 연관되어 있었다. 나아가 낙랑군이 위만조선의 故地를 군으로 재편하는 과정에서 정복지에 대한 사회 구조를 반영하고 있었다고 보는 것이 오랜 믿음이었던 만큼, 기존 여러 연구에서처럼 「낙랑군 호구부」로부터 당시 위만조선의 양상에 대해 부분적으로나마 접근을 시도하였다.

이를 위해 본문에서는 『史記』 조선열전에서 전하는 4군 설치시기가 위만조선의 멸망과 4군의 인과관계를 나타내기 위한 서술로, 실제로는 기원전 108년 위만조선의 멸망 이후에도 장기간에 걸쳐 구축되었을 것으로 가정하였다. 이는 위만조선이 본래부터 지니고 있었던 분권적 구조와 더불어 그 전후의 지배자집단에 대한 해체 및 재편의 과정이 반영된 결과인 것이다. 그리고 기존 연구에서 보았던 것처럼 「낙랑군 호구부」의 구역 분류는 위만조선 시기부터 존재하였던 지역 구분의 흔적이며, 3구역은 멸망 직후 시차를 두고 제 1구역인 구 위만조선의 중심지와 함께 '원낙랑군'을 이루고 있었다고 보았다. 이 지역의 속현들은 본래 고조선 내부에서 존재하였던 제후적 존재들로, 위만조선 내부의 정치적 · 사회적 차이로 인해 원낙랑군의 편제에 층위가 발생하였으며, 이것이 호구부상에서 구역 구분으로 나타났다고 해석하였다.

이상의 논의는 모두 한정된 자료와 검증이 어려운 비정을 토대로 이루어진 추측이며, 머리말에서 제시한 문제조차 충분히 논의하지 못했다. 특히 위만조선의 중심지와 낙랑군과의 관계 문제는 최근까지도 논란이 있는 사항임에도, 분량상 이 문제에 대해서 상세하게 검토를 진행할 수 없었다. 나아가 본고에서 주로 다루었던 3구역 '영서예'에 대해서는 고고학적 자료도 그 양상을 확인하기에 한계가 많으며, 속현의 위치 또한 이를 확정할만한 증거도 없는 상황이다. 나아가 낙랑군 전반의 설치 과정이라는 근본적인 문제에 대해서는 다루지 못하고 오로지 그 일부 지역의 재편에 대해서만 추측을 제기했을 뿐이다. 그럼에도 위만조선의 영역 지배의 구조가 군현제와 같이 정비된 체제를 갖추지 못하고 연맹체, 혹은 분권적 지배구조로 이루어졌다고 보는 것이 통설적인 믿음인 만큼, 이와 같은 구조의 흔적과 군으로의 재편 과정에 대한 하나의 사례를 제기하였다는 점에서 의의를 찾아보고자 한다.

참고문헌

고정의, 「樂浪郡 初元四年 戶口簿 檢討」, 한국목간학회 제10회 정기발표회 발표요지, 2011.

공석구, 「『中國歷史地圖集』의 평양지역까지 연결된 秦 長城에 대한 검토」, 『선사와 고대』 43, 2015.

공석구, 「秦 長城 東端인 樂浪郡 遂城縣의 위치문제」, 『한국고대사연구』 81, 2016.

권오중, 『낙랑군연구』, 一潮閣, 1992.

권오중, 「중국사에서의 낙랑군」, 『한국고대사연구』 34, 2004.

권오중 외, 『낙랑군 호구부 연구』, 동북아역사재단, 2010.

김남중, 『위만조선의 성립과 발전 과정 연구』, 서강대학교 박사학위논문, 2013.

김남중, 「위만조선의 멸망 원인에 대한 새로운 접근」, 『고조선단군학』 46, 2021.

김병준, 「樂浪郡 初期의 編戶過程과 '胡漢稍別' -樂浪郡初元四年縣別戶口多少□□」木簡을 단서로」, 『목간과 문자』 1, 2008.

김병준, 「낙랑군 동부도위 지역 邊縣과 군현지배」, 『한국고대사연구』 78, 2015.

김재홍, 「生業으로 본 韓과 濊의 종족적 특성」, 『한국고대사연구』 79, 2015.

김정배, 「史記 朝鮮列傳(註釋)」, 『中國正史 朝鮮傳 譯註』 1, 국사편찬위원회, 1990.

김정배, 「古朝鮮의 稱王과 人口問題」, 『古朝鮮에 대한 새로운 解釋』, 高麗大學校 民族文化研究所, 2010.

김창석, 「古代 嶺西地域의 種族과 文化變遷」, 『한국고대사연구』 51, 2008.

김창석, 「4세기 이전 한반도 중부지역의 정치체와 정세 변동」, 『고고학』 13-2, 2014.

노태돈, 『한국고대사』, 경세원, 2014.

단재신채호전집편찬위원회 편, 『단재신채호전집』 1, 독립기념관 한국독립운동사연구소, 2007.

리순진, 「운성리유적 발굴보고」, 『고고학자료집』 4, 사회과학원출판사, 1974.

문안식, 「영서예문화권의 설정과 역사지리적 배경」, 『동국사학』 30, 1996.

문안식, 「옥저의 기원과 대외관계의 변화」, 『역사학연구』 32, 2008.

박대재, 『고대한국 초기국가의 왕과 전쟁』, 경인문화사, 2006.

박대재, 「국가형성기의 복합사회와 초기국가」, 『선사와 고대』 38, 2013.

박대재, 「위만조선의 영역구조와 漢郡縣의 재편」, 『고조선단군학』 46, 2021.

박대재 · 김철민, 「『我邦疆域考』 역주 · 비평 (4) -臨屯考 · 眞番考-」, 『한국사학보』 81, 2020.

박준형, 『고조선의 성립과 발전에 대한 연구』, 연세대학교 박사학위논문, 2012.

박준형, 「古朝鮮의 領域과 人口」, 『고조선사의 전개』, 서경문화사, 2014.

박진욱, 「함경남도일대의 고대유적 조사보고」, 『고고학자료집』 4, 과학백과사전출판사, 1974.

복기대, 「臨屯太守章 封泥를 통해 본 漢四郡의 위치」, 『백산학보』 61, 2001.

서영수, 「衛滿朝鮮의 形成過程과 國家的 性格」, 『한국고대사연구』 9, 1996.

서영수, 「對外關係史에서 본 樂浪君」, 『史學志』 31, 1998.

손영종, 「대령강반의 옛 장성에 대하여」, 『역사연구』 1987-2, 1987.

손영종, 『조선단대사(고구려사1)』, 과학백과사전출판사, 2006.

송호정, 『古朝鮮 國家形成 過程 硏究』, 서울대학교 박사학위논문, 1999.

송호정, 『한국고대사 속의 고조선사』, 푸른역사, 2003.

송호정, 「한군현(漢郡縣) 지배의 역사적 성격」, 『역사와 현실』 78, 2010.

송호정, 「위만조선의 왕검성 위치에 대한 최근 논의와 비판적 검토」, 『역사와 담론』 92, 2019.

송호정, 『다시 쓰는 고조선사』, 서경문화사, 2020.

신채호, 『朝鮮上古史』, 鐘路書院, 1948.

정인성, 「고고학으로 본 위만조선 왕검성」, 『韓國考古學報』 106, 2018.

조법종, 「한국고대신분제연구」, 『國史館論叢』 52, 1994.

조법종, 「衛滿朝鮮의 崩壞時點과 王險城 · 樂浪郡의 位置」, 『한국사연구』 110, 2000.

조법종, 「낙랑군의 성격문제 -낙랑군의 낙랑국 계승 문제를 중심으로-」, 『한국고대사연구』 32, 2003.

조선유물유적도감편찬위원회 편, 『조선유적유물도감』 2, 조선유물유적도감편찬위원회, 1989.

조원진, 「위만조선의 대외관계에 대한 검토 -朝·漢 전쟁 이전을 중심으로-」, 『백산학보』 109, 2017.

조원진, 「고대 진번의 변천 연구」, 『先史와 古代』 66, 2021.

오영찬, 『낙랑군 연구』, 사계절, 2006.

유은식, 「濊文化의 형성과 확산양상」, 『한국상고사학회 학술대회 논문집』, 한국상고사학회, 2018.

유정준, 「자강도 내 원시 유적 및 옛날 돈이 발견된 유적」, 『문화유산』 1958-5, 1958.

윤상열, 「고조선의 天下觀에 관한 試論」, 『사학연구』 88, 2007.

윤상열, 「고조선의 정치체제와 천하관 再論」, 『백산학보』 110, 2018.

윤선태, 「馬韓의 辰王과 신분고국 -領西濊 지역의 歷史的 推移와 관련하여」, 『백제연구』 34, 2001.

윤선태, 「한사군의 역사지리적 변천과 '낙랑군 초원 4년 현별 호구부'」, 『낙랑군 호구부 연구』, 동북아역사재단, 2010.

윤선태, 「동옥저와 예 지역의 역사지리적 변천」, 『삼국지 동이전의 세계』, 성균관대학교 출판부, 2013.

윤용구, 「새로 발견된 樂浪木簡 -樂浪郡 初元四年 縣別戶口簿」, 『한국고대사연구』 46, 2007.

윤용구, 「平壤出土 「樂浪郡初元四年縣別戶口簿」 硏究」, 『木簡과 文字』 3, 2009.

윤용구, 「낙랑군 초기 군현지배와 호구 파악」, 『낙랑군 호구부 연구』, 동북아역사재단, 2010.

윤용구, 「'낙랑군 호구부' 연구의 동향」, 『역사문화연구』 72, 2019.

이동훈, 「중국의 고조선사 연구동향과 문제점」, 『사총』 66, 2008.

이병도, 「漢四郡과 그 變遷」, 『韓國史 (古代編)』, 1959.

이병도, 『韓國古代史硏究』, 博英社, 1976.

이병찬, 『한국고대국명지명연구』, 형설출판사, 1982.

이성제, 「낙랑의 군현 재편과 예(濊)」, 『낙랑군 호구부 연구』, 동북아역사재단, 2010.

이승호, 「衛滿朝鮮 시기 濊族 사회의 동향과 滄海郡路」, 『고조선단군학』 45, 2021.

이종록, 『高句麗 前期 동해안지역 복속과 濊族社會 연구』, 고려대학교 박사학위논문, 2022.

이종욱, 『고조선사연구』, 일조각, 1993.
이현혜, 「三韓의 '國邑'과 그 成長에 대하여」, 『역사학보』 69, 1976.

譚其驤 主編, 『中國歷史地圖集 釋文汇編 東北卷』, 中央民族學院出版社, 1988.
苗威, 『古朝鮮研究』, 香港亞洲出版社, 2006.
呂思勉, 『呂思勉讀史札記』, 上海古籍出版社, 1982.
李德山 · 攀凡, 『中國東北古民族發展史』, 中國社會科學出版社, 2003.
鄭威, 「漢帝國空間邊緣的伸縮 : 以樂浪郡的變遷為例」, 『社會科學』 2016-11, 2016.
周振鶴, 『西漢政區地理』, 商務印書館, 2017.

李南珪, 「東アジア初期鉄器文化の研究」, 廣島大學 博士学位論文, 1991.
池內宏, 『滿鮮史研究』 上世1冊, 吉川弘文館, 1978.

제4장
제1현도군의 위치와 고구려

조원진

(한양대학교 문화재연구소 학술연구교수)

* 본고는 동북아역사재단의 후원으로 2022년 4월 1일에 개최한 고조선단군학회 봄 학술대회 "'금기'의 영역 한사군 *大解剖*'"에서 발표하고 『고조선단군학』 47호에 게재한 글을 수정 · 보완한 글입니다. 본고를 작성하는 과정에서 가르침을 주신 서영수 선생님께 감사드립니다.

Ⅰ. 머리말

玄菟郡은 위만조선의 왕검성이 함락되고 1년이 지난 기원전 107년에 설치되었다. 漢나라는 기원전 108년에 낙랑군을 비롯한 3군을 먼저 개설하고 이듬해 현도군을 설치한 것이다. 진번·임둔군의 경우 『史記』를 통해 이미 고조선 시대에도 존재했던 정치체로 확인되지만 현도군의 경우 따로 보이지 않는다. 따라서 현도군 지역이 본래 위만조선에 복속되어 있던 어떤 세력의 근거지였는지 아니면 위만조선과 관계없이 한나라가 새롭게 정복한 지역인지가 논란이 되어 왔다.[1] 이에 현도군은 처음부터 위만조선의 흥망과 관계없이 신흥하는 고구려를 견제하기 위해 예맥의 땅에 두었다는 견해가 제기되었다.[2]

현도군은 그 위치가 시종일관 동일하지 않았다. 한무제가 처음 설치한 때를 제1현도군이라 하고, 이후 夷貊의 침입으로 기원전 75년 신빈현 일대로 이동하게 되는데 이를 제2현도군이라 한다. 그리고 고구려 태조왕의 침입을 받아 무순 방면으로 다시 옮기게 되는데 이것이 제3현도군이다. 이러한 현도군의 변화는 고구려의 성장과도 밀접한 관계가 있다.[3] 이중 제2현도군과 제3현도군의 위치에 대해서는 큰 이견이 없다. 문제가 되는 것은 제1현도군의 위치와 성격에 대해서이다. 이에 대해서는 이미 조선시대부터 다양한 논의가 진행되었다.[4]

제1현도군의 위치는 사실상 옥저지역설과 고구려지역설로 양분된다고 볼 수

---

1) 박대재, 「위만조선의 영역구조와 한군현의 재편」, 『고조선단군학』 46, 2021, 127쪽.

2) 서영수, 「대외관계사에서 본 낙랑군」, 『사학지』 31, 1998, 12쪽.

3) 노태돈, 「고구려의 기원과 국내성 천도」, 『한반도와 중국 동북 3성의 역사 문화』, 서울대학교 출판부, 1999, 322쪽.

4) 송호정, 「실학자들의 역사지리관과 고조선 한사군 연구」, 『韓國古代史硏究』 62, 46~48쪽 ; 오영찬, 「조선 후기 고대사 연구와 漢四郡」, 『역사와 담론』 64, 2012, 22~26쪽 ; 이준성, 「조선후기 역사지리연구의 계승과 식민주의적 변용」, 『史學硏究』 117, 2015, 340~346쪽.

있다. 『三國志』 동옥저전에 옥저성을 현도군으로 삼았다는 기록이 있기 때문에 옥저지역으로 보는 견해가 조선시대부터 많이 제기되었고 일본학자들도 대체로 이 견해를 주장한다.[5] 이후 중국학자들도 주로 옥저설을 주장하고 있다.[6] 이에 의하면 현도군의 관할 대상은 예맥이었는데 예군남려와 창해군시기부터 예맥집단의 중심은 동해안지역이었다고 보고 있다. 그러나 서한시대 예맥사회의 중심을 옥저지역으로 볼 수 있을지 의문이 든다.

고구려지역설의 경우 이병도에 의해 압록강·혼강 일대 고구려족의 땅에 설치되었다고 보는 견해[7]가 제기되면서 다수의 학자들에게 지지를 받았다.[8] 이설은 고구려의 성장이 현도군과 밀접히 관련되며 『漢書』 지리지에 현도군의 수현이 고구려현으로 기록되어 있다는 점에서 정황상 설득력이 있다. 그러나 『三國志』에 옥저성을 현도군으로 삼았다는 기록이 있다는 점에서 이에 대한 사료비판이 이루어지지 못한 한계가 있었다. 따라서 『三國志』 동옥저전을 근거로 제1현도군의 치소가 옥저에 있다는 견해도 꾸준히 제기되었다.[9] 그리고 압록강에

---

5) 白鳥庫吉, 「漢の朝鮮四郡疆域考」, 『東洋學報』 2-2, 1912, 137~144쪽(『白鳥庫吉全集3 : 朝鮮史研究』, 岩波書店, 1970) ; 白鳥庫吉·箭内亙, 「漢代の朝鮮」, 『滿洲歷史地理』, 南滿洲鐵道, 1913, 16~26쪽 ; 桶口隆次郎, 「朝鮮半島に於ける漢四郡疆域及沿革考(三)」, 『史學雜誌』 23-3, 1912, 67~75쪽 ; 池內宏, 『滿鮮史研究』 上世 1冊, 吉川弘文館, 1951, 67~82쪽.

6) 周振編, 『西鶴政漢地理』, 人民出版社, 1987 ; 王綿厚, 『秦漢東北史』, 遼寧人民出版社, 1994, 77~79쪽 ; 許憲范, 「漢四郡의 位置考」, 『白山學報』 42, 1993, 80~81쪽 ; 楊昭全, 「漢四郡位置考」, 『한국상고사학보』 15, 1994, 474쪽 ; 趙紅梅, 「玄菟郡研究」, 東北師範大學 博士學位論文, 2006, 32~38쪽 ; 趙紅梅, 『漢四郡研究』, 香港亞洲出版社, 2008, 75~80쪽.

7) 李丙燾, 「玄菟郡及臨屯郡考」, 『史學雜誌』 41-4, 1930 ; 「玄菟郡考」, 『韓國古代史研究』, 博英社, 1976, 158~190쪽.

8) 김기흥, 「고구려의 성장과 대외교역」, 『한국사론』 16, 1987 ; 이현혜, 「동예와 옥저」, 『한국사』 4, 국사편찬위원회, 1997 ; 김창석, 「4세기 이전 한반도 중부지역의 정치체와 정세변동」, 『고고학』 13-2, 2014.

9) 김미경, 「제1현도군의 위치에 대한 재검토」, 『실학사상연구』 24, 2002.

서 함흥에 이르는 공도상에 군이 설치되었다는 제3의 절충안도 제기된다.[10] 이 견해는 고구려지역과 옥저지역을 모두 포괄했다고 파악하면서 상이한 사료 기록을 모두 만족시켰다는 점에서 많은 지지를 받고 있다. 하지만 현도군의 관할 범위가 상당히 넓어지게 되기 때문에 상이한 두 지역을 포괄하는 군현이 설치되었을지 의문이 든다. 이외에 북한학계의 손영종은 처음에 현도군 수현 고구려현은 청원 서부에 두었다고 보았으며 『三國志』 동옥저전 기사는 낙랑군 영동 7현의 하나인 '부조'를 '옥저'로 잘못 인식한 것이라고 보았다.[11]

이처럼 제1현도군의 위치에 대한 상이한 견해는 각각 나름의 사료적 근거가 있기 때문에 확증하기 어려운 면이 있다. 그러나 최근 옥저설의 사료적 근거인 『三國志』 동옥저전에 대한 근본적인 사료 비판이 시도되었다. 이에 따라 『三國志』의 옥저성 기록은 편찬자의 오류로 현도군은 옥저지역과는 관계가 없다는 견해가 제기되었다.[12] 이 연구는 제1현도군 위치에 대한 기본 사료에 문제가 있음을 밝혔다는 점에서 제1현도군 위치를 원점에서 다시 검토할 필요가 있다.

따라서 본고에서는 제1현도군의 위치에 대한 사료를 정리하고 예맥과 원고

---

10) 和田淸, 「玄菟郡考」, 『東方學』 1, 1951(『東亞史研究(滿洲篇)』, 東洋文庫, 1955, 1~ 21쪽) ; 田中俊明, 「高句麗の興起と玄菟郡」, 『朝鮮文化硏究』 1, 1994 ; 윤용구, 「현도군의 군현지배와 고구려」, 『요동군과 현도군연구』, 동북아역사재단, 2008 ; 이성제, 「玄菟郡의 改編과 高句麗 -'夷貊所侵'의 의미와 郡縣의 對應을 중심으로-」, 『한국고대사연구』 64, 2011 ; 이승호, 「한의 옥저지배와 토착지배층의 동향」, 『동국사학』 57, 2014 ; 장병진, 「초기 고구려의 주도세력과 현도군」, 『한국고대사연구』 77, 2015 ; 이종록, 「高句麗와 玄菟郡의 관계와 幘溝漊설치 배경 검토」, 『선사와 고대』 55, 2018.

11) 손영종, 「한서 지리지를 통하여 본 락랑군, 현도군, 료동군의 위치」, 『력사과학』 3, 1998, 58~60쪽 ; 『한4군 문제와 락랑문화의 조선적 성격』, 사회과학출판사, 2010, 73~75쪽.

12) 공석구, 「현도군위치 옥저지역설을 다시 검토한다 -『삼국지』 사료비판-」, 『한국고대사연구』 102, 2021a ; 「현도군설치에 대한 새로운 인식」, 『고구려발해연구』 70, 2021b.

구려[13]의 동향을 살펴보면서 제1현도군의 위치와 설치 배경에 대해 검토하고자
한다.

II. 제1 · 2현도군 관련 사료 검토

1. 현도군의 설치와 한군현의 통폐합

제1현도군의 위치를 파악하기 위해서는 먼저 설치 대상과 설치 과정에 대한
검토가 필요하다. 현도군을 비롯한 한군현의 설치에 대한 사료는 다음과 같다.

> A-1) "이로써 마침내 朝鮮을 평정하고 4군으로 삼았다." (『史記』 권115, 朝鮮
> 列傳 第55)[14]
> A-2) "이로써 마침내 朝鮮을 평정하고 진번 · 임둔 · 낙랑 · 현도 4군으로 삼았
> 다." (『漢書』 권95, 西南夷兩粵朝鮮傳 65)[15]
> A-3) "3년(기원전 108) (…) 여름, 조선이 그 왕 우거를 죽이고 항복했다. 이로
> 써 그 땅은 樂浪 · 臨屯 · 玄菟 · 眞番郡이 되었다." (『漢書』 권6, 武帝紀
> 第6)[16]
> A-4) "그뒤 漢의 군사가 조선을 공격하여 빼앗았다. 이에 樂浪 · 玄菟郡을 다스
> 렸다." (『漢書』 권26, 天文志 第6)[17]

---

13) 추모왕 이전의 고구려는 '원고구려 사회' 혹은 '고구려사회'라 할 수 있다(이병도,
   『韓國古代史硏究』, 博英社, 1976 ; 박경철, 「高句麗 '民族'問題 認識의 現況과 課
   題」, 『한국고대사연구』 31, 2003, 81~82쪽). 본고에서는 원고구려라 하기로 한다.
14) 『史記』 권115, 朝鮮列傳 第55, "以故遂定朝鮮 爲四郡"
15) 『漢書』 권95, 西南夷兩粵朝鮮傳 65, "故遂定朝鮮爲眞番臨屯樂浪玄菟四郡"
16) 『漢書』 권6, 武帝紀 第6, "三年 (…) 夏, 朝鮮斬其王右渠降 以其地爲樂浪 · 臨屯 ·
   玄菟 · 眞番郡"
17) 『漢書』 권26, 天文志 第6, "其後漢兵擊拔朝鮮 以爲樂浪 · 玄菟郡"

A-5) "玄菟 · 樂浪은 무제때 설치했는데 모두 朝鮮 · 濊貊 · 句驪 蠻夷이다."
(『漢書』 권28下, 地理志 第8下)[18]

A-6) "원봉6년 가을, 황충이 오기 앞서 양장군이 조선을 정벌하여, 3군을 개척
했다." (『漢書』 권27 中之下, 五行志 第7中之下)[19]

A-7) "(한무제때) 동으로는 碣石을 지나 玄菟, 樂浪郡을 설치했다." (『漢書』 권
64下, 嚴朱五丘主父徐嚴終王賈傳 第34下)[20]

위의 사례처럼 한군현 설치에 대해서 기록마다 조금씩 차이를 보이고 있다.
가장 이른 시기의 기록인 A-1)에서는 4군을 설치했다고만 하고 구체적인 군 이
름은 나오지 않는다. A-2 · 3)에서는 한군현의 이름이 모두 거론되고 있다. A-6)
은 4군이 아닌 3군을 개척했다고 기록했는데 이것은 1년 뒤에 설치한 현도군
을 제외하고 낙랑 · 진번 · 임둔군만 이야기한 것으로 볼 수도 있다. 하지만
A-4 · 5 · 7)에는 현도 · 낙랑군을 설치했다고 하여 기사마다 군현수의 차이를
보이고 있다. 같은 문헌에서 사군의 명칭이 보이는 것은 A-2 · 3) 뿐인데 군현에
대해 가장 자세한 정보가 담긴 地理志에는 진번 · 임둔군의 명칭이 전혀 나오지
않는다.[21]

또한 다른 기록들은 모두 군현을 설치한 대상이 조선이었다고 했지만 A-5)는
'朝鮮 · 濊貊 · 句驪 蠻夷'라고 하고 있다. 濊貊 · 朝鮮의 명칭 사례는 『史記』에
서도 확인되지만 句驪라는 명칭은 『漢書』에서 처음 확인되는 것이다. 이것은 그
명칭에서 알 수 있듯이 압록강 중류 유역과 혼강 유역을 중심으로 성장한 원고
구려 세력으로 보는 것이 자연스럽다.[22] 이는 당시 구려를 예맥의 일부로 파악

---

18) 『漢書』 권28下, 地理志 第8下, "玄菟 · 樂浪 武帝時置 皆朝鮮 · 濊貊 · 句驪蠻夷"

19) 『漢書』 권27中之下, 五行志 第7中之下, "元封六年秋 蝗 先是 兩將軍征朝鮮 開三郡"

20) 『漢書』 권64下, 嚴朱五丘主父徐嚴終王賈傳 第34下, "東過碣石以玄菟樂浪爲郡"

21) 이에 한이 위만조선을 평정하고 설치한 군현으로 확실한 것은 낙랑군뿐이며 진번 ·
임둔군은 도상의 계획이거나 허구에 불과하다고 보기도 한다(서영수, 「대외관계사
에서 본 낙랑군」, 『사학지』 31, 1998, 14쪽).

22) 조영광, 「고조선의 종족기원」, 『고구려의 기원과 성립』, 동북아역사재단, 2020, 102쪽.

했지만 다른 한편으로는 예맥과 구별하여 인식하기도 했음을 보여준다. 고구려는 기원전 1세기경 현도군을 몰아내고 기원 직후에는 신 왕망의 동방 정책마저 분쇄하며 한인들에게 강렬한 인식을 심어주고 맥이라 불리기 시작했다. 즉 원고구려는 본래부터 예[예맥]족과 계통이 다르거나 일찍부터 그와 구별된 맥족으로 존재했던 것이 아니라 부여, 옥저, 동예 등과 마찬가지로 예[예맥]족의 일원으로 존재하다가 그로부터 분화하여 '구려'라는 주민집단을 형성한 것이다.[23]

한군현은 설치 후 얼마 되지 않아 진번·임둔군이 통폐합되는 변화가 있었다. 다음 기사가 이를 알려준다.

> A-8) "(시원5년(기원전 82)) 여름 6월, 담이·진번군을 폐지했다." (『漢書』 권7, 昭帝紀 第7)[24]
> A-9) "원봉 3년(기원전 108)에 조선을 멸망시키고 (그 땅을) 나누어 낙랑·임둔·현도·진번 4군을 설치하였다. 昭帝 始元 5년(기원전 82)에 이르러 임둔·진번을 혁파하여 낙랑·현도에 병합하였다." (『後漢書』 권85, 東夷列傳75 濊傳)[25]
> A-10) "(원봉6년(기원전 75)) 봄 정월, 여러 군과 제후국의 죄수들을 모집하여 요동 현도에 성을 쌓았다." (『漢書』 권7, 昭帝紀 第7)[26]
> A-11) "玄菟郡 (...) 應劭가 말하길 옛 眞番朝鮮胡國이다." (『漢書』 권28下, 地理志 第8下)[27]
> A-12) "應劭가 말하길 玄菟는 본래 眞番國이다." (『史記』 권115, 朝鮮列傳 第55 所引 『史記索隱』)[28]

---

23) 여호규, 『고구려 초기 정치사 연구』, 신서원, 2014, 84~85쪽.
24) 『漢書』 권7, 昭帝紀 第7, "(始元五年 夏六月) 罷儋耳眞番郡"
25) 『後漢書』 권85, 東夷列傳75 濊傳, "至元封三年 滅朝鮮 分置樂浪臨屯玄菟眞番四部 至昭帝 始元五年 罷臨屯眞番 以幷樂浪玄菟"
26) 『漢書』 권7 昭帝紀 第7, "(元鳳六年 春正月) 募國郡徒 築遼東玄菟城"
27) 『漢書』 권28下, 地理志 第8下, "玄菟郡 (…) 應劭曰故眞番朝鮮胡國"
28) 『史記』 권115, 朝鮮列傳 第55, 所引 『史記索隱』, "應劭云 玄菟本眞番國"

위의 기록들은 '한사군'이 기원전 82~75년에 낙랑·현도군으로 재편된 상황을 말해준다. 진번·임둔군이 폐지된 후 임둔군은 낙랑 동부도위로, 진번군은 낙랑 남부도위가 관할하게 된 것으로 보는 것이 일반적이다.[29] 그러나 진번의 위치는 재남설이 일반적이지만 재북설도 꾸준히 제기되고 있으며 제1현도군 위치도 논란이 있어 어떤 입장에서 보느냐에 따라 통폐합 상황을 다르게 볼 수 있다.

특히 A-11·12)는 현도군 지역이 진번과 관련이 있을 가능성을 보여준다. 이러한 기록은 『漢書』 朝鮮傳[30]에 진번 지역이 辰國과 가까운 곳에 위치한 것처럼 언급된 것과 차이를 보인다.[31] 한편 A-12)의 應劭의 주문은 주석 당시의 원문으로 보기 어렵다고 보기도 한다. 즉 『漢書』와 『翰苑』에 인용된 應劭의 주문(『故眞番朝鮮胡國地』)을 如淳의 논리대로 '眞番國'과 '朝鮮國'으로 분리하여 眞番郡과 樂浪郡에 배치한 결과라는 것이다.[32]

임둔군의 위치는 單單大嶺을 중심으로 함경남도와 강원도 북부로 보는 것이 일반적이다.[33] 임둔군이 사라지고 그 관할 하에 있던 동해안지역은 낙랑 동부도위가 신설되어 관할하게 되었다. 동부도위는 영동지역의 7현을 관할하였는데, 東暆·不而·蠶台·華麗·邪頭昧·前莫·夫租가 속하였다. 이중 함흥에 위치한 夫租縣을 제외하고, 그 나머지 동부도위의 6현은 임둔군이 관할하던 지역으로 추정되고 있다.

A-10)의 기록에서 알 수 있듯이 진번·임둔군이 폐지되고 현도군이 이맥의 공격으로 제2현도군으로 옮겨짐에 따라 한나라는 현도성을 쌓으며 낙랑·현도군을 중심으로 군현 체제를 정비한 것으로 보인다.

---

29) 이병도, 『韓國古代史研究』, 博英社, 1976, 134~137쪽.

30) 『漢書』 권95, 西南夷兩粵朝鮮傳 第65, "眞番辰國欲上書見天子 又雍閼弗通"

31) 진번의 위치에 대한 논의는 조원진, 「고대 진번의 변천 연구」, 『선사와 고대』 66, 2021, 149~156쪽 참고.

32) 윤용구, 「『史記』·『漢書』 注文의 '古朝鮮' 관련 기사」, 『韓國古代史研究』 85, 2017, 176~179쪽.

33) 이병도, 「臨屯郡考」, 『韓國古代史研究』, 博英社, 1976, 195쪽.

2. 제1 · 2현도군 위치 관련 사료 검토

현도군의 상황을 자세히 알려주는 이른 시기의 자료로는 다음 기록이 있다.

> B-1) "玄菟郡은 武帝 元封 4년(기원전 107)에 설치되었다. (치소는) 高句驪이
> 다. 왕망때는 下句驪라 불렀으며 幽州에 속했다. 호는 45,006이고 인구는
> 221,845명이다. 3개의 縣이 있다. 高句驪縣은 遼山에서 遼水가 나와 서남
> 으로 遼隊에 이르러 大遼水로 들어간다. 또 南蘇水가 있는데 서북으로 새
> 외를 지난다. 上殷台縣은 왕망때는 下殷이라 불렀다. 西蓋馬縣은 馬訾水
> 가 서북에서 鹽難水로 들어가 서남의 西安平에 이르러 바다로 들어가며 2
> 郡을 거쳐 2,100리를 간다. 왕망때는 玄菟亭이라고 불렀다." (『漢書』 권28
> 下, 地理志 第8下)[34]

B-1)에 의하면 현도군은 낙랑군 등이 설치된 기원전 108년보다 1년 뒤인 기
원전 107년에 설치되었음을 분명히 알 수 있다. 다른 군현과 설치시기가 달랐기
때문에 현도군의 설치 배경도 다르게 볼 수 있는 여지가 있다. 이에 대해 최근
현도군은 한의 경제정책인 염철전매제를 원활하게 추진하기 위해 땔감 확보를
위한 특수한 목적으로 설치되었다는 새로운 견해가 나오기도 했다.[35]

B-1)에서 나타난 현도군의 상황을 보면 호는 45,006이며 인구는 221,845명이
고 3개의 현이 있었다. 여기서 특이한 것은 인구수가 22만이라는 적지 않은 규
모를 가졌는데도 속현은 불과 3현에 불과하다는 것이다. 이에 대해서는 호구수
는 제1현도군의 것이지만 속현수는 제2현도군 시기라고 보기도 한다.[36] 그러나

---

34) 『漢書』 권28下 地理志 第8下, "玄菟郡 武帝 元封四年開 高句驪 莽曰下句驪 屬幽
   州 戶四萬五千六口二十二萬一千八百四十五 縣三 高句驪 遼山 遼水所出 西南至
   遼隊入大遼水 又有南蘇水 西北經塞外 上殷台 莽曰下殷 西蓋馬 馬訾水西北入鹽
   難水 西南至西安平入海 過郡二 行二千一百里 莽曰玄菟亭"

35) 공석구, 「현도군설치에 대한 새로운 인식」, 『고구려발해연구』 70, 2021, 14~18쪽.

36) 이병도, 「玄菟郡考」, 『韓國古代史硏究』, 博英社, 1976, 177~178쪽 ; 노태돈, 「고구

『漢書』地理志의 군국별 호구수는 서한말의 일괄 자료로 현도군만을 여러 기록이 혼재되었다고 볼 이유가 없다는 지적이 있다.[37] 당시 현도군 호구수는 고구려현령이 그 명적을 관리하던 토착 고구려 세력의 인구수까지 포함된 것으로 이해하기도 한다.[38]

현도군에 속현이 3현만 있는 것은 제1현도군 시기부터인지 아니면 제2현도군으로 밀려나며 속현이 줄어든 결과인지 확실하지 않다. 여기에 나타난 3현의 위치를 살펴보면 다음과 같다. 먼저 『漢書』 地理志에 나타난 고구려현의 위치는 新賓縣 永陵鎭으로 이해된다. 上殷台縣의 위치는 명확하지 않으나 무순에서 집안으로 연결되는 고대 교통로와 관련된 위치에 있었을 것으로 짐작할 수 있다.[39] 상은태현의 구체적인 위치는 通化縣 赤柏松古城 혹은 집안 통구성 아래 토성으로 추정된다.[40] 西蓋馬縣의 위치를 비정하는데 있어 염난수와 마자수를 어느 강으로 볼지가 쟁점이 되는데 염난수는 압록강으로, 마자수는 서북으로 흘러 염난수에 들어가니 독로강으로 비정된다.[41] 서개마현의 소재지에 대해서는 이를 독로강 유역의 江界로 보는 설[42]과 집안으로 비정하는 설[43]이 있

려의 기원과 국내성 천도」, 『한반도와 중국 동북 3성의 역사 문화』, 서울대학교 출판부, 1999, 328쪽.

37) 윤용구, 「고구려의 흥기와 책구루」, 『고구려의 역사와 대외관계』, 서경문화사, 2006, 10~12쪽.

38) 이종록 · 박대재, 「『我邦疆域考』 역주 · 비평(3) -玄菟考-」, 『한국사학보』 80, 2020, 251쪽.

39) 노태돈, 「고구려의 기원과 국내성 천도」, 『한반도와 중국 동북 3성의 역사 문화』, 서울대학교 출판부, 1999, 324쪽.

40) 王綿厚, 『秦漢東北史』, 遼寧人民出版社, 1994, 79~80쪽 ; 孫進己 · 王綿厚 主編, 『東北歷史地理』 1, 黑龍江人民出版社, 1989, 326~328쪽.

41) 和田淸, 「玄菟郡考」, 『東亞史硏究(滿洲篇)』, 東洋文庫, 1955, 9쪽.

42) 和田淸, 「玄菟郡考」, 『東亞史硏究(滿洲篇)』, 東洋文庫, 1955, 9쪽.

43) 孫進己 · 王綿厚 主編, 『東北歷史地理』 1, 黑龍江人民出版社, 1989, 328쪽.

다.[44] B-1)에 나타난 서한말 현도군은 교통로 상의 몇 개 거점을 중심으로 현성을 설치하고 이를 잇는 지역을 관할했던 것으로 보인다. 즉 고구려의 중심지와는 유리된 위치에서 고구려 세력을 감시·견제하고자 했던 것임을 알 수 있다.[45]

B-1)에는 玄菟郡의 수현으로서 高句驪縣이 기록되어 있어 현도군의 관할 대상이 고구려임을 알려준다. 이는 군현 설치 당시 이미 토착사회의 정치력이 고구려라는 통합된 단위를 통하여 발휘되고 있음을 알려준다.[46] 하지만 이때는 제2현도군 시기이므로 제1현도군때는 옥저가 관할 대상이었는데 이치되면서 관할 대상이 고구려로 바뀌었는지 아니면 처음부터 고구려를 대상으로 설치했는지가 쟁점이 된다. 다만 한나라가 변경의 군 현명을 토착세력의 명칭 그대로 활용하는 경우가 많았고 군이 이전해도 수현의 이름은 여전히 존속되는 점을 감안하면[47] 현도군은 처음부터 토착세력인 고구려를 대상으로 설치했다고 보는 것이 자연스럽다.

이처럼 『漢書』의 기록에 의하면 현도군은 고구려와의 관련성만 나타난다. 하지만 후대 『三國志』와 『後漢書』 등에는 다른 기록이 등장한다. 이를 살펴보면 아래와 같다.

> B-2) "한나라 초기에 연에서 망명한 衛滿이 조선의 왕이 되자, 이때 옥저는 모두 (위만조선에) 복속되었다. 漢 武帝 元封 2년(기원전 109)에 조선을 정벌하여 (위)만의 손자 右渠를 죽이고 그 땅을 나누어 4군을 설치하였으며, 沃沮城을 玄菟郡으로 삼았다. 후에 夷貊의 침략을 받아 (현도)군을 (고)구려 서북쪽으로 옮겼는데, 지금의 이른바 현도(군)의 옛 府가 바로 그곳이

---

44) 노태돈, 「고구려의 기원과 국내성 천도」, 『한반도와 중국 동북 3성의 역사 문화』, 서울대학교 출판부, 1999, 323~324쪽.
45) 윤용구, 「고구려의 흥기와 책구루」, 『고구려의 역사와 대외관계』, 서경문화사, 2006, 15쪽.
46) 장병진, 「초기 고구려의 주도세력과 현도군」, 『한국고대사연구』 77, 2015, 28쪽.
47) 이병도, 「玄菟郡考」, 『韓國古代史硏究』, 博英社, 1976, 177~178쪽.

다. (이후) 옥저는 다시 낙랑(군)에 속하게 되었다. 한나라는 영토가 넓고 멀리 떨어져 있다고 하여 단단대령 동쪽에 있는 땅을 나누어 東部都尉를 설치하고, 不耐城에 치소를 두어 별도로 영동의 7현을 통괄하게 하였는데, 이때 옥저 역시 모두 현이 되었다." (『三國志』권30, 魏書 烏丸鮮卑東夷傳 東沃沮傳)[48]

B-3) "武帝가 조선을 멸망시키고 옥저의 땅을 현도군으로 삼았다. 후에 夷貊의 침략을 받아 군을 고구려 서북쪽으로 옮겼다. 다시 沃沮를 縣으로 삼고 낙랑 東部都尉에 속하게 하였다." (『後漢書』권75, 東夷列傳 第75 東沃沮傳)[49]

B-4) "武帝는 朝鮮을 멸망시키고 고구려를 縣으로 만들어서 玄菟郡에 속하게 하였으며 鼓과 管樂器와 樂工을 하사하였다." (『後漢書』高句驪傳)[50]

B-5) "漢 武帝 元封 4년(기원전 107) 朝鮮을 멸하여 玄菟郡을 설치하였고 고구려를 縣으로 삼아 거기에 소속시켰다." (『梁書』高句驪傳)[51]

B-2 · 3)에 의하면 제1현도군은 분명히 옥저와 연관된다. 반면 같은 문헌이지만 B-4)는 현도군과 고구려와의 연관성만 기록되어 있다. 그리고 B-5)는 『漢書』이후 고구려와 현도군과의 관계를 구체적으로 기록한 첫 번째 역사서로 고구려가 과거 현도군의 땅임을 구체적으로 기록하였다.[52]

---

48) 『三國志』권30, 魏書 烏丸鮮卑東夷傳 東沃沮傳, "漢初 燕亡人衛滿王朝鮮 時沃沮皆屬焉 漢武帝元封二年 伐朝鮮 殺滿孫右渠 分其地爲四郡 以沃沮城爲玄菟郡 後爲夷貊所侵 徙郡句麗西北 今所謂玄菟故府是也 沃沮與濊貊 爲所役屬時 傳云 爲夷貊所侵 實卽高句驪也 沃沮還屬樂浪 漢以土地廣遠在單單大領之東 分置東部都尉 治不耐城 別主領東七縣 時沃沮亦皆爲縣"

49) 『後漢書』권75, 東夷列傳 第75 東沃沮傳, "武帝滅朝鮮 以沃沮地爲玄菟郡 後爲夷貊所侵 徙郡於高句驪西北 更以沃沮爲縣 屬樂浪東部都尉"

50) 『後漢書』권75, 東夷列傳 第75 高句驪傳, "武帝滅朝鮮 以高句驪爲縣 使屬玄菟 賜鼓吹伎人"

51) 『梁書』권54, 列傳 第48 諸夷 高句驪傳, "漢武帝元封四年 滅朝鮮 置玄菟郡 以高句驪爲縣以屬之"

52) 공석구, 「현도군위치 옥저지역설을 다시 검토한다 -『삼국지』사료비판-」, 『한국고대사연구』102, 2021, 228~229쪽.

이처럼 현도군의 위치에 대한 기록은 시대별로 차이가 있으며 고구려와의 연관성을 기록한 다른 문헌과는 달리『三國志』와『後漢書』동옥저전은 沃沮城 혹은 沃沮地를 현도군으로 삼았다고 기록되어 있다. 그러나 제1현도군의 위치를 옥저지역으로 본다면 그 거리가 너무 멀어 실제 지배가 가능한지 의문이 든다. 따라서 기록의 불합리성을 지적하며 제1현도군은 고구려현으로 파악하는 견해가 이병도에 의해 제시되었다. 그 요지를 정리하면 다음과 같다. 첫째 이맥의 침입으로 현도군이 이전하게 되는데 만일 현도군 치소가 옥저 부근으로 낙랑에 속하게 되었다면 굳이 옮길 필요가 없다. 이것은 이맥이 침입한 곳과 현도군이 이전한 곳이 다른 지역이란 사실을 보여준다. 둘째 현도군 치소는 예맥 사회에서 구해야 하는데 한대의 예맥은 동해안 방면이 아닌 압록강 방면에 있었다. 셋째『三國志』의 기록은 기원전 82년 임둔군을 폐지할 때 임둔군 소속 7현이 일시적으로 현도군에 포함된 것을 오해하여 잘못 기록한 것이다. 넷째 동해안에는 이미 임둔군이 있었다.[53] 이러한 견해는 현도군의 설치 및 통폐합 과정을 합리적으로 설명할 수 있다는 점에서 설득력을 가진다. 다만『三國志』의 옥저성을 현도군으로 삼았다는 기록이 남은 이유[54]를 합리적으로 설명하지 못한 점에서 한계가 있었다.

『三國志』동옥저전에 대한 근본적인 비판은 최근에 제기되었다. 이에 대한 내용을 요약하면 다음과 같다. 첫째 만일 옥저지역에 현도군이 설치되었다면 제2현도군으로 옮겨간 상황은 양 지역을 연결하는 교통로를 생각해볼 때 비합리적이다. 둘째 옥저지역에 기원전 108년 임둔군, 기원전 107년 현도군이 1년 간격으로 설치되었다고 보는 것은 비합리적이다. 현도군의 설치는 다른 3군에

---

53) 이병도, 「玄菟郡考」, 『韓國古代史硏究』, 博英社, 1976, 165~169쪽.

54) 기수연도『三國志』의 기록에 대해 현도군의 처음 치소는 고구려현이었으나 이후 일시적으로 옥저성이 현도군 치소가 된 것을 설명한 것이라고 보았다(기수연, 「현도군과 고구려의 건국에 대한 연구」, 『고구려연구』 29, 2007, 186~188쪽).

비해 설치장소, 설치배경, 설치목적까지 달랐다. 셋째 임둔군 폐지때 임둔군 소속 남부 7현이 일시적으로 현도군에 포함되었다고 보는 것도 비합리적이며 옥저지역은 임둔군 소멸 이후 내내 낙랑군 관할이었다. 넷째 '옥저성'이라는 용어는 한무제 당시의 명칭이 아니기 때문에『三國志』동옥저전 기록은 오류에 해당한다. 다섯째『三國志』에는 새롭게 '不耐城'이라는 명칭이 옥저지역 또는 고구려 국내성지역에 위치한 것으로 나타난다. 하지만『三國志』동옥저전에서 불내성을 옥저지역에 위치했다고 기록한 것은 편찬자의 잘못이다. 편찬자는『한서』지리지의 '不而縣'를 글자가 유사한 '不耐城'로 잘못 기록한 것이다. 불내성(국내성 지역)은 한나라 시기 현도군과 연결되는 곳이다.[55] 이 연구는『三國志』동옥저전을 근거로 주장되는 옥저설에 근본적인 문제가 있음을 지적했다는 점에서 제1현도군 위치 문제를 해결할 중요한 시사점을 주었다고 생각된다.

또한 현도군과 옥저를 연결시킨 잘못된 기록이 전하게 된 것은 어떤 배경이 있었던 것으로 보인다. 현도군은 3개에 불과한 속현 수를 볼 때 관할지역이나 규모 등이 상대적으로 작았으며 제한적이고 궁벽진 곳에 위치했음을 알려준다.[56] 이에 옥저라는 용어는 본래 특정 지역을 가리키는 말이 아니라 '워지(窩集)'라는 만주어 森林(우거진 숲)을 한자로 표기한 것이라는 견해를 참고할 수 있다.[57] 즉 옥저는 숲을 의미하는 보통명사였는데 한자로 표기하면서 옥저로 기록되었고 이것이 후대 옥저지역에 현도군이 설치되었다고 와전된 것이 아닌가 한다.

따라서 제1현도군의 위치는 옥저지역으로 보기 어려우며 고구려지역에 설치

---

55) 공석구,「현도군위치 옥저지역설을 다시 검토한다 -『삼국지』사료비판-」,『한국고대사연구』102, 2021, 209~226쪽.

56) 공석구,「현도군설치에 대한 새로운 인식」,『고구려발해연구』70, 2021, 15쪽.

57) 정인보,『조선사연구』상, 서울신문사, 1946, 65쪽 ; 정윤(정재승 역주),『사지통속고』, 우리역사연구재단, 2020, 82~85쪽.

되었다고 이해할 때 군현 설치와 재편 상황을 합리적으로 파악할 수 있다. 현도 군이 고구려 지역에 설치된 배경과 구체적인 위치를 살펴보기 위해서는 위만조 선 시기부터 이어온 예맥사회의 동향과 고구려의 성장 과정에 대한 검토가 필요 하다. 이에 대해서는 장을 바꿔서 살펴보기로 한다.

III. 제1현도군과 고구려

1. 예맥사회의 동향과 창해군[58]

앞서 살펴본 것처럼 현도군은 예맥 사회에 설치한 것이다. 그렇다면 위만조 선 시기 예맥 사회의 동향은 어떠했는지 창해군 사건을 통해 살펴보고자 한다. 한무제가 흉노와의 대규모 공세를 이어갈 무렵 薉君南閭가 한나라에 내속하는 사건이 발생한다. 관련된 자료는 다음과 같다.

> C-1) "지금의 황제가 즉위한 지 수년이 되어 (…) 彭吳가 滅·朝鮮을 중국과 통 하게 하고 창해군을 설치하자 곧 燕·齊 사이가 쓰러질듯이 소란스러워졌 다." (『史記』 권30, 平準書 第8)[59]
> C-2) "東夷 薉君南閭 等 28만구가 항복하니 滄海郡을 두었다." (『漢書』 권6, 武帝紀 第6)[60]
> C-3) "彭吳가 穢貊·朝鮮을 뚫어 滄海郡을 설치하니 燕·齊 사이가 시끄러워

---

58) 본절은 저자의 「위만조선의 대외관계에 대한 검토 -朝·漢 전쟁 이전을 중심으로-」 (2017, 『백산학보』 109) 논문의 일부 내용을 요약 수정한 것이다.

59) 『史記』 권30 平準書 第8, "至今上卽位數歲(…)彭吳賈滅[滅]朝鮮 置滄海之郡 則燕 齊之閒靡然發動"

60) 『漢書』 권6 武帝紀 第6, "東夷薉君南閭等 口二十八萬人降 爲滄海郡"

졌다." (『漢書』 권24下, 食貨志 第4下)[61]

C-4) "東夷 穢貊君南閭 등 28만구가 항복하니 滄海郡을 두었다." (『漢紀』 권3,
孝武皇帝紀)[62]

C-1)~4)는 薉(穢貊)君南閭가 투항하자 한나라가 창해군을 설치한 내용이다.
南閭를 C-2)는 '薉君'으로, C-4)는 '穢貊君'으로 표기하여 차이가 있지만 薉(穢)
는 동일한 의미로 볼 수 있다. 여기서는 마치 예군남려가 거느린 하나의 집단이
내투한 것처럼 기록되어 있다. 그러나 위만조선 시기에 28만구[63]에 이르는 단일
한 규모의 집단이 존재했다고 보기는 어렵다. 예군남려는 이들 집단의 수장이었
다기 보다는 당시 한나라와 이루어진 교섭을 처음 주도했던 정치적 입지가 반
영된 것이라 볼 수 있다.[64] C-2)에서 '薉君南閭 等'이라 한 것에서도 예군 남려
는 이들을 전부 거느린 것이 아니라는 사실을 알 수 있다. 또한 우거왕에 畔하였
다는 표현으로 보아 이 사건은 본래 위만조선에 포함되어 있던 세력이 위만조
선의 세력권에서 벗어나기 위해 일으킨 사건으로 추론할 수 있다.[65] 당시 위만
조선의 간접지배를 받고 있던 예군 남려는 C-3)에 언급된 것처럼 상인 彭吳를
통해 한나라에 내속하게 된 것이다. 팽오는 남려 등 예족 집단과 무역을 하다가
남려를 부추겨 주변국가와의 직접 교역을 금지하는 우거왕을 배반하고 요동군

---

61) 『漢書』 권24下 食貨志 第4下, "彭吳穿穢貊朝鮮 置滄海郡 則燕齊之間靡然發動"

62) 『漢紀』 권3 孝武皇帝紀, "東夷穢貊君南閭等 口二十八萬人降 以爲滄海郡"

63) 최근에는 '28만구'는 낙랑군 호구부의 25개 현 총인구수(280,561)와 일치한다는 점
에서 실제 인구수가 아니라 낙랑군 설치 이후 파악한 위만조선 지역 호구수를 소급
부회한 것이라고 보는 견해가 제기되었다(박대재, 「위만조선의 영역구조와 한군현
의 재편」, 『고조선단군학』 46, 2021, 136~137쪽).

64) 이종록, 「高句麗와 玄菟郡의 관계와 幘溝漊설치 배경 검토」, 『선사와 고대』 55, 2018,
413~414쪽 ; 「高句麗 前期 동해안지역 복속과 濊族社會 연구」, 고려대학교 박사학
위논문, 2022, 37~42쪽.

65) 김남중, 「위만조선의 성립과 발전 과정 연구」, 서강대학교 박사학위논문, 2014, 138쪽
; 이준성, 「濊君 南閭의 동향과 滄海郡·玄菟郡 설치」, 『백산학보』 116, 2020, 98쪽.

을 통하여 한나라와 연계하게 하였다.[66] 그러자 한나라는 기원전 128년 창해군을 설치한다. 이보다 1년 앞서 한나라는 장군 韓安國을 파견하여 어양-우북평-요서군에 주둔하게 했는데 이것은 흉노의 좌측방 전선을 위협하기 위한 포석으로 보인다. 곧바로 남려의 내속 사건이 벌어진 것은 이와 관련이 있을 것이다.[67] 즉 남려의 내속은 우발적으로 발생한 것이 아니라 한나라의 치밀한 계획 아래 상인 팽오를 앞세워 진행되었다고 이해된다.

창해군의 위치에 대해서는 그동안 다양한 견해가 제시되었다. 발해만 서부 연안설,[68] 대릉하와 요하 사이설,[69] 요남설,[70] 요동반도와 압록강중류설,[71] 송화강유역설,[72] 혼강유역과 압록강중류 일대설,[73] 함경북도설,[74] 함경남도 동해안설,[75] 북한지역설[76] 등이 있다. 창해군은 위만조선의 영역으로 볼 수 있는 요

66) 박노석, 「고조선대 창해군에 대한 재 고찰」, 『전북사학』 50, 2017, 10~11쪽.

67) 권오중, 「前漢時代의 遼東郡」, 『人文研究』 17, 1995, 280쪽 ; 박경철, 「古朝鮮 對外 關係 進展과 衛滿朝鮮」, 『동북아역사논총』 44, 2014, 52~53쪽.

68) 윤내현, 「滄海郡考」, 『韓國의 社會와 歷史 -崔在錫教授停年退任紀念論叢』, 일지사, 1991 ; 『고조선연구』, 일지사, 1994, 396~424쪽.

69) 리지린, 『고조선연구』, 과학원출판사, 1963, 142~152쪽.

70) 최인철, 「창해군의 위치문제에 대하여」, 『력사과학』 4, 1999 ; 권오중, 「滄海郡과 遼東東部都尉」, 『역사학보』 168, 2000, 85~116쪽 ; 王天姿·王禹浪, 「西漢"南閭穢君", 蒼海郡與臨穢縣考」, 『民族歷史與邊疆學』 1, 2016, 56~62쪽.

71) 조영광, 「초기 고구려 종족 계통 고찰 -예맥족을 중심으로-」, 『동북아역사논총』 27, 2010, 189~203쪽.

72) 栗原朋信, 『秦漢史の研究』, 吉川弘文館, 1960, 220~228쪽 ; 박경철, 「扶餘史 展開 에 關한 再認識 試論」, 『백산학보』 40, 1992.

73) 이병도, 『韓國古代史研究』, 博英社, 1976, 84~86쪽.

74) 김미경, 「제1현도군의 위치에 대한 재검토」, 『실학사상연구』 24, 2002, 5~47쪽.

75) 和田清, 「玄菟郡考」, 『東亞史研究(滿洲篇)』, 東洋文庫, 1955, 1~21쪽.

76) 김남중, 「위만조선의 성립과 발전 과정 연구」, 서강대학교 박사학위논문, 2014, 149 ~151쪽.

동지역에서 서북한지역 안에서 찾아야 할 것이다.[77] 창해군의 위치에 대해 그동안 현도군의 전신으로 파악하면서 동해안 방면과 연관시킨 견해가 많은 지지를 받았다.[78] 그러나 예군남려의 기반이 되는 '예'에 대한 분석이 3세기 『三國志』의 예(동예)와 관련하여 결론을 내리는 것은 문제가 있으며 창해가 반드시 동해만을 가리킨다고 볼 수는 없다는 지적이 있었다.[79]

특히 창해군을 설치하자 C-1)의 燕·齊 사이가 쓰러질 듯이 소란스러워졌다는 구절과 C-3)의 燕·齊 사이가 시끄러워졌다는 구절은 시사하는 바가 있다. 즉 이 지역은 燕·齊지역 주민들에게 영향을 줄 수 있는 곳이라 볼 수 있다. 그 위치는 연 지역에서 육로로 가까운 곳에 있고 제 지역에서 해로로 쉽게 접근할 수 있는 곳일 가능성이 높다. 또한 燕·齊지역과 연관된다면 창해라는 지명도 동해보다는 발해를 가리키는 것이라 보는 것이 자연스럽다.

『史記』에는 한대를 배경으로 '예맥조선'이라는 표현이 나타나는데 "(흉노가)

---

77) 고조선과 한의 국경이었던 浿水의 위치에 대해서는 다양한 견해가 제기되었으며 최근에는 압록강과 청천강 사이에 있는 '대령강'을 패수로 비정하는 새로운 견해가 나오기도 했다(강종훈, 「고조선 및 낙랑군 시기의 '浿水'의 위치에 대한 새로운 고찰」, 『대구사학』 146, 2022). 패수의 위치는 그동안 청천강설 혹은 압록강설이 많이 제기되다가 최근에는 혼하설이 많이 나오고 있다(서영수, 「古朝鮮의 對外關係와 疆域의 變動」, 『東洋學』 29, 1999 ; 김남중, 「衛滿朝鮮의 領域과 王儉城」, 『한국고대사연구』 22, 2001 ; 박준형, 「기원전 3~2세기 고조선의 중심지와 서계의 변화」, 『사학연구』 108, 2012 ; 오현수, 「고조선 예맥교섭망의 변동 양상 연구 -「염철론」'조선' 기사의 분석을 중심으로」, 『국학연구』 22, 2013 ; 조원진, 「위만조선의 대외관계에 대한 검토 -朝·漢 전쟁 이전을 중심으로-」, 『백산학보』 109, 2017). 본고에서는 혼하설 입장에서 논지를 전개하도록 하겠다.

78) 창해군이 옥저지역에 설치되었다는 관점에서 검토한 최근 연구로는 아래의 논문이 있다.
이준성, 「濊君 南閭의 동향과 滄海郡·玄菟郡 설치」, 『백산학보』 116, 2020 ; 이승호, 「衛滿朝鮮 시기 濊族 사회의 동향과 滄海郡路 -'滄海郡 在沃沮說'에 대한 최근 비판의 반론을 겸하여-」, 『고조선단군학』 45, 2021.

79) 최슬기, 「蒼海郡 위치비정의 쟁점과 전제」, 『고조선단군학』 44, 2021, 189~197쪽.

예맥·조선과 접해있다"[80]는 기록과 "燕지역이 동으로 穢貉·朝鮮·眞番에서 이익을 얻는다"[81]는 기록이 있다. 전자의 경우 예맥은 흉노와 접한 요동지역일 가능성이 높다. 후자도 가까운 순서로 언급된 것이라면 예맥은 조선(대동강유역)·진번(황해도지역) 지역보다 서쪽인 요동지역과 압록강 유역을 가리킨다고 볼 수 있다. 특히 普蘭店市 花兒山 張店村 북쪽에 위치한 張店城에서 '臨穢丞印'이라고 새겨진 봉니가 발견되었다.[82] 예는 요동지역과 송화강, 동해안지역 등 광범위한 지역에 분포하고 있었다. 특히 요남지역은 해로를 통해 제 지역과 연결되며 북으로는 흉노와의 교역이 이루어졌던 곳이다. 따라서 창해군의 범위는 적어도 요남지역을 포함했다고 볼 수 있다.

창해군이 설치된 시기에 한나라는 흉노와 치열한 전쟁을 통해 오르도스지역을 수복하고 삭방군을 설치했다. 이러한 시기에 흉노와 관련이 없는 지역에 막대한 비용을 지불하면서 창해군을 설치하려 했다고 보기는 어렵다. 특히 C-1)에는 삭방군, 서남이 개척과 함께 창해군이 언급된다. 흉노를 견제하기 위해 설치한 삭방군 및 서남이 개척과 마찬가지로 창해군 설치 역시 대흉노정책의 일환이었다고 볼 수 있다.

위만조선에 있어 요남지역은 흉노와 인접한 지역이었으며 한인들이 교역을 하는 주요 교통로였다. 당시 한나라는 요남지역에 군을 설치하여 위만조선과 흉노의 연결을 차단하고 자국민을 끌어들이는 거점을 봉쇄하고자 했던 것으로 보인다. 그러나 28만에 이르는 많은 인구수와 개척과정에서 발생한 과도한 비용 문제는 창해군이 요남지역에 국한되지 않았다는 사실을 보여준다. 왜냐하면 서한말의 상황이 반영된[83] 『漢書』 地理志에 의하면 요동군의 인구는 55,972호

80) 『史記』 권110 匈奴列傳, "諸左方王將居東方 直上谷 以往者 東接穢貉·朝鮮"
81) 『史記』 권129 貨殖列傳, "夫燕亦勃·碣之閒一都會也 … 東綰穢貉·朝鮮·眞番之利"
82) 劉俊勇(최무장 역), 『中國大連考古研究』, 학연문화사, 1997, 104~105쪽.
83) 周振編, 『西鶴政漢地理』, 人民出版社, 1987, 1쪽.

에 272,539구라고 기록했고,[84] 요남지역은 일찍부터 산동지역과 교류가 활발했던 곳이다. 위만조선 멸망 후 예맥사회에서 압록강 중상류의 원고구려가 흥기한 사실을 감안하면 창해군에는 원고구려지역도 포함되었을 것이다. 『後漢書』에는 예·옥저·고구려가 모두 조선의 땅이었다는 기록이 있다.[85] 이것은 이들 지역이 위만조선 혹은 그 이전부터 고조선에 포함되었던 것으로 이해할 수 있다. 위만조선에 복속되었던 원고구려도 이때 위만조선 세력권에서 벗어나고자 했던 것이다. 따라서 창해군의 범위는 요남지역은 물론 천산산맥 이동과 압록강 중상류·혼강일대를 포함했다고 보는 견해가 타당성이 있다고 생각된다.[86] 다만 이러한 광범위한 지역이 모두 우거왕에게 반기를 들고 예군남려에 합류했는지, 한나라는 하나의 군현으로 삼기에는 인구수도 많고 광범위한 이 지역의 상황을 제대로 알고 군현 설치를 추진했는지는 의문이 든다.

창해군을 통해 위만조선과 흉노를 견제하려는 한나라의 시도는 한무제가 公孫弘의 건의를 받아들여 기원전 126년 창해군을 폐지하면서 실패로 끝났다. 창해군이 금방 폐지된 것은 군을 유지하는 데 소요된 막대한 비용 때문이었다고 기록되어 있다.[87] 당시 예군남려로 대표되는 예맥사회는 팽창하는 위만조선의 영향에서 벗어나고 한나라와 직접 교역하려고 했지만 한나라는 군현을 설치하려고 했기 때문에 서로 목적이 달랐다고 할 수 있다. 한나라는 군현 설치 과정에서 토착사회의 강한 저항에 부딪치고 흉노와의 대규모 전투가 이어지는 상황에서 예상보다 큰 재정 문제 때문에 창해군을 포기한 것으로 보인다. 여기에서

---

84) 『漢書』 권28下, 地理志 第8下, "遼東郡 秦置 屬幽州 戶五萬五千九百七十二 口二十七萬二千五百三十九"

85) 『後漢書』 권85, 東夷列傳 第75 濊, "濊及沃沮·句驪, 本皆朝鮮之地也"

86) 조영광, 「초기 고구려 종족 계통 고찰 -예맥족을 중심으로-」, 『동북아역사논총』 27, 2010, 191~203쪽.

87) 『史記』 권112, 平津侯主父列傳 第52, "是時通西南夷 東置滄海 北築朔方之郡(…) 願罷西南夷 滄海而專奉朔方 上乃許之"

많은 비용이 든 것은 단지 도로 개설 비용이라기보다는 이 지역 정치세력을 포섭·회유하기 위한 경제적 비용도 포함되었을 것으로 보인다.[88] 또한 창해군지역이 거리가 멀거나 새로운 지역을 개척하면서 비용이 많이 들어 포기한 것처럼 표현된 것은 그대로 받아들이기는 어렵다. 이러한 기록은 오히려 창해군 폐지 이유가 예맥사회의 저항에 있었음을 말해준다.[89] 『史記』朝鮮列傳은 한초 거리가 멀어 지키기 어렵기 때문에 물러나 패수를 경계로 삼았다고 했지만 사실은 거리가 멀어서가 아니라 진말한초에 고조선의 공격으로 요동외요가 함락당한 것을 감추기 위한 중국적 표현[90]인 것과 비슷한 사례라 할 수 있다.

2. 제1현도군의 위치와 원고구려사회

앞에서 살펴본 것처럼 한나라는 위만조선을 견제하기 위한 목적으로 창해군을 설치하는 과정에서 원고구려를 비롯한 예맥사회를 통제하려고 했다. 이러한 시도는 실패로 끝났으나 예군남려시대에 이미 28만구의 대집단으로 성장하였던 예맥 사회의 실체를 확인할 수 있었던 것으로 보인다. 한나라는 이미 위만조선 성립 초기에 위만조선과 책봉관계를 맺음으로 흉노와 조선의 연결에 대한 우려를 더는 한편 동방에 새로운 통일 세력이 형성되는 것을 저지하고자 하였다. 그러나 이러한 정책이 오히려 위만조선의 성장을 촉진시켜 사방 수천리의 강국으로 성장하자 중국의 새로운 위협이 되었다. 이에 한나라는 위만조선을 침공하게 되고 한군현 설치를 통해 직접지배 방식으로 동방사회의 새로운 통일세력 형성을 저지하고자 했다고 할 수 있다.[91] 예맥지역에 현도군을 설치한

88) 임기환, 「한 현도군의 퇴축과 고구려의 국가 형성」, 『고구려의 기원과 성립』, 동북아역사재단, 2020, 258쪽.

89) 서영수, 「고구려의 대륙진출과 대중외교의 성격」, 『계간경향 여름호』, 1987, 127쪽.

90) 서영수, 「위만조선의 형성과정과 국가적 성격」, 『한국고대사연구』 9, 1996, 103쪽.

91) 서영수, 「삼국시대 한중외교의 전개와 성격」, 『고대한중관계사의 연구』, 삼지원, 1987,

것은 위만조선이라는 구심점이 사라지고 예맥계 사회에서 새로운 구심점이 나올 것을 견제하기 위한 의도가 있다고 볼 수 있다.[92] 이것은 후대에 당나라가 백제·고구려를 멸망시키고 계림도독부를 설치하여 신라를 견제했던 것과 유사한 사례라고 할 수 있다.

위만조선-한나라의 전쟁 당시 주요 전투지는 국경선인 패수 부근의 요동지역과 수도인 왕검성이 있던 평양지역이었다.[93] 반면 압록강 유역의 예맥집단의 경우 전쟁에 참여하지는 않은 것으로 보인다. 한나라는 위만조선 멸망 후 예맥 거주지 중에서 요남지역은 한 요동군으로 편입하고[94] 압록강 중상류에는 현도군을 설치한 것으로 이해된다. B-1)에서 인구수에 비해 현의 수가 매우 적은 것은 현도군이 한나라의 군사 정벌에 의해 설치된 것이 아니라는 사실을 보여준다.[95] 따라서 현도군은 처음부터 위만조선과는 무관하게 설치한 것이라고 볼 수 있다.

제1현도군이 고구려지역에 설치되었다면 구체적인 위치는 어디였을까? 그동안 현도군의 위치를 압록강유역에 비정해야 한다는 입장에서 통구평야설[96]과 환인지역설[97]이 제기되었다. 그러나 국내성[98]과 환인 하고성자토성[99]의 조사

109쪽.

92) 서영수, 「고구려의 대륙진출과 대중외교의 성격」, 『계간경향 여름호』, 1987, 127쪽.
93) 조원진, 「위만조선-漢나라의 전쟁 양상」, 『군사』 118, 2021, 109~119쪽.
94) 박준형, 『고조선사의 전개』, 서경문화사, 2014, 235쪽 ; 조원진, 「위만조선-漢나라의 전쟁 양상」, 『군사』 118, 2021, 104~108쪽.
95) 김기흥, 「고구려의 성장과 대외교역」, 『한국사론』 16, 1987, 19~21쪽.
96) 이병도, 「玄菟郡考」, 『韓國古代史硏究』, 博英社, 1976, 169~176쪽.
97) 노태돈, 「고구려의 기원과 국내성 천도」, 『한반도와 중국 동북 3성의 역사 문화』, 서울대학교 출판부, 1999, 320~331쪽.
98) 吉林省文物考古硏究所·集安市博物館, 『國內城』, 文物出版社, 2004, 20~22쪽.
99) 遼寧省文物考古硏究所, 『五女山城』, 文物出版社, 2004 ; 양시은, 『고구려 성 연구』, 진인진, 2016, 24~26쪽.

결과 한대 토성과는 관련이 없다는 것이 밝혀졌다.[100] 이에 최근에는 원고구려의 주요 본거지가 아닌 그 주변지역인 압록강변에 축조된 집안 양민고성과 백산 삼도구고성이 새롭게 주목되기도 한다.[101]

현도군은 현도군 관할 내로 추정되는 군현도성 주변 어디에도 한대 고분을 찾을 수 없다는 점에서 군현 지배의 실상에 대해서는 의문이 든다.[102] 현도군은 한나라가 위만조선과의 전쟁을 치르고 1년만에 큰 저항 없이 설치되었고 호구 수에 비해 현저히 적은 군현수를 감안할 때 낙랑군 등과는 성격이 달랐던 것으로 보인다. 이미 창해군 설치를 시도했을 때 예맥 사회는 28만구라는 큰 규모의 집단이었으며 이들의 저항으로 창해군 설치 시도는 중단될 수 밖에 없었다. 만일 한나라가 이 지역에 낙랑군처럼 직접 지배를 위한 군현을 설치하려고 했다면 또 한번의 전쟁을 해야했을 것이다. 그러나 현도군은 큰 분쟁없이 설치되었던 것으로 보아 현도군은 원고구려사회를 직접 지배하기 위해 설치한 것이 아니라 관찰하며 견제하기 위한 기구였던 것으로 이해된다.

현도군과 고구려의 관계를 내속관계로 보는 견해가 있으나 이는 고구려의 중심세력이 한나라에게 내속되었음을 의미하는 것은 아니라고 생각된다. 한나라는 현도군을 통하여 고구려의 성장을 저지하기 위하여 고구려의 구성부족이나 보다 후진적인 동예와 옥저 등 주변 예맥계사회의 분립에 주력하였던 것으로 생각된다.[103] B-2, 3)에서 제1현도군이 이맥의 침략을 받았다는 것도 고구려는 처음부터 군현 지배 대상이 아니었음을 말해준다. 즉 경계 밖에 있던 고구려가 경

---

100) 이성제, 「玄菟郡의 改編과 高句麗 -'夷貊所侵'의 의미와 郡縣의 對應을 중심으로-」, 『한국고대사연구』 64, 2011, 298~299쪽 ; 여호규, 「高句麗와 漢의 接境空間 변화에 따른 住民集團의 잡거」, 『역사문화연구』 74, 2020, 4쪽 ; 공석구, 「현도군설치에 대한 새로운 인식」, 『고구려발해연구』 70, 2021, 22~23쪽.

101) 공석구, 「현도군설치에 대한 새로운 인식」, 『고구려발해연구』 70, 2021, 24~27쪽.

102) 윤용구, 「현도군의 군현지배와 고구려」, 『요동군과 현도군연구』, 동북아역사재단, 2008, 115쪽.

103) 서영수, 「대외관계사에서 본 낙랑군」, 『사학지』 31, 1998, 12쪽.

계를 넘어 군현 영역을 침범해왔다는 사실을 가리키는 것으로 볼 수 있다.[104]

제1현도군의 위치가 명확하게 나타난 기록은 없다. 다만 현도군 초기 상황을 반영한 것으로 볼 가능성이 있는 다음과 같은 사료가 있다.

> D-1) "漢나라 때에는 북과 피리와 樂工을 하사하였으며, 항상 현도군에 가서 朝服과 衣幘을 받아갔는데, (玄菟郡의) 高句麗令이 이에 대한 문서를 관장하였다. D-2) 그 뒤에 차츰 교만 방자해져서 다시는 현도군에 오지 않았다. D-3) 이에 (현도군의) 동쪽 경계상에 작은 城을 쌓아 조복과 의책을 그곳에 두고 해마다 고구려인이 그 성에 와서 그것을 가져가게 하였다. D-4) 지금도 오랑캐들은 이 성을 幘溝漊라 부른다. 溝漊란 고구려 사람들이 城을 부르는 말이다." (『三國志』 권30, 魏書 烏丸鮮卑東夷傳 高句麗傳)[105]

이 기록은 고구려와 초기 현도군의 관계를 설명해주는 자료로 보인다. D-2 · 3)은 고구려와 현도군의 관계가 소원해지면서 幘溝漊를 통해 고구려가 현도군과 교섭을 수행하는 정황을 기록하고 있다. 책구루의 위치에 대해서는 구체적으로 소자하 유역의 한대 고성 가운데 가장 동쪽에 위치한 백기보고성이 주목되기도 한다.[106] 책구루를 통해 고구려와 현도군의 교섭 방식 변화를 고구려 내부의 상황과 관련있다고 보고 개별적으로 이루어지던 한나라와 諸那集團의 대외교섭 창구를 고구려 중앙정부의 통제력이 확립되어 일원화하였다는 견해도 있다.[107]

---

104) 이성제, 「玄菟郡의 改編과 高句麗 -'夷貊所侵'의 의미와 郡縣의 對應을 중심으로-」, 『한국고대사연구』 64, 2011, 301쪽.

105) 『三國志』 권30, 魏書 烏丸鮮卑東夷傳 高句麗傳, "漢時賜鼓吹技人 常從玄菟郡受朝服衣幘 高句麗令主其名籍 後稍驕恣 不復詣郡 于東界築小城 置朝服衣幘其中 歲時來取之 今胡猶名此城爲幘溝漊 溝漊者 句麗名城也"

106) 여호규, 「高句麗와 漢의 接境空間변화에 따른 住民集團의 잡거」, 『역사문화연구』 74, 2020, 28쪽.

107) 盧泰敦, 「三國時代의 「部」에 關한 硏究」, 『韓國史論』 2, 1975, 13~14쪽 ; 金基興, 「고구려의 성장과 대외교역」, 『韓國史論』 16, 1987 ; 김창석, 「高句麗 초 · 중기의 對中 교섭과 교역」, 『新羅文化』 24, 2004 ; 여호규, 「《삼국지》〈동이전〉 부여전과 고

따라서 이러한 관점에서 책구루가 설치된 시기는 태조왕대로 여겨져왔다.[108] 그러나 태조왕대는 고구려와의 교섭을 요동군이 전담한 상태이며 고구려가 현도군을 넘어 요동일대를 유린하던 상황이기 때문에 책구루는 고구려가 요동군과 본격적으로 충돌하기 전, 현도군으로도 통제가 가능하던 초기 모습을 반영한 것이라는 지적이 있다.[109] D-4)는 『三國志』 당대의 일이지만 D-1~3)은 시기가 언제인지 확실하지 않다. D-1)은 제1현도군 시기, D-2 · 3)은 제2현도군 시기로 보기도 하지만,[110] D-1~3) 시기는 제2현도군으로 옮겨간 이후의 상황으로 보는 것이 일반적이다. D-1~3) 사이에는 위치가 이동했다고 볼만한 정황이 없다는 점에서 모두 제1현도군 시기이거나 혹은 제2현도군 시기로 보는 것이 타당하다고 생각된다.

『北史』[111]와 『文獻通考』[112]는 해당 기사의 '漢時'를 소제 혹은 무제와 소제 시절로 기록하였다. 이에 D-3)의 책구루 설치시기를 구체적으로 서한 소제 이후

구려전의 비교 검토」, 『삼국지 동이전의 세계』, 성균관대학교 출판부, 2013.

108) 노태돈, 『고구려사 연구』, 사계절, 1999, 118~121쪽.

109) 윤용구, 「고구려의 흥기와 책구루」, 『고구려의 역사와 대외관계』, 서경문화사, 2006, 15~17쪽.

110) 박경철, 「'高句麗社會'의 發展과 政治的 統合 努力 : 國家形成期 高句麗史 理解를 위한 前提」, 『한국고대사연구』 14, 1998, 300~301쪽 ; 장병진, 「초기 고구려의 주도세력과 현도군」, 『한국고대사연구』 77, 2015, 26~30쪽.

111) 『北史』 卷94 列傳 第82 高麗傳, "漢武帝元封四年 滅朝鮮 置玄菟郡 以高句麗爲縣以屬之 漢昭賜衣幘朝服鼓吹 常從玄菟郡受之 後稍驕 不復詣郡 但於東界築小城受之 遂名此城受之 遂名此城爲幘溝漊 溝漊者 句麗城名也"
해당 구절이 국사편찬위원회 역주본에서는 '漢時'로 되어 있으나(서영수 편, 『(국역) 中國正史朝鮮傳』, 國史編纂委員會, 1986, 561쪽) 최근에 나온 동북아역사재단 역주본에서는 '漢昭'로 교감하였다(동북아역사재단 한국고중세사연구소, 『역주 중국 정사 동이전 2: 진서~신오대사 고구려 · 발해』, 2020, 117쪽).

112) 『文獻通考』 卷325 四裔考2 高句麗, "自武帝昭帝 賜其人以衣幘朝服鼓吹 常從元玄菟郡受之 後稍驕 不復詣郡 但扵東界築小城受之 名此城以幘溝漊 溝漊者 高麗名城也"

인 현도군의 중심이 소자하 방면으로 밀려난 시기로 보는 견해가 있다.[113]

책구루의 설치 시기를 昭帝 재위기간인 기원전 87~74년 사이로 좁혀본다면 책구루가 설치된 시점은 제1현도군일 가능성과 제2현도군 시기일 가능성이 모두 있다. 만일 이 시기를 제2현도군 시기라 본다면 이미 원고구려사회의 공격으로 쫓겨난 현도군이 책구루를 통해 교섭을 이어가려고 하는 것은 부자연스러운 면이 있다. 오히려 여기에 묘사된 정황은 고구려와 현도군이 군사적으로 충돌하기 이전, 양국이 아직 평화적인 교섭을 유지하려고 했던 제1현도군 시기의 상황으로 보는 것이 자연스럽다. 따라서 D-1~3)을 제1현도군 시기로 볼 수 있는 가능성도 완전히 배제할 수는 없다고 생각한다.

D-1~3)이 제1현도군 시기라고 본다면 동쪽 경계상에 작은 城을 쌓고 교섭했다는 기록에서 당시 현도군의 위치를 추정해볼 수 있다. 현도군은 고구려의 중심인 집안이나 환인에 설치한 것이 아니라 근처에서 고구려를 감시 견제하며 교섭할 수 있는 곳에 위치했을 것이다. 이러한 관점에서 제1현도군의 위치를 찾는다면 통화 일대를 주목해 볼 수 있다. 통화 일대에서는 발견되는 성들은 출토유물이 없거나 고구려 유물만 발견되는 사례가 많지만 通化縣 赤柏松古城과 自安山城 등 일부는 현도군과 관련된 것으로 보인다.[114] 자안산성[115]은 구조가 한대 성과 고구려 산성이 결합된 특징을 보이며 조영시기는 서한시대이다. 성내에서 한대 토기의 특징을 지닌 유물이 출토되어 한군현의 설치와 함께 축조되었다고 보기도 한다. 또한 한군현 치소가 일반적으로 소규모 토성인데 비해 자안산성은 둘레가 2.7km의 대형 석성이라는 점에서 고구려 시기에 대규모로 개축

---

113) 윤용구, 「고구려의 흥기와 책구루」, 『고구려의 역사와 대외관계』, 서경문화사, 2006, 17~19쪽 ; 박노석, 「고구려의 발전과 현도군 책구루의 변화」, 『전북사학』 46, 2015, 41쪽.

114) 여호규, 『고구려성』 1(압록강 중상류편), 국방군사연구소, 1998, 193~230쪽.

115) 吉林省文物地編員會, 『通化縣文物志』, 吉林省文物地編員會, 1986, 25~29쪽 ; 王志敏 · 王鵬勇 · 王珺, 「吉林省通化市自安山城調査報告」, 『北方文物』 3, 2010, 33~38쪽 ; 徐坤, 「自安山城的考古收穫與初步認識」, 吉林大 碩士學位論文, 2011.

되어 혼강상류 일대의 중심성으로 기능하였을 가능성이 높다.[116]

제1현도군과 관련하여 특히 주목해볼 수 있는 유적은 通化縣 赤柏松古城[117] 이다. 통화 적백송고성은 한대의 기와와 토기가 발견되어 일찍부터 한대 현도군과 관련있다고 보는 견해가 나왔으며 상은태현의 치소로 비정되기도 한다.[118] 적백송고성은 2005~2007년 발굴을 통해 유적의 연대와 성격 등이 어느 정도 파악되었는데 서한 중말기~동한시대에 사용된 성으로 제1현도군과 제2현도군 시기에 모두 사용된 것으로 보인다. 또한 지리적인 위치에 있어 해발 656m의 산봉우리에서 뻗어 내린 산줄기 끝자락 언덕에 위치하여 주변 충적 평지가 한 눈에 들어오기 때문에 토착주민의 동향을 쉽게 관찰하면서 안전을 확보할 수 있는 지점에 위치한다.[119] 이것은 제1현도군의 성격과도 부합되는 것이다.

최근 통화지역에는 고조선과 고구려의 문화 요소가 모두 발견되는 통화시 만발발자 유적[120]의 발굴보고서[121]가 출간되어 고조선과 고구려의 계승 관계 및 고구려 문화의 기원 등 다양한 논의가 진행되고 있다.[122] 앞에서 살펴본 것처

---

116) 李殿福(차용걸 · 김인경 역), 『中國內의 高句麗 遺蹟』, 學硏文化社, 1994, 49~51쪽 ; 여호규, 『고구려성』 1(압록강 중상류편), 국방군사연구소, 1998, 195~205쪽.

117) 吉林省文物地編員會, 『通化縣文物志』, 吉林省文物地編員會, 1986, 60~63쪽 ; 王義學, 「赤柏松古城考古發現及其相關問題研究」, 吉林大學校 碩士學位論文, 2008.

118) 여호규, 『고구려성』 1(압록강 중상류편), 국방군사연구소, 1998, 206~212쪽.

119) 여호규, 「高句麗와 漢의 接境空間 변화에 따른 住民集團의 잡거」, 『역사문화연구』 74, 2020, 9~14쪽.

120) 이종수, 「고구려 문화 기원의 보고 -통화 만발발자유지 고고발굴보고」, 『야외고고학』 37, 2020 ; 하문식, 「초기 고구려의 기층문화 연구③: 通化 萬發撥子 유적의 무덤」, 『東洋學』 81, 2020.

121) 吉林省文物考古研究所 · 通化市文物管理辦公室 編, 『通化萬發撥子遺址考古發掘報告』, 科學出版社, 2019.

122) 박선미 편, 『고조선과 고구려의 만남 : 길림성 통화 만발발자 유적』, 동북아역사재단, 2021.

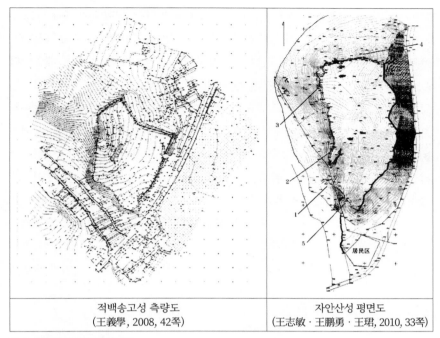

| 적백송고성 측량도
(王義學, 2008, 42쪽) | 자안산성 평면도
(王志敏 · 王鵬勇 · 王珺, 2010, 33쪽) |

도 1 적백송고성과 자안산성

럼 현도군은 처음부터 위만조선과 전쟁을 치르고 직접 지배를 위해 설치한 낙
랑군 등 3군과는 성격이 달랐다. 통화지역에는 만발발자 등 토착 문화가 존재하
고 있었는데도 현도군과 공존할 수 있었던 것도 이러한 이유라고 생각된다. 현
재 제1현도군과 각 속현의 구체적인 위치를 밝히기는 어렵지만 앞으로 고고학
자료를 통해 명확하게 드러날 수 있길 기대한다.

　　제1현도군은 기원전 75년 夷貊의 공격으로 이치된다. 특히 한나라에서 이에
대한 대응으로 요동 현도군을 축조한 것은 당시 이맥의 압박이 상당히 거센 것
이었음을 유추할 수 있다.[123] 이때 옮겨간 제2현도군의 고구려현은 遼寧省 新

---

123) 여호규, 『고구려 초기 정치사 연구』, 신서원, 2014, 167쪽 ; 이준성, 「濊君 南閭의

賓縣 永陵鎭에 위치한 永陵鎭古城이 유력하다.[124] 여기서 '이맥'은 고구려를 건국한 압록강 중상류 일대의 주민집단으로 보는 것에 큰 이견이 없다. 『三國志』 고구려전에 따르면 계루부가 등장하기 이전에는 본래 소노부가 왕을 배출했다고 한다. 소노부는 비류수 유역에 자리잡았던 비류국의 후신인 비류나부와 동일한 실체로 초기 현도군과의 대립을 이끌었던 것으로 보인다.[125] 현도군은 정복지를 직접 지배하기 위한 군현으로서의 성격을 지니기보다는 고구려가 새로운 통일세력으로 성장하여 한의 위협이 되는 것을 저지하고 염탐하기 위한 한나라의 창구역할을 하였다. 현도군이 3개의 현만 있고 계속 옮겨 다니는 이유도 그러한 이유인 것으로 파악된다.[126]

한나라는 고구려와의 관계가 소원해지자 책구루를 설치해서라도 고구려와의 교섭을 이어가려고 노력했다. 그럼에도 고구려가 제1현도군을 침입한 것은 진번·임둔의 폐지와 함께 군현 체제를 강화하려는 한나라의 움직임과 관련있을 가능성이 있다.

Ⅳ. 맺음말

맺음말에서는 지금까지의 내용을 요약하고자 한다.

제1현도군의 위치에 대해서는 그동안 많은 논란이 있어왔지만 최근 연구에 의하면 『삼국지』 동옥저전은 사료로서 문제가 있음이 지적되었다. 현도군은 3

동향과 滄海郡·玄菟郡 설치」, 『백산학보』 116, 2020, 107쪽.

124) 遼寧省文物考古硏究所, 『永陵南城址發掘報告』(上, 下), 文物出版社, 2017.

125) 김현숙, 「고구려의 종족기원과 국가형성과정」, 『대구사학』 89, 2007, 43~50쪽 ; 여호규, 『고구려 초기 정치사 연구』, 신서원, 2014, 174~176쪽.

126) 서영수, 「대외관계사에서 본 낙랑군」, 『사학지』 31, 1998, 16쪽.

개에 불과한 속현 수를 볼 때 관할지역이나 규모 등이 상대적으로 작았으며 제한적이고 궁벽진 곳에 위치했음을 알려준다.

또한 '옥저'라는 용어는 원래 특정 지역을 가리키는 명칭이 아니라 숲을 의미하는 보통명사였는데 한자로 표기되는 과정에서 옥저로 기록되었고 이것이 후대 옥저지역에 현도군이 설치되었다고 와전되었을 수 있다. 제1현도군의 위치는 고구려지역으로 파악할 때 이후 한군현의 통폐합 과정이나 고구려의 흥기 과정도 합리적으로 이해할 수 있다.

창해군은 연과 제 지역과 관련된 지역이라는 점에서 요동지역 일부가 포함되고 고구려의 흥기 등을 감안하면 요남지역과 압록강 중상류를 포함했던 것으로 이해된다. 창해군 설치를 계기로 한나라는 신흥 예맥사회의 잠재력을 깨닫는 계기가 되었던 것으로 보인다. 현도군은 한나라가 위만조선과의 전쟁을 치르고 1년만에 큰 전쟁없이 설치되었고 호구수에 비해 현저히 적은 군현수를 감안할 때 낙랑군 등과는 성격이 달랐던 것으로 보인다. 이미 창해군 설치를 시도했을 때 예맥 사회는 28만이라는 큰 규모의 집단이었으며 이들의 저항으로 창해군 설치 시도는 중단될 수 밖에 없었다. 만일 한나라가 이 지역에 낙랑군처럼 직접 지배를 위한 군현을 설치하려고 했다면 또 한번의 전쟁을 해야했을 것이다. 그러나 현도군은 큰 저항없이 설치되었던 것으로 보아 현도군은 원고구려사회를 직접 지배하기 위해 설치한 것이 아니라 관찰하며 견제하기 위한 기구였던 것으로 이해된다.

따라서 현도군은 고구려의 중심인 집안이나 환인에 설치한 것이 아니라 근처에서 고구려를 감시 · 견제하며 교섭할 수 있는 곳에 위치했다는 점에서 통화 일대를 주목해 볼 수 있다. 또한 책구루가 설치된 것은 제1현도군 시기일 가능성이 있다.

참고문헌

1. 사료

『文獻通考』, 『北史』, 『史記』, 『三國志』, 『梁書』, 『漢書』, 『後漢書』

2. 단행본

김남중, 「위만조선의 성립과 발전 과정 연구」, 서강대학교 박사학위논문, 2014.

노태돈, 『고구려사 연구』, 사계절, 1999.

동북아역사재단 한국고중세사연구소, 『역주 중국 정사 동이전 2: 진서~신오대사 고구려 · 발해』, 2020.

리지린, 『고조선연구』, 과학원출판사, 1963.

박선미 편, 『고조선과 고구려의 만남 : 길림성 통화 만발발자 유적』, 동북아역사재단, 2021.

서영수 편, 『(국역) 中國正史朝鮮傳』, 國史編纂委員會, 1986.

손영종, 『한4군 문제와 락랑문화의 조선적 성격』, 사회과학출판사, 2010.

송호정, 『한국고대사속의 고조선사』, 푸른역사, 2003.

박준형, 『고조선사의 전개』, 서경문화사, 2014.

양시은, 『고구려 성 연구』, 진인진, 2016.

여호규, 『고구려 초기 정치사 연구』, 신서원, 2014.

윤내현, 『고조선연구』, 일지사, 1994.

이병도, 『韓國古代史硏究』, 博英社, 1976.

이종록, 「高句麗 前期 동해안지역 복속과 濊族社會 연구」, 고려대학교 박사학위논문, 2022.

정윤(정재승 역주), 『사지통속고』, 우리역사연구재단, 2020.

정인보,『조선사연구』상, 서울신문사, 1946.

吉林省文物考古研究所·集安市博物館,『國內城』, 文物出版社, 2004.
吉林省文物考古研究所·通化市文物管理辦公室 編,『通化萬發撥子遺址考古發掘
　　　報告』, 科學出版社, 2019.
孫進己·王綿厚 主編,『東北歷史地理』1, 黑龍江人民出版社, 1989.
劉俊勇(최무장 역),『中國大連考古研究』, 학연문화사, 1997.
王綿厚,『秦漢東北史』, 遼寧人民出版社, 1994.
遼寧省文物考古研究所,『五女山城』, 文物出版社, 2004.
遼寧省文物考古研究所,『永陵南城址發掘報告』(上, 下), 文物出版社, 2017.
李殿福(차용걸·김인경 역),『中國內의 高句麗 遺蹟』, 學硏文化社, 1994.
周振編,『西鶴政漢地理』, 人民出版社, 1987.
趙紅梅,「玄菟郡硏究」, 東北師範大學 博士學位論文, 2006.
趙紅梅,『漢四郡硏究』, 香港亞洲出版社, 2008.

池內宏,『滿鮮史硏究』上世 1冊, 吉川弘文館, 1951.

3. 논문

강종훈,「고조선 및 낙랑군 시기의 ‘浿水’의 위치에 대한 새로운 고찰」,『대구사학』
　　　146, 2022.
공석구,「현도군위치 옥저지역설을 다시 검토한다 -『삼국지』사료비판-」,『한국고대
　　　사연구』102, 2021.
공석구,「현도군설치에 대한 새로운 인식」,『고구려발해연구』70, 2021.
권오중,「前漢時代의 遼東郡」,『人文硏究』17, 1995.
권오중,「고대 요동군의 위치문제 시론」,『길현익교수정년기념사학논총』, 1996.
권오중,「滄海郡과 遼東東部都尉」,『역사학보』168, 2000.
기수연,「玄菟郡과 高句麗의 건국에 대한 연구」,『고구려연구』29, 2007.

김기흥, 「고구려의 성장과 대외교역」, 『한국사론』 16, 1987.

김남중, 「衛滿朝鮮의 領域과 王儉城」, 『한국고대사연구』 22, 2001.

김미경, 「제1현도군의 위치에 대한 재검토」, 『실학사상연구』 24, 2002.

김창석, 「高句麗 초·중기의 對中 교섭과 교역」, 『新羅文化』 24, 2004.

김창석, 「4세기 이전 한반도 중부지역의 정치체와 정세변동」, 『고고학』 13-2, 2014.

김현숙, 「고구려의 종족기원과 국가형성과정」, 『대구사학』 89, 2007.

盧泰敦, 「三國時代의 「部」에 關한 研究」, 『韓國史論』 2, 1975.

노태돈, 「고구려의 기원과 국내성 천도」, 『한반도와 중국 동북 3성의 역사 문화』, 서울대학교 출판부, 1999.

문안식, 「동예의 성장과 대외관계의 변화」, 『한국고대사 연구의 현단계』, 주류성, 2009.

박경철, 「扶餘史 展開에 關한 再認識 試論」, 『백산학보』 40, 1992.

박경철, 「「高句麗社會」의 發展과 政治的 統合 努力 : 國家形成期 高句麗史 理解를 위한 前提」, 『한국고대사연구』 14, 1998.

박경철, 「高句麗 '民族'問題 認識의 現況과 課題」, 『한국고대사연구』 31, 2003.

박경철, 「古朝鮮 對外關係 進展과 衛滿朝鮮」, 『동북아역사논총』 44, 2014.

박노석, 「고구려의 발전과 현도군 책구루의 변화」, 『전북사학』 46, 2015.

박노석, 「고조선대 창해군에 대한 재 고찰」, 『전북사학』 50, 2017.

박대재, 「위만조선의 영역구조와 한군현의 재편」, 『고조선단군학』 46, 2021.

박준형, 「기원전 3~2세기 고조선의 중심지와 서계의 변화」, 『사학연구』 108, 2012.

서영수, 「삼국시대 한중외교의 전개와 성격」, 『고대한중관계사의 연구』, 삼지원, 1987.

서영수, 「고구려의 대륙진출과 대중외교의 성격」, 『계간경향 여름호』, 1987.

서영수, 「위만조선의 형성과정과 국가적 성격」, 『한국고대사연구』 9, 1996.

서영수, 「대외관계사에서 본 낙랑군」, 『사학지』 31, 1998.

서영수, 「古朝鮮의 對外關係와 疆域의 變動」, 『東洋學』 29, 1999.

손영종, 「한서 지리지를 통하여 본 락랑군, 현도군, 료동군의 위치」, 『력사과학』 3, 1998.

송호정, 「실학자들의 역사지리관과 고조선 한사군 연구」, 『韓國古代史研究』 62, 2011.

여호규, 「《삼국지》〈동이전〉 부여전과 고구려전의 비교 검토」, 『삼국지 동이전의 세계』, 성균관대학교 출판부, 2013.

여호규, 「高句麗와 漢의 接境空間변화에 따른 住民集團의 잡거」, 『역사문화연구』 74, 2020.

오영찬, 「조선 후기 고대사 연구와 漢四郡」, 『역사와 담론』 64, 2012.

오현수, 「고조선 예맥교섭망의 변동 양상 연구 -『염철론』'조선' 기사의 분석을 중심으로」, 『국학연구』 22, 2013.

윤내현, 「滄海郡考」, 『韓國의 社會와 歷史 -崔在錫敎授停年退任紀念論叢』, 일지사, 1991.

윤용구, 「고구려의 흥기와 책구루」, 『고구려의 역사와 대외관계』, 서경문화사, 2006.

윤용구, 「현도군의 군현지배와 고구려」, 『요동군과 현도군연구』, 동북아역사재단, 2008.

李丙燾, 「玄菟郡及臨屯郡考」, 『史學雜誌』 41-4, 1930.

이병도, 「玄菟郡考」, 『韓國古代史研究』, 博英社, 1976.

이병도, 「臨屯郡考」, 『韓國古代史研究』, 博英社, 1976.

이성제, 「玄菟郡의 改編과 高句麗 -夷貊所侵'의 의미와 郡縣의 對應을 중심으로-」, 『한국고대사연구』 64, 2011.

이승호, 「한의 옥저지배와 토착지배층의 동향」, 『동국사학』 57, 2014.

이준성, 「조선후기 역사지리연구의 계승과 식민주의적 변용」, 『史學硏究』 117, 2015.

이준성, 「濊君 南閭의 동향과 滄海郡 · 玄菟郡 설치」, 『백산학보』 116, 2020.

이종록, 「高句麗와 玄菟郡의 관계와 幘溝漊설치 배경 검토」, 『선사와 고대』 55, 2018.

이종록 · 박대재, 「『我邦疆域考』 역주 · 비평(3) -玄菟考-」, 『한국사학보』 80, 2020.

이현혜, 「동예와 옥저」, 『한국사』 4, 국사편찬위원회, 1997.

임기환, 「한 현도군의 퇴축과 고구려의 국가 형성」, 『고구려의 기원과 성립』, 동북아역사재단, 2020.

장병진, 「초기 고구려의 주도세력과 현도군」, 『한국고대사연구』 77, 2015.

조영광, 「초기 고구려 종족 계통 고찰 -예맥족을 중심으로-」, 『동북아역사논총』 27, 2010.

조영광, 「고조선의 종족기원」, 『고구려의 기원과 성립』, 동북아역사재단, 2020.

조원진, 「위만조선의 대외관계에 대한 검토 -朝·漢 전쟁 이전을 중심으로-」, 『백산학보』 109, 2017.

조원진, 「위만조선-漢나라의 전쟁 양상」, 『군사』 118, 2021.

조원진, 「고대 진번의 변천 연구」, 『선사와 고대』 66, 2021.

최슬기, 「蒼海郡 위치비정의 쟁점과 전제」, 『고조선단군학』 44, 2021.

최인철, 「창해군의 위치문제에 대하여」, 『력사과학』 4, 1999.

徐坤, 「自安山城的考古收獲與初步認識」, 吉林大 碩士學位論文, 2011.

王義學, 「赤柏松古城考古發現及其相關問題研究」, 吉林大 碩士學位論文, 2008.

王志敏·王鵬勇·王珺, 「吉林省通化市自安山城調査报告」, 『北方文物』 3, 2010.

王天姿·王禹浪, 「西漢"南閭穢君", 蒼海郡與臨穢縣考」, 『民族曆史與邊疆學』 1, 2016.

許憲范, 「漢四郡의 位置考」, 『白山學報』 42, 1993.

楊昭全, 「漢四郡位置考」, 『한국상고사학보』 15, 1994.

白鳥庫吉, 「漢の朝鮮四郡疆域考」, 『東洋學報』 2-2, 1912(『白鳥庫吉全集3 : 朝鮮史研究』, 岩波書店, 1970).

白鳥庫吉·箭内亙, 「漢代の朝鮮」, 『滿洲歷史地理』, 南滿洲鐵道, 1913.

田中俊明, 「高句麗の興起と玄菟郡」, 『朝鮮文化研究』 1, 1994.

桶口隆次郎, 「朝鮮半島に於ける漢四郡疆域及沿革考(三)」, 『史學雜誌』 23-3, 1912.

和田淸, 「玄菟郡考」, 『東方學』 1, 1951(『東亞史研究(滿洲篇)』, 東洋文庫, 1955).

제5장

玄菟郡의 변천과 對고구려·부여 관계
-제2현도군과 제3현도군에 대한 검토를 중심으로-

이승호

(동국대학교 문화학술원 HK+사업단 HK교수)

I. 머리말

기원전 108년 衛滿朝鮮을 무너뜨린 漢은 그 땅에 樂浪 · 眞番 · 臨屯 3郡을 설치하고, 다시 이듬해인 기원전 107년에는 玄菟郡을 설치하였다. 이른바 漢四郡이 그것이다. 이 가운데 樂浪郡은 조선의 중심부였던 오늘날 평양시 일대에, 眞番郡과 臨屯郡은 이전 위만조선에 복속되었던 眞番 및 臨屯의 고지에 설치된 것으로 이해된다. 반면, 현도군의 경우는 위만조선 고지를 직접적인 대상으로 하였다기보다 옛 위만조선 주변에 散居하던 濊族 사회를 대상으로 설치된 군현으로,[1] 그 설치 과정도 토착 집단과의 타협에 의해 설치되었던 것으로 이해된다.[2] 즉 현도군은 설치 시점이나 배경 면에서 다른 3군과 중요한 차이가 있다고 볼 수 있다.[3]

그런데 이때 설치된 현도군 郡治의 위치나 관할 대상에 대해서는 연구자마다 의견이 분분한 상황이다. 관련 논의가 상당히 복잡하게 전개되고 있지만, 크게는 현도군을 압록강 중류 유역의 고구려를 주된 관할 대상으로 하여 설치된 군현으로 보는 견해와 옥저 지역에 郡治를 두고 압록강 중류 유역으로부터 동해안 일대까지 이어지는 교통로를 관장하였다고 보는 견해가 맞서고 있다고 볼 수 있다.[4] 뿐만 아니라 잘 알려져 있듯이 현도군은 "夷貊所侵"으로 상징되는

---

1) 김미경, 「高句麗 前期의 對外關係 硏究」, 연세대학교 박사학위논문, 2007, 19쪽 ; 박준형, 『고조선사의 전개』, 서경문화사, 2014, 230쪽.

2) 김기흥, 「고구려의 성장과 대외무역」, 『韓國史論』 16, 1987, 18~20쪽 ; 오영찬, 『낙랑군연구』, 사계절, 2006, 67~68쪽 ; 이승호, 「漢의 沃沮 지배와 토착 지배층의 동향」, 『동국사학』 57, 2014, 259~264쪽.

3) 물론 현도군 설치 시기가 다른 3군과 1년의 시차가 있다는 이유만으로 현도군 설치 영역이 옛 위만조선의 영역과 구분된다고 볼 수 없다는 지적도 새길 필요가 있다(박대재, 「위만조선의 영역구조와 漢郡縣의 개편」, 『고조선단군학』 46, 2021, 130쪽).

4) 각각의 학설과 관련 쟁점은 본서에 실린 조원진, 「제1현도군의 위치와 고구려」의 정리를 참조 바람.

토착 집단과의 충돌 및 漢의 대내외적 정세 변화 속에서 처음 두어진 곳으로부터 여러 번 그 위치를 옮기게 된다. 이에 학계에서는 처음 설치된 현도군을 소위 '제1현도군'이라 부르는 한편, 그 이후로 군의 이동에 따라 '제2현도군', '제3현도군'으로 구분하고 있다.

이 글은 "夷貊所侵" 이후 고구려 서북쪽 蘇子河 방면으로 옮겨 갔다는 이른바 '제2현도군'과 그 뒤 다시 渾河 방면으로 옮겨 설치된 '제3현도군'에 대한 검토를 목적으로 준비되었다. 잘 알려져 있듯이 제2-제3현도군의 변천 과정은 고구려·부여의 역사 전개와도 밀접한 관계가 있다. 따라서 여기서는 현도군의 변천 과정과 함께 그와 같은 정세 변화 속에서 현도군과 고구려·부여의 관계는 어떻게 전개되었는지 살펴볼 것이다. 이미 고구려와 현도군의 관계에 대해서는 "幘溝漊"에 대한 분석을 중심으로 다양한 연구가 진행된 바 있지만,[5] 부여와 현도군의 관계를 분석한 연구는 상대적으로 미진하였다고 판단된다. 121년에 고구려군이 현도군을 포위하자 부여가 병력을 파견하여 현도군을 구원하였던 사건[6]에서 보듯 고구려·부여와 현도군의 관계는 각각 개별적으로 파악하기보다는 아울러 검토할 필요가 있다고 본다. 이에 여기서는 부여와 고구려 양자의 역학 관계에까지 시선을 두고, 현도군의 對고구려·부여 관계를 살펴볼 생각이다.[7]

---

5) 幘溝漊는 초기 고구려와 현도군의 관계를 해명하는 데에 있어 핵심이 되는 주제로 인정되어 그간 많은 연구자의 주목을 받아 왔다. 이에 따라 幘溝漊 설치가 太祖王代에 계루부 왕권 아래 고구려의 대외교섭 창구가 一元化되었던 사정을 반영한다고 보는 견해가 제기된 이후로(노태돈, 「삼국시대의 部에 관한 연구」, 『한국사론』 2, 1975, 12~13쪽), 기원전 75년 무렵 '夷貊所侵'으로 고구려와 현도군의 관계가 변화하면서 나타난 것으로 보는 의견(윤용구, 「高句麗의 흥기와 幘溝漊」, 『고구려의 역사와 대외관계』, 서경, 2006, 19쪽 ; 이성제, 「玄菟郡의 改編과 高句麗」, 『한국고대사연구』 64, 2011, 300쪽) 등 그 이해를 둘러싸고 다양한 견해가 제시되고 있다. 자세한 논의는 III장에서 서술함.

6) IV장의 사료 (바)-③-ⓒ 및 사료 (아)-① · ②.

7) 본서는 '漢四郡'에 대한 집중 검토를 목적으로 기획되었다. 이에 이 글의 논의도 前

II. 第2玄菟郡의 설치 과정과 그 위치

먼저 제2현도군이 성립하는 과정을 검토해보도록 하자. 이미 많이 검토되어 온 기사들이지만, 본 특집의 기획 취지에 맞추어 관련 사료를 나열하면 아래와 같다. 이들은 처음 설치된 현도군[제1현도군]이 폐기되고 고구려 서북 방면으로 이동하게 되는 과정을 잘 보여주고 있다.

> 사료 (가)-①
> 始元 5년(B.C.82) 여름 6월, 儋耳郡과 眞番郡을 파하였다.[8] (『漢書』 권7, 始元 5년 조)
>
> 사료 (가)-②
> [元鳳] 6년(B.C.75) 봄 正月, 郡國의 무리를 모아 遼東城과 玄菟城을 쌓았다.[9] (『漢書』 권7, 元鳳 6년 조)
>
> 사료 (가)-③
> [元鳳] 6년(B.C.75) 正月에 遼東城과 玄菟城을 쌓았다.[10] (『漢書』 권26, 天文志 6)
>
> 사료 (가)-④
> 昭帝 始元 5년에 이르러 臨屯과 眞番을 파하고 樂浪과 玄菟에 병합하였다. 현도는 뒤에 句麗로 옮기니, 單單大領 동쪽으로부터 沃沮와 濊貊이 모두 낙랑에

· 後漢代의 현도군에 초점을 맞추고자 한다. 즉, 제2현도군이 설치되는 기원전 75년 무렵부터 公孫氏 정권 하에 제3현도군이 운영되던 3세기 전반까지를 대상 시기로 한다. 물론 현도군은 公孫氏 정권이 붕괴한 이후로도 西晉과 慕容鮮卑 등에 의해 존속 · 운영되었다. 이에 대해서는 후고를 통해 검토할 계획이다.

8) 『漢書』 권7, 始元 5년 조. "始元五年 夏六月 罷儋耳 · 眞番郡"
9) 『漢書』 권7, 元鳳 6년 조. "六年春正月 募郡國徒築遼東 · 玄菟城"
10) 『漢書』 권26, 天文志6. "其六年正月 築遼東 · 玄菟城"

속했다.[11] (『後漢書』권85, 東夷列傳, 濊 條)

사료 (가)-⑤
漢 武帝가 元封 2년에 朝鮮을 정벌하여 滿의 손자인 右渠를 죽이고, 그 땅을
나누어 四郡으로 삼았는데, [이때] 沃沮城으로 玄菟郡을 삼았다. 뒤에 夷貊에
게 침략을 받아 郡을 句麗의 서북쪽으로 옮기니, 지금 소위 玄菟故府라 일컫는
것이 이것이다. 옥저는 다시 낙랑에 속하게 하였다.[12] (『三國志』권30, 東夷傳,
東沃沮 條)

위의 사료를 아울러 제2현도군이 설치되는 과정을 정리해보면, 사료 (가)-①
및 (가)-④에서 보듯이 始元 5년(B.C.82) 漢의 대외정책 기조가 변화하면서 한반
도에 설치된 臨屯郡과 眞番郡이 폐기되었고, 그 뒤로 사료 (가)-④ 및 (가)-⑤에
서 전하듯 夷貊의 침략을 받은 현도군이 고구려의 서북 방면으로 옮겨 갔다. 이
때 현도군의 移置 시점은 사료 (가)-②와 (가)-③에 보이는 遼東城 · 玄菟城 축
조 기사를 주목하면 元鳳 6년(B.C.75) 무렵이었을 것으로 이해된다. 그리고 앞서
언급하였듯이 처음 현도군[제1현도군]의 郡治가 두어진 곳에 대해서는 연구자마
다 의견이 분분한 상황이지만,[13] 夷貊의 침략을 계기로 고구려 서북쪽에 다시
설치하였다는 현도군[제2현도군] 위치에 대해서는 遼寧省 新賓縣 二道河子村에
위치한 永陵鎭古城으로 보는 데에 이견이 없다.

더구나 근래 해당 유적에 대한 발굴보고서가 간행되면서 고고학적 근거도
더해졌다.[14] 보고서에 따르면 永陵鎭古城은 南城과 北城으로 이루어져 있는

---

11) 『後漢書』권85, 東夷列傳, 濊 條. "至昭帝始元五年 罷臨屯眞番 以幷樂浪玄菟 玄菟
    後徒居句驪 自單單大領已東 沃沮濊貊悉屬樂浪"
12) 『三國志』권30, 東夷傳, 東沃沮 條. "漢武帝元封二年 伐朝鮮 殺滿孫右渠 分其地
    爲四郡 以沃沮城爲玄菟郡 後爲夷貊所侵 徒郡句麗西北 今所謂玄菟故府是也 沃
    沮還屬樂浪"
13) 여기에 대해서는 본서에 실린 조원진, 「제1현도군의 위치와 고구려」의 정리를 참조
    바람.
14) 遼寧省文物考古研究所, 『永陵南城址發掘報告』上 · 下, 文物出版社, 2017.

데, 큰 성곽인 南城은 郡의 치소로, 작은 성곽인 北城은 高句驪縣의 치소로 비정된다. 특히 北城에서는 "□□駬□丞"이라고 판독되는 封泥 잔편이 발견되었는데,[15] 이는 "高句驪丞"의 네 글자가 새겨졌던 것으로 추정되고 있어 이곳이 高句驪縣의 치소였음을 방증하고 있다(도판 1 참조).

또한 조사 결과 北城의 성벽은 3차례에 걸쳐 축조되었던 것으로 파악되고, 성 내부 유적은 총 5개 문화층으로 구분된다고 한다.[16] 그중 제2현도군 성립 과정과 맞물려 있는 문화층은 제2기 문화층으로, 보고자는 출토 유물에 대한 분석을 통해 이를 前漢[西漢] 시기 문화층으로 비정하고 있다. 특히 제2기 문화층에서 발견된 雲紋

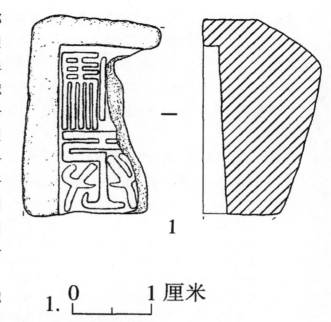

1. 0 ___ 1 厘米

도판 1 『永陵南城址發掘報告』上, 451쪽

---

15) 해당 봉니는 제5기 문화층에서 발견되었는데, 이는 교란에 의해 제5기 문화층에 들어간 漢代 유물로 이해된다(여호규, 「高句麗와 漢의 接境空間 변화에 따른 住民集團의 잡거」, 『역사문화연구』 74, 2020, 18쪽).

16) 보고자는 총 5개 문화층의 제1기를 청동기 문화층, 제2기를 前漢[西漢] 시기, 제3기를 後漢[東漢]~三國 以前, 제4기의 전기는 公孫氏 政權 시기, 후기는 高句麗·前燕 시기, 제5기를 遼金代 문화층으로 파악하고 있다(遼寧省文物考古研究所, 『永陵南城址發掘報告』上, 文物出版社, 2017, 512~515쪽).

半瓦當은 前漢 중기 이전 시기 건축물에 사용되었을 것으로 파악되어,[17] 곧 제1현도군 시기 高句驪縣과 관련된 유물로 간주할 수 있다. 그리고 이러한 고고학적 분석을 근거로 보고자는 永陵鎭古城의 초축은 漢四郡 설치와 맞물려 이루어졌고, 이후 元鳳 6년(B.C.75)에 제2현도군이 성립하면서 2차 修築이, 그리고 遼東에 公孫氏 정권이 들어서면서 3차 수축이 이루어진 것으로 파악하고 있다.[18]

그렇다면 이곳 永陵鎭古城에 郡治를 두었던 제2현도군 시기 군현의 상황은 어떠하였을까. 이에 대해서는 아래의 사료 (나)를 주목할 수 있다.

사료 (나)
玄菟郡. 武帝 元封 4년에 열었다. ① 高句驪. [王]莽이 下句驪라 [고쳐] 불렀다. 幽州에 속하였다. ② 戶는 45,006, 口는 221,845이다. ○縣은 3개이다. 高句驪[縣]. 遼山에서 遼水가 나와 서남쪽으로 흘러 遼隊에 이르러 大遼水로 들어간다. 또 南蘇水가 있어, 서북쪽을 지나 塞外로 나간다. 上殷台. [왕]망이 下殷으로 [고쳐] 불렀다. 西蓋馬. ③ 馬訾水가 서북쪽으로 흘러 鹽難水로 들어가고, 서남쪽으로 흘러 西安平에 이르러 바다로 들어가니, 두 郡을 지나 2,100里를 흐른다. ④ [왕]망이 玄菟亭이라 [고쳐] 불렀다.[19] (『漢書』 권28, 地理志 8下)

연구에 따르면 위의 『漢書』 地理志 郡國별 호구 정보는 元始 2년(A.D.2)의 상황을, 군국 소속 縣의 목록은 元延·綏和 연간(B.C.9~8)의 상황을 반영한 것이라 한다.[20] 즉 위의 정보는 제2현도군 시기의 상황을 전한다고 볼 수 있다. 위의 기

---

17) 遼寧省文物考古硏究所, 『永陵南城址發掘報告』 上, 文物出版社, 2017, 513쪽.

18) 遼寧省文物考古硏究所, 『永陵南城址發掘報告』 上, 文物出版社, 2017, 515~516쪽.

19) 『漢書』 권28, 地理志 8下. "玄菟郡 武帝元封四年開 高句驪 莽曰下句驪 屬幽州 戶四萬五千六 口二十二萬一千八百四十五 ○縣三 高句驪 遼山遼水所出 西南至遼隊入大遼水 又有南蘇水 西北經塞外 上殷台 莽曰下殷 西蓋馬 馬訾水西北入鹽難水 西南至西安平入海 過郡二 行二千一百里 莽曰玄菟亭"

20) 肥後政紀, 「『漢書』地理支記載の戶口統計の年代について」, 『明大アジア史論集』 3, 1998, 47~49쪽.

록에서 보듯 제2현도군 당시 속현은 高句驪縣, 上殷台縣, 西蓋馬縣이 있었고, 首縣은 高句驪縣이었다.

각 속현의 구체적인 위치를 살펴보면, 먼저 高句驪縣은 전술하였듯 蘇子河 상류의 新賓縣 永陵鎭古城[北城]으로 비정된다. 다만, 이곳에 두어진 高句驪縣이 제1현도군 당시에도 현도군의 屬縣으로 존재하였을지에 대해서는 좀 더 고민해볼 필요가 있는데, 제1현도군 시기까지 고구려 사회가 현도군 관할 대상이 아니었다가 제2현도군 시기에 와서 고구려를 관리 대상으로 두었다고 보는 것도 부자연스럽다.[21] 아울러 永陵鎭古城의 초축이 漢四郡 설치와 맞물려 이루어졌다는 발굴보고서의 의견을 고려하면,[22] 『三國志』 및 『後漢書』 기록에 전하는 대로 제1현도군 당시 郡治가 옥저 지역에 두어졌다고 보더라도 永陵鎭古城의 高句驪縣 또한 현도군의 屬縣으로 운영되었다고 보아야 하지 않을까 한다.[23]

다음으로 西蓋馬縣은 사료 (나)-③ "馬訾水가 서북쪽으로 흘러 鹽難水로 들어가고, 서남쪽으로 흘러 西安平에 이르러 바다로 들어가니, 두 郡을 지나 2,100里를 흐른다"는 구절을 통해 대략의 위치를 추정할 수 있다. 현재 馬訾水는 禿魯江[將子江]으로 鹽難水는 압록강으로 비정되므로 西蓋馬縣 또한 이 일대에서 찾아야 한다. 이에 따라 西蓋馬縣의 위치를 江界 지역에 비정하거나,[24] 禿魯江과 압록강이 합쳐지는 渭源에서 楚山으로 나가는 일대로 보는 견해,[25]

---

21) 이종록, 「高句麗와 玄菟郡의 관계와 幘溝漊 설치 배경 검토」, 『선사와 고대』 55, 2018, 411쪽.

22) 遼寧省文物考古研究所, 『永陵南城址發掘報告』 上, 文物出版社, 2017, 515쪽.

23) 제1현도군 시기 高句驪縣 위치를 永陵鎭古城으로 보는 견해는 이미 遼寧省文物考古研究所의 발굴보고서 출간 이전부터 이성제, 「玄菟郡의 改編과 高句麗」, 『한국고대사연구』 64, 2011, 291쪽을 통해서 구체적인 논의가 이루어진 바 있다.

24) 和田淸, 「玄菟郡考」, 『東方學』 1, 1951, 6쪽.

25) 윤용구, 「현도군의 군현 지배와 고구려」, 『요동군과 현도군 연구』, 동북아역사재단, 2008, 122~123쪽.

王莽 시대[新代]에 玄菟停으로 불렸다는 대목에 주목하여 遼東郡으로부터의 입경 지대에 위치한 新賓 부근에 비정하는 견해[26] 등이 제기되었다. 뚜렷한 고고학적 근거가 없는 상황에서 확단하기는 어렵지만, "西蓋馬"라는 명칭에 무게를 두자면 新賓 보다는 楚山-渭源-江界 일대에서 찾는 것이 타당하다 생각되며, 제2현도군 설치 시점에 玄菟郡이 江界 지역에 대한 지배력을 관철하기는 어려웠을 것이라는 점을 고려하면 西蓋馬縣의 위치는 楚山-渭源 일대로 비정할 수 있지 않을까 한다.

끝으로 上殷台縣은 현재로서 通化縣에 위치한 赤柏松古城으로 비정하는 견해가 유력하다.[27] 赤柏松古城의 경우 출토 유물에 대한 분석을 통해 전한 중·후기[제1기 문화층]로부터 후한 초[제2기 문화층]에 걸쳐 사용되었음이 확인되었다.[28] 특히 後漢 初의 것으로 보이는 제2기 문화층에서는 미완성 상태로 폐기된 유구가 다수 확인되었는데, 이에 대해 後漢의 유화책을 틈타 고구려가 이곳을 점령하면서 공사가 중단·폐기된 흔적으로 보는 의견이 주목된다.[29] 그리고 高句驪縣·上殷台縣·西蓋馬縣의 위치를 이와 같이 비정할 수 있다면, 당시 현도군의 3현은 고구려 발흥지의 중심부인 桓仁·集安 일대를 외곽에서부터 감싸는 형국으로 포진함으로써[30] 그 배후에 위치한 遼東郡의 지원 아래 고구려의

---

26) 田中俊明, 「高句麗の興起と玄菟郡」, 『朝鮮文化研究』 1, 1994, 36쪽 ; 이성제, 「玄菟郡의 改編과 高句麗」, 『한국고대사연구』 64, 2011, 303쪽 각주 36번. 田中俊明은 新賓 木奇土城으로 추정하였고, 이성제는 新賓 지역이 가장 가능성이 높다고 보았다.

27) 노태돈, 「고구려의 기원과 국내천도」, 『한반도와 중국 동북 3성의 역사 문화』, 서울대학교 출판부, 1999, 324쪽.

28) 王義學, 「赤柏松古城考古發現及其相關問題研究」, 吉林大學 碩士學位論文, 2008, 22쪽 및 33쪽.

29) 여호규, 「高句麗와 漢의 接境空間 변화에 따른 住民集團의 잡거」, 『역사문화연구』 74, 2020, 27쪽.

30) 윤용구, 「현도군의 군현 지배와 고구려」, 『요동군과 현도군 연구』, 동북아역사재단, 2008, 122~123쪽 ; 여호규, 「高句麗와 漢의 接境空間 변화에 따른 住民集團의 잡

성장으로 촉발된 사태가 요동 방면으로 확대되는 것을 차단하고[31] 고구려 내의 세력 분산[32]을 기도하였다고 볼 수 있다.

한편, 사료 (나)에서 전하듯 기원 전후 무렵 속현이 3개뿐이었던 제2현도군의 호구가 45,006戶, 221,845口에 달한다는 것은 지나치게 많다고 보아, 기록의 호구수는 제1현도군 시기의 상황을, 속현은 제2현도군 시기의 상황을 반영하는 것으로 보는 의견도 제기된 바 있다.[33] 그러나 선행 연구에서 이미 지적한 대로 『漢書』 地理志에 기재된 현과 호구수 관련 정보가 각각 반영하는 시기에 큰 차이가 있다고 보는 것은 추측일 뿐이며 같은 기록 안에서 동일 사례가 있는 것도 아니므로,[34] 위의 기록은 모두 기원 전후 시기 제2현도군의 상황을 전하는 정보로 이해하고 접근할 필요가 있다.

그렇다면 제2현도군 시기 속현 수에 비해 이처럼 많은 수의 호구가 기재될 수 있었던 이유는 무엇일까. 이에 대하여 기록에 보이는 현도군 관할 호구수를 긍정하는 가운데 고구려를 제압해야 하는 郡의 특수성이 반영되었다는 견해[35]가 제기된 이후로 사료 (나)-①이라는 독특한 주기에 주목하여 현도군 영역 바깥의 고구려 세력까지 포함한 인구수로 보거나,[36] 당시 고구려족이 塞內와 塞外에 모두 거주하는 상황에서 縣城 내외의 고구려인이 포함된 숫자로 이해하기도 한다.[37] 또 근래에는 대군왕을 중심으로 하는 지배구조를 유지하면서 군

거」, 『역사문화연구』 74, 2020, 20쪽.

31) 이성제, 「玄菟郡의 改編과 高句麗」, 『한국고대사연구』 64, 2011, 303쪽.

32) 이준성, 「고구려의 형성과 정치체제 변동」, 연세대학교 박사학위논문, 2019, 72쪽.

33) 이병도, 「玄菟郡考」, 『韓國古代史研究』, 博英社, 1976, 178쪽.

34) 윤용구, 「高句麗의 흥기와 幘溝漊」, 『고구려의 역사와 대외관계』, 서경, 2006, 12쪽.

35) 이성제, 「玄菟郡의 改編과 高句麗」, 『한국고대사연구』 64, 2011, 303~304쪽.

36) 윤선태, 「한사군의 역사지리적 변천과 '낙라군 초원 4년 현별 호구'」, 『낙랑군 호구부 연구』, 동북아역사재단, 2010, 261~262쪽. 다만, 여기서 윤선태는 기록의 현도군 호구수를 기원후 2년의 통계가 아닌 제1현도군 시기의 것으로 보고 있다.

37) 윤용구, 「현도군의 군현 지배와 고구려」, 『요동군과 현도군 연구』, 동북아역사재단,

현의 통치력을 관철시켰던 현도군의 특수한 토착 사회 관할 방식에 주목하거나,[38] 역시 사료 (나)-①을 중시하여 기재된 호구 숫자에는 현도군 관할 지역 바깥에 위치한 환인·집안 일대의 고구려 사회 주민 수까지 포함된 것으로 이해하기도 하였다.[39]

일단 45,006戶에 221,845口에 달하는 인구가 모두 高句驪縣·上殷台縣·西蓋馬縣 관할 지역 내에 거주하였다고 본다면, 1개 현당 평균 인구는 73,000명을 상회하는 것이 된다. 이는 같은 시기 樂浪郡이나 遼東郡의 현당 평균 인구수와 비교해 보아도 받아들이기 어려운 숫자이다.[40] 결국 위의 현도군 호구수는 3개 속현의 관할 지역 내에 거주하는 주민집단과 함께 고구려 사회의 주민집단까지 포함시키지 않고는 이해하기 어려운 수치라 할 수 있다. 그렇다면 제2현도군 시기 호구수 문제에 접근하기 위해서는 해당 시기 고구려와 현도군의 관계에 대한 이해가 관건이 된다.

2008, 119~124쪽.

38) 장병진, 「고구려의 성립과 전기 지배체제 연구」, 연세대학교 박사학위논문, 2019, 22쪽 및 34~35쪽.

39) 이종록, 「高句麗와 玄菟郡의 관계와 幘溝漊 설치 배경 검토」, 『선사와 고대』 55, 2018, 421쪽. 여기서는 사료 (나)-①의 "高句驪, 莽曰下句驪" 구절이 명목상 현도군에 소속된 고구려 사회를 의미한다고 보고 제2현도군의 호구수 또한 그러한 고구려 사회 호구수가 포함된 것으로 보았다.

40) 같은 『漢書』 地理志에 의하면 樂浪郡의 경우 25개 현에 인구는 406,748명으로 1개 현당 평균 16,000명이며, 遼東郡은 18개 현에 272,539명으로 1개 현당 평균 14,000명의 인구 분포를 보이고 있다. 『漢書』 地理志에서 1개 현의 인구가 평균 7만 명 이상인 경우는 대규모 인구가 밀집한 중원 지역만 해당되며, 이외에는 대체로 15,000명에서 20,000명의 인구를 보유함이 일반적이다. 낙랑군 치소가 위치한 朝鮮縣의 경우 6만에 가까운 인구수를 보이지만, 본래 고조선의 중심지였다는 점을 고려하면 충분히 납득할 수 있으며, 낙랑군의 나머지 속현들은 대부분 인구수가 2만을 넘지 않는다(이종록, 「高句麗와 玄菟郡의 관계와 幘溝漊 설치 배경 검토」, 『선사와 고대』 55, 2018, 420쪽).

III. 第2玄菟郡-고구려 관계와 幘溝漊

제2현도군 시기 고구려와 현도군의 관계에 대해서는 아래의 사료가 많은 주목을 받아 왔다.

> 사료 (다)
> ① 漢時에 鼓·吹·技人을 하사하였으며, 항상 玄菟郡으로 나아가 朝服과 衣幘을 받았는데, 高句麗令이 그 名籍을 주관하였다. ② 이후 차츰 驕恣해져 다시는 郡에 오지 않았다. ③ [현도군의] 동쪽 경계에 小城을 쌓고 朝服과 衣幘을 그곳에 두니, 해마다 [그 성에] 와서 그것을 취하였다. 지금 胡猶는 이 성을 이름 하여 幘溝漊라 하였다. 溝漊는 句麗에서 城을 말한다.[41] (『三國志』 권30, 東夷傳, 東沃沮 條)

사료 (다)-③에서 보듯 "幘溝漊"는 고구려와 맞닿는 현도군의 동쪽 경계[42]에 쌓았다는 것으로 보아 제2현도군 시기에 출현한 것임을 알 수 있다. 그리고 그보다 앞선 사료 (다)-①의 시기, 즉 고구려가 驕恣해지기 이전 "漢時"의 고구려와 현도군 관계는 상당히 원만했음을 전하고 있다. 따라서 사료 (다)-①의 "漢時"를 "夷貊所侵"이 발생하기 이전, 즉 제1현도군 시기였을 것으로 보기도 한다.[43] 그러나 이미 지적된 대로 사료 (다)의 전체 맥락으로 볼 때 사료 (다)-① 또

---

41) 『三國志』 권30, 東夷傳, 高句麗 條. "漢時賜鼓吹技人 常從玄菟郡受朝服衣幘 高句麗令主其名籍 後稍驕恣 不復詣郡 於東界築小城 置朝服衣幘其中 歲時來取之 今胡猶名此城爲幘溝漊 溝漊者 句麗名城也"

42) 기록의 玄菟郡 "東界"는 蘇子河-富爾江의 분수령 지대였을 것으로 추정되며, 책구루 유적과 관련하여서는 白旗堡古城이 주목된다(여호규, 「高句麗와 漢의 接境空間 변화에 따른 住民集團의 잡거」, 『역사문화연구』 74, 2020, 28쪽).

43) 박경철, 「'高句麗社會'의 發展과 政治的 統合 努力」, 『한국고대사연구』 14, 1998, 300~301쪽. 한편, 사료 (다)-③의 책구루 설치 시점을 기원전 75년 전후로 보는 견해를 따르면, 자연 그 앞의 사료 (다)-① · ② 기사는 제1현도군 시기의 사실로 볼 수 있게 된다(이성제, 「玄菟郡의 改編과 高句麗」, 『한국고대사연구』 64, 2011, 300쪽).

한 제2현도군 시기의 일로 이해함이 타당하다.[44] 즉 제2현도군 성립 이후로도 한동안 고구려와 현도군은 원만한 교류를 이어나갔다고 볼 수 있다.

그런데 이처럼 제2현도군 성립 이후로도 고구려와 현도군의 우호가 지속되었다면, 앞서 제1현도군 철폐 및 제2현도군 성립의 직접적인 계기가 되었던 사건이라 할 수 있는 "夷貊所侵"에 대한 기왕의 이해에 의문이 들기도 한다. 즉 지금까지 학계에서는 대체로 "夷貊所侵"의 "夷貊"을 고구려로 간주해 왔는데,[45] 만약 기원전 75년 무렵 현도군의 철폐와 이치가 고구려의 공격 때문이었다면 제2현도군 성립 이후로 양자의 관계는 대립하는 양상으로 전개되었어야 자연스럽지 않을까. 또 현도군을 공격한 주체가 고구려였다면 당시 분명 '고구려'라고 불리었던 정치체가 엄존했는데 왜 이를 다소 애매한 '夷貊'이라는 표현으로 기록했던 것일까. 이런 점에서 제1현도군을 공격했던 '夷貊'을 고구려로 특정하는 데에는 주저되는 점이 있다.

잘 알려져 있듯 당시 '貊'이라고 불리었던 세력 중에는 환인·집안 지역을 중심으로 포진하였던 고구려 사회 이외에도 小水貊·梁貊 등 여러 집단이 존재하였다. 따라서 현도군의 첫 번째 이치를 불러왔던 "夷貊所侵"의 '夷貊'을 반드시 고구려만으로 특정하기보다는 현도군 관할 지역 사회에서 그 지배에 저항하였

그러나 후술하듯이 사료 (다)-③의 책구루 설치는 적어도 A.D.2년 이후의 일로 이해된다.

44) 여호규, 「高句麗의 國家形成과 漢의 對外政策」, 『군사』 54, 2005, 16쪽 ; 이준성, 「고구려의 형성과 정치체제 변동」, 연세대학교 박사학위논문, 2019, 75쪽. 항상 현도군에 오던 고구려인이 驕恣해져 郡에 오지 않자 책구루를 쌓게 되었다는 기록의 맥락으로 볼 때, 사료 (다)-①·②·③ 모두 고구려에 대한 현도군의 東界가 형성된 시기, 즉 제2현도군 시기에 대한 서술로 이해된다.

45) 池內宏, 「高句麗の建國傳說と史上の事實」, 『滿鮮史硏究』 上世 第1冊, 吉川弘文館, 1951, 103~106쪽 ; 田中俊明, 「高句麗の興起と玄菟郡」, 『朝鮮文化硏究』 1, 1994, 32~33쪽 ; 노태돈, 「고구려의 기원과 국내성 천도」, 『한반도와 중국 동북 3성의 역사와 문화』, 서울대학교 출판부, 1999, 331쪽 ; 여호규, 『고구려 초기 정치사 연구』, 신서원, 2014, 76쪽.

던 여러 토착 집단에 대한 표현으로 보다 넓은 시선에서 이해할 필요가 있을 듯하다. 이렇게 볼 수 있다면 제2현도군 설치 이후로도 큰 갈등 없이 우호를 지속하였던 고구려와 현도군의 관계가 꼭 부자연스러운 것도 아닐 것이다.

그렇다면 이러한 정황 속에서 앞서 사료 (나)를 중심으로 제기된 현도군 호구수 문제에도 접근할 수 있지 않을까 한다. 전술한 대로 『漢書』 地理志에 기재된 호구 정보가 元始 2년(A.D.2)의 상황을 반영하는 것이고, 여기에는 현도군 관할 지역 주민과 아울러 고구려 사회 인구까지 반영되었다고 본다면, 현도군이 그처럼 고구려로부터 상세한 호구 정보를 확보할 수 있는 시기는 양자 간에 교류가 활발하였던 사료 (다)-①의 "漢時"일 가능성이 크다. 즉 적어도 기원후 1세기 초까지는 고구려와 현도군의 긴밀한 교류 속에 고구려 사회 인구 정보가 현도군에 전달되었던 것으로, 이것은 사료 (다)-①에서 말하는 高句麗令이 주관하였다는 名籍과도 밀접한 관계가 있을 것으로 추정된다.

이와 관련하여 고구려와 현도군의 관계가 漢의 邊郡 지역에서 시행된 屬國 제도와 유사함을 지적한 연구도 주목된다. 즉 漢은 토착 집단의 수장이 유지해 온 고유 권한을 인정하면서 호구와 지도 등을 보고받아 담당 군현에서 관리하고 세금을 부과하였으며 이러한 관계는 양자 간의 '約'으로써 유지되었는데,[46] 고구려와 현도군의 관계가 이와 유사한 형태라는 것이다.[47] 이와 함께 사료 (다)-①의 高句麗令이 주관하였다는 名籍도 고구려의 호구 현황을 기재한 호적으로 보는 견해도 제기된 바 있다.[48] 물론 사료 (다)의 "名籍"은 학계 다수의 견해처럼 제2현도군에 조복과 의책을 받으러 왔던 고구려 사회 내 지배층 집단의 명단과 관련된 것으로 이해함이 문맥 상 자연스럽지만, 이러한 교류 과정 속에서

---

46) 小林聰, 「漢時代における中國周邊民族の內屬について」, 『東方學』 82, 1991, 34~38쪽.

47) 장병진, 「고구려의 성립과 전기 지배체제 연구」, 연세대학교 박사학위논문, 2019, 56~57쪽.

48) 小林聰, 「漢時代における中國周邊民族の內屬について」, 『東方學』 82, 1991, 35쪽.

고구려 사회의 호구 정보가 高句麗令에게 전달되었을 가능성은 크다고 생각한다.[49]

우선 당시 朝服과 衣幘을 받기 위해 현도군과 접촉했던 인물들은 대개 고구려 사회의 최상위 지배층, 즉 사료 상에 大加·小加로 나타나는 자치적 정치 기반을 거느렸던 加 집단으로 보는 것이 자연스럽다. 그렇다면 당시 漢이 外夷 집단 수장의 토착 권력을 인정하면서도 그들로부터 호구와 지도 등을 보고받았다는 앞서의 논의를 고려할 때, 이때 현도군과 접촉하였던 加 세력은 자신이 관할하던 예하 주민집단 호구수의 대략을 형식적으로나마 현도군에 전달하였던 것이 아닌가 한다. 현도군은 자신들과 개별적으로 교섭을 청해 온 고구려 加 집단으로부터 그와 같은 인구 정보를 접수하고 이를 郡 관할 호구수에 더해 기재했던 것으로 추정된다. 즉 사료 (나)의 현도군 호구 정보가 元始 2년(A.D.2)의 상황을 반영하는 것이라면 이 시기는 사료 (다)-①의 "漢時"와 맞물릴 것으로 보이며, 이때까지 현도군은 고구려로부터 "朝服·衣幘"↔"名籍"의 교환으로 상징되는 교류 속에 고구려의 인구 정보를 거칠게나마 파악할 수 있었던 것이다. 현도군의 호구수가 과다하였던 것은 바로 이러한 이유 때문이라 생각된다.

그렇다면 朝服·衣幘↔名籍의 교환을 바탕으로 하였던 고구려와 현도군의 긴밀한 교류는 언제까지 지속되었을까. 사료 (다)-②에서처럼 어느 시점부터 驕恣해진 고구려가 더 이상 현도군에 오지 않았다는 것으로 보아, 이때를 기점으로 현도군과 고구려 加 집단 간에 개별적으로 이루어졌던 교류는 단절된 것으로 볼 수 있다. 이에 따라 현도군은 고구려 사회 내부 정보에 대해서도 이전과 같이 파악하기 어렵게 되었을 것이다. 사료 (다)-③의 책구루는 바로 이러한 배경 속에서 양자 간에 새로운 관계가 형성되었음을 보여준다. 다시 말하면 책구

---

49) 장병진, 「고구려의 성립과 전기 지배체제 연구」, 연세대학교 박사학위논문, 2019, 59쪽에서는 고구려왕이 예하 관원의 명단을 漢 군현에 알리고 그것을 바탕으로 조복과 의책의 사여가 이루어졌던 상황으로 보았다.

루가 설치된 시점에는 이미 고구려 사회의 내부 정보가 현도군에 전달되지 않았다고 볼 수 있다.

사실 그동안 책구루의 설치 시기에 대해서 기원전 75년 전후,[50] 琉璃王代,[51] 유리왕 말기~大武神王代,[52] 太祖王代[53] 등 다양한 시점이 거론되어 왔다.[54] 그러나 앞서 살펴본 대로 기원후 1세기 초까지 朝服·衣幘과 名籍의 교환을 바탕으로 교류를 이어나갔던 양자의 관계가 책구루가 설치될 무렵에는 단절되었음을 고려하면, 책구루가 설치되었다는 사료 (다)-③의 상황은 적어도 元始 2년(A.D.2) 이후의 일임을 알 수 있다. 왜냐하면 앞서 지적한 것처럼 적어도 元始 2년까지는 현도군이 고구려와의 긴밀한 교류를 통해 그 사회의 인구 정보를 거칠게나마 파악하고 있었던 것으로 이해되기 때문이다.

한편, 이러한 양자의 관계가 단절되면서 설치된 책구루는 제2현도군이 존속할 때까지 유지되었던 것으로 보인다. 그렇다면 元始 2년(A.D.2) 이후로 漢과 고구려 加 집단 간의 개별적인 교류가 단절되고 책구루가 설치되는 계기를 찾고자 할 때, 다음의 사건을 주목해볼 수 있다.

---

50) 윤용구, 「高句麗의 흥기와 幘溝漊」, 『고구려의 역사와 대외관계』, 서경, 2006, 15~19쪽 ; 이성제, 「玄菟郡의 改編과 高句麗」, 『한국고대사연구』 64, 2011, 313~314쪽.

51) 이종욱, 『한국의 초기국가』, 아르케, 1999, 315쪽.

52) 김미경, 「高句麗 前期의 對外關係 研究」, 연세대학교 박사학위논문, 2007, 83~84쪽 ; 김현숙, 「고구려의 종족기원과 국가형성과정」, 『大丘史學』 89, 2007, 22~25쪽.

53) 노태돈, 「삼국시대의 部에 관한 연구」, 『한국사론』 2, 1975, 13쪽 ; 『고구려사 연구』, 사계절, 1999, 118~121쪽 ; 김창석, 「고구려 초·중기 대중 교섭과 교역」, 『신라문화』 24, 2004, 13~15쪽 ; 여호규, 「고구려의 국가형성과 漢의 대외정책」, 『군사』 54, 2005, 25~34쪽.

54) 책구루의 설치 시점에 관한 여러 견해에 대해서는 이종록, 「高句麗와 玄菟郡의 관계와 幘溝漊 설치 배경 검토」, 『선사와 고대』 55, 2018, 422~424쪽 ; 이준성, 「고구려의 형성과 정치체제 변동」, 연세대학교 박사학위논문, 2019, 73~74쪽 ; 임기환, 「한 현도군의 퇴축과 고구려의 국가 형성」, 『고구려의 기원과 성립』, 동북아역사재단, 2020, 280~289쪽의 정리를 참조 바람.

사료 (라)-①

[始建國 4년, A.D.12] …(上略)… 이에 앞서 莽은 高句驪의 병사를 동원하여 흉노[胡] 정벌을 맡겼는데 [高句麗가] 가고자 하지 않았고, 郡이 이를 강요(强迫)하자 모두 도망하여 塞를 빠져나가니, 이로 인해 법을 어기며 도적이 되었다. 遼西大尹 田譚이 이를 추격하다가 살해당하니, 州郡이 高句驪侯 騊에게 허물을 돌렸다. 嚴尤가 아뢰어 말하길, "貉人이 법을 어기는 것은 騊의 蜂起를 따르는 것이 아닙니다. 바로 다른 마음이 있을 것이니, 마땅히 州郡으로 하여금 잠시 그들을 위무하여 평안케 해야 합니다. 지금 함부로 大罪를 덮어씌우면, 그들이 마침내 배반할까 염려되며, 夫餘의 족속들도 반드시 화합하는 자가 생길 것입니다. 匈奴를 아직 이기지 못했는데, 夫餘와 穢貉이 다시 일어나면, 이 것은 큰 우환입니다."라고 하였다. 莽이 위무하여 평안토록 하지 않으니, 穢貉이 마침내 배반하였다. 詔를 내려 尤에게 이를 치게 하니, 尤가 高句驪侯 騊를 유인해 오도록 하여 참하고 수급을 長安에 보냈다. 莽이 크게 기뻐하며 조서를 내려 말하길, " …(中略)… 그 이름을 고쳐 高句驪를 下句驪라 하고 天下에 포고하니, 모두가 알게 하라."고 하였다. 이에 貉人이 더욱 변경을 범하였으며, 東北과 西南의 夷가 모두 어지러워졌다(亂雲).[55] (『漢書』 권99, 王莽傳)

사료 (라)-②

31년(12) 漢 王莽이 我兵을 징발하여 흉노[胡]를 정벌하려고 하였다. 우리[나라] 사람들이 가려고 하지 않자 강제로 다그쳐서 보내니, 모두 도망하여 밖으로 나가버렸고, 그로 인하여 법을 어겨 도적이 되었다. 遼西[郡] 大尹 田譚이 이를 추격하다 죽임을 당하니, 州郡이 잘못을 우리에게 돌렸다. 嚴尤가 아뢰어 말하기를, "貊人이 법을 어겼으나, 마땅히 州郡으로 하여금 잠시 그들을 위무하여 평안케 해야 합니다. 지금 함부로 大罪를 덮어씌우면, 그들이 마침내 배반할까 염려되며, 夫餘의 족속들도 반드시 화합하는 자가 생길 것입니다. 匈奴를 아직 이기지 못했는데, 夫餘와 獩貊이 다시 일어나면, 이것은 큰 우환입니다."라고

---

55) 『漢書』 권99, 王莽傳. "先是 莽發高句驪兵 當伐胡 不欲行 郡強迫之 皆亡出塞 因犯法爲寇 遼西大尹田譚追擊之 爲所殺 州郡歸咎於高句驪侯騊 嚴尤奏言 貉人犯法 不從騊起 正有它心 宜令州郡且尉安之 今猥被以大罪 恐其遂畔 夫餘之屬必有和者 匈奴未克 夫餘·穢貉復起 此大憂也 莽不尉安 穢貉遂反 詔尤擊之 尤誘高句驪侯騊至而斬焉 傳首長安 莽大說 下書曰 …(中略)… 其更名高句驪爲下句驪 布告天下 令鹹知焉 於是貉人愈犯邊 東北與西南夷皆亂雲"

하였다. 王莽은 듣지 않고 [嚴]尤에게 詔를 내려 이를 공격하였다. [嚴]尤가 우리 장수 延丕를 유인하여 그 목을 베고 머리를 京師에 보냈다. [兩漢書 및 南北史에서 모두 이르기를 "句麗侯騶를 유인하여 목을 베었다."라고 하였다.] [王]莽이 이를 기뻐하며 우리 왕을 下句麗侯라 고쳐 이름하고, 천하에 포고하여 모두 알게 하였다. 이에 漢의 邊地를 구초함이 더욱 심해지게 되었다.56) (『三國史記』 권13, 琉璃王 31년 조)

사료 (라)-③
가을 8월에 왕이 烏伊와 摩離에게 명하여 병사 2만을 거느리고 서쪽으로 梁貊을 쳐서 그 나라를 멸하고, 병사를 나아가게 하여 漢 高句麗縣을 습격하여 취하였다. [縣은 玄菟郡에 속하였다.]57) (『三國史記』 권13, 琉璃王 33년 8월 조)

위의 사료 (라)-①에서 보듯 新 始建國 4년(A.D.12) 王莽은 고구려인을 징발하여 흉노 정벌에 참여시키고자 하였지만, 고구려병은 이를 따르지 않고 전선에서 이탈하였다. 그러자 遼西大尹 田譚이 그들을 추격하였는데, 田譚은 오히려 고구려병의 역공에 죽임을 당하고 말았다. 그러자 중국 동북방의 州郡이 그 잘못을 高句驪侯 騶라는 인물에게 돌렸고, 王莽은 嚴尤를 보내 고구려를 공격하게 하여 끝내 騶를 참하였다고 한다. 사료 (라)-② 또한 같은 사건을 고구려의 입장에서 서술하고 있는데, 嚴尤의 유인책에 걸려 죽임을 당한 인물이 騶가 아닌 고구려 장수 延丕라고 전한다. 이처럼 전하는 인명에 차이가 있지만 두 기록을 통해 당시 고구려와 新 사이에 군사적 충돌이 발생하였고, 기사 말미에 "貊

---

56) 『三國史記』 권13, 琉璃王 31년 조. "三十一年 漢王莽發我兵伐胡 吾人不欲行 强迫遣之 皆亡出塞 因犯法爲冠 遼西大尹田譚追擊之 爲所殺 州郡歸咎於我 嚴尤奏言 "貊人犯法 宜令州郡 且慰安之 今猥被以大罪 恐其遂叛 扶餘之屬 必有和者 匈奴未克 扶餘 · 獩貊復起 此大憂也 王莽不聽 詔尤擊之 尤誘我將延丕斬之 傳首京師 [兩漢書及南北史皆云 誘句麗侯騶 斬之] 莽悅之 更名吾王爲下句麗侯 布告天下 令咸知焉 於是 冠漢遼地愈甚"

57) 『三國史記』 권13, 琉璃王 33年 8월 조. "秋八月 王命烏伊 · 摩離 領兵二萬 西伐梁貊 滅其國 進兵襲取漢髙句麗縣[縣屬玄菟郡]"

人이 더욱 변경을 범하였으며"라는 구절로 보아 이후로도 양자의 충돌은 계속되었던 것으로 보인다.

기록 상에 王莽에 의해 징발되었다는 고구려인의 정체에 대해서는 玄菟郡 高句驪縣 관할 영역 내에 혹은 "塞" 내에 거주하던 고구려인들이었을 것으로 보는 견해와[58] 압록강 중류 유역의 고구려로부터 징발된 병력이었을 것으로 보는 견해가[59] 각각 제기되었다. 그런데 사료 (라)-①의 내용을 자세히 살피면, 징발된 고구려병이 흉노[胡]와의 전쟁에 참전을 거부하자 '郡[즉 제2현도군]'이 이들을 다그치며 강요[強迫]하였던 점에서, 이때 차출된 병력이 환인과 집안 지역을 중심으로 이미 독자적인 세력을 형성하고 있던 고구려인을 대상으로 하지는 않았을 것으로 보인다. 즉 당시 징발된 이들은 제2현도군의 관할 지역 안에 거주하며 郡의 직접적인 통제를 받았던 토착 고구려인으로 이해된다.

이러한 맥락에서 이어지는 기사를 읽게 되면, 이들이 징발로부터 이탈하여 塞를 벗어나 도적이 되자 "州郡이 高句驪侯 騶에게 허물을 돌렸다"는 서술은 마치 州郡이 책임 소재를 피하기 위해 그 잘못을 騶에게 뒤집어 씌운 것처럼 읽힌다. 이는 곧 고구려병의 이탈이 처음부터 군현 바깥에 존재하는 고구려 사회 지도자였던 騶의 주동으로 전개된 사건이 아님을 암시한다. 더구나 貉人이 법을 어긴 것은 騶의 蜂起를 따르는 것이 아니라 다른 사정이 있을 것이니 州郡이 잠시 그들을 위무하여 평안케 해야 한다고 주장하였던 嚴尤의 언급도 이들이 騶의 주동으로 움직였던 것이 아님을 말하고 있다. 즉 郡에서 징발된 고구려인이 전선에서 이탈하여 도적이 된 사건은 애초에 군현 바깥에 존재하던 고구려

58) 李丙燾, 『韓國古代史研究』, 博英社, 1976, 180~181쪽 ; 권오중, 「漢과 高句麗의 관계」, 『高句麗研究』 14, 2002, 248쪽 ; 윤용구, 「고구려의 흥기와 책구루」, 『고구려의 역사와 대외관계』, 서경, 2006, 13쪽 ; 이성제, 「玄菟郡의 改編과 高句麗」, 『한국고대사연구』 64, 2011, 305쪽.

59) 여호규, 「고구려 초기 對中戰爭의 전개과정과 그 성격」, 『동북아역사논총』 15, 2007, 23쪽.

사회와는 관계가 없던 사건이었다. 그러나 王莽은 嚴尤의 간언을 묵살하고 환인·집안 지역 고구려 사회의 지도자였던 騶에게 죄를 묻고자 하였다. 결국 王莽의 명을 받은 嚴尤는 騶[혹은 延丕]를 불러들였고, 이러한 新의 내부 사정을 알지 못했던 騶[혹은 延丕]는 큰 의심 없이 嚴尤의 진영으로 들어갔다가 살해당하였던 것이 아닌가 한다.

사료 (라)-① 말미에 "貊人이 더욱 변경을 범하였으며"라는 구절은 이 사건을 계기로 고구려가 제2현도군과의 관계를 단절하고 新에 대한 보복 공세를 전개하였음을 추측게 한다. 그렇다면 이와 관련하여 사료 (라)-③을 주목할 수 있다. 즉 앞의 사건이 있은 2년 뒤인 고구려 유리왕 33년(A.D.14)에 고구려가 梁貊을 멸한 뒤 '高句麗縣'을 습격하여 점령하였다는 것이다. 물론 이 기사의 사실성에 대하여 회의적인 의견도 있으나,[60] 騶 혹은 延丕가 살해당한 뒤 고구려의 침범이 더욱 심해졌다는 기사를 고려할 때, 이 공격은 실제 이루어졌을 가능성이 크다.[61] 뿐만 아니라 이 기사를 바탕으로 永陵鎭古城에 설치된 高句驪縣이 이때 고구려의 공격으로 점령되었고, 撫順市 勞動公園古城에 제3현도군이 설치되었다고 보는 견해도 있다.[62] 후술하듯이 제3현도군은 106년에 설치된 것으로 이해되지만, 사료 (라)-③에서 전하는 대로 고구려의 高句驪縣 공격은 실제 이루어졌을 가능성이 크며, 이때의 공격으로 高句驪縣을 잠시나마 점령하였을 가능성도 있겠다. 다만 그렇다고 하여도 高句驪縣이 제2현도군의 首縣임을 고려하면, 그 점유 기간이 그리 길지는 않았을 것으로 보인다.

어쨌든 이상의 충돌 과정을 거치면서 현도군과 고구려 加 집단 간의 교류도 단절되었던 것으로 볼 수 있다. 그렇다면 다시 현도군 측에서 책구루를 설치하며 고구려와의 관계 개선을 시도하였던 시기는 언제쯤이었을까. 잘 알려져 있듯이 王莽의 개혁 정치는 前漢 말기의 여러 모순과 사회 문제를 해결하지 못하고

---

60) 이병도, 『삼국사기』 상, 을유문화사, 1996, 304쪽.

61) 여호규, 『고구려 초기 정치사 연구』, 신서원, 2014, 184쪽.

62) 박노석, 「고구려의 발전과 현도군 책구루의 변화」, 『전북사학』 46, 2015, 46쪽.

혼란을 가중시켰으며, 대외정책에서도 실패를 거듭하였다. 이후 後漢의 건국자 劉秀를 비롯한 각지의 호족들이 잇따라 거병함으로써 중원 지역은 일시 혼란에 빠지게 되는데, 당시 이러한 상황을 맞아 樂浪郡 지역에서는 土人 王調가 반란을 일으켜 6년간(A.D.25~30) 독립 정부를 구축하기도 하였다. 또 後漢 建武 2년 (A.D.26)부터 5년(A.D.29)까지 漁陽太守 彭寵의 반란으로 洛陽과 遼東이 단절된 상태였고,[63] 이러한 상황 속에서 大武神王 11년(A.D.28)에 遼東太守가 단독으로 고구려를 침공하는 등[64] 당시까지는 양자 간에 관계 개선이 이루어질 만한 정세가 조성되지 못하였다.

그러나 光武帝 建武 6년(A.D.30)부터는 이러한 정세에 변화가 나타나는데, 우선 後漢은 樂浪太守 王遵을 파견함으로써 樂浪郡에서 발생한 王調의 반란을 진압하였다. 이때 王遵이 이끄는 군대가 요동에 이르자 樂浪의 三老였던 王閎이 郡決曹史 楊邑 등과 함께 王調를 살해하고 王遵을 맞아들였다고 한다.[65] 이러한 정세 변화 속에서 고구려는 대무신왕 15년(A.D.32) 後漢에 사신을 파견하였고, 王莽에 의해 侯로 격하되었던 것도 이때 다시 되돌려 王號를 회복하게 된다.[66] 이처럼 기원후 30년부터 後漢은 樂浪郡을 재건하며 요동 일대에 대한 지배력을 회복해 나갔고, 이러한 과정에서 고구려와의 관계 개선도 이루어졌던 것이 아닌가 한다. 이후 고구려의 공격에 피폐해졌던 제2현도군을 수습하고 책구루를 설치를 통해 고구려와의 관계를 지속하고자 하였던 것으로 이해된다. 곧

---

63) 권오중, 「後漢 光武帝期의 遼東郡」, 『人文研究』 15, 1993, 181쪽.

64) 『三國史記』 권14, 大武神王 11년 조. "十一年 秋七月 漢遼東太守 將兵來伐 王會群臣 問戰守之計 …(中略)… 遂引退"

65) 『後漢書』 권1下, 建武 6년 조. "初 樂浪人王調據郡不服 秋 遣樂浪太守王遵擊之 郡吏殺調降"

66) 『後漢書』 권1下, 建武 8년 12월 조. "高句麗王遣使奉貢"；『後漢書』 권85, 東夷列傳, 高句麗 條. "建武八年 高句驪遣使朝貢 光武復其王號"；『三國史記』 권14, 大武神王 15년 12월 조. "遣使入漢朝貢 光武帝復其王號 是建武八年也"

책구루의 설치 시기는 기원후 32년 이후 멀지 않은 시점으로 좁혀볼 수 있을 것 같다.[67]

IV. 第3玄菟郡과 고구려 · 부여

앞서 살펴보았듯이 제2현도군은 고구려 사회에 대한 통제와 회유를 통해 그들의 세력 확장을 억제하고자 하였지만, 新 王莽代에 이르러 양측 간에 군사적 충돌이 발생하면서 현도군과 고구려 加 집단 간에 전개된 개별적인 교류는 단절되었다. 이에 현도군은 책구루를 설치함으로써 재차 고구려 지배층에 대한 회유와 세력 분산을 기도하였지만, 이후로 전개된 고구려의 공세로 郡이 붕괴하면서 책구루 또한 철폐되었고 後漢은 渾河 방면으로 후퇴하여 제3현도군을 구축할 수밖에 없었다. 아래는 이러한 상황 속에서 재건된 현도군의 상황을 보여준다.

> 사료 (마)
> 玄菟郡. 武帝가 설치하였다. 雒陽 동북쪽 4천 리 부근에 있다. 城은 6개이며, 戶는 1,594, 口는 43,163이다.
> 高句驪. 遼山에 있으며, 遼水가 나온다[一]. 西蓋馬. 上殷台. 高顯. 예전에는 遼東에 속했었다. 候城. 예전에는 遼東에 속했었다. 遼陽. 예전에는 遼東에 속했었다[二].
> [一] 山海經에서 이르기를, 遼水는 白平 동쪽에서 나온다고 하였다. 郭璞이 이르기를, [遼水는] [縣의] 塞 바깥 衛白平山에서 나오고, 遼山은 小遼水가 나오는 곳이라 하였다.
> [二] 東觀書에서는 安帝가 즉위하던 해에 [遼東郡의] 三縣을 떼 내어 來屬시켰

---

67) 김미경, 「高句麗 前期의 對外關係 硏究」, 연세대학교 박사학위논문, 2007, 84쪽에서 이미 책구루 설치 시점을 유리왕 말기~大武神王代로 좁혀 본 바 있다.

다고 하였다.[68] (『後漢書』志23, 郡國 5)

위의 사료는 『後漢書』 郡國志의 현도군 관련 기록으로, 『後漢書』 郡國志는 後漢 順帝 永和 5년(140)을 기준으로 작성된 것이라 한다.[69] 기사 하단의 [一]과 [二]는 唐의 章懷太子 李賢의 付注인데, 특히 부주 [二]에 인용된 『東觀書』의 "安帝即位之年, 分三縣來屬" 구절에 주목하면 제3현도군의 성립 시기는 後漢 安帝 즉위년인 106년임을 알 수 있다. 그렇다면 106년 이전 어느 시점에 제2현도군이 폐기되었다는 것인데, 그 구체적인 시점은 언제이고 폐기된 원인은 무엇이었을까. 이와 관련하여 다음의 사료가 주목된다.

사료 (바)-①
元興 원년(105) 봄 正月, 高句驪가 郡界를 侵寇하였다. 가을 9월, 遼東太守 耿夔가 貊人을 공격하여 깨뜨렸다.[70] (『後漢書』 권4, 元興 원년 조)

사료 (바)-②
元興 원년(105), 貊人이 郡界를 侵寇하니, [耿]夔가 쫓아가 공격하여 그 渠帥를 참하였다.[71] (『後漢書』 권19, 耿夔傳)

사료 (바)-③
이후 句驪王 宮이 태어나면서부터 눈을 뜨고 능히 보니, 國人이 그를 꺼려하

---

68) 『後漢書』志23, 郡國5. "玄菟郡 武帝置 雒陽東北四千里 六城 戶一千五百九十四 口四萬三千一百六十三. ○高句驪 遼山 遼水出[一] 西蓋馬 上殷台 高顯 故屬遼東 候城 故屬遼東 遼陽 故屬遼東[二] ○[一] 山海經曰 遼水出白平東 郭璞曰 出塞外衛[衛]白平山 遼山 小遼水所出 ○[二] 東觀書 安帝即位之年 分三縣來屬"

69) 『後漢書』志19, 郡國1, 司隸 河南尹 條. "河南尹 [秦三川郡 高帝更名 世祖都雒陽 建武十五年改曰河南尹] 二十一城 永和五年戶二十萬八千四百八十六 口百一萬 八百二十七 …(下略)…"

70) 『後漢書』권4, 元興 원년 조. "元興元年 春正月 高句驪寇郡界 秋九月 遼東太守耿 夔擊貊人 破之"

71) 『後漢書』권19, 耿夔傳. "元興元年 貊人寇郡界 夔追擊 斬其渠帥"

였다. 장성하여서는 勇壯하여 자주 변경을 침범하였다. ⓐ 和帝 元興 元年 [A.D.105] 봄에, 다시 遼東에 들어와 여섯 縣을 노략질하니, 太守 耿夔가 이를 격파하고, 그 渠帥를 참하였다. ⓑ 安帝 永初 5년[A.D.111]에 宮이 사자를 보내 貢物을 바치며, 玄菟에 속하기를 求하였다. 元初 5년[A.D.118]에 다시 濊貊과 더불어 玄菟를 노략질하고 華麗城을 공격하였다. 建光 元年[A.D.121] 봄에, 幽州刺史 馮煥과 玄菟太守 姚光, 遼東太守 蔡諷 등이 군사를 거느리고 塞를 나와 고구려를 쳐서, 濊貊 渠師를 붙잡아서 참하고, 兵馬와 재물을 획득하였다. 宮은 이에 嗣子 遂成을 보내어 2천여 인을 거느리고 [姚]光 등을 逆擊하였는데, [遂成이] 使者를 보내어 거짓으로 항복하니, [姚]光 등은 이를 믿었다. 遂成은 이로 인하여 險地에 의지하여 大軍을 막고, 은밀히 3천여 인을 보내 玄菟와 遼東을 공격하여 城郭을 불태우고 2천여 인을 살상하였다. 이에 廣陽, 漁陽, 右北平, 涿郡, [遼東]屬國에서 3천여 騎를 일으켜 함께 이를 구원케 하였으나, 貊人은 이미 떠나버렸다. 여름에 다시 遼東 鮮卑 8천여 인과 더불어 遼隊를 공격하고, 관리와 백성을 죽이고 약탈하였다. 蔡諷 등이 新昌에서 추격하다가 戰歿하였는데, 功曹 耿耗, 兵曹掾 龍端, 兵馬掾 公孫酺가 몸으로 [蔡]諷을 막아서다가, 陳中에 함께 죽으니, 죽은 자가 백여 인이었다. ⓒ 가을에 宮이 마침내 馬韓, 濊貊 수천 騎를 거느리고 玄菟를 포위하였는데, 夫餘王이 아들 尉仇台를 보내 2만여 인을 거느리고, 州郡과 더불어 힘을 합쳐 이를 깨뜨리니, 참수한 것이 오백여 급이었다.[72] (『後漢書』 권85, 東夷列傳, 高句驪 條)

위의 사료 (바)-①·② 및 (바)-③-ⓐ에서 보듯 고구려가 요동군을 대대적으로 공략하던 105년 무렵 제2현도군이 붕괴하였다는 견해가 일찍부터 제기되었

---

[72] 『後漢書』 권85, 東夷列傳, 高句驪 條. "後句驪王宮生而開目能視 國人懷[三國志:惡]之 及長勇壯 數犯邊境 和帝 元興元年春 復入遼東 寇略六縣 太守耿夔擊破之 斬其渠帥 安帝 永初五年 宮遣使貢獻 求屬玄菟 元初五年 復與濊貊寇玄菟 攻華麗城 建光元年春 幽州刺史馮煥·玄菟太守姚光·遼東太守蔡諷等 將兵出塞擊之 捕斬濊貊渠帥 獲兵馬財物 宮乃遣嗣子遂成將二千餘人逆光等 遣使詐降 光等信之 遂成因據險阨以遮大軍 而潛遣三千人攻玄菟·遼東 焚城郭 殺傷二千餘人 於是發廣陽·漁陽·右北平·涿郡屬國三千餘騎同救之 而貊人已去 夏 復與遼東 鮮卑八千餘人攻遼隊 殺略吏人 蔡諷等追擊於新昌 戰歿 攻曹耿耗·兵曹掾龍端·兵馬掾公孫酺以身扞諷 俱沒於陳 死者百餘人 秋 宮遂率馬韓·濊貊數千騎圍玄菟 夫餘王遣子尉仇台 將二萬餘人 與州郡幷力討破之 斬首五百餘級"

다.[73] 실제 기록에서는 105년 무렵 고구려와 요동군 사이에 벌어진 전쟁 과정에서 현도군의 동향이 확인되지 않는다. 이는 곧 고구려를 포위하던 현도군의 방어선이 돌파당하였음을 의미하는 것으로, 郡의 東界가 고구려와 맞닿으며 최전방에서 고구려를 상대하던 현도군이 이때는 이미 폐기되었음을 짐작하게 한다. 특히 사료 (바)-①과 ②에서 전투가 벌어졌던 "郡界"는 '요동군의 郡界'로 이해되는데,[74] 이로 보아 적어도 105년 이전 어느 시기에 요동군에 앞서 배치되어 있던 제2현도군이 고구려의 공격에 의해 붕괴하였음을 알 수 있다. 이와 관련하여 구체적으로 鮮卑가 後漢을 공격하기 시작한 97년을 전후한 시기 고구려가 제2현도군을 공격해 점령했을 것으로 보는 견해가 주목된다.[75] 즉 고구려는 1세기 말에서 2세기 초 사이에 제2현도군을 공격하여 붕괴시켰던 것이다.

이후 後漢은 위의 사료 (마)에서 보듯 106년에 高顯·候城·遼陽 등 3현을 요동군으로부터 분리하여 현도군의 속현으로 재편하고, 渾河 남안의 撫順 지역에 제3현도군 치소를 설치하였다. 이때 현도군의 치소는 遼寧省 撫順市 勞動公園에 위치한 勞動公園古城으로 비정된다. 즉 106년에 재건된 현도군은 撫順市 일대의 高句驪縣을 首縣으로 하여 高句驪縣과 함께 옮겨 온 上殷台縣과 西蓋馬縣, 그리고 遼東郡으로부터 분리·편입된 遼陽縣·候城縣·高顯縣까지 총

73) 池内宏, 『滿鮮史研究』(上世 第一冊), 吉川弘文館, 1951, 196~197쪽.
74) 여호규, 「2세기 전반 高句麗와 後漢의 관계 변화」, 『동양학』 58, 2015, 4쪽.
75) 여호규, 「2세기 전반 高句麗와 後漢의 관계 변화」, 『동양학』 58, 2015, 6~7쪽 ; 「高句麗와 漢의 接境空間 변화에 따른 住民集團의 잡거」, 『역사문화연구』 74, 2020, 31쪽. 여기서는 97년경부터 鮮卑가 後漢을 대대적으로 공격하였던 사실과 이때 요동태수 祭參이 鮮卑의 肥如 침공을 방어하지 못했다는 죄목으로 주살되었던 사건에 주목하고 있다(『後漢書』 권4, 和帝紀 永元 9년(97) 8월 조 所引 『東觀記』. "鮮卑千餘騎攻肥如城 殺略吏人 祭參坐沮敗 下獄誅"). 즉 이러한 상황 속에서 동방지역에 대한 後漢의 지배력이 급격히 약화되었고 요동군의 지원을 받던 제2현도군의 지배력도 크게 흔들렸을 것으로 보아 鮮卑가 後漢을 공격하기 시작한 97년을 전후하여 고구려가 제2현도군을 공격해 점령했을 것으로 추정하고 있다.

여섯 현으로 구성되어 있었다.[76] 다만, 高句驪縣을 제외한 다섯 속현의 위치에 대해서는 연구자마다 의견이 갈리는 부분도 있는데, 선행 연구에 의지하여 각 속현의 위치를 짚어보면 다음과 같다.

먼저 요동군으로부터 분리되어 제3현도군에 편제되었다는 遼陽縣·候城縣·高顯縣의 위치부터 살펴보면, 遼陽縣은 遼寧省 瀋陽市 遼中縣에 위치한 偏堡子古城으로 비정함에 연구자들의 견해가 일치한다. 候城縣의 경우는 瀋陽 舊城區古城이나 上伯官屯古城이 그 후보지로 거론되고 있는데, 舊城區古城일 가능성이 크다. '候城'이라는 명칭이 邊塞의 要害處에 축조한 '候城'이라는 명칭에서 유래했고, 121년에 현도군 산하의 후성에 변새를 관리하던 '障尉'가 존재한 사실을 고려한다면, 遼東故塞에 가까이 위치한 渾河 북쪽 瀋陽 舊城區古城에 비정할 수 있다고 본다.[77] 高顯縣의 경우 瀋陽 동쪽의 上伯官屯古城이나 남쪽의 魏家樓子古城이 그 후보지로 거론되고 있는데, 후술하듯이 上伯官屯古城은 西蓋馬縣의 遺趾일 가능성이 크므로 高顯縣은 魏家樓子古城에 비정할 수 있을 것 같다. 한편, 高句驪縣과 함께 옮겨 온 上殷台縣과 西蓋馬縣의 경우 제3현도군 치소[撫順 勞動公園古城]를 중심으로 그 인근에 포진하였을 가능성이 크다. 이에 따라 上殷台縣은 撫順 동쪽의 東洲小甲邦古城으로 비정되고 있으며, 西蓋馬縣의 경우 서쪽의 上伯官屯古城과 瀋陽 魏家樓子古城이 그 후보지로 거론되고 있는데, 魏家樓子古城의 경우 郡治[撫順]로부터 상대적으로 멀리 떨

---

76) 이밖에 遼東郡의 望平縣 또한 제3현도군의 屬縣이었을 가능성이 지적되고 있다. 즉 요동군으로부터 분리되어 현도군에 편제된 遼陽縣·候城縣·高顯縣은 望平縣과 함께 遼東郡 中部都尉 관할 구역이었으므로, 이를 통해 현도군은 遼東郡 中部都尉 관할 지역을 중심으로 조직되었음을 알 수 있다. 그렇다면 候城縣 북쪽에 위치한 望平縣도 이때 현도군으로 편제되었을 가능성이 있는데, 실제 『晉書』 地理志에는 망평현이 현도군 속현으로 기재되어 있다. 이와 관련한 논의는 여호규, 「2세기 전반 高句麗와 後漢의 관계 변화」, 『동양학』 58, 2015, 9~10쪽을 참조.

77) 孫進己·王錦厚, 『東北歷史地理』 1, 黑龍江人民出版社, 1989, 395~396쪽 ; 여호규, 「2세기 전반 高句麗와 後漢의 관계 변화」, 『동양학』 58, 2015, 9쪽.

어져 있어 그보다 가까운 上伯官屯古城에 西蓋馬縣이 위치하였을 가능성이 크다고 본다.[78] 제3현도군 각 속현의 위치를 이와 같이 볼 수 있다면, 首縣인 高句驪縣과 함께 현도군의 여러 縣은 대체로 渾河 연안을 따라 길게 늘어선 포진을 하고 있었던 것으로 이해된다.

이렇게 제3현도군이 설치된 뒤로 사료 (바)-③-ⓑ에서 보듯 111년 고구려가 현도군과의 관계 개선에 나서면서 양측의 충돌이 잠시나마 소강상태로 접어든 듯 보였다. 하지만 사료 (바)-③-ⓒ에서처럼 118년부터 양측 간에는 다시 치열한 전투가 재개되었다. 특히 121년에 벌어진 고구려-현도군 전쟁에서는 북방의 부여가 개입하면서 판세가 새로운 국면으로 접어들게 된다. 그렇다면 조금은 갑작스러워 보이는 부여의 참전은 어떤 배경 속에서 진행된 것일까.

사료 (사)
① 安帝 永初 5년(A.D.111)에 이르러, 夫餘王이 처음으로 步騎 7~8천인을 거느리고 樂浪을 노략질하고, 관리와 백성을 살상하였는데, 후에 다시 歸附하였다. 永寧 元年(A.D.120)에 곧 嗣子 尉仇台를 보내 궁궐에 이르러 貢獻하니, 天子가 尉仇台에게 印綬와 金綵를 하사하였다. 順帝 永和 元年(A.D.136)에 그 왕이 京師에 와서 조회하니, 帝는 黃門鼓吹와 角抵戲를 베푼 다음 그를 보냈다. 桓帝 延熹 4년(A.D.161)에 사신을 보내 朝賀하고 貢獻하였다. ② 永康 元年(A.D.167)에 왕 夫台가 2만여 인을 거느리고 玄菟를 노략질하니, 현도태수 公孫域이 쳐서 이를 깨뜨리고, 천여 급을 참수하였다. 靈帝 熹平 3년(A.D.174)에 이르러 다시 章을 받들고 貢獻하였다. 夫餘는 본래 玄菟에 속했으나, 獻帝 때에(189~220) 그 왕이 遼東에 속하기를 요구하였다고 한다.[79] (『後漢書』 권

---

78) 이상의 위치 비정은 田中俊明, 「高句麗の興起と玄菟郡」, 『朝鮮文化研究』 1, 1994 및 여호규, 「2세기 전반 高句麗와 後漢의 관계 변화」, 『동양학』 58, 2015, 7~9쪽의 논의와 <표 1>을 참고하였음.

79) 『後漢書』 권85, 東夷列傳 75, 夫餘國 條. "至安帝永初五年, 夫餘王始將步騎七八千人寇鈔樂浪, 殺傷吏民, 後復歸附. 永寧元年, 乃遣嗣子尉仇台詣闕貢獻, 天子賜尉仇台印綬金綵. 順帝永和元年, 其王來朝京師, 帝作黃門鼓吹·角抵戲以遣之. 桓帝延熹四年, 遣使朝賀貢獻. 永康元年, 王夫台將二萬餘人寇玄菟, 玄菟太守公孫域擊

85, 東夷列傳, 夫餘國 條)

위의 사료 (사)-①에서 보듯 106년 제3현도군 설치 이후로 111년 부여는 "樂浪"을 노략질하며 後漢과 대립하였지만, 양자의 관계는 곧 다시 회복되었다. 이후 120년에 嗣子 尉仇台가, 136년에는 부여의 왕이 직접 後漢 洛陽에 이르러 조공할 정도로 두 나라는 긴밀한 관계를 맺게 된다. 이처럼 부여가 後漢과의 관계 구축에 심혈을 기울였던 배경에는 고구려의 급격한 성장세를 주목할 필요가 있다. 즉 남쪽으로부터 고구려의 압박이 거세지자 위기를 느낀 부여 왕권은 後漢 조정과의 관계를 바탕으로 遼東 일대 군현과 군사적 연대를 꾀하고자 하였던 것이 아닐까 한다. 사료 (바)-③-ⓒ에서 부여가 현도군을 구원한 것도 바로 이러한 배경 속에서 전개된 사건으로 이해된다.

한편, 사료 (바)-③-ⓒ의 전투를 『三國史記』 高句麗本紀에서는 다음과 같이 전한다.

사료 (아)-①
(태조왕) 69년(121) …(중략)… 12월, 왕이 馬韓과 穢貊 1만여 기를 거느리고 玄菟城으로 나아가 포위하였다. 扶餘王이 아들 尉仇台를 보내어 병사 2만을 거느리고, 漢兵과 함께 힘을 합쳐 막아 싸우게 하니, 我軍이 大敗하였다.[80]
(『三國史記』 권15, 太祖大王 69년 조)

사료 (아)-②
(태조왕) 70년(122), 왕이 馬韓 · 穢貊과 함께 遼東을 침공하니, 扶餘王이 병사

破之, 斬首千餘級. 至靈帝熹平三年, 復奉章貢獻. 夫餘本屬玄菟, 獻帝時, 其王求屬遼東云"
[80] 『三國史記』 권15, 高句麗本紀 3, 太祖大王 69年 條. "六十九年 …(中略)… 十二月, 王率馬韓穢貊一萬餘騎, 進圍玄菟城, 扶餘王遣子尉仇台, 領兵二萬, 與漢兵幷力拒戰, 我軍大敗.

를 파견하여 구원하고 (아군을) 격파하였다.[81] (『三國史記』권15, 太祖大王 70
년 조)

　　121년 12월 태조왕이 馬韓과 穢貊 1만 여기를 거느리고 玄菟郡을 포위하자
당시 부여는 尉仇台가 이끄는 2만의 병력으로 현도군을 구원하며 고구려와 충
돌하였다는 것이다[사료 (아)-①]. 해당 기사는 이듬해인 122년의 기사에서도 반
복되고 있다[사료 (아)-②]. 그런데 같은 사건이 『後漢書』東夷列傳 高句驪 條에
서는 建光 원년(121) 가을의 일로[사료 (바)-③], 『後漢書』安帝本紀에서는 122년
봄 2월의 일로 전하고 있다.[82] 즉 이때의 전쟁은 121년 가을부터 122년 봄에 이
르기까지 지속되었던 것으로 보이며,[83] 이를 통해 사료 (아)-①의 내용이 사료
(아)-②에서 중복되었던 것도 이해가 된다. 이처럼 당시 부여는 玄菟郡과의 긴
밀한 군사적 공조를 통해 고구려의 세력 확장을 견제하였다. 하지만 이후로도
고구려는 146년 무렵 遼東 지역의 新安과 居鄕을 공격하는 한편, 西安平을 공
격하여 帶方令을 살해하고 樂浪太守의 처자를 사로잡는 등 後漢에 대한 공세
를 지속하였다.[84] 양측의 충돌은 169년까지 계속되었고, 熹平(172~177) 연간에
이르러서야 관계 개선이 이루어진다.[85]

---

81) 『三國史記』권15, 高句麗本紀 3, 太祖大王 70年 條. "七十年, 王與馬韓穢貊, 侵遼
東, 扶餘王遣兵救破之."

82) 『後漢書』권5, 연광 원년 조. "延光元年 春二月 夫餘王遣子將兵救玄菟 擊高句驪馬
韓穢貊破之 遂遣使貢獻"

83) 李丙燾, 『譯註 三國史記(개정판)』上, 을유문화사, 1994, 363쪽 주 15).

84) 『三國志』권30, 東夷傳, 高句麗 條. "宮死 子伯固立 順桓之間 復犯遼東 寇新安·
居鄕 又攻西安平 于道上殺帶方令 略得樂浪太守妻子" ; 『後漢書』권85, 東夷列傳,
高句驪 條. "質桓之間 復犯遼東西安平 殺帶方令 掠得樂浪太守妻子" ; 『三國史記』
권15, 太祖大王 94년 조. "九十四年秋八月 王遣將 襲漢遼東西安平縣 殺帶方令 掠
得樂浪太守妻子"

85) 『三國志』권30, 東夷傳, 高句麗 條. "靈帝建寧二年 玄菟太守耿臨討之 斬首虜數百
級 伯固降 屬遼東 嘉[熹]平中 伯固乞屬玄菟"

한편, 2세기 중반 이후로는 부여와 玄菟郡의 관계도 변화를 맞이하는데, 우선 사료 (사)-②에서 보듯 永康 元年인 167년에 부여왕 夫台가 직접 2만의 병력을 이끌고 현도군을 공격하였던 사실이 눈길을 끈다. 당시 부여가 이와 같은 대규모 군사행동을 감행한 배경에 대해서는 명확히 파악하기 어렵지만, 당시 玄菟郡이 지속적인 고구려의 공략에 피폐해져 있던 상황을 기회로 遼東 일대로의 진출을 도모한 것으로 보인다. 앞서 140년 당시 현도군의 상황을 전하는 사료 (마)에서는 그 호구를 "戶는 1,594, 口는 43,163"으로 적고 있는데, 戶數와 口數의 비율이 크게 나타나 기록에 전하는 정보에 어떤 착오가 있었을 것으로 보이기도 하지만,[86] 아무튼 140년 무렵 제3현도군의 郡勢는 이전 제2현도군과 비교해 볼 때 턱없이 취약함을 볼 수 있다. 고구려의 공세를 피해 옮겨 온 뒤로도 지속적으로 공격에 노출되어 郡이 피폐해져 가는 상황이었음을 짐작할 수 있다. 이처럼 玄菟郡의 전력이 크게 약화된 틈을 타 요동 반도 북부 일대를 두고 부여와 고구려가 경쟁적으로 진출을 기도하고 있었던 것이다.[87] 그러나 부여의 군대는 玄菟太守 公孫域의 반격에 막혀 별다른 소득 없이 물러났고, 174년에 다시 章을 받들고 貢獻하면서 後漢과의 관계를 개선하였다. 이로써 熹平(172~177) 연간이 되면 현도군과 부여 및 고구려 3자의 충돌은 잠시 소강상태에 접어들게 되었다.

그런데 앞서 사료 (사)의 마지막 구절을 보면 부여는 漢 獻帝 시기(189~220)에 이르러 玄菟郡이 아닌 遼東郡과 관계를 맺기를 요구하였다고 한다. 당시 고구려의 공세에 전력이 크게 약화되어 있던 玄菟郡과 공조를 통해 남쪽에서 급속하게 세력을 팽창해가던 고구려를 견제하는 것은 더 이상 효과적이지 않다는 판단이었을 것이다. 또한 당시 요동에서는 公孫度(~204)이 세력을 확장하기 시작하였다. 이에 부여는 公孫度과 직접적인 관계를 맺고자 하였던 것으로 보인다.

---

86) 권오중, 『요동왕국과 동아시아』, 영남대학교 출판부, 2012, 118쪽.
87) 이승호, 「夫餘 政治史 硏究」, 동국대학교 박사학위논문, 2018, 119쪽.

사료 (자)

夫餘는 본래 玄菟에 속하였다. 漢末에 公孫度이 海東에서 雄張하여, 外夷를 威服시키니, 夫餘王 尉仇台는 다시 遼東에 속하였다. 이때 句麗와 鮮卑가 강성해지자, [公孫]度은 부여가 두 오랑캐의 틈에 있으니, 宗女를 시집보냈다.[88] (『三國志』 권30, 東夷傳, 夫餘 條)

위의 사료 (자)에서 보듯 고구려를 견제한다는 양측의 이해관계가 맞아떨어지면서, 公孫度과 부여왕 尉仇台는 결혼 동맹을 통해 긴밀한 관계를 구축하였다.[89] 당시 무섭게 세력을 확장하던 고구려와 鮮卑에 대항해 부여는 또다시 중원系 세력과의 연대를 선택한 것이다. 공손탁이 요동태수에 부임한 시점이 189년 무렵임을 고려할 때,[90] 양자의 결혼 동맹이 성립한 시점은 대략 190년대에 들어서가 아닐까 한다. 아무튼 尉仇台 시대에 부여는 변화하는 외부 정세에 기민하게 대응하면서 요동 일대 최대 세력인 공손씨 세력과 동맹 관계를 맺게 되었다. 반면, 2세기 중반까지 주로 현도군을 상대로 치열한 각축전을 벌이던 고구려는 이제 公孫氏 정권이라는 까다로운 상대를 만나 버거운 싸움을 준비해야만 했다.

그렇다면 공손씨가 요동에서 세력을 떨쳤던 2세기 말부터 3세기 전반까지 현도군의 상황은 어떠하였을까. 아래의 사료는 233년 무렵 공손씨의 관할 아래 유지되던 현도군의 모습을 보여준다.

---

88) 『三國志』 권30, 東夷傳, 夫餘 條. "夫餘本屬玄菟 漢末 公孫度雄張海東 威服外夷 夫餘王尉仇台更屬遼東 時句麗 · 鮮卑彊 度以夫餘在二虜之間 妻以宗女"

89) 부여에 대한 결혼정책을 추진한 公孫度의 결단에 대해 그 宗女를 外夷 수장과 결혼시키는 일은 임기에 따라 전근해야만 하는 일반 군 태수에게선 기대하기 어려운 행동이며, 공손탁이 요동의 실력자로서 장기적 계획을 갖고 있었기 때문에 가능한 행동이었다는 지적이 참고가 된다(권오중, 『요동왕국과 동아시아』, 영남대학교 출판부, 2012, 57쪽).

90) 권오중, 『요동왕국과 동아시아』, 영남대학출판부, 2012, 45쪽.

사료 (차)

이 해(233)에 [孫]權은 是歲, 合肥의 新城을 향하여 將軍 全琮을 보내 六安을 정벌하고자 하였지만, 모두 이기지 못하고 돌아왔다. [吳書에서 말하길, 初에 張彌와 許晏 등이 함께 襄平에 이르렀는데, [함께 간] 官屬과 從者가 400명 정도 되었다. [公孫]淵이 [張]彌와 [許]晏을 도모하고자 먼저 그 무리를 나누어 遼東의 여러 縣에 안치하였다. 中使인 秦旦·張羣·杜德·黃疆 등과 吏兵 60인은 玄菟郡에 안치하였다. ① 玄菟郡은 遼東 북쪽에 있는데, 서로 200리 떨어져 있다. 太守 王贊이 200戶를 거느렸고, 兼重은 3~400인 정도 되었는데, [秦]旦 등이 모두 民家에 거주하며 [그들이 제공하는] 飮食을 먹었다. 40일 정도 지나 [秦]旦이 [黃]疆 등과 의논하여 말하기를 "우리가 멀리서 國命을 욕되게 하고 스스로 여기에 버려졌으니, 죽은 것과 다르겠는가. ② 지금 이 郡을 살피니 形勢가 매우 약하다. 만일 하루아침에 같은 마음으로, 城郭을 불사르고 [이곳] 長吏를 죽여 나라를 위해 수치스러움을 갚는다면, 그런 뒤에 엎드려 죽는다 해도 족하여 한이 없을 것이다. 누가 구차히 살길 바라여 오랫동안 囚虜가 되겠는가."라고 하였다. [黃]疆 등이 그렇다고 하였다. …(下略)…][91] (『三國志』 권47, 孫權傳2, 嘉禾 2년 조)

위의 사료 (차)-①에서 보듯 233년 무렵 현도군의 太守 王贊이 거느린 領戶는 200戶에 兼重은 3~400을 헤아렸다고 하는데, 이로 보아 郡勢가 상당히 위축되어 있음을 볼 수 있다. 당시 현도군에 안치된 吳의 사절들도 '郡의 形勢가 매우 취약함'을 파악하고 吏兵 60인만으로 공격을 시도하고자 모의할 정도였다. 이에 선행 연구에서는 당시 현도군의 위상이 요동군에서 분리된 별도의 군이라기보다 요동군의 속현과 같은 상태였음을 지적하고, 公孫度이 현도군을 요동군

---

91) 『三國志』 권47, 孫權傳2, 嘉禾 2年 條. "是歲 權向合肥新城 遣將軍全琮征六安 皆不克還[吳書曰 初 張彌·許晏等俱到襄平 官屬從者四百許人 淵欲圖彌·晏 先分其人衆 置遼東諸縣 以中使秦旦·張羣·杜德·黃疆等及吏兵六十人 置玄菟郡 玄菟郡在遼東北 相去二百里 太守王贊領戶二百 兼重可三四百人 旦等皆舍於民家 仰其飮食 積四十許日 旦與疆等議曰 吾人遠辱國命 自棄於此 與死亡何異 今觀此郡形勢甚弱 若一旦同心 焚燒城郭 殺其長吏 爲國報恥 然後伏死 足以無恨 孰與偸生苟活 長爲囚虜乎 疆等然之 …(下略)…]"

의 속현과도 같은 형태로 개편한 것으로 추정한 바 있다.[92] 물론 이처럼 현도군의 郡勢가 위축된 배경에는 公孫度이 요동군을 중심으로 세력을 형성하였던 것이 큰 영향을 미쳤다고 볼 수 있지만, 한편으로는 앞서 살펴본 대로 요동의 최전방에서 고구려·부여의 공세에 끊임없이 시달릴 수밖에 없었던 현도군의 상황 또한 크게 작용하였을 것으로 보인다.

V. 맺음말

이 글은 '제2현도군'과 '제3현도군'에 대한 검토를 목적으로 작성되었다. 특히 제1현도군으로부터 제2, 제3현도군으로 이어지는 현도군의 변천 과정에 따라 현도군과 고구려·부여의 관계는 어떻게 전개되었는지 검토하는 것에 중점을 두었다. 본문의 논의를 간단히 정리하면 다음과 같다.

현도군의 첫 번째 이동을 초래한 "夷貊所侵"은 환인 지역의 고구려가 주도하였다기 보다는 현도군 관할 지역에 거주하던 여러 토착 집단의 저항이 중심이 된 사건이었을 것으로 추정된다. 때문에 新賓 永陵鎭古城에 제2현도군이 설치된 이후로도 고구려와 현도군은 한동안 긴밀하고 원만한 관계를 유지할 수 있었다고 판단하였다. 기원 전후 무렵 3개의 屬縣만을 거느렸던 제2현도군의 호구수가 45,006戶, 221,845口에 달하였던 사실은 당시 현도군이 파악하고 있던 인구 집단에 고구려 사회의 주민이 포함되어 있었음을 암시한다. 즉, 적어도 元始 2년(A.D.2) 무렵까지는 현도군과 고구려가 朝服·衣幘과 名籍의 교환을

---

92) 권오중, 『요동왕국과 동아시아』, 영남대학출판부, 2012, 120쪽. 여기서 현도군을 요동군의 일부 현으로 완전히 병합시키지 않은 것은 휘하에 거느린 군의 숫자를 고려하였기 때문이라 한다. 즉 公孫度과 公孫康 모두 겉으로는 平州牧을 표방하였던 만큼 州牧에 적합한 형식을 위해서도 관할 구역 안에 여러 군이 필요하였다는 것이다.

바탕으로 한 긴밀한 관계를 유지하였고, 이때 고구려로부터 戶口를 비롯한 고구려 사회의 내부 정보가 현도군에 전달되었을 것으로 보인다. 그러나 新 王莽 代에 양측 간에 군사적 충돌이 발발하면서 고구려와 현도군의 우호 관계는 폐기되었다. 현도군은 책구루 설치를 통해 양자의 관계를 형식적으로나마 지속하기 바랐지만, 고구려의 공세에 1세기 말 혹은 2세기 초가 되면 제2현도군은 붕괴되었고, 이에 따라 그 東界에 설치된 책구루 또한 철폐되었다.

이후 後漢은 106년 撫順 勞動公園古城에 제3현도군을 재건하고 渾河 유역 교통로를 중심으로 그 屬縣을 포진시켜 고구려의 세력 확장을 견제하였다. 고구려와 현도군은 치열한 공방전을 전개하였으며, 특히 이 시점에 이르면 북방의 부여 또한 현도군의 편에 서서 고구려를 견제하기 위해 나서게 된다. 당시 부여는 남쪽에서 무섭게 세력을 확장하던 고구려를 제어할 필요가 있었고, 이에 현도군과 군사적 연대를 통해 양면에서 고구려를 압박하고자 하였던 것으로 이해된다. 그러나 세력 팽창에 박차를 가하던 고구려의 거센 공세에 현도군은 계속적으로 수세적 입장에 놓일 수밖에 없었고, 그러자 부여 또한 약화된 현도군을 향해 공세를 취하는 등 대응을 다변화하였다. 이에 현도군의 郡勢는 점차 피폐해져 갔지만, 2세기 후반 遼東에 公孫度이 자리를 잡고 세력을 확대해가면서 정세는 새로운 국면으로 접어들게 되었다. 公孫度의 宗女와 夫餘王 尉仇台의 결혼을 통해 긴밀한 관계를 형성한 양자는 곧 함께 고구려에 대한 견제에 나섰다. 그러나 이 무렵 公孫氏 정권은 요동군을 중심으로 세력을 구축하였기에 그간 고구려·부여와의 관계를 전담하였던 현도군의 역할은 상대적으로 축소될 수밖에 없었다. 또 현도군은 오랜 기간 고구려·부여의 공세와 압박을 받아 왔던 탓에 그 郡勢도 상당히 위축된 상태였던 것으로 파악된다.

참고문헌

권오중, 「後漢 光武帝期의 遼東郡」, 『人文研究』 15, 1993.

권오중, 『요동왕국과 동아시아』, 영남대학교 출판부, 2012.

김기흥, 「고구려의 성장과 대외무역」, 『韓國史論』 16, 1987.

김미경, 「高句麗 前期의 對外關係 研究」, 연세대학교 박사학위논문, 2007.

김창석, 「고구려 초·중기 대중 교섭과 교역」, 『신라문화』 24, 2004.

김현숙, 「고구려의 종족기원과 국가형성과정」, 『大丘史學』 89, 2007.

노태돈, 「삼국시대의 部에 관한 연구」, 『한국사론』 2, 1975.

노태돈, 「고구려의 기원과 국내천도」, 『한반도와 중국 동북 3성의 역사 문화』, 서울
　　　대학교 출판부, 1999.

박경철, 「'高句麗社會'의 發展과 政治的 統合 努力」, 『한국고대사연구』 14, 1998.

박노석, 「고구려의 발전과 현도군 책구루의 변화」, 『전북사학』 46, 2015.

박대재, 「위만조선의 영역구조와 漢郡縣의 개편」, 『고조선단군학』 46, 2021.

박준형, 『고조선사의 전개』, 서경문화사, 2014.

여호규, 「高句麗의 國家形成과 漢의 對外政策」, 『군사』 54, 2005.

여호규, 「고구려 초기 對中戰爭의 전개과정과 그 성격」, 『동북아역사논총』 15, 2007.

여호규, 『고구려 초기 정치사 연구』, 신서원, 2014.

여호규, 「2세기 전반 高句麗와 後漢의 관계 변화」, 『동양학』 58, 2015.

여호규, 「高句麗와 漢의 接境空間 변화에 따른 住民集團의 잡거」, 『역사문화연구』
　　　74, 2020.

오영찬, 『낙랑군연구』, 사계절, 2006.

윤선태, 「한사군의 역사지리적 변천과 '낙랑군 초원 4년 현별 호구'」, 『낙랑군 호구
　　　부 연구』, 동북아역사재단, 2010.

윤용구, 「高句麗의 흥기와 幘溝漊」, 『고구려의 역사와 대외관계』, 서경, 2006.

윤용구, 「현도군의 군현 지배와 고구려」, 『요동군과 현도군 연구』, 동북아역사재단,
　　　2008.

이병도, 「玄菟郡考」, 『韓國古代史研究』, 博英社, 1976.

이병도, 『삼국사기』 상, 을유문화사, 1996.

이성제, 「玄菟郡의 改編과 高句麗」, 『한국고대사연구』 64, 2011.

이승호, 「漢의 沃沮 지배와 토착 지배층의 동향」, 『동국사학』 57, 2014.

이승호, 「夫餘 政治史 研究」, 동국대학교 박사학위논문, 2018.

이종록, 「高句麗와 玄菟郡의 관계와 幘溝漊 설치 배경 검토」, 『선사와 고대』 55, 2018.

이종욱, 『한국의 초기국가』, 아르케, 1999.

이준성, 「고구려의 형성과 정치체제 변동」, 연세대학교 박사학위논문, 2019.

임기환, 「한 현도군의 퇴축과 고구려의 국가 형성」, 『고구려의 기원과 성립』, 동북아
    역사재단, 2020.

장병진, 「고구려의 성립과 전기 지배체제 연구」, 연세대학교 박사학위논문, 2019.

孫進己·王錦厚, 『東北曆史地理』 1, 黑龍江人民出版社, 1989.

王義學, 「赤柏松古城考古發現及其相關問題研究」, 吉林大學 碩士學位論文, 2008.

遼寧省文物考古研究所, 『永陵南城址發掘報告』 上·下, 文物出版社, 2017.

肥後政紀, 「『漢書』地理支記載の戶口統計の年代について」, 『明大アジア史論集』
    3, 1998.

小林聰, 「漢時代における中國周邊民族の內屬について」, 『東方學』 82, 1991.

田中俊明, 「高句麗の興起と玄菟郡」, 『朝鮮文化研究』 1, 1994.

池內宏, 「高句麗の建國傳說と史上の事實」, 『滿鮮史研究』 上世 第1冊, 吉川弘文
    館, 1951.

和田淸, 「玄菟郡考」, 『東方學』 1, 1951.

제6장

임둔 · 진번군의 치폐와 위치에 관한 재논의

장병진

(연세대학교 강사)

I. 머리말

한국 고대사 연구에서 漢 군현 통치의 영향을 구체화하려는 시도에 대해 비판적 시각이 존재한다. 과거 일제가 자신들의 식민 통치를 정당화하려는 논리 속에 漢四郡의 역사적 경험을 활용했던 기억이 남아있기 때문이며,[1] 다른 한편으로는 중국의 동북공정 이후 '역사 주권'에 대한 논란 속에서 고조선 故地에 설치된 漢 군현의 문제가 부정적으로 인식되는 환경이 조성되었기 때문이다.[2] 일각에서는 고대사 문제를 둘러싼 외부의 공세에 대한 대응이라는 명분을 내세우며 또 다른 왜곡을 양산하고, 그것을 정당화하려는 움직임까지 나타나고 있어 주의가 요구된다.[3]

그러나 漢 군현 지배의 역사와 遺制를 반드시 지배와 저항의 이분법으로만 접근하는 것에는 재고의 여지가 있다. 과거에 대한 현재적 투영은 역사 연구의 중요한 부분이기도 하지만, 한편으로는 당대의 현실을 이해하는 데 장애가 될 수도 있음에 유의해야 한다. 고조선 故地에 설치된 漢 군현에 일제 식민지 지배

---

1) 한사군에 대한 식민주의적 접근의 문제점은 오영찬, 「낙랑군 연구와 식민주의」, 『한국 고대사 연구의 시각과 방법(노태돈 교수 정년기념논총 1)』, 사계절, 2014 참조.
2) 2007년 2월 동북공정이 마무리되었다고 하지만, 그 관점은 지금까지 이어지고 있다. 동북공정과 관련한 한국 고대사 연구의 쟁점 및 대응 방안에 대해서는 무수히 많은 논고가 제출된 바 있다. 단행본으로는 고구려연구회 편, 『동북공정과 한국학계의 대응논리』, 여유당, 2008 ; 한국고대사학회·동북아역사재단 편, 『중국의 동북공정과 한국고대사』, 주류성, 2013 참조.
3) 동북공정에 대한 대응 속에서 민족주의적 역사관의 강화되고, 민족주의·애국주의가 과잉 표출될 가능성이 언급된 바 있다(임기환, 「중국의 동북공정이 남긴 것」, 『역사와 현실』 62, 2006, 12~13쪽). 실제로 '위대한' 고대사를 열망하는 유사역사학의 주장이 민족주의·애국주의로 포장되어 정치권과 결합, 일반 대중에게 확산하면서 학계의 전문 연구를 왜곡, 폄하하는 움직임이 우려할만한 수준에 이르렀다. 이러한 주장의 문제점에 대해서는 송호정, 「최근 한국상고사 논쟁의 본질과 그 대응」, 『역사와 현실』 100, 2016 ; 젊은역사학자모임 편, 『한국 고대사와 사이비역사학』, 역사비평사, 2017 참조.

를 투영하는 것 자체가 일제의 의도였다는 사실을 간과해서는 안 된다. 고조선 故地에 설치된 漢 군현[4]을 축출하는 과정이 한국 고대국가의 발전과정과 궤를 같이하고 있음을 부정하기는 어렵지만, 단순히 극복의 과정으로서가 아닌 고대국가의 발전과정에서 어떻게 작용을 했는지를 규명하는 것이 더 중요하다고 하겠다.

고조선 이래 삼국으로 이어지는 고대국가의 발전과정을 계기적으로 파악하기 위해서는 한사군에 관한 논의가 필수적이다. 한사군에 대한 논의는 조선 후기 '실학자'들의 역사·지리 고증에서부터 본격화되었다. 兩亂 이후 대내외 정세의 혼란과 청과의 국경 문제가 대두되면서 자연스럽게 북방의 과거 역사, 지리에 관한 관심이 높아졌기 때문이다.[5] 이러한 관심은 한사군의 위치를 찾아보려는 시도로 이어졌다.[6]

근대 이후에는 일본인 연구자들이 滿鮮 지배라는 목적을 염두에 두고 한사군에 관한 논의를 이어갔다.[7] 특히 일제강점기 평양을 중심으로 한 서북한 일대에서 낙랑 고분이 대거 발굴되면서 한사군에 대한 실체적 접근이 가능해졌다. 일본인 연구자들은 漢 군현을 통한 선진 문화의 전파를 한국 고대국가 발전의 계기로 설정해 식민지 지배의 현실을 투영하려는 의도를 드러냈으며,[8] 패망 이후에도 漢 군현 지배를 漢人 지배층과 피지배 토착인이라는 이분법적 도식으로

---

4) 漢 이후 魏, 晉까지 군현이 이어졌으나, 편의상 漢으로 통칭하였다.

5) 실학자들의 역사 지리 연구에 대해서는 韓永愚, 『朝鮮後期史學史研究』, 一志社, 1989 ; 박인호, 『조선시기 역사가와 역사지리 인식』, 이회, 2003 ; 조성을, 『조선후기 사학사 연구』, 한울, 2004 참조.

6) 송호정, 「실학자들의 역사지리관과 고조선 한사군 연구」, 『韓國古代史研究』 62, 2011 ; 오영찬, 「조선 후기 고대사 연구와 漢四郡」, 『역사와 담론』 64, 2012 참조.

7) 이준성, 「『만주역사지리』의 한사군 연구와 '만선사'의 성격」, 『인문과학』 54, 성균관대학교 인문학연구원, 2014 참조.

8) 오영찬, 『낙랑군 연구』, 사계절, 2006, 16~18쪽 참조.

접근했다.[9]

한편 이병도는 한사군 문제를 한국 고대사 연구의 주요 소재로 천착하고, 종합적인 검토를 통해 일본인 연구자들과 차별화된 고증을 시도했다.[10] 군현의 성격을 漢人의 식민지로 파악하고 漢 군현을 통해 후진적 동방 사회가 정치·문화적으로 발전하는 계기를 마련했다고 이해하는 한계가 보이지만, 이후 연구에 중요한 토대를 제공했다. 또한 위치 문제에 치중했던 기존의 논의와 달리, 중국사의 시각에서 고대 중국의 이민족 지배, 邊郡 운영이라는 차원에서 한사군의 성격을 구체화하려는 논의도 있었다.[11]

해방 이후 북한에서 이루어진 낙랑 고분 조사 성과가 소개되면서 낙랑 문화에 대한 이해가 심화될 수 있었다. 특히 중국 내륙이나 다른 변경 지역과 구분되는 특수성을 갖추고 있음이 주목되었다.[12] 고조선과의 연속선상에서 토착 주민의 위상을 새롭게 정립하고,[13] 기존의 이분법적 도식에서 벗어나 '낙랑인'의 형성을 주장한 연구[14]는 연구의 시각을 전환하는 중요한 계기를 마련해 주었다.[15]

최근에는 秦·漢代 간독 자료의 조사와 연구를 바탕으로 漢의 변군 운영에 대한 이해가 심화되었고,[16] 특히 정백동 364호분에서 初元 4년(기원전 45) 낙랑

---

9) 三上次男, 『古代東北アジア史研究』, 吉川弘文館, 1966, 23~82쪽.

10) 李丙燾, 「第2篇 : 漢四郡問題의 研究」, 『韓國古代史研究』, 博英社, 1976.

11) 金翰奎, 『古代中國的世界秩序研究』, 一潮閣, 1982 ; 權五重, 『樂浪郡研究』, 一潮閣, 1992.

12) 오영찬, 『낙랑군 연구』, 사계절, 2006, 22~25쪽 참조.

13) 尹龍九, 「樂浪前期 郡縣支配勢力의 種族系統과 性格」, 『歷史學報』 126, 1990.

14) 오영찬, 『낙랑군 연구』, 사계절, 2006.

15) 한국사, 중국사라는 국가사적 접근에서 벗어나 요동이라는 공간에 주목한 지역사적 접근(김한규, 『요동사』, 문학과지성사, 2004)도 비슷한 맥락에서 주목된다.

16) 金秉駿, 「중국고대 簡牘자료를 통해 본 낙랑군의 군현지배」, 『歷史學報』 189, 2006 ; 이성규, 「중국 군현으로서의 낙랑」, 『낙랑 문화 연구』, 동북아역사재단, 2006 ; 金慶浩, 「秦·漢初 周邊民族에 대한 戶籍制度의 運營 : 秦漢簡牘資料를 中心으로」,

군 소속 현의 호구 통계를 기록한 목독(이하 「낙랑군 호구부」)이 출토되면서[17] 한 사군 연구 역시 새로운 전기를 맞았다. 다양한 논의를 통해 한사군 관련 논의는 큰 진전을 보이고 있지만, 사실 그 대부분은 낙랑군과 현도군에 집중되어 있다고 해도 과언이 아니다. 상대적으로 임둔군과 진번군에 관한 논의는 매우 적었다. 설치 후 곧 폐지되어 존속 기간이 짧았고, 그로 인해 관련된 사료도 매우 부족했기 때문이다. 기본적으로 군현이 자리한 공간에 대한 이해가 불분명한 상태에서 진전된 논의를 진행하기 어려웠던 한계도 있다.

다만 「낙랑군 호구부」를 통해 임둔군이나 진번군의 殘縣을 추적해보려는 시도가 이루어지고 있고, 관련 사료 자체에 대한 이해가 심화되면서 새로운 논의가 가능한 토대가 마련되었다. 여기서는 이러한 성과들을 염두에 두고 임둔군과 진번군 문제를 다시 살펴보고자 한다. 임둔군과 진번군의 치폐 과정부터 그 중심 위치에 관해서까지 새로운 접근을 시도해 볼 것이다. 여전히 위치 문제에 치중하는 것이지만, 공간에 대한 이해를 분명히 해야만 그 성격에 대한 진전된 논의가 가능하다고 판단했기 때문이다.[18]

II. 漢의 4군 설치와 임둔 · 진번군

元封 2년(기원전 109) 漢 武帝는 고조선으로 대대적인 침공을 감행했다. 外臣

『中國史硏究』 81, 2012.

17) 尹龍九, 「새로 발견된 樂浪木簡 -樂浪郡 初元四年 縣別戶口簿」, 『韓國古代史硏究』 46, 2007 ; 권오중 등 공저, 『낙랑군 호구부 연구』, 동북아역사재단, 2010.

18) 본문에 인용한 사료는 기본적으로 번역했으며, 각주로 원문을 제시했다. 사료의 [ ] 는 原註, < >는 후대 史家의 註釋이다. ( )는 이해의 편의를 위해 필자가 삽입한 것임을 미리 일러둔다.

의 의무를 다하지 않고, 군사적으로 도발한 것을 응징한다는 명분을 내세웠다. 물론 실질적인 목적은 塞外의 蠻夷 지역까지 군현을 설치해 漢 帝國의 천하를 확장하려는 것이었다. 해를 넘겨 이어진 전쟁으로 고조선 내부에서 지배층 간의 갈등이 표출되었고, 결국 원봉 3년 왕검성이 함락되면서 고조선은 멸망했다.[19]

> 원봉 3년 여름, 尼谿相 參이 사람을 시켜 조선왕 右渠를 죽이고 항복해 왔으나, 王險城은 함락되지 않았다. 죽은 우거의 大臣 成己가 또 反해 다시 軍吏들을 공격했다. 좌장군은 우거의 아들 長降(陥)과 相 路人의 아들 最로 하여금 그 백성을 달래고 성기를 죽이게 했다. 이로써 마침내 조선을 평정하고 4군을 설치했다.[20] (『史記』 권115, 조선열전)

> (원봉 3년) 여름, 조선이 그 왕 右渠를 죽이고 항복했다. 그 땅으로 樂浪 · 臨屯 · 玄菟 · 眞番郡을 삼았다.[21] (『漢書』 권6, 무제기)

漢은 고조선 고지에 4개의 군을 나누어 설치했다. 한사군으로 불리는 낙랑군, 임둔군, 현도군, 진번군이다. 그런데 『史記』 조선열전 등의 기록과 달리, 처음 漢이 고조선 故地에 군현을 설치할 때는 4군이 아니라, 3군으로만 구획했던 것으로 보인다.

> 현도군 [무제 원봉 4년에 열었다. 高句驪를 왕망은 下句驪라고 했다. 幽州에 속한다.][22]

---

19) 고조선과 漢의 전쟁 배경과 과정은 김병준, 「漢이 구성한 고조선 멸망 과정 -사기 조선열전의 재검토-」, 『韓國古代史研究』 50, 2008을 참조.

20) "元封三年夏 尼谿相參乃使人殺朝鮮王右渠來降 王險城未下 故右渠之大臣成巳又反 復攻吏 左將軍使右渠子長降 相 路人之子最 告諭其民 誅成巳 以故遂定朝鮮 爲四郡"

21) "夏 朝鮮斬其王右渠降 以其地爲樂浪臨屯玄菟眞番郡"

22) "玄菟郡 [武帝元封四年開 高句驪 莽曰下句驪 屬幽州]"

낙랑군 [무제 원봉 3년에 열었다. 왕망은 樂鮮이라고 했다. 幽州에 속한다.][23]
(이상 『漢書』 권28下, 지리지)

원봉 6년 가을에 蝗害가 있었다. 예전에 兩 장군이 조선을 정벌하고, <顔師古가 말하기를, 2년에 樓船將軍 楊僕과 左將軍 荀彘가 응모한 죄인을 이끌고 그들을 쳤다.> 3군을 열었다. <안사고가 말하기를, 武帝本紀에는 "그 땅을 낙랑 · 임둔 · 현도 · 진번군으로 삼으니, 4군이다."라고 했는데, 여기서는 3이라고 했으니 옮긴이의 잘못이다.>[24] (『漢書』 권27中之下, 오행지)

후대의 傳寫 과정에서 현도군 설치 연도를 잘못 기록했을 수도 있겠지만, '三'과 '四'의 자획은 혼란이 발생할 여지가 거의 없다. 『漢書』 지리지에는 4군 중에 현도군과 낙랑군만 기록하고 있는데, 昭帝 始元 5년(기원전 82)에 이미 임둔군과 진번군이 폐지된 까닭이다. 이렇게 한사군에 관한 『漢書』의 정보는 꽤 구체적이어서, 현도군 설치 연도에 관한 기록을 단순한 착오로 여기기 어렵다.

이와 관련해 『漢書』 오행지에 漢이 고조선을 정벌하고 3군을 열었다는 표현이 주목된다. 안사고는 오행지 찬자가 4군을 3군으로 잘못 옮긴 것으로 이해했지만, 앞서 언급했듯 '三'과 '四'는 자획에 혼동이 발생할 여지가 적다. 또 오행지는 天人感應說에 따라 자연현상을 연도와 계절별로 모아 정리한 것이기 때문에 특별한 경우가 아니라면, 연도에 착란이 발생할 가능성이 매우 작다. 아마도 오행지에서 3군을 설치했다고 기록했다면, 고조선 멸망 후에 3군이 일괄 설치된 사실을 적은 모종의 전거가 있었을 것이다.[25]

漢은 고조선 故地에 낙랑군, 진번군, 임둔군을 설치했고, 현도군은 나중에

---

23) "樂浪郡 [武帝元封三年開 莽曰樂鮮 屬幽州]"
24) "元封六年秋 蝗 先是 兩將軍征朝鮮 <師古曰 二年 樓船將軍楊僕 左將軍荀彘將應募罪人擊之> 開三郡 <師古曰 武紀云以其地爲樂浪臨屯玄菟眞番郡 是四郡也 而此云三 蓋傳寫志者誤>"
25) 장병진, 「초기 고구려의 주도세력과 현도군」, 『韓國古代史研究』 77, 2015, 14~15쪽.

다른 이유로 추가한 것이다.[26] 현도군은 과거 창해군을 설치했던 지역과 주민을 대상으로 설치했다고 여겨진다.[27] 원삭 원년(기원전 128) 濊君 南閭를 비롯한 예맥의 수장들이 조선왕 우거를 배반하고 요동군에 내속했으며, 이를 계기로 漢은 창해군을 설치했다.[28] 그러나 창해군은 불과 3년도 되지 않아 폐지되었다. 비용 등의 문제로 군현을 유지하기가 어려웠기 때문이다.[29]

물론 창해군이 폐지되었더라도 요동군에 내속했던 남려 등의 예맥 세력이 다시 고조선의 세력권으로 편입되었다고 보기는 어렵다. 이들은 고조선의 세력권 밖에서 요동군과 직접적인 교섭을 이어갔을 것이다.[30] 그런데 고조선 故地에 3군이 설치되면서 이전과는 상황이 달라졌다. 다시 군현을 설치하고 유지할 수 있는 여건이 조성된 것이다. 더구나 이 지역의 수장들은 스스로 고조선의 세력권에서 벗어나 요동군에 내속할 정도로 漢에 우호적이었다. 漢은 3군을 설치한 후에 고조선 주변부에서 독자적인 세력으로 성장한 고구려, 옥저 등 예맥 사회의 정치체를 회유 · 포섭해 현도군을 추가한 것이다.[31]

---

26) 金光洙, 『고구려 古代集權國家의 成立에 관한 연구』, 연세대학교 박사학위논문, 1984, 17쪽.

27) 李丙燾, 「玄菟郡及臨屯郡考」, 『史學雜誌』 41-4 · 5, 1930 ; 「玄菟郡考」, 『(修訂版)韓國古代史研究』, 博英社, 1985, 172~176쪽 ; 노태돈, 「고구려의 기원과 국내성 천도」, 『한반도와 중국 동북 3성의 역사 문화』, 서울대학교출판부, 1999, 321쪽.

28) 『漢書』 권6, 무제기, "(元朔元年) 東夷濊君南閭等 口二十八萬人降 爲蒼海郡 …… 三年春 罷蒼海郡" ; 『後漢書』 권85, 동이열전, 예, "元朔元年 濊君南閭等畔右渠 率二十八萬口詣遼東內屬 武帝以其地爲蒼海郡 數年乃罷"

29) 『史記』 권30, 평준서, "漢通西南夷道 作者數萬人 千里負擔饋糧 率十餘鍾致一石 散幣於邛僰 以集之 數歲道不通 蠻夷因以數攻 吏發兵誅之 悉巴蜀租賦不足以更之 乃募豪民田南夷 入粟縣官 而內受錢於都內 東至滄海之郡 人徒之費擬於南夷" ; 『漢書』 권24下, 식화지, "東置滄海郡 人徒之費疑於南夷"

30) 金基興, 「고구려의 성장과 대외교역」, 『韓國史論』 16, 서울대학교 국사학과, 1987, 12쪽.

31) 장병진, 『고구려의 성립과 전기 지배체제 연구』, 연세대학교 박사학위논문, 2019, 26~30쪽.

아마도 『史記』를 편찬할 때는 이미 현도군이 설치된 후였고, 漢의 입장에서는 고조선이 멸망한 후 최종적으로 4군이 설치된 결과가 더 중요했기 때문에 4군을 일괄 기록한 것으로 이해된다. 전쟁 有功者에 대한 포상과 죄인에 대한 처벌이 기원전 107년 3월까지 이루어졌던 사실을 참고하면,[32] 기원전 107년에 현도군을 추가하는 조치가 이루어졌다는 사실은 수긍할 만하다.[33]

현도군과 달리 낙랑군, 임둔군, 진번군은 고조선의 직접적인 영토, 혹은 그 정치적 영향 아래 있었던 지역 및 주민집단을 대상으로 설치되었다. 3군의 설치는 사실상 점령지의 재편이라는 성격이 컸다. 낙랑군은 과거 고조선의 중심부에 설치되었다. 낙랑군의 首縣인 조선현은 다수의 유적과 유물을 통해 오늘날의 평양 지역으로 파악하는 데 이론의 여지가 거의 없다. 특히 평양 낙랑구역의 정백동 364호분에서 「낙랑군 호구부」가 출토되어 이 지역이 낙랑군의 정치적 중심지에 해당한다는 사실이 더욱 분명해졌다.

漢은 변군 지역에서 토착세력의 지배구조를 군현체제와 병존시켜 활용한 것으로 알려져 있다.[34] 그러나 고조선의 중앙정치에 참여했던 대세력들은 대부분 해체되었다. 漢에 대항했던 국왕 우거와 대신 성기가 죽었고, 漢에 투항하거나 협력한 세력들은 중국 內地의 열후로 봉해졌지만,[35] 그나마도 후사를 잇지 못했거나 모반에 연루되어 곧 제거되었다.[36] 따라서 낙랑군 지역에는 王·侯로 봉해질 만한 기반을 가진 대세력은 존재하지 못했을 가능성이 크고,[37] 중소세

---

32) 왕검성이 함락되고 고조선이 멸망한 시점을 기원전 107년 3월로 보아야 한다는 견해도 있다(조법종, 『고조선·고구려사 연구』, 신서원, 2006, 250~258쪽).

33) 장병진, 「초기 고구려의 주도세력과 현도군」, 『韓國古代史研究』 77, 2015, 15쪽.

34) 權五重, 『樂浪郡研究』, 一潮閣, 1992, 47~59쪽.

35) 參은 澅淸候, 陰은 荻苴候, 唊은 平州候, 長降(陷)은 幾候, 最는 溫陽候로 봉했다 (『史記』 권115 조선열전).

36) 『漢書』 권17, 경무소선원성공신표.

37) 오영찬, 『낙랑군 연구』, 사계절, 2006, 74~75쪽.

력의 분포를 고려해 현의 분치가 이루어졌을 것으로 생각된다.[38]

> 燕의 전성기부터 일찍이 진번과 조선을 복속시켜 관리를 두고 鄣塞를 쌓았다.[39]

> 마침 孝惠와 高后의 시대[40]를 맞아 천하가 처음으로 안정되니, 요동태수는 곧 滿과 外臣의 約을 맺었다. (滿으로 하여금) 塞外의 蠻夷를 안정시켜 변경을 노략질하지 못하게 하고, 여러 만이의 君長들이 天子를 入見하길 바라면 막지 말도록 했다. 上(천자)도 이를 듣고 허락했다. 이로써 滿은 兵威財物을 얻어 주변의 소읍을 침략해 항복시켰으며, 진번과 임둔이 모두 와서 복속을 구하니, (영역이) 사방 수천 리가 되었다.[41] (이상 『史記』 권115, 조선열전)

진번은 일찍이 戰國末 燕의 동방 진출을 언급하는 과정에서 고조선과 나란히 등장한다. 위만이 고조선의 왕위를 차지하고 漢의 외신이 되어 주변의 소읍들을 정복하자, 진번과 임둔도 복속해 왔다. 고조선이 멸망한 후 낙랑군과 함께 진번군, 임둔군이 설치된 것은 진번과 임둔이 고조선에 복속되어 있었기 때문이다. 漢 변경에 설치된 군현의 명칭은 관할 대상이 되었던 토착 세력의 명칭을 그대로 활용하는 경우가 많았다. 차이가 있다면, 조선의 명칭이 현명으로 활용된 것과 달리 진번과 임둔은 군명으로 사용되었다. 진번과 임둔이 고조선이 존속

---

38) 장병진, 「초기 고구려의 주도세력과 현도군」, 『韓國古代史硏究』 77, 2015, 11쪽.

39) "自始全燕時 嘗略屬眞番朝鮮 爲置吏 築鄣塞"

40) 惠帝의 재위 기간이 기원전 195~188년이고, 즉위 당시 15세에 불과해 高后(呂后)가 섭정했다. 高后는 惠帝가 물러난 이후 기원전 180년까지 섭정했기 때문에 이 기간을 모두 포함하는 것으로 보기도 하지만, 대체로 '孝惠高后時'는 惠帝의 재위 기간만 한정해서 나타낸다(國史編纂委員會 編, 『中國正史 朝鮮傳 譯註 一』, 國史編纂委員會, 1987, 31쪽).

41) "會孝惠高后時 天下初定 遼東太守卽約滿爲外臣 保塞外蠻夷 無使盜邊 諸蠻夷君長欲入見天子 勿得禁止 以聞 上許之 以故滿得兵威財物 侵降其旁小邑 眞番臨屯 皆來服屬 方數千里"

하던 당시부터 하나의 郡으로 설정될 정도의 규모를 갖추었는지는 분명하지 않지만, 주변 소읍을 아우르며 일정한 권역을 대표할 정도의 위상은 갖추었던 것으로 짐작해 볼 수 있다.[42]

위만이 집권하기 전까지 진번과 임둔은 고조선에 예속되었다고 하더라도, 내적으로 기존 군장의 통치권이 용인되고, 외적으로도 천자에 대한 알현이 가능할 정도의 독립성을 보장받았던 것으로 이해된다. 이는 일종의 종주국과 제후국의 관계와 같은 모습을 떠올리게 한다.[43] 늦어도 기원전 5~4세기 무렵이면, 비파형동검문화를 공유하는 예맥 사회의 諸 세력은 고조선을 중심으로 주변의 예맥·진번·임둔 등의 세력 집단이 연맹체적 구조를 이루고 있었다고 받아들여진다.[44] 다만 위만이 집권한 이후 점차 주변 지역에 대한 통제를 강화하면서, 우거왕 시기에 이르러서는 내부적인 반발과 漢과의 전쟁에 직면하게 된 것으로 이해된다.

(始元 5년) 담이와 진번군을 파했다.[45]

(元鳳 6년) 봄 정월에 군국의 무리를 모아 요동 현도성을 쌓았다.[46] (이상 『漢書』 권7, 소제기)

그(원봉) 6년 정월에 요동 현도성을 쌓았다.[47] (『漢書』 권26, 천문지)

---

42) 군현을 배치하고 명칭을 붙이는 것은 漢의 편의나 주관에 의한 것이 아니라 토착 사회의 현실을 반영해 이루어졌다. 郡은 토착 사회의 대단위 세력을, 縣은 소단위 세력을 대상으로 했다(李丙燾, 『(修訂版)韓國古代史研究』, 博英社, 1985, 97~101쪽).

43) 장병진, 『고구려의 성립과 전기 지배체제 연구』, 연세대학교 박사학위논문, 2019, 19쪽.

44) 송호정, 『한국 고대사 속의 고조선사』, 푸른역사, 2003, 282쪽. 이를 '조선연맹체'로 표현했다.

45) "罷儋耳眞番郡"

46) "春正月 募郡國徒 築遼東玄菟城"

47) "其六年正月 築遼東玄菟城"

昭帝 시원 5년에 이르러 임둔과 진번을 파하고, 낙랑과 현도에 병합했다.[48] (『後漢書』 권85, 동이열전, 예)

옥저성으로 현도군을 삼았다. 뒤에 夷貊의 침입을 받아 구려의 서북으로 군을 옮겼으니, 지금의 소위 현도 故府가 그곳이다.[49] (『三國志』 권30, 오환선비동이전, 동옥저)

한편 漢은 4군을 설치한 지 20여 년 만인 시원 5년(기원전 82) 임둔군과 진번군을 폐지하고 낙랑군과 현도군에 통합시켰다.[50] 아마도 한반도 서북 지역은 낙랑군이 관할하고, 단단대령 동쪽은 현도군이 관할하는 체계를 구상했던 것으로 생각된다.[51] 지배의 효율이나 비용면에서 郡을 따로 두기에는 큰 부담이 되었기 때문이다. 변군의 폐지와 축소는 漢의 대외정책 변화에 따른 것이었지만,[52] 토착 사회의 반발이 복합적으로 작용하는 가운데 이루어졌다. 군현 통폐합 이후 얼마 지나지 않아 이맥의 침입으로 현도군이 고구려의 서북쪽으로 치

---

48) "至昭帝始元五年 罷臨屯眞番 以幷樂浪玄菟"

49) "以沃沮城爲玄菟郡 後爲夷貊所侵 徙郡句麗西北 今所謂玄菟故府是也"

50) 『後漢書』 권85, 동이열전, 예, "至昭帝始元五年 罷臨屯眞番 以幷樂浪玄菟" 한편 『後漢書』의 기록은 전대의 기사를 찬자가 종합한 것이라고 비판하고, 사실은 기원전 82년에 진번군만 폐지되었고, 낙랑군, 임둔군, 현도군의 廢合은 기원전 75년에 이루어졌다고 보기도 한다(池內宏, 「前漢昭帝の四郡廢合と後漢書の記事」, 『加藤博士還曆記念東洋史集說』, 富山房, 1941 ; 『滿鮮史硏究 -上世 第1冊-』, 吉川弘文館, 1951, 16~18쪽 ; 李熙德, 「漢眞番郡新考」, 연세대학교 석사학위논문, 1959, 18~20쪽).

51) 낙랑군과 현도군이 漢의 동방 경영의 주축이 되었고, 임둔군과 진번군을 폐합시킨 것은 군현의 역량을 강화하려는 의도로 파악하기도 한다(李成制, 「玄菟郡의 改編과 高句麗 -'夷貊所侵'의 의미와 郡縣의 對應을 중심으로-」, 『韓國古代史硏究』 64, 2011, 294~296쪽).

52) 당시 漢의 대외정책에 대해서는 余昊奎, 「高句麗의 國家形成과 漢의 對外政策」, 『軍史』 54, 2005를 참조.

소를 옮기고 축소된 것은 그러한 측면을 잘 보여준다.[53]

III. 임둔군의 치소 동이현과 관할 범위

앞서 살핀 것처럼 고조선 주변에는 이미 임둔, 진번으로 불리는 정치체가 존재하고 있었다. 일찍이 임둔과 진번은 고조선에 예속되어 있었고, 漢은 고조선을 멸망시킨 후 해당 지역에 임둔군과 진번군을 설치했다. 그런데 고조선의 정치적 중심인 오늘날의 평양 일대를 중심으로 낙랑군이 설치된 사실은 분명해 보이지만, 임둔군과 진번군이 설치된 지역은 분명히 알기가 어렵다. 『漢書』 지리지를 통해 소속 현에 대한 약간의 정보를 확인할 수 있는 낙랑군, 현도군과 달리, 임둔군과 진번군은 속현에 관한 구체적인 정보가 거의 없기 때문이다.

임둔군과 진번군의 속현에 관한 정보는 사실상 『茂陵書』의 逸文이 유일하다. 『漢書』 臣瓚 註에 인용된 『茂陵書』에는 진번군의 치소가 霅縣이고, 임둔군의 치소는 東暆縣이라고 했다.[54] 그 외 속현의 수와 長安으로부터의 거리가 함께 전해지지만, 그 수치를 그대로 신뢰하기에는 무리가 있다는 지적이 있었다.[55] 진번군의 수현 삽현(잡현, 합현)은 다른 기록에서 찾을 수 없지만, 임둔군의 수현 동이현은 이른바 '대낙랑군' 예하 25현의 하나로 그 명칭이 확인된다.[56]

---

53) 장병진, 「초기 고구려의 주도세력과 현도군」, 『韓國古代史硏究』 77, 2015, 30~31쪽.

54) 『漢書』 권6, 무제기6, 원봉 3년, 臣瓚 註 『茂陵書』, "臨屯郡 治東暆縣 去長安六千一百三十八里 十五縣 眞番郡 治霅縣 去長安七千六百四十里 十五縣"

55) 박대재 · 김철민, 「『我邦疆域考』 역주 · 비평 (4) -臨屯考 · 眞番考-」, 『韓國史學報』 81, 2020, 253~258쪽.

56) 『漢書』 권28下, 지리지8下, "樂浪郡[武帝元封三年開 莽曰樂鮮 屬幽州] 戶六萬二千八百一十二 口四十萬六千七百四十八[有雲鄣] 縣二十五 朝鮮 䛁邯 浿水[水西至增地入海 莽曰樂鮮亭] 含資[帶水西至帶方入海] 黏蟬 遂成 增地[莽曰增土] 帶方

표 1 「낙랑군 호구부」소속 현의 목록

구역	현명(기재 순서에 따라)	비고(강조)
1	朝鮮 – 䛁邯 – 增地 – 占蟬 – 駟望 – 屯有	郡治
2	帶方 – 列口 – 長岑 – 海冥 – 昭明 – 提奚 – 含資	南部都尉
3	遂成 – 鏤方 – 渾彌 – 浿水 – 呑列	
4	東暆 – 蠶台 – 不而(不耐) – 華麗 – 邪頭昧 – 前莫 – 夫租(沃沮)	東部都尉

「낙랑군 호구부」는 25개 속현을 지역별로 4개의 구역으로 나누어 작성한 것으로 파악되는데,[57] 동이현이 포함된 4구역은 동부도위의 관할 범위였던 영동 7현 지역에 해당한다. 호구부의 현별 기재 순서는 구역별로 첫머리에 기재된 현과 각 현을 하나씩 연결하는 방사상의 형태를 반영한 것이라는 견해가 있다.[58] 각 구역의 맨 앞에 기재된 현은 해당 구역과 군치를 연결하는 교통로의 거점이었을 것으로 파악되며, 특히 호구부의 기재 순서는 군치와 속현 간의 행정체계, 즉 서로를 연결하는 교통망과 무관하지 않다.[59]

조선현이 포함된 낙랑군의 중심 지역인 1구역의 마지막에 둔유현이 기재되었고, 2구역의 마지막은 함자현, 그리고 4구역은 부조현이 마지막에 기재되었다. 호구부의 2구역은 후일 대방군으로 분리되는 지역으로 낙랑군의 남부 지역에 해당한다. 둔유현 남쪽 지역을 나누어 대방군을 설치했고,[60] 함자현을 통해

駟望 海冥[莽曰海桓] 列口 長岑 屯有 昭明[南部都尉治] 鏤方 提奚 渾彌 呑列[分黎山 列水所出 西至黏蟬入海 行八百二十里] 東暆 不而[東部都尉治] 蠶台 華麗 邪頭昧 前莫 夫租"

57) 손영종, 『조선단대사(고구려사 1)』, 과학백과사전출판사, 2006, 120~121쪽.

58) 윤용구, 「낙랑군 초기의 군현 지배와 호구 파악」, 『낙랑군 호구부 연구』, 동북아역사재단, 2010, 193~195쪽.

59) 이성제, 「낙랑의 군현 재편과 예(濊)」, 『낙랑군 호구부 연구』, 동북아역사재단, 2010, 223~227쪽.

60) 『三國志』권30, 오환선비동이전, 韓, "建安中 公孫康分屯有縣以南荒地爲帶方郡"

辰韓의 右渠帥 廉斯鑡이 낙랑군으로 귀부했다.[61] 부조현이 영동 7현의 최북단이라는 점은 주지의 사실이다. 이러한 사실은 호구부의 기재 순서가 군현의 행정체계, 교통망과 무관하지 않을 것이라는 추론과 부합한다.

단단대령 동쪽 해안을 따라 남북으로 길게 늘어선 영동 7현의 지리적 특징으로 보아,[62] 4구역은 대체로 동이에서 부조로 이어지는 남북 교통로를 기준으로 원근에 따라 기재되었다고 보아도 큰 무리는 아닐 것이다. 구체적인 위치 비정을 차치하고 상대적 위치 관계를 이야기한다면, 동이, 잠태, 불이(불내)현은 영동 7현의 남쪽, 그리고 부조, 전막, 사두매현은 북쪽에 자리했던 것으로 보인다.[63]

실제로 이러한 위치 관계는 다른 자료를 통해서도 방증된다. 2세기 초에 편찬된 『說文解字』에서는 '낙랑 동이현'과 '薉 邪頭國'이라는 표현이 확인된다.[64] 이는 상대적으로 북쪽에 위치한 사두매현이 비교적 빨리 낙랑군의 관할에서 벗어났고, 동이현은 편찬 당시에 낙랑군의 관할로 남아있던 상황이 반영되었을 가능성이 있다.[65] 고구려가 영동 지역으로 진출해 간 과정도 참고가 된다. 고구려는 태조왕 4년(56) 동옥저(부조현)를 정벌한 후,[66] 태조왕 66년(118)에 화려현을

---

61) 『三國志』 권30, 오환선비동이전, 韓 裴松之 註 『魏略』.

62) 『三國志』 권30, 오환선비동이전, 동옥저, "其地形東北狹 西南長";『後漢書』 권85, 동이열전, 동옥저, "其地東西夾 南北長"

63) 「낙랑군 호구부」의 기재 방식, 영동 7현의 위치 관계에 관한 서술은 장병진, 「고구려의 영동지역 진출과 관할 방식」, 『동북아역사논총』 58, 2017, 170~171쪽 참조.

64) 『說文解字』 권7, 日部, "暆 日行暆暆也 從日施聲 樂浪有東暆縣 讀若酏 弋支切"; 권11, 魚部, "鮸 魚名 出薉邪頭國 從魚免聲";"魵 魚名 出薉邪頭國 從魚分聲 符分切";"鰅 魚名 皮有文 出樂浪東暆"

65) 『說文解字』에 낙랑에 관한 정보가 적지 않게 등장하고 있다는 점(김남중, 「『說文解字』의 고조선·낙랑 기록과 典據」, 『先史와 古代』 51, 2017)에서 영동 지역의 현실을 비교적 정확하게 반영하고 있었을 것으로 판단된다.

66) 『三國史記』 권15, 고구려본기3, 태조대왕 4년, "秋七月 伐東沃沮 取其土地爲城邑 拓境東至滄海 南至薩水"

공략했다.[67] 그리고 비교적 낙랑군의 영향력이 오래 유지되었던 불내현(불이현)은 후한 말에 이르러 고구려에 복속되었다.[68]

이를 통해 과거 임둔군의 수현이었던 동이현이 영동 지역, 그중에서도 영동 7현의 남부에 자리했다는 정도의 정보를 파악할 수 있다. 낙랑군 25현 중에는 동이현을 제외한 임둔군의 다른 속현도 포함되었을 것으로 생각되지만, 더 자세히 접근하기에는 무리가 있다. 대체로 영동 7현에서 부조현을 제외한 6현을 임둔군의 잔현으로 보는 것에 큰 이견이 없다.

> 단단대산령의 서쪽은 낙랑군에 속하게 하고, (단단대산)령으로부터 동쪽의 7현은 도위가 주관했으며, 모두 濊人으로 민을 삼았다.[69] (『三國志』 권30, 오환선비동이전, 예)

한편 『三國志』 동이전에는 영동의 예와 구분되는 영서의 예가 존재했음을 언급하면서, 군현의 통폐합 과정에서 영서의 예가 낙랑에 속하게 되었다고 했다. 이 기사를 통해 임둔군이 영동과 영서 지역을 아울러 설치된 것으로 파악되었고, 영서 지역의 임둔군 잔현도 영동 7현을 제외한 낙랑군의 18개 현 가운데 포함되었을 것이라는 견해가 일찍이 제기된 바 있다.[70] 「낙랑군 호구부」가 소개된 이후에는 구체적으로 3구역으로 구분된 수성, 누방, 혼미, 패수, 탄열의 5개 현이 영서 지역에 해당한다고 보고, 여기에 임둔군의 잔현이 포함되었을 것으로

---

67) 『後漢書』 권85, 동이열전, 고구려, "元初五年 復與濊貊寇玄菟 攻華麗城" ; 『三國史記』 권15, 고구려본기3, 태조대왕 66년, "夏六月 王與濊貊襲漢玄菟 攻華麗城"

68) 『三國志』 권30, 오환선비동이전, 예, "自單單大山領以西 屬樂浪 自領以東七縣 都尉主之 皆以濊爲民 後省都尉 封其渠帥爲侯 今不耐濊皆其種也 漢末更屬句麗"

69) "自單單大山領以西 屬樂浪 自領以東七縣 都尉主之 皆以濊爲民"

70) 池內宏, 「樂浪郡考」, 『滿鮮地理歷史硏究報告』 16, 1940 ; 『滿鮮史硏究 -上世 第1冊」, 吉川弘文館, 1951, 23쪽 ; 李熙德, 「漢眞番郡新考」, 연세대학교 석사학위논문, 1959, 24~25쪽.

추정했다.[71] 5개 현을 모두 임둔군의 잔현이라고 파악[72]하기는 주저되지만, 임 둔군 잔현의 일부가 3구역에 포함되었을 가능성은 있다.

동이현은 오늘날 함경남도 남단의 덕원 부근으로 비정되는데,[73] 평양과 동해 안 연안 도시를 잇는 교통로의 거점에 해당한다.[74] 앞서 언급한 것처럼 「낙랑군 호구부」에서 4구역의 수위에 동부도위의 치소인 불이현이 아닌, 동이현이 기록 된 것은 군치인 조선현과의 교통에 중추적 기능을 담당했기 때문이다.[75] 임둔군 이 영서와 영동을 아울러 설치되었다면, 영서와 영동을 연결하는 거점인 동이현 이 임둔군의 치소였던 이유를 짐작할 만하다. 임둔군이 폐지된 후에 작성된 초 원 4년(기원전 45) 「낙랑군 호구부」에서는 동이현이 비록 279호 2,013구에 불과 한 소현으로 나타나지만, 임둔군 당시에는 현령이 파견되는 비교적 큰 규모의 현이었던 사실도 확인된다.[76]

물론 임둔군 예하의 모든 현이 낙랑군, 혹은 현도군에 통합되었다고 보기는 어렵다. 군현의 통폐합 과정에서 상당수의 속현은 放棄되었을 것이다. 영동 지

---

71) 尹龍九, 「平壤出土 「樂浪郡初元四年縣別戶口簿」 研究」, 『木簡과 文字』 3, 2009, 289쪽.

72) 윤선태, 「한사군의 역사지리적 변천과 '낙랑군 초원 4년 현별 호구부'」, 『낙랑군 호구 부 연구』, 동북아역사재단, 2010, 248~253쪽.

73) 李丙燾, 「玄菟郡及臨屯郡考」, 『史學雜誌』 41-4 · 5, 1930 ; 「臨屯郡考」, 『(修訂版)韓 國古代史研究』, 博英社, 1985, 197~198쪽. 덕원 지역은 현재 행정구역상 원산시에 포함되어 있다.

74) 이성제, 「낙랑의 군현 재편과 예(濊)」, 『낙랑군 호구부 연구』, 동북아역사재단, 2010, 222~223쪽.

75) 이성제, 「낙랑의 군현 재편과 예(濊)」, 『낙랑군 호구부 연구』, 동북아역사재단, 2010, 223쪽.

76) 『漢書』 권30, 예문지10, "東暆令延年賦七篇" 동이현령으로 파견되었던 延年은 漢 무제 시기의 인물로 太始 연간(기원전 96~93)에 上書를 바친 사실이 확인된다고 한 다(李丙燾, 「玄菟郡及臨屯郡考」, 『史學雜誌』 41-4 · 5, 1930 ; 「臨屯郡考」, 『(修訂 版)韓國古代史研究』, 博英社, 1985, 200쪽).

역에 한정해 살펴보면, 북쪽으로는 현도군 속현이었던 부조현(옥저)가 자리하고 있었기 때문에 방기되었을 속현을 북쪽에서 구하기는 어렵다. 따라서 설치 당시 임둔군의 범위를 추정해보면, 부조현을 제외한 6현에서 남쪽으로 좀 더 확대된 범위를 상정할 수 있을 것이다.[77]

IV. 진번군의 치소 삽현과 관할 범위

임둔군의 치소인 동이현과 달리, 진번군의 치소인 삽현은 낙랑군이나 현도군의 속현 중에서 확인할 수 없다. 이에 진번군의 위치에 관한 논의는 고조선과 병존해 있었던 진번 관련 기록을 바탕으로 이루어지고 있는데, 상치되는 기사가 혼재해 적지 않은 논란이 있었다.[78] 조선 후기 활발하게 전개된 역사 · 지리 고증에서는 대체로 진번군을 압록강 너머의 고구려나 요동 지역에 비정했다.[79]

진번군 위치에 관한 논의는 淸末 楊守敬이 낙랑군 남부의 7현(후일의 대방군)을 진번군의 잔현으로 파악[80]하면서 중요한 전환점을 맞았다. 과거 진번군의 위치를 낙랑군(고조선)보다 북쪽에서 찾으려던 논의에서는 주로 『史記』, 『漢書』에 대한 후대 史家의 주석에 주목했으나, 양수경은 이를 낭설로 치부했다. 그는

---

77) 구체적으로 파악하기는 불가능하다. 다만 낙랑군의 대략적인 범위를 고려하면, 초치 당시 임둔군의 범위를 오늘날의 강원 북부를 넘어서는 지역까지 확대해 보기는 어렵지 않을까 한다.

78) 진번에 관한 여러 논의는 李丙燾, 「眞番郡考」, 『史學雜誌』 40-5, 1929 ; 『(修訂版)韓國古代史研究』, 博英社, 1985 ; 李熙德, 「漢眞番郡新考」, 연세대학교 석사학위논문, 1959 ; 조원진, 「고대 진번의 변천 연구」, 『先史와 古代』 66, 2021, 149~156쪽 참조.

79) 진번군의 위치에 관한 조선 후기의 주요 견해는 박대재 · 김철민, 「『我邦疆域考』 역주 · 비평 (4) -臨屯考 · 眞番考-」, 『韓國史學報』 81, 2020, 259~260쪽 <표 1> 참조.

80) 楊守敬, 「汪士鐸漢志釋地駁議條」, 『晦明軒稿』.

『漢書』 조선전의 '眞番辰國' 기사와 『茂陵書』에서 진번군이 임둔군보다 장안으로부터 더 멀리 있다는 기록에 주목했다.

양수경의 논의는 일본인 연구자들에게 폭넓게 수용되었으며,[81] 이병도의 '眞番觀' 역시 양수경의 논의에 韓百謙의 논의[82]를 더해 보완한 것이었다.[83] 물론 진번군의 위치를 낙랑군 북쪽에서 구하려는 논의도 꾸준히 제기되었지만,[84] 현

81) 稻葉岩吉, 「眞番郡の位置」, 『歷史地理』 24-6, 日本歷史地理學會, 1914 ; 「漢四郡問題の攷察」, 『朝鮮』 154, 朝鮮總督府, 1928 ; 今西龍, 「眞番郡考」, 『史林』 1-1, 史學研究會, 1916 ; 『朝鮮古史の研究』, 近江書店, 1937 ; 池內宏, 「眞番郡の位置について(上)・(下)」, 『史學雜誌』 57-2・3, 1948 ; 『滿鮮史研究 -上世 第1冊」, 吉川弘文館, 1951 ; 末松保和, 「漢眞番郡治考」, 『古代學』 1-3, 1952 ; 「眞番郡治考」, 『高句麗と朝鮮古代史』, 吉川弘文館, 1996.

82) 韓百謙, 『東國地理志』. 한백겸은 양수경에 앞서 『漢書』에서 '眞番辰國'이 조선에 가로막혀 天子를 알현할 수 없었다고 했기 때문에 진번의 위치를 조선과 임둔, 진국 사이에서 구해야 한다고 보았다. 구체적으로는 그곳을 '貊國故地'라고 파악했다. 이병도는 이러한 그의 논리를 卓見이라고 평했다(李丙燾, 「眞番郡考」, 『史學雜誌』 40-5, 1929 ; 『(修訂版)韓國古代史研究』, 博英社, 1985, 110쪽).

83) 李丙燾, 「眞番郡考」, 『史學雜誌』 40-5, 1929 ; 『(修訂版)韓國古代史研究』, 博英社, 1985, 117~125쪽.

84) 邢珂通世, 「朝鮮樂浪玄菟帶方考」, 『史學雜誌』 5-4, 1894 ; 白鳥庫吉, 「漢の朝鮮四郡疆域考」, 『東洋學報』 2-2, 1912 ; 樋口隆次郎, 「朝鮮半島に於ける漢四郡の疆域及沿革考 (2)」, 『史學雜誌』 23-2, 1912. 국내에서도 이희덕이 기왕에 제시된 이른바 '재남설'의 논거를 세세히 비판하고, '재북설'(고구려)의 입장을 개진한 바 있다(李熙德, 「漢眞番郡新考」, 연세대학교 석사학위논문, 1959). 최근에는 김한규가 진번군을 고구려 방면에서 구하고, 후일 현도군에 병합된 것으로 보았고(김한규, 『요동사』, 문학과지성사, 2004, 189~193쪽), 오영찬이 진번군을 청천강과 압록강 사이에 표시한 지도를 제시한 바 있지만(오영찬, 『낙랑군 연구』, 사계절, 2006, 67쪽), 진번군에 관한 구체적인 논의를 진행하지는 않았다. 한편 진번의 이동을 상정하기도 하는데(千寬宇, 『古朝鮮史・三韓史研究』, 一潮閣, 1989, 154~174쪽), 고조선의 중심지 이동설과 같은 맥락에서 진번의 이동을 상정하거나(徐榮洙, 「古朝鮮의 위치와 강역」, 『韓國史市民講座』 2, 一潮閣, 1988, 44~45쪽 ; 박준형, 『고조선사의 전개』, 서경문화사, 2014, 194~195쪽 ; 조원진, 「고조선과 燕나라의 전쟁과 요동」, 『先史와 古代』 62, 2020, 50~59쪽 ; 「고대 진번의 변천 연구」, 『先史와 古代』 66, 156~166쪽), 위만조선

재는 낙랑군 남부의 7현(대방군)을 진번군의 북부 잔현으로 보고 진번군의 범위를 "東은 지금의 春川一帶, 北은 慈悲嶺을 限界로 해 南은 漢江北岸"에 이르렀다고 파악한 이병도의 견해가 사실상 통설의 지위를 얻었다고 보아도 무리가 없다.

> (위만의) 아들을 거쳐 손자 우거에 이르렀을 때, 꾀어낸 漢의 亡人이 더욱 많아졌고, 또 입조해서 알현하지 않았다. 진번과 辰國이 글을 올려 천자를 알현하고자 했으나, 또한 가로막고 통하지 못하게 했다.[85] (『漢書』 권95, 조선전)

> 임둔군, 치소는 동이현이고 장안으로부터 6,138리 떨어져 있다. 15현이 있다. 진번군, 치소는 삽현이고 장안으로부터 7,640리 떨어져 있다. 15현이 있다.[86] (『漢書』 권6, 무제기6, 원봉 3년, 臣瓚 註 『茂陵書』)

일찍이 양수경이 진번군의 위치를 낙랑군의 남쪽에서 구했던 결정적인 논거는 위의 두 사료였다. 고조선(우거)이 진번과 진국이 漢과 교통하는 것을 가로막았다고 했으니, 진번은 고조선의 남쪽에 있어야 한다는 논리였다. 또 임둔군보다 진번군이 장안에서 더 멀리 떨어져 있었다는 기록을 통해 진번군의 위치를 남쪽에서 구한 논리를 보강할 수 있었다.[87]

양수경은 진번군의 잔현이 북쪽 낙랑군으로 통합되었다고 하면서, 南限은

이전에 조선 서북방(요동)의 古진번과 위만조선 시기 남쪽의 진번을 구분해 보기도 한다(박대재, 「고조선 이동설에 대한 비판적 검토」, 『동북아역사논총』 55, 2017 ; 「위만조선의 영역구조와 漢郡縣의 재편」, 『고조선단군학』 46, 2021). 이러한 논의는 상치되는 진번 관련 사료를 합리적으로 해석하려는 시도로서 주목되지만, 진번군에 대해서는 대방군을 진번군의 잔현으로 파악하는 '재남설' 논의의 연장선에 있다고 할 수 있다.

85) "傳子至孫右渠 所誘漢亡人滋多 又未嘗入見 眞番辰國欲上書見天子 又雍閼弗通"

86) "臨屯郡 治東暆縣 去長安六千一百三十八里 十五縣 眞番郡 治霅縣 去長安七千六百四十里 十五縣"

87) 楊守敬, 「汪士鐸漢志釋地駁議條」, 『晦明軒稿』.

熊川江(금강)이라고 추정했다. 그 연장선에서 진번군의 위치를 충청도[88]나 전라북도[89]에서 구하려는 논의가 이어졌다. 또 『茂陵書』의 기록을 전적으로 신뢰하면서 진번군의 위치를 영산강 하류나 경주에서 동래 부근에서 구해야 한다는 주장까지 제기된 바 있으나,[90] 앞서 언급했듯이 그 수치를 그대로 따르기는 어렵다.[91] 적어도 『茂陵書』의 거리 기록은 진번군의 위치를 구하는 데 적절한 자료라고 하기는 어렵다.

　『漢書』 조선전의 기록에 대해서도 살펴볼 필요가 있다. 같은 내용의 기사는 『史記』 조선열전이나,[92] 『資治通鑑』에서도 확인된다.[93] 『漢書』에 앞서 기록되어 그 저본이 되었을 『史記』 조선열전에는 '眞番辰國'이 아니라, '眞番旁衆國'이라고 기록되어 있다. 고조선이 진번 주변의 여러 나라가 漢과 교통하는 것을 가로막았다는 것이다. 여기에 더해 通行本인 南宋刊本과 달리 그보다 앞서는 北宋刊本에서 '衆國'이 '辰國'으로 적혀 있다는 사실이 확인되었다.[94]

　이마니시류는 북송간본인 百衲本 『史記』의 '眞番旁辰國'에 주목했다. 그는 『漢書』의 찬자가 『史記』의 '眞番旁辰國'을 진번과 그 주변의 진국이라고 이해하고 '眞番辰國'으로 고쳤다고 보았고, 『資治通鑑』의 찬자는 '眞番旁辰國'을 진

88) 稲葉岩吉, 「眞番郡の位置」, 『歷史地理』 24-6, 日本歷史地理學會, 1914 ; 「漢四郡問題の攷察」, 『朝鮮』 154, 朝鮮總督府, 1928.

89) 今西龍, 「眞番郡考」, 『史林』 1-1, 史學硏究會, 1916 ; 『朝鮮古史の硏究』, 近江書店, 1937.

90) 末松保和, 「漢眞番郡治考」, 『古代學』 1-3, 1952 ; 「眞番郡治考」, 『高句麗と朝鮮古代史』, 吉川弘文館, 1996.

91) 박대재 · 김철민, 「『我邦疆域考』 역주 · 비평 (4) -臨屯考 · 眞番考-」, 『韓國史學報』 81, 2020, 253~258쪽.

92) 『史記』 권115, 조선열전, "傳子至孫右渠 所誘漢亡人滋多 又未嘗入見 眞番旁衆國 欲上書見天子 又擁閼不通"

93) 『資治通鑑』 권21, 漢紀13, 元封 2년, "傳子至孫右渠 所誘漢亡人滋多 又未嘗入見 辰國欲上書見天子 又雍閼不通"

94) 稲葉岩吉, 「眞番郡の位置」, 『歷史地理』 24-6, 日本歷史地理學會, 1914.

번 주변의 진국이라고 이해하고 '辰國'이라고만 썼던 것이라고 보았다.[95] 이병도는 『史記』의 구절을 진번 주변의 진국이라고 이해하면서 漢이 교통을 막은 것은 진번이 아니라, 진번 주변에 있던 진국이라고 보아 양수경과는 조금 다른 해석을 제시했다.[96] 고조선이 진번과 漢의 교통을 막았는지는 차치하고, 북송간본 『史記』를 통해서 진번이 진국과 인접한 고조선의 남쪽에 있다는 사실이 분명해진 셈이다.

다수의 연구자가 '眞番旁辰國'을 『史記』 조선열전의 원형이라고 판단했고, 혹 '眞番旁衆國'이라고 하더라도 '衆國'은 곧 진국을 가리킨다는 이해가 널리 받아들여졌다.[97] 그런데 최근 통행본인 남송간본보다 앞선 북송간본 『史記』에 '眞番旁辰國'으로 기록되었더라도 그것을 원형으로 보기 어렵다는 연구가 발표되었다.[98] 연구에서는 994년 교감을 시작해 997년 간행된 북송간본보다 앞서서 983년에 완성된 『太平御覽』에서 『史記』를 인용하면서 해당 구절을 '眞番旁衆國'이라고 기록한 사실에 주목했다.

결국 진번의 주변에 진국이 있었다는 결정적인 근거가 사라진 셈인데,[99] 여전히 진번과 진국이 인접해 있었다고 보는 데에는 큰 이견이 없는 듯하다. 고조선이 진번 주변의 여러 나라, 혹은 진번과 진국이 漢과 교섭하는 것을 막았다면, 진번은 반드시 고조선의 남쪽에 있어야 한다는 이해가 자리하고 있기 때문이다. 그러나 이러한 이해는 당대의 실상에 대한 오해에서 비롯된 것으로 생각된다.

---

95) 今西龍, 「百衲本史記の朝鮮伝に就きて」, 『芸文』 12-3, 1921 ; 『朝鮮古史の研究』, 近江書店, 1937, 273~275쪽.

96) 李丙燾, 「眞番郡考」, 『史學雜誌』 40-5, 1929 ; 『(修訂版)韓國古代史研究』, 博英社, 1985, 108~113쪽.

97) 金貞培, 「「辰國」과 「韓」에 關한 考察」, 『史叢』 12·13합집, 1968, 343~348쪽.

98) 박대재, 「三韓의 기원에 대한 사료적 검토」, 『韓國學報』 119, 2005, 5~11쪽.

99) 『漢書』의 '辰國'에 대한 표현은 사실로서가 아니라, 史家에 의한 윤문이라는 견해도 있다(전진국, 「辰國·辰王 기록과 '辰'의 명칭」, 『한국고대사탐구』 27, 2017, 142~147쪽).

마침 孝惠와 高后의 시대를 맞아 천하가 처음으로 안정되니, 요동태수는 곧 滿과 외신의 약을 맺었다. (만으로 하여금) 塞外의 만이를 안정시켜 변경을 노략질하지 못하게 하고, 여러 만이의 군장들이 천자를 入見길 바라면 막지 말도록 했다. 상(천자)도 이를 듣고 허락했다. 이로써 만은 兵威財物을 얻어 주변의 소읍을 침략해 항복시켰으며, 진번과 임둔이 모두 와서 복속을 구하니, (영역이) 사방 수천 리가 되었다. (『史記』권115, 조선열전)

漢은 위만을 외신으로 삼고, 고조선을 매개로 새외의 만이 세력을 제어하고자 했다.[100] 중간 관리자인 외신을 통해 주변 諸族을 漢의 천하에 편입시키려는 의도였다. 漢이 東夷 諸族 가운데 고조선의 宗主的 지위를 인정한 것이었지만, 만이 군장들의 입현이 언급된 사실로 보아, 이들이 고조선이라는 단일한 국가체로 통합되길 기대한 것은 아니었다.[101] 중국 역대 왕조의 기본적인 방침이 변경 이민족의 정치적 통합을 지양하는 것이기도 했다. 고조선에 '兵威財物'을 제공한 것은 어디까지나 漢의 藩屛으로 삼아 동북방 변경의 정세를 안정시키기 위함이었다.[102]

고조선은 兵威財物을 기반으로 주변의 소읍들을 복속시켰고, 예맥 사회 내에서 고조선의 종주적 지위가 강화되면서 진번과 임둔도 스스로 복속을 구해왔다. 고조선은 주변의 여러 세력 집단에게 정치적 영향력을 확대해 나갔지만, 각

---

100) 漢 초기 봉건제적 질서를 바탕으로 한 郡國制와 外臣制를 통해 황제 중심의 대내외 질서를 확립하고자 했다. 이것은 직접 편제가 어려운 지역에 대한 과도기적 지배 형태로 점차 군현제로 대체되었다(權五重, 『樂浪郡研究』, 一潮閣, 1992, 8~19쪽).

101) 漢과 외신 관계를 맺지 않은 만이들을 임시로 감독하되 이들이 漢의 외신이 되는 것을 막지 말라는 뜻으로, 漢은 변경의 안정을 위해 가능한 많은 만이들과 외신 관계를 맺는 것이 중요할 뿐, 외신을 통해 이민족을 간접지배하는 것이 목적은 아니었다는 견해(김병준, 「漢이 구성한 고조선 멸망 과정 -사기 조선열전의 재검토-」, 『韓國古代史研究』 50, 2008, 16쪽)가 참고된다.

102) 漢이 사방의 이민족을 제어하는 방편으로써 기미책의 성격을 띤다는 논의(李春植, 「兩漢代 制夷策과 羈縻策의 성격에 대하여」, 『東洋學』 25, 1995)가 참고된다.

수장을 중심으로 한 기존의 지배구조를 용인했던 것으로 보인다. 고조선의 주선을 통한 것이었지만, 漢과 교섭도 가능했다.

그러나 우거의 즉위를 전후해 고조선이 예하의 세력 집단에 대한 정치적 통제를 강화하면서 내외에서 강한 반발에 부딪혔다. 漢 무제가 고조선을 침공하면서 내세운 명분도 우거가 漢의 亡人을 꾀어내고, 주변 나라와 중국의 교통을 막았다는 것이었다. 이와 관련해 기원전 128년 예군 남려 등이 우거를 배반하고 요동군에 내속해 창해군이 설치되었던 사건을 살펴볼 필요가 있다.

> 彭吳가 滅(滅)·조선에서 장사(상업)를 했고,[103] 滄海之郡을 설치했다. ……
> 漢은 西南夷로 가는 길을 뚫고자 했는데, 일하는 자가 수만 인이었다. 천 리를 식량을 등에 메고 옮기니, 십여 鍾을 보내면 한 石이 이를 뿐이었다. 邛僰에 재물을 풀어 식량을 모았다. 수년이 되어도 길이 뚫리지 않았다. 만이는 이로 인해 수차례 공격했다. (漢의) 관리는 병사를 징발해 그들을 죽였다. 모든 巴蜀의 租賦를 계속 공급해도 부족해 豪民을 모아 남이의 땅을 경작하게 했다. 곡식을 지방 관청에 납입시키고 그 대금은 都內에서 받도록 했다. 동쪽으로 창해의 군에 이르렀는데, 人徒의 비용이 남이와 비슷했다.[104] (『史記』 권30, 평준서)

> (원삭 원년) 東夷의 예군남려 등 28만 구가 항복해 오니, 창해군으로 삼았다.
> …… 3년 봄에 창해군을 파했다.[105] (『漢書』 권6, 무제기)

> 팽오가 예맥·조선으로 길을 뚫으니, 창해군을 설치했다. …… 동으로 창해군

---

103) "彭吳賈滅朝鮮"는 의미를 파악하기가 쉽지 않다. 대체로 '賈滅'은 『漢書』의 '穿滅貊'과 같은 의미일 것으로 파악하기도 하지만, 滅를 滅의 오기로 보고 彭吳가 예맥과 조선에서 상업 활동을 벌였다고 해석하는 것이 자연스럽다(李鍾旭, 「高句麗 初期의 政治的 成長과 對中國關係의 展開」, 『東亞史의 比較研究』, 一潮閣, 1987, 65쪽).

104) "彭吳賈滅朝鮮 置滄海之郡 …… 漢通西南夷道 作者數萬人 千里負擔饋糧 率十餘鍾致一石 散幣於邛僰 以集之 數歲道不通 蠻夷因以數攻, 吏發兵誅之 悉巴蜀租賦不足以更之 乃募豪民田南夷 入粟縣官 而內受錢於都內 東至滄海之郡 人徒之費擬於南夷"

105) "(元朔元年) 東夷薉君南閭等 口二十八萬人降 爲蒼海郡 …… 三年春 罷蒼海郡"

을 설치했는데, 人徒의 비용이 남이와 비슷했다.[106] (『漢書』 권24下, 식화지)

원삭 원년 예군남려 등이 우거를 배반하고, 28만 구를 이끌고 요동군으로 와서 내속했다. 무제가 그 땅을 창해군으로 삼았다. 수년 만에 파했다.[107] (『後漢書』 권85, 동이열전, 예)

창해군의 관할 범위를 구체적으로 확인하기는 어렵지만, 설치 당시의 상황이나 명칭 등을 통해 대강의 추정은 가능하다. 일단 고조선 주변부에서 요동군과 직접 교통이 가능한 지역이면서, 해안지역을 포함했을 것이다. 창해군의 위치를 요동의 중·남부, 요동반도 부근에서 구하려는 논의가 있었으나,[108] 창해군이 교통로의 확보와 유지, 그리고 그와 관련된 비용의 문제로 폐지된 사실을 고려하면, 요동군에 바로 인접한 지역에 한정해 비정하기는 어렵다.[109]

비슷한 이유에서 요동반도 일대의 해안보다는 동해안 지역과 관련되었을 가능성이 더 크다. 비록 사료 계통과 시기를 달리하는 것이긴 하지만, 고구려가 동옥저를 정벌하고 동쪽으로 '滄海'까지 경계를 넓혔다는 『三國史記』의 기록을 참고할 만하다.[110] 여러 정황으로 보아 창해군은 요동군에서 한반도 동북 해안에 이르는 교통로상의 주민집단을 포괄해 설치되었을 것으로 이해된다.[111] 설

---

106) "彭吳穿穢貊朝鮮 置滄海郡 …… 東置滄海郡 人徒之費疑於南夷"

107) "元朔元年 濊君南閭等畔右渠 率二十八萬口詣遼東內屬 武帝以其地爲蒼海郡 數年乃罷"

108) 權五重, 「滄海郡과 遼東東部都尉」, 『歷史學報』 168, 2000 ; 박노석, 「고조선대 창해군에 대한 재 고찰」, 『全北史學』 50, 2017 ; 최슬기, 「蒼海郡 위치비정의 쟁점과 전제」, 『고조선단군학』 44, 2021.

109) 李成制, 「玄菟郡의 改編과 高句麗 -'夷貊所侵'의 의미와 郡縣의 對應을 중심으로-」, 『韓國古代史研究』 64, 2011, 293쪽.

110) 『三國史記』 권15, 고구려본기3, 태조대왕 4년.

111) 池內宏, 「眞番郡の位置について (上)·(下)」, 『史學雜誌』 57-2·3, 1948 ;『滿鮮史研究 -上世 第1冊』, 吉川弘文館, 1951, 127~142쪽 ; 和田淸, 「玄菟郡考」, 『東方學』 1, 1951 ;『東亞史研究 滿洲篇』, 東洋文庫, 1955, 15~17쪽 ; 金美烓, 「第1玄菟

령 창해군의 설치 범위를 달리 보더라도, 해당 지역이 고조선을 거치지 않고 요동군과 직접 교섭할 수 있는 지역이라는 사실은 분명하다.

漢이 창해군을 설치하는 과정에서 팽오라는 인물의 교역 활동(賈)과 교통로 개척(穿)이 중요하게 언급되었다.[112] 뒤집어보면, 고조선 주변의 세력 집단들이 漢(군현)과의 교섭에 어려움을 겪었음을 짐작할 수 있다. 남려 등이 우거를 배반하고, 요동군과 직접 교섭에 나선 결정적인 이유도 여기에 있었다.[113] 창해군 설치와 관련된 사정은 고조선이 漢과의 교섭을 주선하거나, 혹은 통제하는 것이 반드시 위치 관계에 따른 것은 아니라는 사실을 잘 보여준다.[114] 고조선(우거)이 진번이 천자를 알현하는 것을 가로막았다('擁閼')는 표현이 반드시 위치 관계에 따른 물리적 저지를 의미하지는 않는 것이다.

결국 이른바 '진번재남설'의 결정적인 논거로 제시되었던 사료들은 그 내용을 신뢰하기 어렵거나, 해석에 오해가 있었던 셈이다. 따라서 鐵案으로 여겨졌던 '진번재남설'에서 벗어나 진번군의 위치를 다시 구할 필요가 있다. 이와 관련해 낙랑군 내의 지명이라고 전해지는 '雪陽部', '雪陽郵'을 진번군의 수현인 '雪

郡의 위치에 대한 재검토」, 『실학사상연구』 24, 2002, 20~32쪽 ; 余昊奎, 「高句麗의 國家形成과 漢의 對外政策」, 『軍史』 54, 2005, 3~4쪽.

112) 『漢書』 지리지에 "東賈眞番之利"라는 표현이 사용된 것을 참고하면, 濊와 조선지역에서 팽오라는 商賈의 활동을 계기로 창해군이 설치될 수 있었다고 파악할 수 있다(權五重, 「滄海郡과 遼東東部都尉」, 『歷史學報』 168, 2000, 87쪽).

113) 필자는 창해군이 설치되었던 사정을 예군 남려 집단을 포함한 고조선 주변부의 몇몇 대세력이 비슷한 이해관계를 바탕으로 연합해 우거에 반기를 들었던 것으로 이해하고 있다. 창해군을 현도군의 전신으로 파악하는 입장에서 그 관할 대상에 동해안 방면의 예군 남려 세력 외에도 고구려 등이 포함되었을 것으로 본다(장병진, 『고구려의 성립과 전기 지배체제 연구』, 연세대학교 박사학위논문, 2019, 26~30쪽).

114) 이병도 역시 예군 남려가 大·小水貊 사회의 盟主로서 通溝 지방에 근거했을 것으로 파악하면서도 남려가 우거를 배반한 이유를 漢과의 교통을 허용하지 않은 것에서 찾았다(李丙燾, 「玄菟郡及臨屯郡考」, 『史學雜誌』 41-4·5, 1930 ; 「玄菟郡考」, 『(修訂版)韓國古代史研究』, 博英社, 1985, 174~175쪽).

縣'의 後身으로 파악한 견해가 주목된다.[115] 진번군 삽현이 방기된 것이 아니라, 낙랑군에 통합된 후 小城堡로 그 기능이 축소되었을 가능성을 제기한 것이기 때문이다.

『漢書』지리지의 찬자는 낙랑군조에 '雲鄣'이 있다는 사실을 주석했는데,[116] '䨮'과 '雲'은 傳寫 과정에서 사실상 구분이 어렵다고 해도 과언이 아니다. 실제로 書法에 따라 '言'은 '云'과 같은 자형으로 쓰기도 한다.[117] 또한 낙랑군에 존재했을 여러 亭障 가운데 특별히 운장을 언급했다면, 그만큼 중요한 정보라고 판단했기 때문일 것이다. 만약 운장이 낙랑군에 통합된 진번군의 수현 삽현과 관계되었다고 한다면, 그 이유로 충분히 납득할 만하다.

아마도 진번군 삽현은 낙랑군의 관할 아래 들어갔다가, 이후 운장(삽장)으로

---

115) 尹龍九, 「樂浪前期 郡縣支配勢力의 種族系統과 性格」, 『歷史學報』126, 1990, 19~20쪽 ; 「『史記』·『漢書』注文의 '古朝鮮' 관련 기사」, 『韓國古代史研究』85, 2017, 175~176쪽. 북송대 韻書인 『廣韻』과 『集韻』에서 "䨮 衆言聲 又丈甲切 䨮陽 部 在樂浪", "䨮 䨮陽 縣名"(이상 『廣韻』), "䨮 斬押切 地名䨮陽障 在樂浪", "䨮 衆言聲 一曰 䨮陽 地名 在樂浪"(이상 『集韻』)이라는 기록을 확인할 수 있다.

116) 『漢書』권28下, 지리지, "樂浪郡 [武帝元封三年開 莽曰樂鮮 屬幽州] 戶六萬 二千八百一十二 口四十萬六千七百四十八 [有雲鄣] 縣二十五 ……"

117) 다양한 사례를 찾기 어려운 '䨮'을 대신해 초서로 쓰인 '雲'과 '譽'의 사례를 보면, '云'과 '言'의 자획이 구분되기 어려운 사실을 확인할 수 있다. 한국 고대 금석문인 「포항 중성리 신라비」에서도 '言'이 '云'과 같은 자형으로 쓰인 사례를 찾을 수 있다.

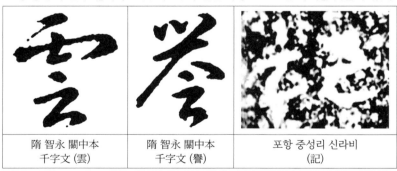

隋 智永 關中本 千字文 (雲)	隋 智永 關中本 千字文 (譽)	포항 중성리 신라비 (記)

축소되었던 것으로 생각된다.[118] 그런데 『史記索隱』에서는 『漢書』 지리지의 낙랑군조에 운장이 있다는 내용을 上下鄣에 주석했다.[119] 상하장과 삽현이 밀접한 관계가 있었던 것일까?[120]

> 처음 燕의 전성기부터 일찍이 진번과 조선을 복속시키고, 관리를 두고 鄣塞를 쌓았다. 秦이 燕을 멸하고는 그곳을 遼東外徼에 속하게 했다. 漢이 일어나서는 그곳이 멀어 지키기 어렵다고 다시 遼東故塞를 수리하고, 浿水에 이르는 곳을 경계로 燕(漢의 제후국)에 속하게 했다. 燕王 盧綰이 배반해 흉노로 들어가니 滿도 망명했다. 무리 천여 인을 모아 魋結을 하고 만이의 복장으로 동쪽으로 塞를 나와 浿水를 건너 秦의 옛 空地인 상하장에 거주했다. 점차 진번·조선의 만이와 옛 燕·齊의 망명자를 복속시키고 그들의 왕이 되었다. 王險(王儉)에 도읍했다.[121] (『史記』 권115, 조선열전)

燕은 전성기에 고조선과 함께 진번을 복속시켰다고 했다. 이는 昭王의 재위기(기원전 311~279)에 장수 진개가 고조선의 서방 2천여 리를 빼앗은 사건[122]을

---

118) 前漢代 신개척지에서의 군현 설치는 '徙民→亭障의 築塞→都尉에 의한 관할구 설정→縣에 의한 통치→郡의 설치'라는 단계를 밟았고, 다른 한편으로 군현 설치 후에 토착민의 저항에 따라 군현 통치가 역순으로 후퇴하기도 했다는 논의가 참고된다(張春樹, 「漢代河西四郡的建置年代與開拓過程的推測 -兼論漢初西向擴張的原始與發展-」, 『歷史語言研究所集刊』 37下, 中央研究院歷史語言研究所, 1967, 723~746쪽 ; 윤선태, 「한사군의 역사지리적 변천과 '낙랑군 초원 4년 현별 호구부'」, 『낙랑군 호구부 연구』, 동북아역사재단, 2010, 257~258쪽).

119) "案 地理志 樂浪有雲鄣"

120) 駒井和愛, 「樂浪雲障考」, 『中國都城·渤海研究』, 雄山閣, 1977, 120~121쪽.

121) "自始全燕時嘗略屬眞番朝鮮 爲置吏 築鄣塞 秦滅燕 屬遼東外徼 漢興 爲其遠難守 復修遼東故塞 至浿水爲界 屬燕 燕王盧綰反 入匈奴 滿亡命 聚黨千餘人 魋結蠻夷服而東走出塞 渡浿水 居秦故空地上下鄣 稍役屬眞番朝鮮蠻夷及故燕齊亡命者王之 都王險"

122) 『三國志』 권30, 오환선비동이전, 韓 裴松之 註 『魏略』, "昔箕子之後朝鮮侯 見周衰 燕自尊爲王 欲東略地 朝鮮侯亦自稱爲王 欲興兵逆擊燕以尊周室 其大夫禮諫之 乃止 使禮西說燕 燕止之 不攻 後子孫稍驕虐 燕乃遣將秦開攻其西方 取地

말한다. 당시 진개는 고조선을 침공하기에 앞서 東胡를 물리쳐 천여 리 밖으로 몰아내고 造陽에서 襄平에 이르기까지 長城을 쌓았으며,[123] 上谷·漁陽·右北平·遼西·遼東의 5군을 설치해 胡를 방비하고,[124] 다시 요동을 건너 고조선을 공격했다고 전한다.[125] 진번과 조선을 복속시키고 장새를 쌓았다는 사실은 이러한 구체적 정황 속에서 이해할 수 있다.[126]

그런데 진개가 고조선의 서방을 공략한 사건에서 진번이 함께 등장한다. 당시 요동과 인접한 지역에 고조선과 함께 진번이 자리했을 가능성을 보여준다. 이른바 '古진번'의 재북설 혹은 이동설이 제기된 이유이기도 하다. 위만이 秦의 옛 空地인 상하장에 거주하면서 북중국의 유이민과 함께 진번, 조선의 만이를 복속시켰다는 사실도 간과할 수 없다. 특히 기사에서는 위만이 準王으로부터 조선의 왕위를 빼앗기 전에 세력을 규합하는 과정에서 이미 진번을 언급하고 있어 주목된다.[127]

『魏略』의 逸文에서 조선왕 準이 浿水를 건너 망명해 온 위만을 西界(西邊)에

　　　二千餘里 至滿番汗爲界 朝鮮遂弱"

123) 燕의 5군 설치와 長城 축조에 대해서는 裵眞永, 「燕國의 五郡 설치와 그 의미 -戰國時代 東北아시아의 勢力關係-」, 『中國史硏究』 36, 2005의 논의가 참고된다. 논의에 따르면, 昭烏達盟에서 漢代 이전의 장성 유구 3줄이 발견되었는데, 이 중 赤峰 지역을 중심으로 상하 2줄의 장성 가운데 남쪽의 장성(赤南 장성)이 燕北 장성일 가능성이 가장 크다고 한다.

124) 『史記』 권110, 흉노열전, "其後燕有賢將秦開 爲質於胡 胡甚信之 歸而襲破走東胡 東胡卻千餘里 與荊軻刺秦王秦舞陽者 開之孫也 燕亦築長城 自造陽至襄平 置上谷漁陽右北平遼西遼東郡以拒胡"

125) 『鹽鐵論』 권45, 伐攻, "齊桓公越燕伐山戎 破孤竹 殘令支 趙武寧王踰句注 過代谷 略滅林胡樓煩 燕襲走東胡 辟地千里 度遼東而攻朝鮮"

126) 장병진, 「기원전 4~2세기 요동 정세와 고구려의 성립」, 『역사와 실학』 71, 2020, 10~11쪽.

127) 비슷한 이해는 『史記』 권130, 태사공자서에도 보인다("燕丹散亂遼閒 滿收其亡民 厥聚海東 以集眞藩 葆塞爲外臣 作朝鮮列傳第五十五").

안치했다는 기록을 참조하면,[128] 상하장은 당시 고조선의 서쪽 변경에 해당한다는 것을 알 수 있다. 위만이 고조선의 왕위를 차지하기 전에 상하장에 머물면서 조선과 진번의 만이를 규합했다면, 진번의 위치는 상하장, 혹은 상하장과 인접한 지역에서 구하는 것이 합리적일 것이다. 상하장에 운장을 주석한 사실을 상기하면, 실제 이 지역이 진번과 매우 밀접한 지역이었을 가능성을 더욱 크게 한다.[129]

이와 같은 사실을 종합하면, 상하장이 설치되었던 지역에 후일 진번군의 삽현이 설치된 것으로 이해할 수 있으며, 진번군의 위치는 상하장을 중심으로 그

---

128) 『三國志』권30, 오환선비동이전, 韓 裴松之 註 『魏略』, "及綰反 入匈奴 燕人衛滿 亡命 爲胡服 東度浿水 詣準降 說準求居西界 收中國亡命爲朝鮮藩屛 準信寵之 拜爲博士 賜以圭 封之百里 令守西邊 滿誘亡黨 衆稍多 乃詐遣人告準 言漢兵十 道至 求入宿衛 遂還攻準 準與滿戰 不敵也"

129) 다소 무리한 억측일 수 있겠지만, 傳寫하는 과정에서 혹시 '卞'을 '卡'로 오독했을 가능성도 고려해 볼 필요가 있다. 『康熙字典』에서는 『字彙補』를 인용해, '卡'이 關 隘의 군사시설을 의미한다고 했다("字彙補 從納切 音雜 楚屬關隘地方設兵立塘 謂之守卡"). 만약 상하장이 본래 '卡鄣'이라고 한다면, 東端의 군사시설로서 그 의 미가 자연스러운 면이 있다. 특히 '卡'의 음가가 '從納切', '音雜'이라는 점에서 '雪' 과 상통하고 있어, '上下鄣(卞鄣)'과 '雪鄣(雲鄣)'이 같은 실체를 가리키는 것은 아 니었을까 하는 추정을 더해 본다(장병진, 「기원전 4~2세기 요동 정세와 고구려의 성립」, 『역사와 실학』 71, 2020, 20~21쪽). 실제로 '卞'은 '上下'의 合字에서 기원했 고, '卞'을 '卡'로 쓰기도 한다.

魏齊郡王妃常氏墓誌銘
(卞)

隋周上儀同三司岐山縣
開國侯姜君墓誌銘 (卡)

주변 지역을 아울러 상정하는 것이 타당해 보인다. 상하장은 秦이 浿水를 건너 고조선 방면으로 진출한 곳이었다. 상하장의 위치에 좀 더 구체적으로 접근하기 위해서는 '浿水'의 실체를 파악하는 것이 관건이 된다.[130]

燕 · 秦 이래 요동의 중심은 오늘날 太子河 중류의 遼陽에 해당하는 襄平이었고,[131] 대체로 천산산맥의 서쪽이 요동의 塞內로 파악되었다.[132] 따라서 위만이 塞를 지나 고조선으로 가는 과정에서 건넌 浿水는 압록강이나 청천강으로 보는 것인 합리적이다.[133]

> 서개마 [마자수가 서북쪽으로 염난수로 들어가며, 서남쪽으로 서안평에 이르러 바다로 들어간다. 2군을 지나 2,100리를 흐른다. 왕망은 현도정으로 (고쳐) 불렀다.][134]

> 浿水 [(패)수가 서쪽으로 증지에 이르러 바다로 들어간다. 왕망은 낙선정으로 (고쳐) 불렀다.][135]

> 탄열 [분려산이 있는데, 열수가 나오는 곳이다. 서쪽으로 점제에 이르러 바다로

---

130) 사료에 등장하는 浿水는 시기에 따라 다른 강을 지칭하는 것으로 파악되기 때문에 여기서는 고조선 말에서 漢 군현이 설치되던 시기의 浿水를 논의의 대상으로 한다. 浿水의 위치를 추적한 여러 논의에 대해서는 吳江原,「古朝鮮의 浿水와 沛水」,『江原史學』13 · 14合輯, 1998 ; 강종훈,「고조선 및 낙랑군 시기의 '浿水'의 위치에 대한 새로운 고찰」,『大丘史學』146, 2022를 참조.

131) 裵眞永,「燕國의 五郡 설치와 그 의미 -戰國時代 東北아시아의 勢力關係-」,『中國史研究』36, 2005, 10쪽.

132) 장병진,「기원전 4~2세기 요동 정세와 고구려의 성립」,『역사와 실학』71, 2020, 16~18쪽.

133) 송호정,『한국 고대사 속의 고조선사』, 푸른역사, 2003, 345쪽.

134) "西蓋馬[馬訾水 西北入鹽難水 西南至西安平入海 過郡二 行二千一百里 莽曰玄菟亭]"

135) "浿水[水西至增地入海 莽曰樂鮮亭]"

들어간다. 820리를 흐른다.][136) (이상 『漢書』 권28하, 지리지)

　『史記』나 『漢書』에서의 浿水를 파악하는 데에 있어서 『漢書』 지리지의 기사가 중요한 기준이 될 수 있다. 서개마현의 주석에서 당시 압록강이 馬訾水(혹은 鹽難水)로 불렸던 사실을 확인할 수 있고, 「점제현신사비」가 대동강 하구의 북안에서 발견되어 列水는 대동강을 가리키는 것임을 알 수 있다. 적어도 『漢書』 지리지를 통해서 볼 때, 浿水를 압록강으로 보기는 무리가 있다.[137)

　대체로 『漢書』 지리지의 '浿水'는 청천강으로 파악하는 데에 큰 이견이 없지만, 秦이 고조선 방면으로 진출하며 건넌 '浿水', 위만이 준왕에게 항복해 오면서 건넌 '浿水'에 대해서는 오히려 압록강으로 파악하려는 견해가 주류를 이룬다. 일찍이 정약용은 위만이 浿水를 건너 秦의 옛 空地에 머무르며 세력을 규합했다면, 청천강과 대동강 사이는 '秦故空地'를 설정하기에는 너무 좁다고 생각했다.[138) 또 漢과 고조선의 경계를 청천강으로 본다면, 漢이 과거 秦이 진출한 지역에서 후퇴했다는 정황에 부합하지 않는다는 지적도 있었다.[139) 이 같은 지적은 대동강변의 오늘날 평양을 중심으로 한 고조선의 공간을 설정하기 어렵다는 문제의식과도 연결된다.

　秦은 燕이 설치한 5郡을 넘어 고조선 지역으로 세력을 더 크게 확장했지만, 군현을 설치하지는 않았다. 요동 '外徼'의 관할로 두었다거나, 일대가 秦의 옛 空地였다는 표현을 통해 알 수 있다.[140) 燕·秦이 浿水, 혹은 그 너머까지 진출했다고 하지만, 실상 요동의 새외는 '無主地'로 설정했던 것이다.[141) 다만 秦이

---

136) "呑列[分黎山 列水所出 西至黏蟬入海 行八百二十里]"

137) 송호정, 『다시 쓰는 고조선사』, 서경문화사, 2020, 147~148쪽.

138) 丁若鏞, 『我邦疆域考』.

139) 노태돈, 「고조선 중심지의 변천에 대한 연구」, 『단군과 고조선사』, 사계절, 2000, 66쪽.

140) 장병진, 「기원전 4~2세기 요동 정세와 고구려의 성립」, 『역사와 실학』 71, 2020, 19쪽.

141) 宋眞, 「戰國·秦·漢時期 遼東郡과 그 경계」, 『韓國古代史研究』 76, 2014.

새외에 '徼', '障' 등을 설치에 운영한 것과 달리, 漢은 그 운영을 포기했던 것으로 이해된다. 또 상하장이 청천강 너머에 설치되었다고 보더라도 강에 인접해 설치한 전초 기지와 같은 성격이었다면, 고조선의 공간을 설정하는 데 큰 무리가 없다.

한편 최근 고조선과 漢의 경계를 이룬 浿水를 파악할 때, 대령강을 함께 고려해야 한다는 주장이 제기되어 주목된다.[142] 세부적인 논의들은 이론의 여지가 있지만,[143] 요동의 塞를 지나 압록강을 건너 고조선의 중심부인 진출하는 과정에서 만나는 자연 경계로 청천강 외에 대령강을 함께 고려해야 한다는 지적은 수긍할 만하다. 대령강은 평안북도 대관에서 발원해 박천을 지나면서 청천강 하류로 합류한다. 따라서 대령강과 청천강을 모두 패수라고 인식했을 가능성도 충분하다.[144]

만약 위만이 건넌 浿水가 대령강이라면, 상하장은 대령강과 청천강의 사이에 자리했을 가능성이 높다. 상징적 표현이겠지만, 대령강과 청천강 사이의 공

---

142) 강종훈, 「고조선 및 낙랑군 시기의 '浿水'의 위치에 대한 새로운 고찰」, 『大丘史學』 146, 2022.

143) 논자는 수성현을 평안북도 박천에 비정하고, 혼미현을 영변에, 그리고 패수현과 누방현을 각각 대령강의 상류인 태천과 구성에 비정했다. 그런데 3세기 후반의 상황을 반영하는 『晉書』 지리지에서 패수현과 탄열현 외에 증지현과 점제현이 폐지된 사실이 확인된다. 반면에 수성현과 누방현, 혼미현은 여전히 낙랑군의 속현으로 남아있었다. 이러한 낙랑군의 축소 과정은 고구려가 남쪽으로 세력을 확장하는 과정과 궤를 같이하는 것으로 파악된다(장병진, 『고구려의 성립과 전기 지배체제 연구』, 연세대학교 박사학위논문, 2019, 110~112쪽). 논자의 비정은 이 같은 상황에 부합하지 않아 추가 검토가 필요해 보인다.

144) 고조선과 漢의 전쟁에서 고조선의 방어군으로서 '浿水西軍', '浿水上軍'이 등장하고, 요동에서 출발한 漢의 육군이 패수상군을 격파하고 고조선의 도성에 다다랐다는 사실(『史記』 권115, 조선열전)도 浿水를 청천강(도유호, 「왕검성의 위치」, 『문화유산』 5, 1962, 63쪽 ; 송호정, 『다시 쓰는 고조선사』, 서경문화사, 2020, 148~149쪽)이나 대령강과 연계해 파악할 때 더 자연스럽게 이해된다.

간은 준왕이 위만에게 봉해준 100里 땅[145])을 설정하는 데에도 부합한다. 이와 같은 추론이 받아들여질 수 있다면, 후일의 진번군 범위는 상하장을 중심으로 북으로는 압록강의 중하류[146])와 남으로는 청천강 유역을 아우르는 지역이 아니었을까 생각한다.[147]) 진번군의 범위를 이렇게 설정할 때, 후한 말 應劭의 주석 역시 다시 생각해 볼 여지를 준다.

> 현도군[무제 원봉 4년에 열었다. 高句驪를 왕망은 下句驪라고 했다. 幽州에 속한다.] <응소가 말하길, 옛 진번, 조선(胡[148]))국이다.> 45,006호, 221,845구, 속현은 셋이다. 고구려 [遼山이 있는데, 遼水가 거기서 나와서 서남쪽으로 遼隊에 이르러 大遼水로 들어간다. 또 南蘇水가 있는데, 서북쪽으로 새외를 지난다.] <응소가 말하기, 옛 구려(胡)이다.> 상은태 [왕망은 하은이라고 했다.] <여순이 말하길, 台의 음은 鮐라고 했다.> <안사고가 말하길, 음은 胎라고 했다.> 서개마 [馬訾水가 서북쪽으로 鹽難水로 들어가고, 서남쪽으로 西安平에 이르러 바다로 들어갔다. 2郡을 통과하며, 2,100리를 흐른다. 왕망은 현도정이라고 했다.]"[149]) (『漢書』 권28하, 지리지)

---

145) 『三國志』 권30, 오환선비동이전, 韓 裴松之 註『魏略』.

146) 여기에는 北岸까지 일부 포함하지 않았을까 조심스럽게 추정해본다.

147) 삽현의 위치로는 평안북도 '雲山'이 주목된다. 고려 이전의 유래를 알기는 어렵지만, 명칭의 연관성을 먼저 고려했다. 무엇보다 현지에 토성의 유지가 남아있었다고 하고, 위만에 관한 전승까지 전해지는 사실을 간과할 수 없기 때문이다(『新增東國輿地勝覽』 권54, 평안도). 물론 하나의 가설일 뿐이고, 여전히 다른 가능성도 배제할 수는 없다.

148) 뒤의 '句驪胡'라는 표현에서도 알 수 있듯이, 진번, 조선, 혹은 구려가 漢과는 다른 '胡'라는 사실을 강조하기 위한 표현이라고 생각된다.

149) "玄菟郡 [武帝元封四年開 高句驪 莽曰下句驪 屬幽州] <應劭曰 故眞番朝鮮胡國> 戶四萬五千六 口二十二萬一千八百四十五 縣三 高句驪 [遼山 遼水所出 西南至遼隊入大遼水 又有南蘇水 西北經塞外] <應劭曰 故句驪胡> 上殷台 [莽曰下殷] <如淳曰 台音鮐> <師古曰 音胎> 西蓋馬 [馬訾水西北入鹽難水 西南至西安平入海 過郡二 行二千一百里 莽曰玄菟亭]"

응소는 『漢書』 지리지 현도군조에 '故眞番朝鮮胡國'라고 주석했다.[150] 『漢書』 지리지에는 찬자 班固가 직접 남긴 주석이 확인되는데, 현도군의 개설 시기와 상급의 州, 그리고 산천에 대한 정보와 함께 왕망대 개정된 명칭을 적었다. 특히 속현인 고구려현과 별개로 현도군을 주석하면서 따로 고구려를 언급했다. 그런데 같은 『漢書』의 왕망전을 참고하면,[151] 하구려로 개칭된 고구려는 고구려현이 아닌 새외의 고구려국을 가리키는 것임을 알 수 있다. 후한 말 응소의 주석은 이러한 반고의 주석까지 함께 고려해서 작성되었을 가능성이 크다. 응소가 고구려현에 대해서는 따로 '故句驪胡'라고 주석한 사실도 참고가 된다.

> 가을 7월에 동옥저를 정벌하고 그 토지를 취해 성읍으로 삼았다. 동쪽으로 창해까지 경계를 넓히고, 남쪽으로는 살수에 이르렀다.[152] (『三國史記』 권15, 고구려본기3, 태조대왕 4년)

『三國史記』에는 고구려가 태조왕 4년(56)에 동옥저에 진출했고, 남쪽으로 영토가 살수까지 이르렀다고 했다. 살수가 청천강을 가리킨다는 데에는 이견이 없다. 고구려는 후한 초 청천강 유역까지 영역을 확장했던 것이다. 또 동옥저를 시작으로 후한 말에는 화려성을 거쳐[153] 불내예에 이르기까지 영동 7현 지역 대

---

150) 한편 『史記索隱』에는 "玄菟本眞番國"이라는 응소의 주문이 보이는데, 이는 『漢書』 지리지에 대한 응소의 주문이 와전된 것이라고 한다(尹龍九, 「『史記』·『漢書』 注文의 '古朝鮮' 관련 기사」, 『韓國古代史硏究』 85, 2017, 176~179쪽).

151) 『漢書』 권99中, 왕망전, "先是 莽發高句驪兵 當伐胡 不欲行 郡強迫之 皆亡出塞 因犯法爲寇 遼西大尹田譚追擊之 爲所殺 州郡歸咎於高句驪侯騶 嚴尤奏言 貉人 犯法 不從騶起 正有它心 宜令州郡且尉安之 今猥被以大罪 恐其遂畔 夫餘之屬 必有和者 匈奴未克 夫餘穢貉復起 此大憂也 莽不尉安 穢貉遂反 詔尤擊之 尤誘 高句驪侯騶至而斬焉 傳首長安 莽大說 下書曰 …… 其更名高句驪爲下句驪 布 告天下 令咸知焉 於是貉人愈犯邊 東北與西南夷皆亂云"

152) "秋七月 伐東沃沮 取其土地爲城邑 拓境東至滄海 南至薩水"

153) 『後漢書』 권85, 동이열전, 고구려, "安帝 永初五年 宮遣使貢獻 求屬玄菟 元初五年 復與濊貊寇玄菟 攻華麗城"; 『三國史記』 권15, 고구려본기3, 태조왕 66년, "夏

부분을 차지했다.[154] 후한 말 응소의 주석이 과거 현도군과 관계하였던 새외 고구려[155]의 변화상을 고려해 이루어진 것이라고 본다면, 그 의미가 오히려 분명해진다.

진번군의 대략적인 범위를 추정했지만, 현재로서는 낙랑군이나 현도군의 속현 가운데 진번군의 잔현을 찾기는 쉽지 않다. 아마도 진번군 남부의 잔현이 낙랑의 북부로, 그리고 혹 북동부의 일부는 현도군으로 통합되었을 가능성이 있다. 이와 관련해 제2 현도군의 서남단 현이라고 파악되는 서개마현[156]과 낙랑군의 북단으로 파악되는 패수현[157]이 각각 왕망대에 玄菟亭과 樂鮮亭으로 개칭된 사실이 약간의 시사점을 제공한다.

서개마현과 패수현은 각각 외부로부터 현도군, 낙선군(낙랑군)으로 진입하는 교통로상의 결절점에 위치했던 것으로 짐작된다.[158] 요동군 서안평현으로부터 진입을 상정해 왔지만, 사실 압록강 하구에서 낙랑군으로 진입이 패수가 발원하는 지역이라고 하는 패수현을 통해 이루어졌다고 보기에는 다소 무리가 있

六月 王與穢貊襲漢玄菟 攻華麗城"

154) 『三國志』권30, 오환선비동이전, 예, "自單單大山領以西 屬樂浪 自領以東七縣 都尉主之 皆以濊爲民 後省都尉 封其渠帥爲侯 今不耐濊皆其種也 漢末更屬句麗"

155) 새외 고구려와 현도군의 관계에 대해서는 장병진, 「초기 고구려의 주도세력과 현도군」, 『韓國古代史研究』 77, 2015, 22~30쪽 참조.

156) 압록강과 독로강이 합류하는 위원, 초산 일대로 파악된다(윤용구, 「현도군의 군현 지배와 고구려」, 『요동군과 현도군 연구』, 동북아역사재단, 2008, 122~123쪽).

157) 영변(李丙燾, 「樂浪郡考」, 『(修訂版)韓國古代史研究』, 博英社, 1985, 145쪽) 혹은 희천(윤선태, 「한사군의 역사지리적 변천과 '낙랑군 초원 4년 현별 호구부'」, 『낙랑군 호구부 연구』, 동북아역사재단, 2010, 251쪽)으로 파악한 견해가 있다. 필자 역시 패수현은 "청천강변의 향산이나 북쪽의 희천·동신, 남쪽의 개천·영변 등지"에 해당할 가능성이 크다는 견해(송호정, 『다시 쓰는 고조선사』, 서경문화사, 2020, 144쪽)에 동의한다.

158) 윤용구, 「현도군의 군현 지배와 고구려」, 『요동군과 현도군 연구』, 동북아역사재단, 2008, 122쪽.

다. 현도군, 낙선군에 소속된 여러 현 중에 유독 두 현을 각각 현도정, 낙선정이라 개칭한 것은 쉽게 납득하기 어려운 면이 있는데, 새롭게 설정한 진번군의 범위를 고려한다면, '亭'으로 개칭한 이유를 짐작할 만하다.[159] 어쩌면 이들 현은 옛 진번군의 잔현을 흡수한 것일 가능성이 있다.[160]

그동안 학계에서 파악해 온 요동군과 낙랑군, 현도군의 대략적인 공간 범위를 고려하면, 漢이 압록강 중하류의 양안에서 청천강에 이르는 지역만 공백 지대로 남겨둔 채 군현을 설치했다고 이해할 수밖에 없었다. 그러나 이 공간이 바로 옛 진번군의 범위였던 것으로 파악된다. 이처럼 진번군의 범위를 설정할 수 있다면, 현도정과 낙선정이라는 개칭의 의미도 좀 더 자연스럽게 이해할 수 있다.[161]

---

159) 낙선군(낙랑군), 현도군 안의 여러 亭障, 외부로부터 진입하는 여러 거점 가운데 서개마현, 패수현에 그 이름을 붙였다면, 특별한 이유가 있었을 것이다. 과거 진번군에서 현도군, 낙랑군으로 진입하는 거점에 해당한다면 그 이유를 좀 더 합리적으로 이해할 수 있지 않을까 하는 추정을 덧붙여 본다.

160) 이러한 견해의 연장선상에서 「낙랑군 호구부」의 1, 2구역은 원래부터 낙랑군의 소속이었고, 낙랑군의 북쪽에서 동쪽에 걸친 3구역에는 임둔군과 진번군의 잔현이 함께 포함되었을 가능성이 크다고 판단한다.

161) 현재로서는 진번군이 서쪽으로 해안 지대까지 포괄하고 있었는지는 알 수 없다. 대체로 천산산맥의 서쪽이 요동의 塞內로 파악되었음을 고려하면, 문현과 번한현 지역이 육로를 통하여 요동에서 고조선으로 나아가는 關塞와 같은 역할을 했던 것으로 짐작된다. 천산산맥이 燕과 고조선을 가로막는 자연 경계를 이루고, 연안을 따라 요동반도의 남부를 지나면 곧바로 압록강 하구에 닿을 수 있다는 점에서 요동반도의 서부 해안 일대의 만번한이 고조선과의 경계로 인식되었다(장병진, 「기원전 4~2세기 요동 정세와 고구려의 성립」, 『역사와 실학』 71, 2020, 16~18쪽). 만번한은 요동반도 西岸의 개주 일대일 가능성이 큰데(徐榮洙, 「古朝鮮의 對外關係와 疆域의 變動」, 『東洋學』 29, 1999, 110쪽 ; 박준형, 「기원전 3~2세기 고조선의 중심지와 세계의 변화」, 『사학연구』 108, 2012, 24쪽 ; 박경철, 「古朝鮮 對外關係進展과 衛滿朝鮮」, 『동북아역사논총』 44, 2014, 35~36쪽), 천산산맥의 동남쪽 압록강 하구에 요동군 소속 서안평현이 두어진 사실이 다소 의문이다. 어쩌면 이 일대가 처음에는 진번군과 연관되었던 것은 아닐까 짐작되기도 하지만, 더 이상의 접근은 불가능하다.

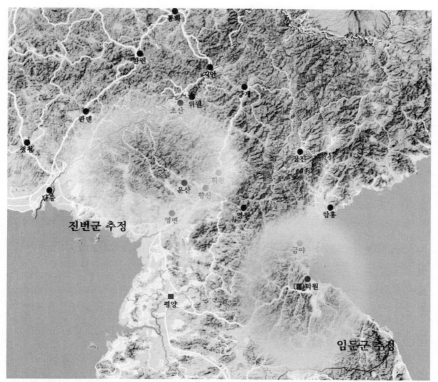

지도 1 임둔군, 진번군의 위치와 관할 범위 추정도(지도는 구글맵(google maps)을 활용함)

V. 맺음말

　지금까지 임둔군과 진번군의 설치와 폐지 과정을 살펴보고, 아울러 그간 학
계에서 많은 논란이 되었던 두 군의 위치에 대해 새롭게 접근해 보았다. 漢 변경
에 설치된 군현의 명칭은 관할 대상이 되었던 토착 세력의 명칭을 그대로 활용
하는 경우가 많았는데, 진번과 임둔이 군명으로 활용된 것으로 보아 권역을 대
표할 정도의 위상은 갖추었던 것으로 볼 수 있다. 진번과 임둔은 고조선에 속해

있었지만, 위만 집권 이전에는 내적으로 기존 군장의 통치권이 용인되고, 외적으로도 천자에 대한 알현이 가능할 정도의 독립성을 보장받았다. 그러나 고조선이 점차 통제를 강화하면서 그 독자성이 점차 약화되었다.

漢이 고조선 故地를 군현으로 재편하면서 임둔군과 진번군을 설치한 것은 해당 지역을 고조선의 일부라고 인식했기 때문이다. 그러나 임둔군과 진번군은 설치 후 불과 20여 년 만에 폐지되고, 일부 잔현이 낙랑군과 현도군 소속으로 재편되었다. 임둔군과 진번군은 현도군이나 낙랑군을 거쳐야만 요동군과 연결되는 지역이었기 때문에 지배의 효율성이나 비용의 측면에서 郡을 따로 두기에는 운영에 부담이 컸다.

임둔군의 수현 동이현은 영동 7현 가운데 남부에 자리한 현이었다. 부조현을 제외한 영동의 6현은 임둔군의 잔현으로 이해된다. 임둔군은 영동 지역 외에 영서 지역까지 아우르며 설치되었는데, 「낙랑군 호구부」에서 3구역으로 구분된 현의 일부는 본래 임둔군의 속현이었을 가능성이 크다. 동이현은 영서와 영동을 연결하는 교통로의 거점으로 임둔군의 수현으로 기능하기에 적합했다고 판단된다.

그동안 진번군의 위치를 두고는 낙랑군 남부에 설치된 대방군이 옛 진번군의 잔현이라는 이해, 즉 진번군이 낙랑군의 남쪽에 자리했다는 논의가 철안처럼 여겨졌다. 그러나 결정적인 논거로 제시되었던 사료는 그 신빙성이 낮거나, 해석상 오류가 있었다는 사실을 확인할 수 있었다. 이에 사료에 대한 재해석을 바탕으로 진번군의 위치를 새롭게 비정했다. 진번군은 압록강 중하류의 양안에서 청천강 유역에 이르는 지역에 걸쳐 설치되어 있었다. 구체적으로 서쪽 해안까지 포괄했는지는 분명히 알 수 없지만, 적어도 동북의 서개마현(현도군), 중남부의 패수현(낙랑군)을 진번군의 범위를 설정하는 기준으로 삼을 수 있다.

참고문헌

강종훈, 「고조선 및 낙랑군 시기의 '浿水'의 위치에 대한 새로운 고찰」, 『大丘史學』 146, 2022.

權五重, 『樂浪郡研究』, 一潮閣, 1992.

權五重, 「滄海郡과 遼東東部都尉」, 『歷史學報』 168, 2000.

金光洙, 『고구려 古代集權國家의 成立에 관한 연구』, 연세대학교 박사학위논문, 1984.

金基興, 「고구려의 성장과 대외교역」, 『韓國史論』 16, 서울대학교 국사학과, 1987.

김남중, 「『說文解字』의 고조선·낙랑 기록과 典據」, 『先史와 古代』 51, 2017.

金美玲, 「第1玄菟郡의 위치에 대한 재검토」, 『실학사상연구』 24, 2002.

김병준, 「漢이 구성한 고조선 멸망 과정 -사기 조선열전의 재검토-」, 『韓國古代史研究』 50, 2008.

金貞培, 「「辰國」과 「韓」에 關한 考察」, 『史叢』 12·13합집, 1968.

김한규, 『요동사』, 문학과지성사, 2004.

노태돈, 「고구려의 기원과 국내성 천도」, 『한반도와 중국 동북 3성의 역사 문화』, 서울대학교출판부, 1999.

노태돈, 「고조선 중심지의 변천에 대한 연구」, 『단군과 고조선사』, 사계절, 2000.

도유호, 「왕검성의 위치」, 『문화유산』 5, 1962.

박경철, 「古朝鮮 對外關係 進展과 衛滿朝鮮」, 『동북아역사논총』 44, 2014.

박노석, 「고조선대 창해군에 대한 재 고찰」, 『全北史學』 50, 2017.

박대재, 「三韓의 기원에 대한 사료적 검토」, 『韓國學報』 119, 2005.

박대재, 「고조선 이동설에 대한 비판적 검토」, 『동북아역사논총』 55, 2017.

박대재, 「위만조선의 영역구조와 漢郡縣의 재편」, 『고조선단군학』 46, 2021.

박대재·김철민, 「『我邦疆域考』 역주·비평 (4) -臨屯考·眞番考-」, 『韓國史學報』 81, 2020.

박준형, 「기원전 3~2세기 고조선의 중심지와 서계의 변화」, 『사학연구』 108, 2012.

박준형, 『고조선사의 전개』, 서경문화사, 2014.

방향숙, 「후한의 변군운용과 요동·현도군」, 『요동군과 현도군 연구』, 동북아역사재단, 2008.

裵眞永, 「燕國의 五郡 설치와 그 의미 -戰國時代 東北아시아의 勢力關係-」, 『中國史研究』 36, 2005.

徐榮洙, 「古朝鮮의 위치와 강역」, 『韓國史市民講座』 2, 一潮閣, 1988.

徐榮洙, 「古朝鮮의 對外關係와 疆域의 變動」, 『東洋學』 29, 1999.

손영종, 『조선단대사(고구려사 1)』, 과학백과사전출판사, 2006.

宋眞, 「戰國·秦·漢時期 遼東郡과 그 경계」, 『韓國古代史研究』 76, 2014.

송호정, 『한국 고대사 속의 고조선사』, 푸른역사, 2003.

송호정, 『다시 쓰는 고조선사』, 서경문화사, 2020.

余昊奎, 「高句麗의 國家形成과 漢의 對外政策」, 『軍史』 54, 2005.

吳江原, 「古朝鮮의 浿水와 沛水」, 『江原史學』 13·14合輯, 1998.

오영찬, 『낙랑군 연구』, 사계절, 2006.

윤선태, 「한사군의 역사지리적 변천과 '낙랑군 초원 4년 현별 호구부'」, 『낙랑군 호구부 연구』, 동북아역사재단, 2010.

尹龍九, 「樂浪前期 郡縣支配勢力의 種族系統과 性格」, 『歷史學報』 126, 1990.

윤용구, 「현도군의 군현 지배와 고구려」, 『요동군과 현도군 연구』, 동북아역사재단, 2008.

尹龍九, 「平壤出土 「樂浪郡初元四年縣別戶口簿」 硏究」, 『木簡과 文字』 3, 2009.

윤용구, 「낙랑군 초기의 군현 지배와 호구 파악」, 『낙랑군 호구부 연구』, 동북아역사재단, 2010.

尹龍九, 「『史記』·『漢書』注文의 '古朝鮮' 관련 기사」, 『韓國古代史研究』 85, 2017.

李丙燾, 『(修訂版)韓國古代史硏究』, 博英社, 1985.

이성제, 「낙랑의 군현 재편과 예(濊)」, 『낙랑군 호구부 연구』, 동북아역사재단, 2010.

李成制, 「玄菟郡의 改編과 高句麗 -'夷貊所侵'의 의미와 郡縣의 對應을 중심으로-」, 『韓國古代史研究』 64, 2011.

李鍾旭, 「高句麗 初期의 政治的 成長과 對中國關係의 展開」, 『東亞史의 比較研究』, 一潮閣, 1987.

李春植, 「兩漢代 制夷策과 羈縻策의 성격에 대하여」, 『東洋學』 25, 1995.

李熙德, 「漢眞番郡新考」, 연세대학교 석사학위논문, 1959.

장병진, 「초기 고구려의 주도세력과 현도군」, 『韓國古代史研究』 77, 2015.

장병진, 「고구려의 영동지역 진출과 관할 방식」, 『동북아역사논총』 58, 2017.

장병진, 「고구려의 성립과 전기 지배체제 연구」, 연세대학교 박사학위논문, 2019.

장병진, 「기원전 4~2세기 요동 정세와 고구려의 성립」, 『역사와 실학』 71, 2020.

전진국, 「辰國·辰王 기록과 '辰'의 명칭」, 『한국고대사탐구』 27, 2017.

조법종, 『고조선·고구려사 연구』, 신서원, 2006.

조원진, 「고조선과 燕나라의 전쟁과 요동」, 『先史와 古代』 62, 2020.

조원진, 「고대 진번의 변천 연구」, 『先史와 古代』 66, 2021.

千寬宇, 『古朝鮮史·三韓史研究』, 一潮閣, 1989.

최슬기, 「蒼海郡 위치비정의 쟁점과 전제」, 『고조선단군학』 44, 2021.

丁若鏞, 『我邦疆域考』.

韓百謙, 『東國地理志』.

楊守敬, 「汪士鐸漢志釋地駁議條」, 『晦明軒稿』.

今西龍, 『朝鮮古史の研究』, 近江書店, 1937.

那珂通世, 「朝鮮樂浪玄菟帶方考」, 『史學雜誌』 5-4, 1894.

稻葉岩吉, 「眞番郡の位置」, 『歷史地理』 24-6, 日本歷史地理學會, 1914.

稻葉岩吉, 「漢四郡問題の攷察」, 『朝鮮』 154, 朝鮮總督府, 1928.

末松保和, 『高句麗と朝鮮古代史』, 吉川弘文館, 1996.

飯田祥子, 「前漢後半期における郡縣民支配の變化」, 『東洋學報』 86-3, 2004.

白鳥庫吉, 「漢の朝鮮四郡疆域考」, 『東洋學報』 2-2, 1912.

三上次男, 『古代東北アジア史研究』, 吉川弘文館, 1966.

池內宏, 『滿鮮史研究 -上世 第1冊』, 吉川弘文館, 1951.

樋口隆次郎, 「朝鮮半島に於ける漢四郡の疆域及沿革考 (2)」, 『史學雜誌』 23-2, 1912.

和田淸, 『東亞史研究 滿洲篇』, 東洋文庫, 1955.

제7장

『삼국사기』에 나타난
대방국의 실체와 존재 양상

김성현

(서울대학교 역사교육과 조교수)

Ⅰ. 머리말

기록상 '帶方'이라는 명칭은 낙랑군의 속현으로 등장하였다.[1] 속현의 명칭이었던 대방은 公孫康이 둔유현 이남의 縣을 대상으로 帶方郡을 설치하면서 郡名으로 쓰였다.[2] 이후 美川王 15년(314) 고구려의 공격으로 대방군은 소멸하였다.[3] 한국고대사에서 주목받아 온 대방은 특히 공손씨 정권 하에서 성립하였다가 4세기 전반 고구려에 복속된 郡으로서의 대방이다.

그런데 『三國史記』 百濟本紀에는 대방군을 가리키는 것이라 선뜻 단정하기 곤란한 기사가 있다. 責稽王 元年(286) 고구려의 공격을 받아 백제에 구원을 요청한 대방에 관한 기사가 그것이다.[4] 책계왕은 군사를 내어 대방을 구하였는데, 책계왕이 대방의 요청에 응한 이유는 그가 '帶方王'의 딸 寶菓를 부인으로 삼았으므로 대방과 백제가 '舅甥之國'의 관계였기 때문이었다. 『삼국사기』 기년에 따르면 이 당시는 대방군이 존속하던 때이므로, 이때의 대방이 대방군을 가리키는 것이라면 그 長官의 관명으로서 太守라 기록하였을 법하다. 하지만 태수가 아닌 '王'이라는 호칭을 쓰고 있어 대방군과는 별개로 '帶方國'이 존재한 것과 같이 나타난다. 한편 同書 新羅本紀에서는 基臨尼師今 3년(300) 낙랑과 대방 '兩國'이 歸服하였다고 하였는데,[5] 이 기사 또한 대방을 하나의 '國'으로 인식하는 사례이다.

『삼국사기』 기록에 등장하는 '대방국', 특히 책계왕 원년 기사에 나타난 '대방

---

1) 『漢書』 권28下, 地理志8下, 樂浪郡. "武帝元封三年開 … 縣二十五 … 帶方 …"

2) 『三國志』 권30, 東夷傳, 韓 條. "建安中 公孫康分屯有縣以南荒地爲帶方郡"

3) 『三國史記』 권17, 美川王 15년 조. "秋9月 南侵帶方郡"

4) 『三國史記』 권24, 責稽王 원년 조. "高句麗伐帶方 帶方請救於我 先是 王娶帶方王女寶菓爲夫人 故曰 帶方我舅甥之國 不可不副其請 遂出師救之 高句麗怨 王慮其侵寇 修阿旦城蛇城備之"

5) 『三國史記』 권2, 基臨尼師今 3년 조. "三月 樂浪帶方兩國歸服"

왕'의 실체가 무엇인지에 관하여 그간 多岐한 해석이 제기되었다. 대별하면 대방국은 대방군을 가리키는 것으로 보는 해석과 대방군과는 별개로 존재한 대방국을 상정하는 해석으로 나눌 수 있다. 전자에서는, 대방국은 곧 대방군을 가리키는데 책계왕 원년의 기사는 후대의 사실이 소급된 것이라고 보거나,[6] 대방군을 군현이 아니라 백제와 동일한 하나의 國으로 이해하고 있던 당시 백제의 인식이 나타난 결과로 풀이하기도 한다.[7] 또는 주변 縣侯國이 그 상부기관에 해당하는 郡의 太守를 예우의 차원에서 王으로 불렀던 것으로 보거나,[8] 백제와 대방군 사이에 교류가 행해지고 있던 상황을 상징적으로 보여주는 것으로 이해하기도 한다.[9] 한편 후자에서는 대방국이 대방군과 그대로 일치하는 것은 아니라는 해석 위에서, 郡內 존재한 다수의 國邑의 지배자로서 '王'을 가리키는 것으로 보거나,[10] 같은 맥락에서 대방군의 군현제적 기능이 약화되자 새롭게 지배권을 장악하며 자립한 토착세력으로 파악하기도 한다.[11]

---

6) 李丙燾, 『韓國古代史硏究』, 博英社, 1976, 480~481쪽 ; 김기섭, 「4~5세기 동아시아 국제정세와 백제의 외교정책」, 『百濟文化』 56, 2017, 276쪽.

7) 김수태, 「漢城 百濟의 성장과 樂浪 · 帶方郡」, 『百濟文化』 39, 2004, 33~34쪽.

8) 김성한, 「漢 郡縣을 둘러싼 한국고대사의 몇 개 문제 -문헌자료를 중심으로」, 『인문학연구』 97, 2014, 68~69쪽.

9) 강종훈, 「백제의 성장과 對中國郡縣 관계의 추이 -『삼국사기』 백제본기 초기기록의 '樂浪'관련 기사의 검토를 겸하여-」, 『한국고대사연구』 34, 2004, 170쪽.

10) 권오중, 「중국사에서의 낙랑군」, 『한국고대사연구』 34, 2004, 28쪽.

11) 김미경, 「高句麗의 樂浪 · 帶方地域 進出과 그 支配形態」, 『學林』 17, 1996, 12~15쪽 ; 李富五, 「4세기 초 · 중엽 고구려 · 백제 · 신라의 관계 변화」, 『新羅史學報』 5, 2005, 5~9쪽 ; 안정준, 「高句麗의 樂浪 · 帶方 故地 영역화 과정과 지배방식」, 『한국고대사연구』 69, 2013, 136쪽 ; 장병진, 「고구려의 대방 지역 진출과 영역화 과정」, 『高句麗渤海硏究』 68, 2020, 22쪽. 새롭게 등장한 토착세력을 漢人으로 추정하거나(김미경, 「高句麗의 樂浪 · 帶方地域 進出과 그 支配形態」, 『學林』 17, 1996 ; 李富五, 「4세기 초 · 중엽 고구려 · 백제 · 신라의 관계 변화」, 『新羅史學報』 5, 2005) '한 · 예' 세력이었을 것으로 보기도 한다(장병진, 「고구려의 대방 지역 진출과 영역화 과정」, 『高句麗渤海硏究』 68, 2020).

이처럼 대방국에 관한 다양한 해석이 제기되어 온 것은 그 실체를 검토할 수 있는 자료가 극히 빈약한 사정과 무관하지 않다. 대방국이 구체적으로 무엇을 가리키는지는 당시 삼국을 위시한 낙랑군 및 대방군의 정세를 살피는 속에서 접근할 수밖에 없는 형편이기 때문이다. 관건은 대방국이 대방군의 다른 표현인지 아니면 대방군과는 다른 별도의 세력을 지칭하는 것인지에 있다고 할 수 있다. 이에, 본고에서는 대방국과 관련한 자료로 취급할 수 있는 사료들을 점검하고, 대방국의 실재 가능성 여부를 『삼국사기』 백제본기 기사의 작성 방식과 결부하여 검토하여 보고자 한다. 그리고 책계왕과 대방왕 딸과의 혼인과 같은 기사가 등장할 수 있었던 시대적 배경을 당대 대방군의 정세를 시야에 두고 짚어보겠다.

II. 대방국의 실재 여부에 관한 검토

대방국과 관련한 『삼국사기』 기록으로는 책계왕 원년(286) 그와 혼인한 여인이 대방왕의 딸이라는 백제본기 기사와 기림이사금 3년(300) 낙랑과 대방 兩國이 歸服하였다는 신라본기의 기사를 들 수 있다. 그런데 낙랑군과 대방군은 각각 미천왕 14년(313)과 同王 15년(314)에 고구려의 공격을 받은 것으로 나타난다.[12] 때문에 기림이사금 시기 귀복하였다는 낙랑과 대방이 郡을 가리키는 것이라면 고구려본기의 기사와 서로 어긋나는 부분이 발생한다. 특히, 『자치통감』에서는 建興 元年(313)에 낙랑과 대방 두 郡을 점거하고 있던 張統이 고구려왕 乙弗利와 수년간 서로 공격하다가, 王遵의 설득으로 民 1천여 家를 이끌고 慕容廆에게 귀순하였고, 모용외가 이들을 위하여 낙랑군을 설치하고 장통을 태수로

---

12) 『三國史記』 권17, 美川王 14년 조. "冬十月 侵樂浪郡 虜獲男女二千餘口" ; 美川王 15년 條. "秋九月 南侵帶方郡"

삼았다는 기록이 확인된다.[13] 따라서 미천왕 14년(313)의 기사는 고구려의 공격으로 소멸한 낙랑군의 상황을 전하는 것이며, 이러한 맥락에서 同王 15년(314)의 대방군 공격 기사 또한 낙랑군과 대방군을 점거하고 있던 장통이 떠난 후 대방군을 접수한 고구려의 성과를 보여주는 기사로 해석된다. 이 점에서, 백제본기 및 신라본기 두 기사에 나타나는 대방을 郡으로 단정하기에는 어려움이 따른다.

한편 일본 측 자료에서도 대방 관련 기사가 확인된다. 『續日本紀』桓武天皇延暦 4년(785) 6月 坂上大忌村苅田麻呂의 賜姓 요청에 관한 기사가 그것이다. 여기서 그는 자신의 선조가 後漢 靈帝의 曾孫인 阿智王이라고 하였다.[14] 아지왕은 중원 왕조가 漢에서 魏로 바뀌자 帶方으로 길을 떠났고, 상서로운 帶를 얻어 그곳에서 國邑을 세우고 庶民을 기르다가 왜로 귀화하였다. 그리고 이와 같은 귀화를 譽田天皇 즉 應神天皇 때의 일이라고 하고 있다. 아울러 아지왕이 귀화하기 전 帶方에 살았다고 언급하고 있는 내용을 토대로 보면, 그가 국읍을 세웠다는 곳은 곧 대방 지역으로 풀이할 수 있다.

『日本書紀』에는 아지왕과 동일인물로 여겨지는 阿知使主가 응신천황 20년에 귀화한 것으로 나타난다.[15] 『일본서기』 기년상의 응신천황 재위 기간을 기준으로 한다면, 아지왕의 귀화는 289년의 일이 된다. 물론 『일본서기』의 천황 재

---

13) 『資治通鑑』 권88, 晉紀10, 建興 元年 夏4月. "遼東張統據樂浪 帶方二郡 與高句麗王乙弗利相攻 連年不解 樂浪王遵說統帥其民千餘家歸廆 廆爲之置樂浪郡 以統爲太守 遵參軍事"

14) 『續日本紀』 권38, 桓武天皇, 延暦 4年 6月 癸酉. "右衛士督從三位兼下總守坂上大忌寸苅田麻呂等上表言 臣等本是後漢靈帝之曾孫阿智王之後也 漢祚遷魏 阿智王因神牛敎 出行帶方 忽得寶帶瑞 其像似宮城 爰建國邑 育其人庶 後召父兄告曰 吾聞 東國有聖主 何不歸從乎 若久居此處 恐取覆滅 即携母弟迁興德 及七姓民 歸化來朝 是則譽田天皇治天下之御世也 於是阿智王奏請曰 臣舊居在於帶方 …"

15) 『日本書紀』 권10, 應神天皇 20年 조. "秋九月 倭漢直祖阿知使主 其子都加使主 並率己之黨類十七縣而來歸焉"

위 기년은, 특히 上代로 올라갈수록 그대로 받아들이기에 주저되는 면이 있다. 이에 이 기록을 120년의 차이를 감안하여 4세기 후반 혹은 그 이후의 일로 보아, 백제를 기준으로 近仇首王 때나 그 후에 해당하는 사건으로 보기도 한다.[16] 하지만 이 기사에서 아지왕을 後漢 영제(생몰 156~189)의 증손이라고 한 점, 그리고 그가 대방으로 떠난 때가 漢에서 魏로 왕조가 바뀐 이후인 것을 고려할 때, 이때를 응신천황 대라고 한 것은 대체로 『일본서기』 기년의 시기상 같은 범주 내에 있으므로, 이 이야기는 3세기 말엽 이후를 시기적 배경으로 해야 성립할 수 있다. 따라서 아지왕 기사는 이 시기 아지왕과 같은 지배세력이 존재하였던 대방의 모습을 확인하는 자료로 활용할 수 있다.

'대방국'으로 분류될 수 있는 자료로 또한 주목되는 것은 『三國遺事』에 기록된 대방 관련 기사이다. 『삼국유사』 樂浪國 조와 北帶方 조에는 낙랑이 신라에 투항하였을 때 동참한 대방의 존재가 나타난다.[17] 이때를 모두 弩禮王 4년이라고 한 점에서 두 기사는 하나의 원전 자료에 근거한 것으로 보인다. 여기서 대방을 國이라 하지는 않았지만, 당시 함께 투항한 낙랑을 '國'이라고 한 점에서 미루어 볼 때 대방 역시 郡이 아닌 國과 같이 묘사된 것으로 해석할 수 있다. 다만 이 일이 노례왕 4년에 있었다고 한 점이 문제가 된다. 노례왕은 곧 『삼국사기』에서 말하는 3대 儒理尼師今을 가리킨다. 이에 따르면 낙랑과 대방이 신라에 투항한 것은 유리이사금 4년(27)의 일이다.

이 때문에 『삼국유사』의 낙랑 및 대방의 신라 투항 기사를 『삼국사기』 신라본기 유리이사금 14년(37) 낙랑국의 사람 5천 인이 신라에 내투하였다는 기사와[18]

---

16) 李丙燾, 『韓國古代史研究』, 博英社, 1976, 511쪽.

17) 『三國遺事』 권1, 紀異1, 樂浪國. "國史云 赫居世三十年 樂浪人来投 又第三弩禮王四年 高麗第三無恤王伐樂浪滅之 其國人與帶方 投于羅" ; 『三國遺事』 권1, 紀異1, 北帶方. "北帶方本竹覃城 新羅弩禮王四年 帶方人與樂浪人投于羅"

18) 『三國史記』 권1, 儒理尼師今 14년 조. "高句麗王無恤 襲樂浪滅之 其國人五千來投分居六部"

동일시하고, 노례왕 4년을 노례왕 14년의 오기로 보기도 한다.[19] 두 기사에서 모두 낙랑(및 대방)이 신라에 내투하게 된 계기로 대무신왕이 낙랑을 멸하였다는 것을 들고 있는데, 고구려본기에서 확인되는 바 낙랑국이 고구려에 항복한 때가 32년이고,[20] 낙랑을 멸한 것이 37년이라 하므로,[21] 노례왕 4년은 시기에 부합하지 않기 때문이다.

그러나 유리이사금 시기 신라에 항복하였다는 낙랑이 대무신왕에 의해 멸망된 낙랑국과 동일한 실체인지는 불분명하다. 이에 대해서는, 기년을 조정하여 보았을 때 시기상 서로 어긋나며 지리상으로도 낙랑국의 잔여 세력이 신라에까지 와서 투항하였을 가능성을 상정하기 어려우므로, 『삼국사기』 신라본기 유리이사금 14년 기사는 후대인이 고구려의 낙랑국 정벌 기사에 부회한 결과로 보는 견해가 참고된다.[22] 『삼국사기』의 기년 문제는 세밀한 검토를 수반하여야 하는 문제이기 때문에 본고에서 詳論하기는 어렵지만, 유리이사금 시기 낙랑의 투항이 실제 대무신왕의 낙랑국 정벌과는 무관하였을 가능성이 있다는 점은 시사하는 바가 적지 않다. 특히, 『삼국사기』와 『삼국유사』에 기록된 내용이 적어도 한 차례 이상의 편수 과정을 거친 산물을 옮겨 적었을 것으로 보인다는 점에서 그러하다.

『삼국유사』는 『國史』에 근거하여 낙랑 및 대방의 신라 내투 기사를 전하고 있다. 이때의 『국사』가 『삼국사기』를 가리키는 것으로 볼 수도 있겠으나, 『삼국유사』에서 '국사'나 '本記'의 형태로 인용된 내용이 『삼국사기』에 해당 관련 기

---

19) 정구복 외, 『개정증보 역주 삼국사기 3 -주석편(상)』, 한국학중앙연구원출판부, 2012, 45쪽.

20) 『三國史記』 권14, 大武神王 15년 조. "夏四月 王子好童遊於沃沮 樂浪王崔理出行 … 我兵掩至城下 然後知鼓角皆破 遂殺女子 出降"

21) 『三國史記』 권14, 大武神王 20년 조. "王襲樂浪滅之"

22) 강종훈, 『삼국사기 사료비판론』, 여유당, 2011, 70쪽. 유리이사금의 실제 활동 시기는 3세기 전반, 대무신왕의 경우는 대략 서기 1세기 중후반경으로 추측한다(강종훈, 『삼국사기 사료비판론』, 여유당, 2011, 70쪽).

사와 내용상으로 유사한 면이 있어도, 용어나 연도 등에 차이가 있거나 때로는 『삼국사기』에서 찾아볼 수 없는 내용도 있다는 점에서, 『삼국유사』에서 밝힌 '국사'를 모두 『삼국사기』로 특정하기에는 무리가 있다.[23] 보다 적극적으로 해석한다면, 『삼국유사』를 찬술할 당시 『삼국사기』 외에도 『삼국사기』를 편찬하는 데 크게 참고가 되었던 모종의 원전 자료가 이용되었을 여지가 있는 것이다.

따라서 낙랑 및 대방이 신라에 내투하였다는 기사 또한 이에 관한 원전 자료를 각각의 사서에 정리하면서 3대 유리이사금 시기에 발생한 것으로 판단한 과정이 반영된 결과로 보아야 합리적이다. 이렇게 보았을 때 주목되는 것은 '유리이사금'이라는 이름이다. 주지하듯 신라 3대 유리이사금과 14대 유례이사금은 諱가 같았다.[24] 따라서 두 왕 간에 있었던 일들이 후대에 사서로 정리되면서 서로 착종되었을 개연성이 높다. 단적으로 伊西(古)國이 신라의 金城을 공격한 것이, 『삼국사기』에서는 유례이사금 14년(297)에 있었던 것으로 기록된 반면,[25] 『삼국유사』에서는 노례왕 즉 유리이사금 14년(37)에 있었던 일로 기록되었다.[26] 즉, 두 왕 간에 있었던 일들 중에서 후대로 내려오면서 착종이 발생한 경우가 있었고, 그것을 기록으로 남기는 과정에서 하나의 사건이 각각 3대 유리이사금과 14대 유례이사금 시기에 있었던 것으로 차이가 발생하였다는 것이다. 이 과정에서 『삼국사기』에서 전하는 낙랑 투항 내용과 『삼국유사』에서 전하는 낙랑과 대방의 투항 내용이 유리이사금 시기의 사건이라고 판단하였고, 그들의 내투 원인을 고구려 대무신왕 대 낙랑국을 정벌한 기사와 연관지어 기술하였다고 추

---

23) 차광호, 「『三國遺事』에서의 『國史』 인용 형태와 그 의미」, 『嶺南學』 30, 2016, 138쪽.

24) 『三國史記』 권2, 儒禮尼師今 즉위년 조. "古記第三 第十四二王 同諱 儒理或云儒禮 未知孰是"

25) 『三國史記』 권2, 儒禮尼師今 14년 조. "春正月 伊西古國來攻金城"

26) 『三國遺事』 권1, 紀異1, 伊西國. "弩禮王十四年 伊西國人來攻金城". 未鄒王 竹葉軍 설화를 기록한 부분에서는 이서국의 공격이 『삼국사기』 기년과 같이 14대 유례이사금 대 있었던 일로 기술하고 있다(『三國遺事』 권1, 紀異1, 未鄒王竹葉軍. "第十四 儒理王代伊西國人來攻金城").

측된다.

　하지만 실제 이러한 내투가 유리이사금 대에 있었다고 단정하기는 곤란하다. 물론, 『삼국사기』와 『삼국유사』에서 밝힌 낙랑 그리고 대방이 신라에 투항한 때는, 이서국의 사례와 같이 유리이사금과 유례이사금 두 왕대에 나뉘어 실리지 않고 모두 유리이사금 시기라고 하였다. 하지만 현전하는 대방 관련 기사들은 모두 3세기 후반에서 4세기 전반에 한정되어 나타난다. 『삼국사기』 대방 관련 기사는 책계왕 원년(286), 기림이사금 3년(300), 그리고 대방군 기록까지 포함하면 미천왕 15년(314)에서 확인된다.[27] 또한, 『삼국유사』에서 확인되는 기년대로 이것이 유리이사금 대에 있었던 것으로 본다면 이를 서기 1세기의 대방의 존재를 말하는 자료로 보아야 하는데, 그것이 정치체의 이름이든, 혹은 서기 1세기라는 점에서 낙랑군 속현의 이름이든, 이 시기 대방이 역사적으로 낙랑과 위상을 같이 하는 두드러진 양상을 보이지는 않는다. 이 점에서 보건대, 『삼국유사』에서 전하는 낙랑과 대방의 신라 투항은 실제 유례이사금 대 있었던 사건이었을 가능성이 높다고 판단된다. 그렇다면 이 사건은 유리이사금 '4년'이라는 기년을 중시할 때 유례이사금 4년 즉 287년에 발생한 사건이라 할 수 있는데, 이 또한 여타 대방 관련 기사들이 등장하는 시기적 범주에 속한다. 즉, 대방 관련 기사의 시기적 분포와 유리이사금과 유례이사금의 휘가 같음으로 인하여 발생할 수 있는 시기상 착오를 고려한다면, 『삼국유사』의 낙랑과 대방 투항 기사 또한 실제로는 유례이사금 대인 3세기 후반에 발생한 상황을 전하는 기록으로 해석할 수 있다.

　『삼국유사』 및 『속일본기』에 나타난 대방 관련 자료들을 이와 같이 해석하여 보았을 때, 이들 기록에서 郡이 아닌 별개의 세력으로서 존재하였던 대방의 모습을 발견할 수 있다. 이 점에서, 『삼국사기』 기림이사금 조의 대방도 郡이 아닌

---

27) 백제본기에서 확인되는 대방에 관한 첫 기사는 시조설화를 전하는 과정에서 『수서』의 기록을 인용한 부분인데, 이는 백제 자체의 전승 기록이 아니므로 건국 초 백제와 대방의 관계를 설명할 수 있는 자료로 취급할 수 없다.

그 지역에 있던 지배세력을 가리키는 것일 가능성이 높다. 또한 같은 맥락에서, 이 일이 대방군이 소멸한 이후가 아니라 대체로 해당 기사가 실려 있는 기림이 사금 3년(300) 즈음에 발생한 사건이었다고 보아도 무리가 없다. 아울러 책계왕에게 딸을 보내어 혼인 관계를 맺었던 帶方王 역시 대방태수가 아니라 대방 지역 내의 지배세력을 가리킨다고 추정된다.

한편, 『삼국사기』 백제본기에는 郡의 장관을 가리키는 太守라는 용례도 나타난다. 아래에 제시한 자료들이 그것으로, 특히 4세기 초까지 太守라는 용어가 사용된 기사를 추출한 것이다.

> [가-1] 馬首城을 쌓고 瓶山柵을 세웠다. 樂浪太守의 使가 고하길, "근자에 서로 예를 갖추고 방문하고 우호를 맺어 뜻이 한 집안과 같았는데, 지금 우리의 강역을 핍박하여 城柵을 만들어 세우니, 혹 (우리의 강역을) 蠶食하려는 계책이 있는 것인가? …(『三國史記』)[28]
> [가-2] 魏 幽州刺史 毌丘儉이 ㉠樂浪大守 劉茂, 朔方大守 王遵과 함께 고구려를 쳤다. 왕이 빈틈을 타 左將 眞忠을 보내어 樂浪의 邊民을 습격하여 빼앗으니 (유)무가 이를 듣고 노하였다. 왕이 侵討될 것을 두려워하여 그 民口를 돌려주었다(『三國史記』).[29]
> [가-3] 왕이 樂浪太守가 보낸 자객에게 해를 입어 薨하였다(『三國史記』).[30]

[가-1]에서는 城柵의 설치를 두고 갈등을 빚고 있는 백제와 낙랑과의 상황이 나타나 있다. 여기서 백제에게 고하고 있는 자를 낙랑태수가 보낸 使라고 하므로 여기서 백제와의 갈등 대상은 낙랑군이다.

---

28) 『三國史記』 권23, 溫祚王 8년 조. "秋七月 築馬首城 竪瓶山柵 樂浪太守使告曰 頃者 聘問結好 意同一家 今逼我疆 造立城柵 或者其有蠶食之謀乎 …"

29) 『三國史記』 권24, 古爾王 13년 조. "秋八月 魏幽州刺史毌丘儉與樂浪大守劉茂朔方大守王遵 伐高句麗 王乘虛 遣左將眞忠 襲取樂浪邊民 茂聞之怒 王恐見侵討 還其民口"

30) 『三國史記』 권24, 汾西王 7년 조. "冬十月 王爲樂浪大守所遣刺客賊害薨"

[가2]와 [가3]은 帶方王 기사와 비슷한 시기의 백제 상황을 묘사하고 있다는 점에서 더욱 주목된다. [가2]의 ㉠은 『삼국지』에서도 확인할 수 있는 인물들인데, 『삼국지』에서 樂浪太守 劉茂, 그리고 帶方太守 弓遵이라고 한 것과 비교하여 보면,[31] 대방태수 궁준을 삭방태수 왕준이라고 한 차이가 있다. 삭방군의 위치를 고려한다면, 여기서는 대방태수가 함께 한 것으로 보아야 타당하지만 그 이름이 궁준인지 왕준인지는 확실하지 않다. 만약 이것이 판각의 과정에서 발생한 오기가 아니라면, 이 기사는 『삼국지』 한전의 기록을 원전으로 작성된 것이라기보다는, 백제 자체에서 전승되던 기억 혹은 기록에 의거하였을 가능성이 있다. 특히 이 기사에서 관구검 등이 고구려를 쳤다는 내용 이후에, 이를 틈타 백제가 기습 공격을 한 것, 이에 낙랑태수가 분노하니 다시 그 民口를 돌려보낸 사정, 그리고 기습 공격에 나선 자로 좌장 진충이라는 구체적인 인명을 거론하고 있다는 점에서, [가2]는 백제 자체의 전승이었을 여지가 있다. 한편 [가3]은 분서왕의 시해에 관한 기사인데 여기서 분서왕을 시해한 자를 낙랑태수가 보낸 자객이라 하고 있다. 분서왕은 책계왕의 뒤를 이어 왕위에 오른 인물인데, 대방왕 기사가 286년이고 분서왕의 시해 기사가 304년이므로, 두 기록은 매우 가까운 시기에 접하고 있다.

[가1]부터 [가3]은 백제본기에서 낙랑 그리고 대방[←삭방]을 '郡'으로 인식하여 그 관리를 太守라 하였다는 점에서, 앞서 살펴본 '國'으로 인식하고 있는 기사들과 대비를 이루고 있다. 이 점에서, 『삼국사기』 백제본기의 기록이 남겨진 과정을 세밀히 추적할 수는 없지만, 당시에도 郡으로서 인식되고 있는 실체가 있었고 郡이 아닌 존재로서 인식되고 있는 실체가 있었으며, 이들이 서로 구분되고 있었다고 볼 수 있다.

결국 『삼국사기』 및 여타 자료에서 나타난 대방의 용례를 통해 살펴보았을

---

31) 『三國志』 권30, 東夷傳, 濊 條. "正始六年 樂浪太守劉茂 帶方太守弓遵 以領東濊屬句麗 興師伐之 不耐侯等擧邑降" ; 『三國志』 권30, 魏書30, 烏丸鮮卑東夷傳, 韓. "時太守弓遵 樂浪太守劉茂 興兵伐之 遵戰死 二郡遂滅韓"

때, 대방왕이 대방태수의 오기이거나 혹은 郡을 國과 같이 인식하여 대방왕으로 기록하였던 것은 아니라고 추정된다. 대방왕 기사 등에서 대방을 하나의 '국'으로 인식하는 양상은 당대 대방군이 아닌, 그러나 대방과 모종의 관계가 있는 정치세력을 가리키는 것으로 보는 것이 타당하다. 그 관계에는, 대방군의 설치 시기 그리고 대방의 용례가 특히 3세기 후반 이후에 집중되어 있다는 점을 고려한다면, 역시 대방군의 관할 범위에 존재하였던 정치세력이었다는 점이 반영되어 있다고 볼 수 있다.

한 가지 문제는, 대방으로 불릴 수 있던 정치세력이 언제부터 성립해 있었는가 하는 것이다. 사료상 '대방'은 위만조선 붕괴 후 설치된 낙랑군의 속현 중 하나로써 기록에 등장하고 있다.[32] 대방이라는 이름이 일찍부터 있었기 때문에, 郡이 아닌 하나의 정치세력으로서 대방 또한 서기 전부터 존재하였을 가능성도 있다. 다만 전술한 바, 대방국으로서 지칭할 수 있는 지배세력의 양상을 살필 수 있는 자료는 3세기 후반에 국한되어 있다. 현재로서는 3세기 후반에 등장하는 대방이라는 세력이 낙랑군 설치 이전부터 성립하여 있었을지 살피기에는 어려움이 따른다. 혹 위만조선의 붕괴 이후 또는 그 전부터 대방이라는 세력이 있었다고 하여도, 그것이 백제본기에 등장하는 대방왕과 직접적인 관련이 있었던 것인지는 확실하지 않다.

아울러 '대방'을 그 이름으로 하는 정치세력이 3세기 이전부터 대방군과는 별개로 존재하였을 가능성이 없다고 단언할 수는 없지만, 그 세력이 삼국 특히 백제의 역사 전개 과정에서 큰 비중을 차지할 만큼 주목되는 세력은 아니었다고 사료된다. 백제본기 상 백제 성립 초기에 그들과 첨예한 관계에 있었던 대상은 마한과 말갈이었다. 백제본기 초기 기사에 등장하는 말갈의 실체에 관하여는 아직까지도 의견이 분분하지만, 적어도 그것을 대방과 직접 연결시키기에는 무리가 있다. 그러므로 보다 초점을 둘 부분은 백제본기 및 신라본기 등 『삼국사

32) 『漢書』권28下, 地理志8下, 樂浪郡. "武帝元封三年開 … 縣二十五 … 帶方 …"

기』 기록에서 대방국 관련 기사가 왜 3세기 후반 이후에 등장하고 있는지에 있다고 할 수 있다.[33] 3세기 후반 대방군이 설치된 지역이 어떠한 정세 하에 있었기에 백제왕은 대방왕의 딸과 혼인을 하였는지, 대방국의 처지에서 말한다면 그들은 왜 백제와의 혼인 관계를 맺으려고 하였던 것인지를 살필 필요가 있는 것이다.

III. 3세기 후반 대방군내의 정세와 지배세력의 동향

대체로 204년에서 207년 사이에 설치된 것으로 추정되는 대방군은,[34] 종래 낙랑군에 속하였던 속현을 나누어 새롭게 등장한 郡이었다. 대방군이 설치되기 이전인 2세기 말 낙랑군의 상황은, 강성해진 韓과 濊를 능히 통제하지 못하고 군현의 많은 民이 韓國으로 유입되기에 이를 정도로 군현으로서의 기능이 상당히 약화된 상태였다.[35] 그러다 대방군이 설치되면서 韓國으로 떠난 民이 점차 돌아오고 倭와 韓이 마침내 대방에 속하게 되었다.[36] 여기서 대방군 설치를 기준으로 그 이전과 이후가 군현민의 양상 및 주변 세력의 통제라는 두 지점에서 대비를 이루고 있다. 이는 군현제 운영의 형편에서 이러한 안정화가 낙랑군의 기능 회복이 아니라 대방군의 설치로 인한 결과임을 시사한다.

---

33) 3세기 후반에 집중적으로 나타나는 '대방국'과 낙랑군 시기 속현으로서 대방, 아울러 대방현 지역에 존재하였을 가능성이 있는 대방군 설치 이전 정치세력과의 관계에 관하여는 추후 別稿를 통해 구체적으로 다루겠다.

34) 대방군의 설치 시기와 관련하여서는 임기환, 「3세기~4세기 초 위(魏)·진(晉)의 동방 정책 -낙랑군·대방군을 중심으로-」, 『역사와현실』 36, 2000, 7쪽 참조.

35) 『三國志』 권30, 東夷傳, 韓 條. "桓靈之末 韓濊彊盛 郡縣不能制 民多流入韓國"

36) 『三國志』 권30, 東夷傳, 韓 條. "建安中 公孫康分屯有縣以南荒地爲帶方郡 遣公孫模張敞等收集遺民 興兵伐韓濊 舊民稍出 是後倭韓遂屬帶方"

공손씨 정권이 낙랑군을 두고도 별도로 대방군을 신설한 데에는 크게 두 가지의 원인이 지적된다. 하나는, 濊 및 沃沮에 대한 교섭 사무는 낙랑군에게 맡기고, 대방군은 韓과 倭와의 사무에 주력하게끔 한 결과이며,[37] 나아가서는 정치적 · 군사적으로 성장한 韓에 대한 통제를 강화하겠다는 의도가 담겨있다는 것이다.[38] 다른 하나는, 중원 세력과 연결된 낙랑군과는 별개로, 기존의 군현지배가 와해된 지역에 공손씨 정권의 새로운 지배 거점을 구축하기 위함이었다는 점이다.[39] 종합하면, 대방군은 공손씨 정권을 중심으로 한 새로운 지배체제를 마련하려는 의도 하에서 韓과 倭를 관리 · 통제하기 위한 목적으로 설치되었다고 볼 수 있다. 아울러 낙랑군의 군현제적 기능 마비를 가져온 원인이었던 韓과 濊의 강성이라는 당대의 사정을 감안하였을 때, 대방군은 관할 범위 내 거주민의 통치만큼이나 군 밖에 존재하던 諸 세력에 대한 주의에도 지대한 관심을 쏟을 수밖에 없는 형편이었을 것이다.[40] 따라서 공손씨 정권이라는 대방군 설치의 주체와 韓과 倭와의 교섭 사무라는 대방군 운영의 주된 목적에 변동이 발생한다면, 대방군의 기능상에서도 또한 변동을 야기하였을 것이라 예상할 수 있다.

실제 景初 연간(237~239)에 魏가 帶方太守 劉昕과 樂浪太守 鮮于嗣를 보내어 대방과 낙랑 두 군을 접수하면서,[41] 낙랑군과 대방군을 이용한 주변 세력과의 사무에 대한 처리 방식에 변화가 발생하였다. 대방군이 설치된 이후 韓과의 교섭 사무는 대방군이 담당하였지만, 部從事 吳林은 낙랑군이 본디 韓國을 거

37) 權五重, 『樂浪郡硏究』, 一潮閣, 1992, 44~45쪽 ; 「요동 공손씨정권의 대방군 설치와 그 의미」, 『大丘史學』 105, 2011, 18~19쪽.

38) 임기환, 「3세기~4세기 초 위(魏) · 진(晉)의 동방 정책 -낙랑군 · 대방군을 중심으로-」, 『역사와현실』 36, 2000, 7~8쪽.

39) 오영찬, 『낙랑군 연구』, 사계절, 2006, 185~186쪽.

40) 權五重, 「요동 공손씨정권의 대방군 설치와 그 의미」, 『大丘史學』 105, 2011, 17~18쪽 참조.

41) 『三國志』 권30, 東夷傳, 韓 條. "景初中 明帝密遣帶方太守劉昕 樂浪太守鮮于嗣 越海定二郡"

느렸다는 이유를 들어 辰韓의 8국에 대한 관할권을 낙랑군으로 이관하였다.[42] 이는 공손씨 정권이 설치한 대방군의 역할 비중을 줄여 군현제 운영의 중심축을 낙랑군으로 재편하려는 의도로 해석된다.[43] 한편, 西晉이 들어서고 東夷校尉의 역할이 증대되면서, '유주-낙랑 · 대방 · 현도'와 같은 체계로 이루어지던 동이 관할 업무는 동이교위가 직접 통괄하는 체계로 변화하였다.[44] 이로 인해 결국 대방군은 그 기능을 상실하면서 쇠퇴하게 된 것이다. 요컨대, 대방군은 공손씨 정권 시기에 韓과 倭와의 교섭을 담당하는 기능을 하는 군으로서 성립하였지만, 魏가 들어선 이후에는 그 역할의 일부가 다시 낙랑군에게 돌아갔고, 특히 西晉이 들어서면서는 관할 업무마저 이관되면서 그 기능을 거의 상실하였다고 정리할 수 있다.

이와 같은 대방군의 설치 및 그 변동 과정을 '대방국'과 연결하여 보았을 때, 대방국 관련 기사가 집중적으로 등장하는 시기가 대방군의 군현제적 기능이 동요하는 시기와 대체로 일치하고 있다는 점에 주목할 수 있다. 즉 대방군이 군으로서의 기능을 상실해 가면서, 대방군의 통치 범위 내에 있던 지배세력이 대방군에 의지하지 않고, 책계왕과 혼인 관계를 맺은 대방왕과 같이 직접 백제와 교섭하거나 신라 혹은 왜로의 내투를 선택한 사정이 기록으로 남겨진 결과, 대방군을 가리킨다고 볼 수 없는 '대방국' 관련 자료가 3세기 후반에 특히 국한되어 나타나는 것으로 해석된다.[45] 반대로 3세기 후반 이전에 이들에 관련한 기사가

---

42) 『三國志』 권30, 東夷傳, 韓 條. "部從事吳林以樂浪本統韓國 分割辰韓八國以與樂浪"

43) 오영찬, 『낙랑군 연구』, 사계절, 2006, 222~225쪽.

44) 權五重, 『樂浪郡研究』, 一潮閣, 1992, 122~126쪽 ; 임기환, 「3세기~4세기 초 위 (魏) · 진(晉)의 동방 정책 -낙랑군 · 대방군을 중심으로-」, 『역사와현실』 36, 2000, 24~25쪽.

45) 대방군과 대방국의 관계를 추정하는 데 낙랑군과 낙랑국의 관계를 참고할 수 있다. 대무신왕에 의해 멸망한 낙랑국은 建武 6년(30) 東部都尉 폐지 이후 東沃沮 근방에서 독자화한 세력으로 추정되기도 한다(문안식, 「『三國史記』 新羅本紀에 보이는 樂浪 · 靺鞨史料에 관한 檢討 -東海岸路를 통한 新羅의 東北方 進出과 土着勢力의

전무하다시피하다는 것은, 대방군이 제 기능을 하며 역할이 있던 시기에는 대방 군내 지배세력의 주변 세력과의 교섭 등이 군의 통제 하에서 독자적으로 이루어 질 수 없었던 상황을 의미하는 것으로 풀이할 수 있다.

당시 대방군 내에는 군이 설치되기 이전부터 존재하였던 지배세력이 있었을 것이다. 이와 관련하여서는 대방군이 설치되면서 韓國으로 유입된 民이 다시 돌아왔다고 한 기사가 유의된다.[46] 이 기사에 따르면, 대방군이 설치된 이후의 군내에는 군이 설치되기 이전에 거주하였던 주민들이 다시 돌아와 거주하는 형 세를 이루고 있었다고 볼 수 있다. 다만, 대방군 설치 이후 비단 舊民의 수습뿐 만 아니라 새롭게 유입된 漢系 세력도 적지 않았을 것으로 추정된다. 낙랑군의 중심부로 여겨지는 평양 일대에서는 서기 1세기에서 3세기 사이에 귀틀묘에서 전실묘로 그 묘제가 계기적으로 변화하는 양상이 확인되는 반면, 대방군이 설 치된 황해도 일대에서는 귀틀묘에서 전실묘로의 계기적인 이행 모습은 보이지 않고 3세기에 들어서 완성된 형태의 전실묘가 출현하는 특징이 있는데, 이것은 공손씨 정권이 대방군을 설치하면서 새로운 세력들이 유입된 결과로 이해되기 때문이다.[47] 이러한 유물상의 양상과 연결하여 이해할 수 있는 것이 『續日本紀』 의 기사이다.

[나] 臣 등은 본디 後漢 靈帝의 曾孫인 阿智王의 후손입니다. … 漢祚가 魏로 옮겨 가자 阿智王은 神牛의 가르침을 따라 帶方으로 出行하였습니다. 홀 연히 寶物로 장식한 상서로운 帶를 얻었는데 그 형상이 宮城과 같았습니

在地基盤의 運動力을 中心으로-」, 『傳統文化研究』 5, 1997, 22~23쪽 ; 임기환, 「고 구려와 낙랑군의 관계」, 『한국고대사연구』 34, 2004, 146~148쪽). 이러한 해석은 대 방국 또한 대방군의 변동에 따라 군의 통제에서 벗어난 지배세력을 가리키는 것으 로 파악하는 데 참조가 된다.

46) 『三國志』 권30, 東夷傳, 韓 條. "桓靈之末 韓濊彊盛 郡縣不能制 民多流入韓國 建 安中 公孫康分屯有縣以南荒地爲帶方郡 遣公孫模張敵等收集遺民 興兵伐韓濊 舊 民稍出 是後倭韓遂屬帶方"

47) 오영찬, 『낙랑군 연구』, 사계절, 2006, 206~214쪽 참고.

다. 이에 國邑을 세우고 庶民을 길렀습니다. … (아지왕이 왜로 귀화한 것은-인용자) 譽田天皇이 천하를 다스리던 때였습니다. 이에 아지왕이 奏請하길, "臣은 옛날에 帶方에 살았는데 (대방의-인용자) 人民 남녀는 모두 재주와 솜씨를 가지고 있습니다. 근래에는 百濟와 高麗 사이에서 붙어 살면서 마음속으로 망설이며 거취를 정하지 못하고 있습니다. …(『續日本紀』)[48]

응신천황 시기, 『일본서기』 기년상 270년에서 310년 사이에 倭로 귀화하였다는 阿智王은 후한이 쇠하고 魏가 들어서는 중원의 변동기 속 혼란한 정세 하에서 대방으로 이주하였다([나]). 『삼국사기』 고구려본기에도 이와 유사한 상황을 전하는 기사가 있는데, 故國川王 19년(197) 중국에서 대란이 일어나 난을 피하여 내투한 漢人이 매우 많았다고 한 것이 그것이다.[49] 이를 고려하였을 때, 중원에서 발생한 혼란을 피하여 고구려 나아가 새롭게 설치된 대방군에까지 이르렀던 漢系 집단은 적지 않았을 것으로 추정된다. 특히 아지왕이 國邑을 세우고 庶民을 길렀다고 하고 그를 또한 王이라 칭하고 있다는 점에서, 대방군에 새로 유입된 漢系 집단 중에는, 묘제적 측면을 참고한다면, 그들의 문화를 유지하며 대방군 내에서 세력가로 자리매김한 자들도 있었을 것이다.

그런데 [나]에서는 아지왕이 귀화를 선택한 배경에 百濟와 高麗 즉 고구려 사이에 붙어 살면서 마음속으로 망설이며 거취를 정하지 못하고 있던 사정이 있었다고 하였다. 전술한 바 일본 측 기록상 기년을 있는 그대로 취신하기 어려운 경우가 많지만, [나] 기록은 대체로 3세기 말엽의 상황을 보여주고 있다고 보아도 크게 무리는 없다. 阿知使主(=아지왕)의 귀화를 전하는 『일본서기』 기록을

---

48) 『續日本紀』 권38, 桓武天皇, 延曆 4년 6월 癸酉. "臣等本是後漢靈帝之曾孫阿智王之後也 … 漢祚遷魏 阿智王因神牛敎 出行帶方 忽得寶帶瑞 其像似宮城 爰建國邑 育其人庶 … 是則譽田天皇治天下之御世也 於是阿智王奏請曰 臣舊居在於帶方 人民男女皆有才藝 近者寓於百濟高麗之間 心懷猶豫未知去就"

49) 『三國史記』 권16, 故國川王 19년 조. "中國大亂 漢人避亂來投者甚多 是漢獻帝建安二年也"

토대로 본다면, 이때를 289년으로 특정해 볼 수도 있으므로, [나]에는 西晉이 들어선 뒤 대방군이 그 기능을 거의 상실한 때의 상황이 반영되어 있다고 해석된다. 즉, 대방군이 군내 지배세력을 안정적으로 보호하지 못하는 상황 속에서, 백제와 고구려가 대방군 관할 범위 내 정치세력에게 영향력을 미치고, 나아가 자신들이 그들의 지배하에 복속될 수 있다는 위기의식이 반영되어 있는 내용인 것이다. 이는 대방군의 세력권이 군현의 치소를 중심으로 축소되어 가고, 대방군을 대신하여 새로운 정치적 구심이 될 수 있는 고구려와 백제 등의 성장이 두드러진 결과라 할 수 있다.[50]

> [다] 고구려가 帶方을 치자 대방이 우리에게 구원을 청하였다. 이에 앞서 왕이 帶方王의 딸 보과를 부인으로 삼았다. 고로 말하길 "대방과 우리는 장인과 사위의 나라이니 그 청을 따르지 않을 수 없다"라고 하였다. 마침내 군사를 내어 구하니, 고구려가 원망하였다. 왕은 고구려가 쳐들어와 노략질할 것을 염려하여 阿旦城과 蛇城을 수리하여 대비하였다(『三國史記』).[51]

일본 측 기록에서 확인되는 3세기 말 대방 지역의 상황은 책계왕 원년(286) 기사에 나타난 모습에 부합하는 측면이 있다. 고구려와 백제 사이에서 불안정한 형편이었던 아지왕과 같이([나]), 대방왕은 고구려의 공격을 받아 위기에 처한 상황에 있었고, 이러한 위기를 타개하기 위해 도움을 요청한 대상이 그의 딸과 혼인한 백제왕이었다([다]). 두 기록에서 모두 고구려와 백제가 대방 내 지배세력의 동향에 밀접히 상관하고 있는 것으로 나타나고 있다. 현전하는 자료만으로는 백제와 혼인 관계를 맺고 있던 대방국의 정확한 위치를 파악하기에 어려움이 있는데, 3세기 후반 고구려의 정세 및 백제의 구원이 닿을 수 있는 북방 한계를

---

50) 장병진, 「고구려의 대방 지역 진출과 영역화 과정」, 『高句麗渤海研究』 68, 2020, 21쪽.
51) 『三國史記』 권24, 責稽王 원년 조. "高句麗伐帶方 帶方請救於我 先是 王娶帶方王女寶菓爲夫人 故曰 帶方我舅甥之國 不可不副其請 遂出師救之 高句麗怨 王慮其侵寇 修阿旦城蛇城備之"

감안하였을 때, 오늘날 예성강 일대에서 임진강에 이르는 지역에 존재하였을 것으로 추정되기도 한다.[52]

그렇다면 대방왕 또한 아지왕과 같은 漢系 지배세력이었을까. 확단하기는 어렵지만, 책계왕의 사망에 관한 13년(298) 기사를 염두에 둔다면, 대방왕의 계통이 漢系였을 가능성은 높지 않다고 사료된다.[53] 책계왕은 漢과 貊人이 來侵하여 이를 막고자 나섰다가 세상을 떠났는데, 여기서 백제로 침입한 주체가 '漢'과 '貊'으로 표현되어 있다. 漢이라는 글자에 유의하면, 이것이 낙랑군 혹은 대방군으로 대표되는 군현세력을 지칭하는 것으로 이해할 수도 있지만, 왜 漢이라고 한 것인지에 대한 이유가 해명될 필요가 있다. 貊의 경우도 마찬가지로, 이때의 貊을 백제본기에 보이는 낙랑과 동일한 실체로 보기도 하는데,[54] 왜 하필이 기사에서는 貊이라고 지칭하였는지 설명되어야 한다.

이에 대한 이해에 접근하는 데 책계왕 대 기사의 특징에 주목해 볼 수 있다. 책계왕은 13년 간 재위하였지만 그와 관련한 기록은 즉위,[55] 慰禮城 보수,[56] 대방왕 관련 기사([다]), 東明廟 배알,[57] 그리고 사망 기사가 전부이다. 여기서 다른 왕대에도 실시하던 城의 보수나, 즉위 후 재위 2년 정월 동명묘에 배알하는 기사를 제외하면,[58] 책계왕 대 그의 행적에서 초점을 두고 있는 것은 대방을 두고 빚은 고구려와의 갈등과 그가 어떻게 사망하였는지에 있다. 그리고 이 두 기사

---

52) 안정준, 「3~4세기 백제의 북방 진출과 고구려」, 『근초고왕과 석촌동고분군』, 한성백제박물관, 2016, 60쪽 참고.

53) 『三國史記』 권24, 責稽王 13년 조. "秋九月 漢與貊人來侵 王出禦 爲敵兵所害薨"

54) 金澤均, 「『三國史記』에 보이는 貊의 實體」, 『白山學報』 69, 2004, 91~92쪽.

55) 『三國史記』 권24, 責稽王 즉위 조. "責稽王 或云青稽 古尔王子 身長大 志氣雄傑 古尔薨 卽位"

56) 『三國史記』 권24, 責稽王 원년 조. "王徵發丁夫 葺慰禮城"

57) 『三國史記』 권24, 責稽王 2년 조. "春正月 謁東明廟"

58) 재위 2년 정월 동명묘에 배알한 사례로는 분서왕 2년(299), 아신왕 2년(393), 전지왕 2년(406) 등이 있다.

는 책계왕 대 백제의 대외 관계에 관한 내용이라는 공통점이 있다. 즉, 책계왕이 대방왕의 딸과 혼인한 관계로 말미암아 고구려의 공격으로 위기에 처한 대방을 구원하였고, 이로 인해 고구려가 백제를 원망하니 그 대비책으로 阿旦城(→阿且城)과 蛇城을 수리하여 대비하였으며, 결국 漢이 貊人과 함께 쳐들어와서 이를 막다가 세상을 떠났다는 것이다. 특히 아차성과 사성의 수리는 고구려와의 갈등으로 백제가 두 성을 수축하여야 할 만큼, 漢城 이북 지역이 고구려의 위협을 받고 있던 상황을 보여준다.[59]

이렇게 보면, 책계왕의 사망 기사에서 특기하고 있는 漢이나 貊과 같은 용례는 286년 당시의 정세 및 3세기 대방군 내의 상황과 연결하여 이해할 여지가 있다. [나]에서 살펴보았듯 당시 대방군내에는 漢系의 지배세력이 존재하고 있었다. 이 점에서, 책계왕 13년 백제를 공격한 주체를 낙랑이나 대방과 같은 郡名이 아니라 漢이라 칭한 것은 [다]의 阿智王과 같은 특히 漢系 정치세력이었기 때문이었던 것으로 추측된다. 한편 貊은 흔히 고구려와 연관하여 卑稱으로 쓰이기도 하는 표기이다. 그리고 『일본서기』에서 개로왕의 사망에 관한 내용을 전하며 狛(=貊)의 大軍이 와서 공격하였다는 「百濟記」의 기사를 분주로 기록하고 있다.[60] 이렇듯 貊이 고구려를 가리키는 용례로 자주 쓰인다는 점, 백제 기록에서 또한 그렇게 사용한 사례가 있다는 점, 그리고 고구려가 책계왕 대에 대방을 두고 백제와의 갈등 관계로 나타나고 있다는 점 등을 고려하였을 때, 책계왕의 사망에 관련한 貊은 고구려를 염두에 둔 표현으로 이해된다. 다만, 이때 고구려가 대방 내 漢系 세력과 직접 결탁하여 백제를 공격한 것은 아닌 듯하며, 고구려의 후원 내지 일종의 지원을 받고 있던 세력을 貊으로 빗댄 것으로 짐작된다.

즉, 3세기 후반 군현제적 기능이 약화된 대방 지역을 두고 백제와 고구려는

---

59) 안정준, 「3~4세기 백제의 북방 진출과 고구려」, 『근초고왕과 석촌동고분군』, 한성백제박물관, 2016, 61쪽.

60) 『日本書紀』 권14, 雄略天皇 20년 조. "百濟記云 蓋鹵王乙卯年冬 狛大軍來 攻大城 七日七夜 王城降陷 遂失尉禮 國王及大后 王子等 皆沒敵手"

대립 관계에 있었고 고구려는 漢系 세력과 결탁하고 있었던 것이다. 그렇다면 백제와 혼인 관계를 맺었던 대방왕은 漢 또는 貊과는 다른 계통으로 분류되는, 즉 韓 혹은 濊 세력이었을 것으로 볼 수 있겠는데,[61] 대방군이 韓과 倭의 교섭 사무를 위해 설치된 군이었다는 점을 상기한다면 특히 韓系의 세력이었을 가능성에 무게가 실린다.

이상을 통해 3세기 말 한과 왜에 관한 교섭 사무 등을 주 기능으로 하였던 대방군이 유명무실하여 군현의 통제력이 상실된 속에서, 백제와 고구려가 각기 자신들의 영향력을 제고하기 위해 각축전을 벌이고 있었던 상황을 그려볼 수 있다. 이러한 상황에서 대방군내 諸 지배세력은 대방군에게 더 이상 의지할 수 없는 현실 속에 그들 스스로의 힘만으로 세력을 유지하기가 불가능하였을 것이다. 이에 고구려와의 결탁 혹은 백제와의 결탁을 통해 자신들의 안위를 지키고자 하였는데 대체로 전자는 漢系, 후자는 韓系 세력이었을 것으로 판단된다. 한편, 고구려나 백제 어느 쪽도 아닌 유망을 택한 세력들도 존재하였다. 그들 중에는 아지왕과 같이 倭로의 귀화를 택한 세력도 있었고, 신라로의 귀부를 택한 세력도 있었던 것으로 보인다. 신라로 歸服하였다는 대방이 나타나 있는 기림이사금 3년(300)의 기사는 이러한 정황이 담긴 것으로 해석된다. 즉, 종래 그들의 지배력이 안정적으로 유지되는 데 기능하던 대방군의 역할이 무너진 상황에서 그들의 생존을 위한 향방을 두고 기로에 섰던 상황이라 하겠다.

백제는 漢과 貊의 공격으로 책계왕이 사망한 이후에도 북쪽으로의 진출을 모색했던 것으로 나타난다. 汾西王 7년(304)에 몰래 군사를 보내어 낙랑 서쪽의 縣을 습격하여 빼앗은 사건이 그 사례이다.[62] 그러나 분서왕은 同年 10월 낙랑 태수가 보낸 자객에 의해 살해되고 말았다.[63] 결과적으로 보자면 대방군과 낙

---

61) 장병진, 「고구려의 대방 지역 진출과 영역화 과정」, 『高句麗渤海研究』 68, 2020, 22쪽 참조.

62) 『三國史記』 권24, 汾西王 7년 조. "春二月 潛師襲取樂浪西縣"

63) 『三國史記』 권24, 汾西王 7년 조. "冬十月 王爲樂浪太守所遣刺客賊害薨"

랑군 지역은 313년과 314년에 고구려가 차지하게 된다.[64] 『자치통감』에 기록된 내용을 토대로 보아도 낙랑과 대방 두 군의 소멸에 직접적으로 관계한 것은 고구려였던 것으로 나타난다.[65] 그리고 분서왕의 뒤이어 比流王이 왕위에 올랐는데,[66] 기록상 확인되는 즉위 이후 비류왕의 첫 행적은 재위 9년(312) 관리를 보내 巡問한 것이다.[67] 이를 토대로 추정컨대, 백제는 책계왕과 분서왕 두 왕이 연달아 대방 및 낙랑으로의 영향력 확대를 모색하다 사망하면서, 해당 지역으로의 진출 기도를 중단하고 내정에 보다 집중하였던 것으로 보인다. 이러한 백제의 정책상에 변화가 나타나 다시 北進에 나서면서 정면으로 고구려와 충돌한 것은 근초고왕 대에 들어서라고 할 수 있다.

IV. 맺음말

『삼국사기』 기록에 등장하는 '대방국'은 구체 검토할 만한 자료가 영성한 까닭에 그간 그 실체에 관하여 대방군을 가리키는 것인지 아니면 대방군과는 별개로 존재하였던 세력을 지칭하는 것인지로 해석이 나뉘어 왔다. 그러나 『삼국사기』 및 『삼국유사』, 그리고 일본 측 기록에 나타난 대방의 용례를 살펴보았을

---

64) 『三國史記』 권17, 美川王 14년 조. "冬十月 侵樂浪郡 虜獲男女二千餘口"; 美川王 15년 조. "秋九月 南侵帶方郡"

65) 『資治通鑑』 권88, 晉紀10, 孝愍皇帝上, 建興 원년 조. "夏四月 遼東張統據樂浪 帶方二郡 與高句麗王乙弗利相攻 連年不解 樂浪王遵說統帥其民千餘家歸廆 廆爲 之置樂浪郡 以統爲太守 遵參軍事"

66) 『三國史記』 권24, 比流王 즉위 조.

67) 『三國史記』 권24, 比流王 9년 조. "春二月 發使巡問百姓疾苦 其鰥寡孤獨不能自存 者 賜穀人三石". 비류왕의 즉위 이후와 9년 기사 사이에는 재위 5년(308)에 일식이 있었다는 하나의 기록이 있다(『三國史記』 권24, 比流王 5년 조. "春正月 丙子朔 日 有食之").

때, 대방국은 대방군이 아닌 하나의 '國'으로서 이해될 수 있는, 그러면서도 대방군의 관할 범위에 존재한 세력을 가리키는 것으로 보는 것이 타당하다고 판단된다. 그런데 대방국으로 이해되는 자료들의 시기적 배경은 특히 3세기 후반에 집중되어 있다. 이는 대방군이 설치된 이후 그 운영상에 심대한 변화가 발생한 것과 연관하여 나타난 결과이다.

대방군은 공손씨 정권 시기에 종래 낙랑군의 역할을 분담하여, 韓과 倭와의 교섭을 담당하는 기능을 하는 군으로서 성립하였다. 아울러 낙랑군이 설치된 지역에 공손씨 정권을 중심으로 한 새로운 지배체제를 마련하려는 의도 또한 반영되어 있었다. 하지만 魏가 들어선 이후 그 역할의 일부는 다시 낙랑군에게 돌아갔고, 西晉이 들어선 이후에는 그 기능을 거의 상실하였다.

이에, 3세기 말 대방군이 유명무실하게 되면서 대방 지역은 백제와 고구려가 각기 자신들의 영향력을 제고하기 위한 각축전을 벌이는 장이 되었다. 이러한 상황에서 대방군내 諸 지배세력은 자신들의 안위를 지키기 위해 고구려 혹은 백제와 결탁하기도 하였다. 책계왕 원년 기사에 보이는 대방왕은 백제와의 혼인 관계를 통해 활로를 마련하려는 대방군내 지배세력의 동향을 살필 수 있는 자료라 할 수 있다. 한편으로는 유망을 택한 세력들도 존재하였다. 그들 중에는 일본 측 기사에서 확인되는 바와 같이 倭로의 귀화를 택한 세력도 있었고, 신라로의 귀부를 택한 세력도 있었다. 신라로 歸服하였다는 대방국은 이러한 정황이 담긴 기사로 풀이된다.

백제는 책계왕과 그 뒤를 이은 분서왕 대에 북쪽으로의 진출을 모색하였지만, 두 왕이 모두 이 과정에서 사망하면서 해당 지역으로의 진출 기도를 중단하고 내정에 보다 집중하는 방향으로 선회하였다. 이러한 백제의 정책에 변화가 나타나 다시 北進에 나서 정면으로 고구려와 충돌한 것은 근초고왕 대에 들어서라고 할 수 있다. 결국 『삼국사기』에 나타난 대방국은 삼국을 중심으로 일어나고 있던 3세기 후반 갈등의 정세를 보다 입체적으로 파악할 수 있는 자료라 할 수 있을 것이다.

참고문헌

강종훈, 『삼국사기 사료비판론』, 여유당, 2011.

權五重, 『樂浪郡硏究』, 一潮閣, 1992.

李丙燾, 『韓國古代史硏究』, 博英社, 1976.

오영찬, 『낙랑군연구』, 사계절, 2006.

강종훈, 「백제의 성장과 對中國郡縣 관계의 추이 -『삼국사기』 백제본기 초기기록의
　　　 '樂浪'관련 기사의 검토를 겸하여-」, 『한국고대사연구』 34, 2004.

권오중, 「중국사에서의 낙랑군」, 『한국고대사연구』 34, 2004.

권오중, 「요동 공손씨정권의 대방군 설치와 그 의미」, 『大丘史學』 105, 2011.

김기섭, 「4~5세기 동아시아 국제정세와 백제의 외교정책」, 『百濟文化』 56, 2017.

김미경, 「高句麗의 樂浪 · 帶方地域 進出과 그 支配形態」, 『學林』 17, 1996.

김성한, 「漢 郡縣을 둘러싼 한국고대사의 몇 개 문제 -문헌자료를 중심으로」, 『인문
　　　 학연구』 97, 2014.

김수태, 「漢城 百濟의 성장과 樂浪 · 帶方郡」, 『百濟文化』 39, 2004.

金澤均, 「『三國史記』에 보이는 貊의 實體」, 『白山學報』 69, 2004.

李富五, 「4세기 초 · 중엽 고구려 · 백제 · 신라의 관계 변화」, 『新羅史學報』 5, 2005.

안정준, 「高句麗의 樂浪 · 帶方 故地 영역화 과정과 지배방식」, 『한국고대사연구』
　　　 69, 2013.

오영찬, 「樂浪 · 帶方郡 支配勢力 硏究」, 서울대학교 박사학위논문, 2005.

임기환, 「3세기~4세기 초 위(魏) · 진(晉)의 동방 정책 -낙랑군 · 대방군을 중심으
　　　 로-」, 『역사와현실』 36, 2000.

장병진, 「고구려의 대방 지역 진출과 영역화 과정」, 『高句麗渤海硏究』 68, 2020.

차광호, 「『三國遺事』에서의 『國史』 인용 형태와 그 의미」, 『嶺南學』 30, 2016.

제8장

무덤자료를 통해 본 4세기~5세기 초 한반도 서북부지역의 양상

주홍규

(건국대학교 아시아콘텐츠연구소 학술연구교수)

I. 머리말

미천왕이 낙랑과 대방을 차례로 멸망시킨 313년과 314년부터 고구려가 집안지역에서 평양지역으로 천도하는 427년까지 한반도 서북부지역[1]의 양상은 불확실하다. 미천왕이 낙랑을 점령한 후에 남녀 2,000명을 사로잡았다거나,[2] 張統이 낙랑과 대방의 일부를 통솔하다가 낙랑이 고구려에 의해 멸망할 때에 1,000여 가를 이끌고 慕容廆에게 귀순한 기록[3] 등을 통해 볼 때, 고구려의 한반도 서북부지역에 대한 세력 확장으로 인한 지역사회의 상당한 변화는 불가피했던 것으로 보인다. 하지만 고구려가 낙랑과 대방을 멸망시킨 후에 그 지역을 어떻게 통치했는지, 낙랑과 대방의 유민들이 어떤 삶을 영위하게 되었는지, 이주민 집단에 의해 지역사회가 어떻게 새롭게 재편되었는지 등과 같은 당시의 정황이 상세히 기록된 문헌자료는 확인되지 않는다. 이 시기의 한반도 서북부지역에 관한 정세는 역사서 속의 공백기라고 가히 부를 수 있다.

하지만 이처럼 불확실한 4~5세기 초 한반도 서북부 지역의 정황을 유추해 볼 수 있는 고고자료가 존재하는데, 그 중에서도 당시의 상황을 가장 잘 파악할 수 있는 것이 무덤자료이다. 한반도의 서북부지역 일대에서 발견된 무덤 중에는 연호나 기년명, 피장자 등을 알 수 있는 명문자료를 통해 4~5세기 초에 조영된 것

---

1) 본고에서 언급하는 한반도 서북부지역이란 대동강과 재령강을 끼고 있는 평안북도 지역과 황해도 지역 일대를 가리킨다. 낙랑과 대방의 故地에 대해서는 학계에서 이견이 있지만 여기서는 평양지역 일대를 낙랑의 고지로, 황해도 일대를 대방의 고지로 간주하고 논지를 전개한다. 이 지역에서 중국 계통의 전축분이라는 새로운 묘제가 유행하고, 청동거울이나 칠기 등의 중국 유물, 봉니나 기와, 낙랑토성 등 한 군현을 추정할 수 있게 해 주는 유적과 유물들이 다수 발견되기 때문이다.

2) 『三國史記』 권17, 美川王 14년 조. "冬十月 侵樂浪郡 虜獲男女二千餘口"

3) 『資治通鑑』 권88, 晉紀10, 建興 元年 4월 조. "遼東張統據樂浪帶方二郡 與高句麗 王乙弗利相攻 連年不解 樂浪王遵說統帥其民千餘家歸廆 廆為之置樂浪郡 以統為 太守 遵參軍事"

이 확실한 무덤들이 존재하기 때문이다. 이러한 무덤자료들을 활용해 낙랑과 대방이 멸망한 이후의 한반도 서북부지역에 대한 양상을 구체화하는 작업이 진행되기도 했다. 특히 무덤에서 발견되는 명문자료를 활용해 고구려로 유입된 중국계 이주민들의 동향을 통한 한 군현 지역의 고구려 통치방식 파악이나, 고구려가 한반도 서북부지역을 영역화 하는 과정을 추궁하는데 많은 노력을 기울였다[4]. 그러나 크고 화려한 무덤들이 발견되었음에도 불구하고 무덤을 조영한 집단의 성격과 고구려와의 상관관계에서 불명확한 점들은 여전히 존재한다.

여기서는 한 군현 멸망에서 고구려 평양천도 이전시기까지 한반도 서북부지역 일대에서 造營된 것이 명확한 무덤들을 중심으로, 당시 무덤 조영 집단의 존재 양태와 고구려의 지역통치를 파악하는 것을 목적으로 한다. 이 시기의 무덤자료들이 가지는 구조상의 특징과 출토유물의 검토, 입지적 특징 등을 통해 한반도 서북부지역에서 무덤을 조영한 집단의 정체성과 중심지역 등을 파악할 수 있기 때문이다. 이러한 무덤들이 제공해주는 단서들을 분석해, 역사적 공백으로 남아 있는 4~5세기 초 한반도 서북부지역의 史的 정황의 추론이 가능해진다.

II. 4~5세기 초에 조영된 한반도 서북부지역의 무덤들

한반도의 서북부지역에서는 벽돌을 이용한 무덤들이 발견되었는데, 나무로

---

4) 임기환, 「4세기 고구려의 樂浪 · 帶方地域 경영 -안악3호분 · 덕흥리고분의 墨書銘 검토를 중심으로-」, 『역사학보』 147, 1995 ; 공석구, 「4~5세기 高句麗에 流入된 中國系人物의 동향 -文獻資料를 중심으로-」, 『한국고대사연구』 32, 2003 ; 오재진, 「西北韓地方 塼築墳의 展開過程」, 『研究論文集』 2, 2006 ; 여호규, 「4세기 高句麗의 樂浪 · 帶方 경영과 中國系 亡命人의 정체성 인식」, 『한국고대사연구』 53, 2009 ; 안정준, 「高句麗의 樂浪 · 帶方 故地 영역화 과정과 지배방식」, 『한국고대사연구』 69, 2013 ; 공석구, 「4세기 高句麗 땅에 살았던 중국계 移住民」, 『고구려발해연구』 56, 2016 ; 공석구, 「옮겨간 대방군과 남겨진 대방군」, 『백산학보』 117, 2020.

틀을 짠 木槨의 주위에 벽돌을 돌려 만든 목곽묘→순수하게 벽돌만을 이용해 만든 전실묘→벽돌과 적석을 혼용해 만든 전석병용전실묘가 시간차를 두고 등장하는 일련의 양상이 확인된다. 특히 전석병용전실묘는 봉황리1호(소위 王卿墓)[5]를 통해 볼 때, 낙랑과 대방이 존재하던 3세기 중엽 경에는 이미 만들어지고 있었다. 따라서 전석병용전실묘를 단순히 적석총의 전통을 가지고 있던 고구려의 영향으로 간주해, 고구려가 낙랑과 대방을 멸망시킨 이후에 유행한 무덤으로 보는 선입견에서 탈피할 필요가 있다. 이러한 시각을 염두에 두면서 낙랑과 대방이 멸망한 이후부터 고구려가 평양으로 천도하기 이전까지의 무덤으로 판단 가능한 것들을 살펴보면 다음과 같다.

1. 안악군 소재 路岩里 고분

황해도 안악군 로암리에서 발견된 이 무덤(그림 1-1)은 매장시설을 반 지하에 마련한 전실묘이다. 玄室과 羨道로만 구성된 단실묘로, 현실은 평면상으로 배부른 장방형의 단순한 구조를 가지고 있다. 현실의 동쪽에 약간 치우쳐 연도를 남쪽으로 내었는데, 벽면을 만들 때 벽돌을 3횡 1수로 쌓았다. 판석의 파편들이 현실 바닥에서 다수 발견된 점에서 돌을 이용해 천장구조를 만든 전석병용전실묘로 추정된다.[6]

로남리고분에서 출토된 유물들 중에는 흑색토기, 관 못, 부뚜막형 토기 등과

---

5) 황해도 신천군에 소재하는 봉황리1호는 1962년에 조사되었다(전주농, 「신천에서 대방군 장잠장 왕경의 무덤 발견」, 『문화유산』 3, 1962). 여기서는 「守長岑縣王君君諱卿年七十三字德彦東萊黄人也 正台九年三月廿日壁師王德造」라는 墓誌銘博이 발견되었는데, 正台를 正始로 파악해 축조 연대를 248년으로 본다. 동래군 황현(산동 지역)이 본관인 왕경이라는 인물이, 대방군 장잠현의 장을 역임하고 황해도 지역에서 매장된 것으로, 이전의 벽돌무덤 전통에 돌을 쌓은 적석을 가미한 새로운 무덤이 이미 3세기 중엽경에 조영되고 있는 양상을 파악할 수 있다.

6) 한인덕, 「로암리 돌천장전돌무덤에 대하여」, 『조선고고연구』 3, 2003.

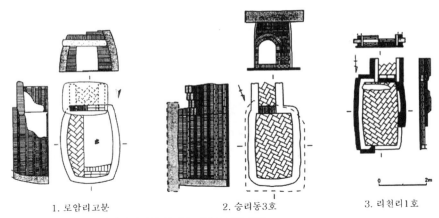

1. 로암리고분   2. 승리동3호   3. 리천리1호

그림 1 로남리 고분 및 이와 유사한 특징을 가진 고분의 사례

함께 銘文塼이 있는데, 벽돌의 측면에서 '建武八年西邑太守', '西邑太守張君
塼'이 확인된다. '건무'는 後漢의 光武帝와 東晋의 元帝, 그리고 後趙의 武帝 때
에 사용되었지만, 8년 이상 계속해서 사용된 연호라는 점을 감안해 보면 후한의
광무제와 후조의 무제 때 사용된 것일 가능성이 높다. 여기에 더해 전실묘가 한
반도의 서북부지역에서 2세기 이후에 주로 유행하고, 3세기 대부터 전석병용전
실묘가 확인되는 점에서 로암리고분은 후한 대의 32년이 아닌 후조 때인 342년
에 조영된 무덤으로 판단된다.

　명문전에서 확인되는 문장 그대로 해석하면 로암리고분의 피장자는 서읍의
태수라는 직을 역임한 장씨 성의 인물로 볼 수 있지만, 서읍이라는 지명이 문헌
에서 확인되지 않는다. 따라서 서읍을 문헌에 기록되지 않은 지금의 안악군 일
대로 볼 수도 있고, 실존하지 않는 가상의 지역을 지칭하는 허상의 지역 명으로
도 유추해 볼 수 있다. 이처럼 서읍태수라는 직명이 실제인지 혹은 自作인지는
명확하지 않지만, 중국의 성씨를 사용하는 장씨 성의 인물은 고구려가 이 지역
을 점령한 이후에도 화려한 무덤을 만들 수 있었던 변경지역 집단의 일원으로서

중국계인 것은 분명해 보인다.

이상의 유추에 큰 무리가 없다면 로암리고분과 유사하게 현실과 연도로만 구성된 단실구조에, 연도가 남향으로 열려 있으며, 벽돌식 구조에 돌을 함께 사용한 구조적 특징을 가지는 전석병용전실묘인 평양시의 승리동3호(그림 1-2)나 황해도 승호군의 리천리1호분(그림 1-3)도 로남리고분과 같이 4세기 중엽에 중국계 피장자를 위해 만들어진 무덤들로 추정이 가능하다.

2. 신천군 소재 福隅里 고분군

복우리는 황해도의 신천읍에서 서쪽으로 약 7Km 지점에 위치한다. 여기서 동쪽으로 55.4m 떨어져 있는 高地의 남록 일대에 동서로 약 10여 기의 무덤들이 나란히 열을 지어 분포하는데 이곳이 복우리 고분군이다. 일제강점기에 복우리 고분군에서는 다수의 명문전이 발견되었다고 전한다. 여기에서 출토된 명문전에 관해서는 『梅原考古資料』에 정확한 출토지가 기록되어 있다. 이에 따르면 2호분에서는 ‘泰寧五年三月十□□’ 명의 벽돌이, 4호분에서는 ‘韓氏造塼’ 명의 벽돌이, 5호분에서는 ‘□韓氏造塼’·‘建始元季□’ 명의 벽돌이, 8호분에서는 ‘建武十六年’ 명의 벽돌이 출토되었다. 또한 출토지는 불명확하지만 ‘咸和十年’ 명의 벽돌도 수습된 것을 알 수 있다. 따라서 ‘태녕’·‘건시’·‘건무’·‘함화’ 등의 중국 연호를 통해, 신천군에 소재한 복우리 고분군의 조영 시기를 가늠해 볼 수 있다(그림 2 참조).

그런데 이러한 연호의 시기에 있어서 몇 가지 문제점들이 있다. 우선 ‘泰寧五年三月十□□’에서 ‘泰寧五年’을 동진 대의 연호인 ‘太寧(323~325)’으로 본다면 327년이 되지만, 동진 대에 사용된 ‘태녕’이라는 연호는 3년간만 사용한 점에서 ‘태녕5년’을 인정할 수 있는가의 문제가 발생한다. ‘建武十六年’의 경우에도 ‘건무’를 후조의 무제가 사용한 첫 번째 연호로 본다면, 350년에 제작된 것으로 볼 수도 있지만, 후조 때의 ‘건무’는 14년(335~348) 동안만 사용했기 때문에 ‘建武十六年’이라는 연호가 성립할 수 있는지가 관건이다. ‘□韓氏造塼’·‘建始元

그림 2 복우리 고분군 출토 명문전의 양상

季□'의 경우에는 '建始'를 後燕(384~407)의 昭文帝인 慕容熙의 두 번째 연호로 본다면 407년의 제작시기가 상정된다. 하지만 '건시'의 연호가 7개월이라는 짧은 시기에만 사용된 점과, 2호분과 8호분 사이에 입지하는 5호분의 위치 관계에서 '韓氏造塼 建始元年' 명의 벽돌을 5세기에 제작된 것으로 인정할 수 있는지에 대해서는 논란의 여지가 있다. '咸和十年'의 경우에도 '함화'를 동진의 成帝인 司馬演의 첫 번째 연호로 본다면 335년으로 비정할 수 있지만, '함화'는 326

년부터 334년까지의 9년간만 사용된 점에서 혼란을 초례한다.

필자는 '泰寧五年'을 327년으로, '咸和十年'을 335년으로, '建武十六年'을 350년으로, '建始元年'을 407년으로 보더라도 무리가 없다고 본다. 집안 지역에서 발견된 '太寧四年' 명의 고구려 수막새에서도 확인되듯이, 왕조의 연호가 새로 바뀐 것을 적용하지 않은 사례가 다수 존재하기 때문이다. 10여 기의 고분이 일렬로 늘어선 듯한 복우리 고분군의 무덤 배치 양상에서 조영시기에 맞추어 규칙성을 가지고 무덤을 순서대로 만들었다는 정형성을 찾지 않는다면, 무덤 조영시기의 불규칙성에 의한 결과로서 407년에 조영된 복우리 5호분이 327년에 조영된 2호분과 350년에 조영된 8호분 사이에 만들어졌다고 보더라도 큰 문제가 없다.

비록 복우리 고분군의 상세한 개별 무덤에 대한 정보를 알 수 있는 시각적인 자료가 더 이상 확인되지 않지만, 출토된 벽돌의 제작시기 및 중국의 성씨를 사용한 인물이 관련된 전축분 조영집단의 성격에 의거해 보면, 복우리 고분군의 무덤조영 시기는 4세기부터 5세기 초까지이며 그 피장자들은 고구려인들과는 그 성격을 달리하는 중국계 인물인 것으로 보는 것이 합리적이다.

3. 봉산군 소재 張撫夷墓

황해북도 봉산군 문정면 소봉리에서 1911년에 발견된 이 무덤은 처음에는 昭封里 1호로 명명되었으나 벽돌에서 확인되는 명문으로 인해 지금은 張撫夷墓로 저명하다. 은파와 사리원 사이의 지역에 위치한 장무이묘의 전체구조는 연도·耳室·현실로 구성되어 있고 남쪽으로 연도가 열려있다(그림 3-3).

장무이묘에서 출토된 유물 중에서 주목되는 것으로는 명문전(그림 3-4·6)과 평기와의 파편(그림 3-5)이 있다. 출토된 벽돌에서는 다음과 같은 명문이 확인된다.

> 大歲在戊漁陽張撫夷塼
> 大歲戊在漁陽張撫夷塼
> 大歲申漁陽張撫夷塼

八月八日造塼日八十石酒 / 張使君塼
趙主簿令塼勠意不臥 / 張使君塼
哀哉夫人奄背百姓子民憂戚夙夜不寧永側玄宮痛割人情 / 張使君
天生小人供養君子千人造塼葬以父母既好且堅典齎記之 / 使君帶方太守張撫
夷塼

　이 중에서도 특히 무신이라는 기년명과 '대방태수장무이'라는 직명+이름에
이목이 집중되어 왔다. 무덤이 제작된 시기 및 피장자의 出自가 지금의 북경지
역 일대인 漁陽인 점, 그리고 피장자의 관직명을 파악할 수 있기 때문이다. 그런
데 이 무덤의 조영 시기에 대해서는 엇갈린 견해가 대두되었다. 대방태수라는
직명을 중시해 대방이 존속하던 시기에 만들어졌고, 완전한 형태의 전축분이라
는 가정 하에 무신을 288년으로 보는 입장이 있는 반면,[7] 대방태수라는 직은 자
작이며 무덤의 구조가 벽돌과 돌을 함께 이용해 만든 전석병용전실묘라는 점을
근거로 무신을 348년으로 보는 입장도 있다.[8]

　한편, 장무이묘에서는 명문전 이외에는 그다지 주목되지 못한 평기와의 파편
(그림 3-5)이 출토되었는데, 와통을 사용하지 않고 기와의 내·외면에 타날을 가
해 제작하는 낙랑의 기와 제작 기술이 확인된다. 명문전에서 확인되는 '무신'을
288년이거나 혹은 348년이더라도, 이 시기 고구려의 도성이었던 집안지역에서
사용된 기와들이 낱장제작기법을 이용하거나 와통을 이용해 평기와를 제작하
는 점에서 분명한 차이를 보인다.[9]

　무덤의 구조가 완벽한 벽돌무덤이 아닌 전석병용전실묘라는 점과 고구려의

---

7) 谷井濟一, 「黃海道鳳山郡における漢種族の遺蹟」, 『朝鮮古蹟調査略報告』, 1914 ;
　關野貞, 「朝鮮における樂浪帶方時代の遺蹟」, 『人類學雜誌』 29-10, 1914.

8) 岡崎敬, 「安岳三號墳(冬壽墓)の研究」, 『史淵』 93, 1963 ; 田村晃一, 「朝鮮半島北部
　の塼室墓について」, 『論苑 考古學』, 1993 ; 정인성, 「대방태수 張撫夷의 재검토」,
　『한국상고사학보』 69, 2010 ; 공석구, 「4세기 高句麗 땅에 살았던 중국계 移住民」,
　『고구려발해연구』 56, 2016.

9) 주홍규, 「고구려기와의 분류와 특징에 관한 일고찰」, 『先史와古代』 41, 2014.

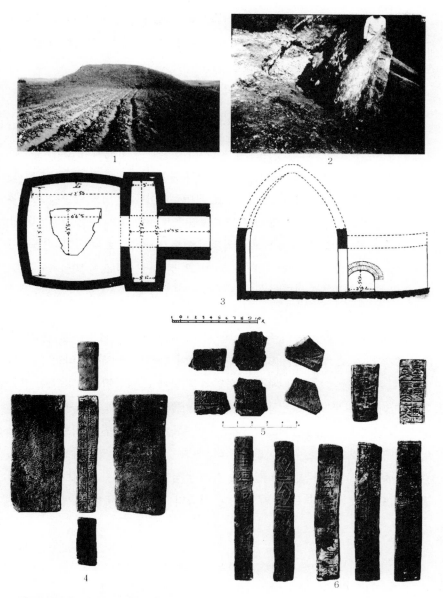

그림 3 장무이묘의 구조와 출토유물

것과는 차별화되는 기술로 제작된 기와를 사용한 점 등을 통해서 볼 때, 장무이묘의 피장자는 중국 출자의 인물이지만 당시 한반도 서북부지역에서 유행하던 묘제를 채택한 인물인 점은 분명하다.

4. 평양시 소재 永和九年在銘塼 출토고분

1932년 4월에 평양역의 구내에서는 1기의 전축분이 발견되어 5월 7일부터 14일까지 발굴조사가 이루어졌다.[10] 장방형의 현실과 연도로 구성된 단실의 전실묘인 이 무덤은, 지표에서 깊이 2.8m로 무덤구덩이를 판 뒤 바닥면을 조성했다. 현실의 벽면은 배부른 胴張의 구조를 하고 있다(그림 4-2). 앞서 살펴본 로남리고분과 마찬가지로 현실의 동쪽에 치우쳐 연도가 남쪽으로 나 있고, 벽돌을 3횡 1수로 쌓아 벽면을 만들었다. 현실과 연도의 상부에는 切石을 벽돌처럼 여러 겹 쌓은 것이 확인되기 때문에 엄밀하게 말하자면 전축분이 아닌 전석병용전실묘이다. 연도의 입구는 할석을 이용해 폐쇄했다.

이 무덤에서는 菱形紋의 문양전 이외에도 '永和九年三月十日遼東韓玄菟太守領佟利造'로 해석되는 명문전(그림 4-6)이 발견되어 佟利墓라는 이름으로도, 혹은 무덤이 발견된 지점이 평양역인 관계로 평양역전전실묘로 칭하기도 한다. 여기서 '영화'는 동진의 穆帝인 司馬聃(344~361)의 첫 번째 연호로 345~356년의 12년간 사용되었다. 따라서 이 무덤이 피장자인 동리를 위해 353년에 조영된 것으로 보는데 이견이 없다. 하지만 동리라는 인물이 요동·한·현도의 여러 태수직을 역임한 것으로 기술된 점에 관해서는, 실제로 동진에서 받은 직으로 보거나,[11] 죽은 자를 위한 자작의 직,[12] 고구려에게서 수여받은

---

10) 朝鮮總督府, 『昭和七年度古蹟調査報告 第一冊』, 朝鮮總督府, 1933.

11) 朝鮮總督府, 『昭和七年度古蹟調査報告 第一冊』, 朝鮮總督府, 1933.

12) 공석구, 「4세기 高句麗 땅에 살았던 중국계 移住民」, 『고구려발해연구』 56, 2016 ; 여호규, 「4세기 高句麗의 樂浪·帶方 경영과 中國系 亡命人의 정체성 인식」, 『한국

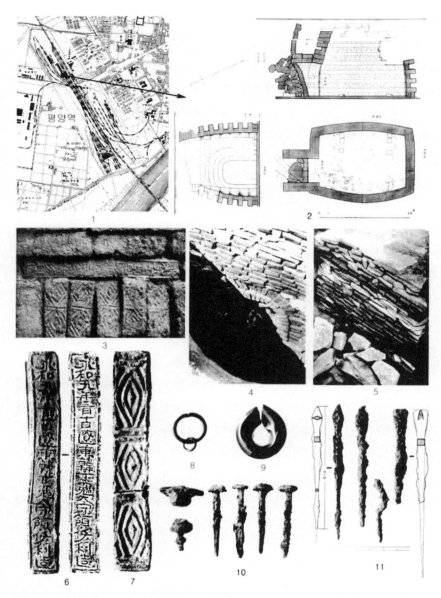

그림 4 영화구년재명전 출토고분의 구조 및 출토 유물

직[13] 등 다양한 견해가 제시되어 있다.

한편, 이 무덤에서 확인된 유물로는 2개체 분의 목관편 · 철제 관정 · 금제 태환이식 · 금제 세환이식 · 금동 투조금구 · 칠기 · 토기 편 · 철촉 · 칠이배 · 금동 못 · 철촉 · 골제품 등이 있다. 태환이식은 태환의 고리만 잔존한다(그림 4-9). 세환이식은 세환의 고리에 가는 고리가 끼워진 상태로 발견되었다. 태환이식과 세환이식 모두 중간식과 수하식은 확인되지 않았다. 철촉은 3점이 발견되었는데, 그 중에서 2점은 삼각형에 가까운 유엽형의 철촉이고, 나머지 1점은 도끼날형 철촉이다(그림 4-11).

이 무덤의 주인공인 동리는 안악 3호분의 주인공과 같은 성씨를 사용하고 있는 점에서 중국계 인물로 추정된다. 그런데 영화9년재명전 출토고분에서는 앞서 살펴본 바와 같이 태환이식이나 도끼날형 철촉과 같이 고구려의 유적에서 주로 출토사례가 확인되는 유물이 발견되는 점에서 동리라는 인물과 고구려와의 상관성을 추측해 볼 수 있게 해 주기 때문에 흥미롭다.

5. 안악군 소재 안악3호분

안악3호분은 황해도 안악군 오국리에 자리 잡고 있다. 1949년의 6월과 7월에 본격적인 발굴조사가 실시되었는데, 문화유물보존위원회와 중앙력사 박물관, 청진력사박물관, 신의주력사박물관의 학술원들이 대대적으로 참가해 학술 발굴이 이루어졌다. 하지만 이때 발굴한 자료들도 한국전쟁 당시에 사진과 도판 · 실측도가 손실되어 보고서의 간행이 1958년으로 미루어지게 되었다.[14]

발굴보고서에 의하면 안악3호분은 연도 · 전실 · 중실 · 양 측실 · 후실 · 회랑

고대사연구』 53, 2009.

13) 임기환, 「4세기 고구려의 樂浪 · 帶方地域 경영 -안악3호분 · 덕흥리고분의 墨書銘 검토를 중심으로-」, 『역사학보』 147, 1995.

14) 주홍규, 「解放前後 공간 속의 蔡秉瑞와 한국고고학」, 『백산학보』 119, 2021, 317쪽.

으로 구성된 복잡한 석실구조(그림 5-1)로 되어 있는 것을 알 수 있다.[15] 무덤 내부에서는 기와·항아리·철제 창·관정·옻칠한 관의 파편 등이 출토되었다. 안악3호분이 저명한 이유는 사방의 벽면에 그려진 생활풍속도와 행렬도 이외에도, 무덤의 주인공이 그려져 있는 서 측실의 입구 좌측 상단에 남아 있는 다음과 같은 7행 68자의 묵서명(그림 5-2) 때문이다.

> 永和十三年戊子朔廿六日癸丑使持節都督諸軍事平東將軍護撫夷校尉樂浪□
> 昌黎玄菟帶方太守都鄕候幽州遼東平郭都鄕敬上里冬壽字□年六十九薨官

이 묵서명을 통해 무덤의 주인공과 그 출차, 피장자의 사망연대 및 역임한 관직명을 알 수 있는데, 앞서 살펴본 영화9년재명전 출토고분에서 보이는 연호와 같이 '영화'를 동진의 목제 사마담의 첫 번째 연호로 본다면, 357년에 사망한 무덤의 주인공인 동수를 위해 안악3호분이 만들어진 것을 알 수 있다. 안악3호분의 피장자를 고국원왕으로 보는 북한 학계의 입장도 있지만, 한·중·일의 학계에서는 유주의 요동 평곽현 도향 경상리 출신의 冬壽라는 인물이 『資治通鑑』에 등장하는 佟壽와 동일 인물이며, 前燕의 慕容皝에게 봉사하다가 336년에 고구려에 망명한 후 사망한 것으로 보는 것이 일반적이다.[16]

요동의 평곽 출신인 안악3호분의 주인공은 고구려로 망명한 이후에도 21년을 더 생존한 후 69세의 나이로 사망할 357년에 안악지역에 묻혔다. '使持節·都督諸軍事·平東將軍·護撫夷校尉·樂浪相·昌黎·玄菟·帶方太守·都鄕候'라고 나열된 거창한 관직명이 자작인지, 실제로 동수라는 인물이 전연에서 수여받은 직위인지, 혹은 고구려에서 수여받은 직위도 포함되어 있는지 등에 대

---

15) 고고학및민속학연구소, 『유적발굴보고 제3집 안악 제3호분 발굴보고』, 과학원출판사, 1958.

16) 『資治通鑑』 권95, 晉紀17의 成帝 咸康 2년 기사에서 동수에 관한 내용을 확인할 수 있다.

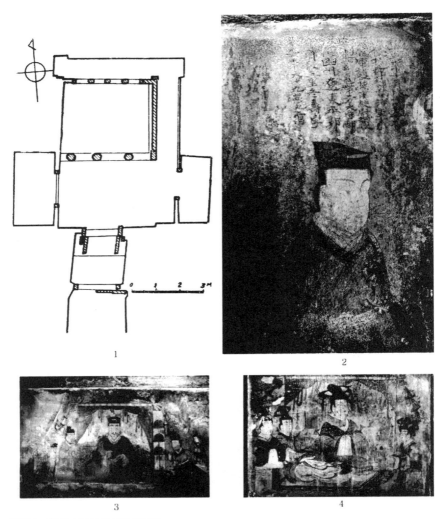

그림 5 안악3호분의 묵서와 인물도

해서는 다양한 이견이 이어지고 있지만, 안악 3호분은 한반도의 서북부지역에 자리 잡은 4세기 대의 중국 출자 이주민 집단의 일단을 파악할 수 있다는 점에서 중요한 의미를 가진다.

6. 남포시 소재 덕흥리 고분

덕흥리고분은 평안남도 남포시 강서구역 덕흥동에 소재한다. 1976년 12월부터 1977년 1월 사이에 발굴조사가 실시되었는데, 화려한 벽화와 함께 묵서명이 확인되어 피장자와 조영 연대를 알 수 있는 무덤으로 저명하다.[17] 그 구조는 연도 · 전실 · 통로 · 후실로 구성된 二室墓로서, 연도와 통로가 무덤의 중심축에서 약간 남쪽으로 치우쳐 있다(그림 6-4). 이실묘라는 구조상의 특징은 집안지역에 있는 牟頭婁塚과도 유사성이 인정된다.[18] 벽면에는 회칠을 한 후 주인공의 생활풍속을 중심으로 다양한 인물들이 그려져 있는데, 각각의 인물들에는 관직명이 부기되어 있다.

무엇보다 덕흥리 고분이 주목받는 이유는, 다음과 같이 전실 북벽의 천장 하부에 14행 154자로 기록된 墨書에서 피장자의 출자 및 주요 직명 · 무덤의 조영시기 등이 확인되기 때문이다(그림 6-5).

> □□郡信都縣都鄉□甘里釋加文佛弟子□□氏鎭仕位建威將軍國小大兄左將
> 軍龍驤將軍遼東太守使持節東夷校尉幽州刺史鎭年七十七薨焉永樂十八年太
> 歲在戊申十二月辛酉朔廿五日 …

묵서의 내용 중에서 '□□郡信都縣都鄉□甘里'라는 부분을 통해 무덤의 주인공이 현재의 중국 河北省 安平郡 신도현 출신인 것으로 보는 것이 일반적이다.[19] 또한 '□□씨진'이라는 부분에서 피장자의 이름이 '鎭'이라는 것을, '국소

---

17) 朝鮮民主主義人民共和國, 『德興里高句麗壁畵古墳』, 講談社, 1986.

18) 덕흥리고분에 인접한 강서구역의 藥水里 벽화고분 또한 유사한 이실묘의 구조를 가지고 있지만, 전실의 좌우에 龕室이 만들어져 있는 점에서는 차이가 있다.

19) 『晋書』 지리지의 내용을 근거로 하북지역의 신도현으로 보지만, 북한 학계에서는 신도현을 『高麗史』에서 확인되는 新都郡으로 간주하고 중국 출자의 인물이 아닌 순수한 고구려인으로 본다.

그림 6 덕흥리 고분의 묵서와 인물도

대형'과 '영락십팔년'이라는 부분에서 고구려의 연호를 사용하고 고구려의 직을 하사받은 것을, '진년칠십칠훙어영락십팔년태세재무신십이월신유삭이십오일 …'이라는 부분에서 영락 18년(408)에 주인공이 사망한 것을 알 수 있다. 또한 연도의 서쪽 벽면에서는 '太歲在己酉二月二日辛酉成關此鑿戶大吉史'라는 묵서가 확인되므로, 409년 2월에 덕흥리 고분의 매장절차가 완료된 것은 사실이다.

반면에 '건위장군'·'좌장군'·'용양장군'·'요동태수'·'사지절'·'동이교위'·'유주자사' 등의 직명이 실제로 부여받은 것인지 혹은 자작에 의한 허구인지는 불명확하지만, 덕흥리고분의 피장자가 중국 출자인 점은 분명하다. '국소대형'이나 '영락'과 같은 묵서명를 통해 볼 때, 고구려와의 일정한 상관관계 속에서 한반도의 서북부지역 일대로 이동한 이주민 집단의 양상을 파악할 수 있다는 점에서 덕흥리 고분이 가지는 의의는 크다고 할 수 있다.

7. 명문전으로 본 4~5세기 초 한반도 서북부지역 일대 무덤 조영집단의 양상

평안남도와 황해도 지역 일대에서 출토된 것으로 알려진 기년명전은 일제강점기의 발굴조사 보고서와 북한의 발굴성과 등에서 확인할 수 있다.[20] 이 중에는 앞서 살펴본 바와 같은 기년명전 이외에도, 다음의 표 1과 같이 한 군현 멸망에서 고구려 평양천도 이전 시기까지의 시기에 제작된 것으로 보이는 명문전들이 존재한다.

표 1 한반도 서북부지역에서 출토된 4~5세기 초의 기년명전 사례

출토지	명문의 내용	추정 제작연대
황해도 지방	建興四年會景作造	313~316년
황해도 신천군 사직리	咸和十年大歲乙未孫氏造	326~334년
황해도 지방	建武九年三月三日王氏造, □車□	343년
황해도 신천군 간성리	建元三年大歲□□, 在巳八月孫氏造	343~344년
황해도 신천군 북부면	永和八季二月四日韓氏造塼	345~356년
황해도 신천군 북부면 서호리	元興三年三月卅日王君造	404년

---

20) 朝鮮總督府, 『昭和七年度古蹟調查報告 第一册』, 朝鮮總督府, 1933.

이를 통해 살펴보면 황해도 지역의 신천군 일대에서는 중국 계통의 왕·손·한씨 등이 거주하고 있었던 것으로 추정이 가능하다. 그림 11에서 확인되듯이 특히 신천지역은 은율·안악·사리원·신원·은파지역 등과 함께 전축분 계통의 무덤이 집중되는 양상을 볼 수 있는데, 이 지역에서 무덤을 만드는 집단들은 벽돌을 이용하던 전통을 고수하고 중국식 성씨를 사용하던 중국계임을 알 수 있다.

III. 4~5세기 초에 조영된 것으로 추정 가능한 한반도 서북부지역의 무덤들

앞서 명문전이나 묵서를 통해 한반도 서북부지역에서는 한 군현 멸망에서 고구려 평양천도 이전시기까지 조영된 무덤의 양상을 살펴보았다. 이러한 무덤들이나 중국의 무덤과의 비교를 통해 4~5세기 초의 조영시기를 추정 가능한 무덤들도 존재한다. 본 장에서는 명문자료가 확인되지는 않지만 한 사군 멸망에서부터 고구려가 평양으로 천도하기 이전에 조영된 무덤들을 살펴보고자 한다.

1. 남포시 소재 태성리3호분

태성리3호분은 평안남도 남포시 강서구역의 태성리에서 북쪽으로 약 2km 정도 떨어진 해발 67m 정도의 상직봉에 입지한다. 잔존하는 봉분의 높이는 4m 정도지만, 방대형의 밑면은 한 변의 길이가 약 32m 정도로 추정된다.[21] 매장주체부를 반지하에 축조한 횡혈식석실분으로 연도·전실·전실 좌우의 측실·후실·회랑으로 구성되어 있다(그림 7). 비록 심한 도굴의 피해를 입어 대부분의 유

---

21) 발굴소식, 「태성리에서 새로 발굴된 고구려벽화무덤」, 『조선고고연구』 4, 2001.

그림 7 태성리3호분의 구조

물이 유실되었지만, 금제 꽃잎형 장식품, 금제 살구잎형 장식품, 청동 팔찌, 회색
토기, 황록색 유약을 바른 자기편, 관정, 구슬 등이 출토된 것으로 보고되었다.

이 태성리3호분을 미천왕릉으로 보는 북한 측의 입장이 있다. 안악3호분을
고국원왕릉으로 간주한 후, 선비족의 침입으로 고구려가 미천왕의 시신을 빼앗
겼다가 돌려받아 미천왕릉을 국내성지역에서 멀리 떨어진 곳에 이장하게 되는
데, 고국원왕릉으로 보는 안악3호분과 가장 무덤의 구조가 유사한 태성리3호분
을 미천왕의 무덤으로 보는 것이다.[22]

비록 회랑이 반대로 위치하는 점이나 규모에서 차이가 있지만, 태성리3호분
은 안악3호분과 가장 유사한 구조를 가진 무덤임을 부인하기 어렵다. 또한 황록

---

22) 김인철, 「태성리3호 벽화무덤의 축조년대와 피장자 연구」, 『북방사논총』 9, 2006.

색의 유약이 발린 초기 청자의 파편은 국내성이나 우산 3319호 등과 같이 3~4세기 대의 집안지역 고구려 유적에서도 다수 발견된다. 묵서를 통해 안악3호분의 조영연대가 357년인 점을 감안해 보면, 태성리3호분의 축조연대를 4세기 중엽으로 보더라도 무방하다. 하지만 안악3호분의 피장자와 같이 태성리3호분의 피장자 또한 중국 출자의 요동지역 출신인 인물이므로, 이 무덤을 왕릉으로 보기는 어렵다. 427년 이전에 고구려가 왕성이 있던 집안지역이 아닌 한반도의 서북부지역에 왕릉을 조영해야 하는 어떠한 이유나 물적 증거가 발견되지 않기 때문이다.

2. 순천군 소재 요동성총

요동성총은 평안남도 순천군 룡봉리의 방촌(옛 순천군 북창면 룡하리 당평동) 부락에 위치한다. 일제강점기인 1934년에 이미 발견되었으나 실제 발굴조사는 북한의 문화유물조사보존위원회에 의해 1953년 3월 19일부터 23일까지 실시되었다. 봉분과 무덤의 상부는 소실되었으나 편마암으로 만들어진 무덤의 내부구조가 잔존해 있었고, 전실의 남벽 부근에서 저명한 성곽도가 발견되었다. 이 성곽도에 '遼東城'이란 묵서가 적혀있어서 요동성총으로 불리게 되었다.

요동성총은 2개의 연도와 좌우에 耳室이 딸린 동서 축의 장방형 전실과, 남북 축의 세장방형인 4개의 후실로 구성된 복잡한 구조를 가지고 있는 석실봉토분이다(그림 8-3). 이 무덤에서 주목받는 성곽도에 묘사된 성곽의 모습(그림 8-2)은 내성과 외성의 이중성벽을 가진 양상인데, 성의 내외부에 기와지붕을 올린 건물과 탑 등도 묘사되어 있다. 이 이외에도 사신도와 방앗간 그림이 확인되었고, 출토 유물로는 철제 관정, 토기의 구연부, 철기류 등이 발견되었다.

요동성총의 축조시기 및 피장자에 관해서는 다양한 각도로 접근할 수 있지만, 도면에서 확인할 수 있듯이 요동성총은 중국 요양지역의 삼도호요장제2호묘(그림 8-8)나 삼도호1호벽화분(그림 8-9) 등과 같이, 매우 복잡한 무덤의 내부구조를 가지고 있는 요양지역의 무덤들과 유사성이 있다는 점은 발굴초기부터 인

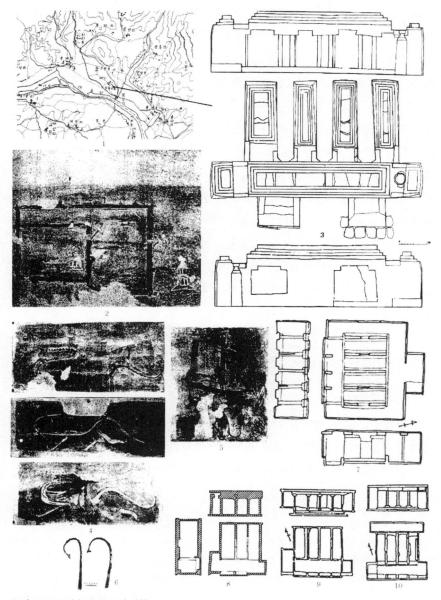

그림 8 요동성총의 구조 및 벽화

식되었다.[23] 특히 연도를 가지고 있고, 네 개의 後室로 구성된 동진대의 무덤인 迎水寺墓에서 확인할 수 있듯이 계통적인 근접성이 인정된다(그림 8-7). "이들 요양의 벽화고분들은 곁방이나 감이 달려도 앞방과 널방에 부속되는 시설임을 평면 공간의 배치와 크기, 구조를 통해 확인시켜 주는 고구려 벽화고분과 달리, 평면 구조가 복잡할 뿐 아니라 주된 시설과 딸린 시설 사이의 공간 구성이나 기능상의 구별이 뚜렷하지 않은 것이 일반적이다. … 3~4세기 요양의 벽화고분들은 전형적인 공간 배치와 구성을 갖추지 않고 있는 것이다. 요동성총 역시 이런 점에서는 고구려 벽화고분보다는 요양 벽화고분에 가깝다"라는 전호태의 견해[24]를 참고하면, 요동성총이 당대의 고구려 무덤과는 상당히 이질적인 것이 보다 명확하다. 또한 앞서 Ⅱ장에서 살펴보았듯이 4세기 대에 한반도 서북부지역에서 일반적으로 조영되던 무덤들과도 관련성도 적다. 따라서 요동성총의 피장자는 요양지역에서 넘어온 중국인이고, 피장자를 위한 공간이 네 곳이나 조영된 점에서 이 무덤은 4세기에 상당기간에 걸쳐 매장행위가 이루어졌을 가능성이 높다.

3. 평양시 소재 양평역전2실분

한국전쟁으로 인한 평양시의 복구 건설 과정에서 출토되는 유적을 조사하던 1954년 6월 18일에, 평양역에서 스탈린 거리로 향하는 약 200m 지점의 도로 복판에 오수관 시설을 위한 도랑의 굴착에서 파괴된 1기의 고분이 발견되었다.[25]

북한의 문화유물보존위원회는 6월 23일부터 7월 5일에 걸쳐 무덤을 발굴하

---

23) 조선민주주의인민공화국 과학원고고학및민속학연구소, 『고고학자료집』 1, 과학원 출판사, 1958.

24) 전호태, 『벽화여 고구려를 말하라』, 사계절, 2004, 59쪽.

25) 조선민주주의인민공화국 과학원고고학및민속학연구소, 『고고학자료집』 1, 과학원 출판사, 1958.

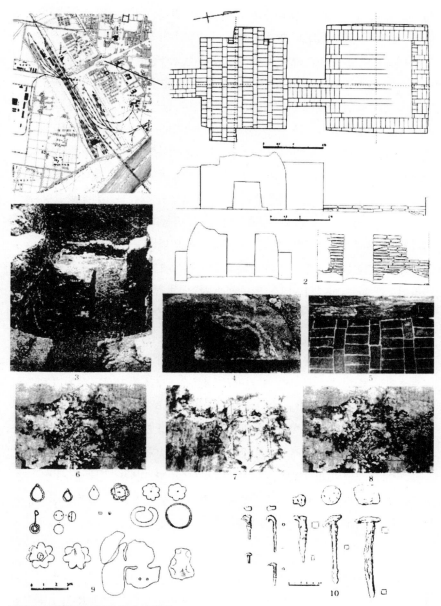

그림 9 양평역전2실분의 구조 및 벽화

게 되는데, 연도, 전실, 전실 좌우의 감실, 통로, 후실로 이루어진 二室墓의 구조(그림 9-2)에, 다양한 벽화도 확인되었다. 평양역전벽화고분이나 평양역전쌍실묘 등의 이름으로 불리기도 하지만, 보고서상의 정식명칭은 양평역전2실분이다.

양평역전2실분은 무덤의 상부가 대부분 유실되어 확인하기 어렵지만, 낙하된 천장석이 발견된 점에서 전석병용전실묘일 가능성이 높다. 벽면은 화강암과 편석으로 쌓아 만들었으나, 바닥면에는 문양이 없는 무문전을 깔았다(그림 9-5). 벽면과 감실, 서쪽 감실 앞에서 발견된 사각 돌기둥의 파편 등에서 악사, 부월수, 방아찧는 여인, 검을 집고 서 있는 무사, 수레, 기마인물도 등의 벽화가 확인되었다(그림 9-6 · 7 · 8). 출토유물로는 금제 심엽형의 장신구, 금제 화판형 장신구, 금제 보요형 장신구, 금제 단추형 장신구, 금동제 귀걸이, 금제 구슬, 은제 가락지, 금동제 화판형 장식 못, 철제 관정 등이 있다(그림 9-9 · 10).

양평역전2실분의 조영시기에 관해 발굴보고서에서는 생활 풍습을 주제로 한 벽화의 내용과 기법에서 안악 3호분과 유사한 점, 인근에 영화9년재명전 출토 고분이 위치하는 점을 근거로 4세기 중엽으로 추정했다.[26] 하지만 연도, 전실, 통로, 후실의 구조적 특징은 덕흥리고분이나 모두루총, 산연화총, 장천1호 등과 유사성이 있다. 409년에 조영된 덕흥리 고분의 연대와 4세기 중엽으로 보는 모두루총의 고분 연대로 본다면, 양평역전2실분은 5세기 전기에 조성된 무덤으로 보는 것이 보다 합리적이다. 여기에 평양역이 위치하는 곳이 고구려 후기 도성인 평양성의 중핵적인 지역이므로 양평역전2실분의 조영시기는 고구려가 평양으로 천도하는 427년보다 이른 시기로 추정할 수 있다.

인근에 위치한 동리묘와의 무덤 입지 상의 거리나, 바닥에 벽돌을 사용한 점, 유사한 무덤구조를 가지는 덕흥리고분 피장자의 출자 등으로 추론해 볼 때, 양평역전2실묘의 피장자 또한 중국계의 인물일 가능성이 높다.

---

26) 조선민주주의인민공화국 과학원고고학및민속학연구소, 『고고학자료집』 1, 과학원 출판사, 1958.

IV. 4~5세기 초 한반도 서북부지역의 양상

고구려가 집안지역을 중심으로 강력한 고대국가로 역사상에 기록된 것은 4~5세기이다. 미천왕 대에 있었던 요동지역과 낙랑·대방의 공략이나, 광개토왕 및 장수왕대의 전쟁 관련 기사들은 고구려 세력의 강한 팽창과 확대를 의미한다. 물론 그 사이에 선비족의 침입이나 백제와의 전쟁으로 고국원왕이 전사하는 사건을 겪기도 하지만, 중원세력이 쉽게 넘볼 수 없는 동북아시아의 강국으로 활동하고 있었던 것은 충분히 유추해 볼 수 있다. 그 배경에는 3세기 단계에 이미 강력한 왕권을 중심으로 한 중앙권력의 완비가 고구려에서 이루어져 있었기 때문일 것이다. 이러한 사실을 뒷받침 해 주듯이 집안지역에서는 왕릉으로 추정되는 거대 적석총들이 3세기 단계부터 조영되기 시작한다.

그런데 흥미로운 사실은 고구려의 왕도였던 집안지역에도 한반도의 서북한 지역과 마찬가지로 중국계 인물을 위한 무덤이 조영된다는 점이다. 우산3319호는 3~4세기에 고구려의 도성에서 유행하던 적석총과는 계통이 다른 이질적인 무덤으로, 내부시설을 벽돌로 만든 후 외부시설을 적석총으로 한 현재 유일무이한 집안지역 소재의 전축적석혼축묘이다(그림 10 참조). 여기서는 재갈, 금동제 운주, 중국 남조계의 청자반구호 등과 같은 많은 유물들이 출토되었는데, 특히 30m가 넘는 한 변의 크기를 감안할 때 우산3319호는 상당한 지위에 있었던 중국계 인물을 위한 무덤임에 틀림없다. 우산3319호의 조영시기에 대해서는 3세기 말[27]과 4세기 중엽[28]으로 보는 시각에서 차이를 보이지만, 무덤의 조영시기

---

27) 田村晃一, 「高句麗の積石冢」, 『東北アジアの考古学·天池』, 1993 ; 朱洪奎, 「高句麗積石冢出土卷雲文瓦の編年再検討」, 『古文化談叢』 64, 2010.

28) 李殿福, 「集安卷雲文銘文瓦当攷弁」, 『社會科學戰線』 4, 1984 ; 千田剛道, 「高句麗·高麗の瓦」, 『朝鮮の古瓦を考える』, 1996 ; 張福有, 「集安禹山3319号墓卷雲文瓦当銘文識別」, 『東北史地』 1, 2004 ; 孫仁杰, 「通溝古墓群禹山JYM3319号墓發掘報告」, 『東北史地』 6, 2005 ; 耿鐵華, 「集安出土卷雲文瓦当研究」, 『東北史地』 4, 2007.

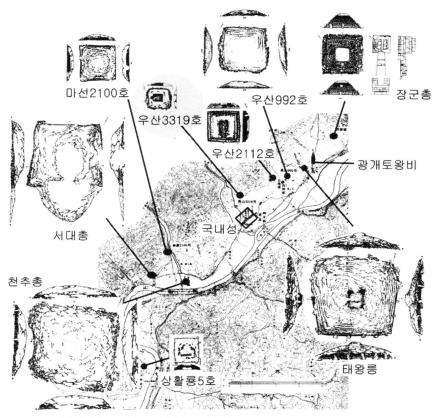

그림 10 4~5세기 초 집안지역 소재 주요 무덤들의 분포양상

가 그 어느 쪽이라고 하더라도 중국계 인물이 당시 고구려의 도성지역 깊숙한 곳에서 삶을 영유했던 사실은 부인하기 어렵다. 비록 우산3319호의 피장자가 중국계 인물이지만 당시의 고구려 왕성인 국내성의 바로 후방 산록에 단독으로 무덤을 조영할 정도의 권세를 가지고 있었던 것이다.

　하지만 우산3319호의 피장자가 그 자신의 전통적인 사생관을 표현하고 싶더라도 안악3호분이나 태성리3호분과 같이 독자적인 묘제를 고구려의 도성 지역 한 가운데에서 표출하기는 어려웠던 것 같다. 우산3319호의 피장자는 고구려의 도성에 거주한 만큼 동수와 같은 인물들보다 더 강력한 통제를 받았을 가능성이 높기 때문이다.[29] 이러한 결과로 무덤의 내부시설은 중국적 묘제인 전축분이지만, 무덤의 외관은 전형적인 고구려의 묘제인 적석총의 혼종인 전축적석혼축묘라는 독특한 무덤이 조영되었던 것이다.

표 2 4~5세기 초 한반도 서북부지역의 중국계 집단의 단계별 양상

	소재지	유적명	구조	무덤의 내부구조	조영시기	특기 사항
제1단계	신천	복우리고분군	?	?	327년, 350년	韓氏造
		?	?	?	326~334년	孫氏造
		?	?	?	343~344년	孫氏造
		?	?	?	345~356년	韓氏造
		사직리	?	?	326~334년	孫氏造
		간성리	?	?	343~344년	孫氏造
		북부면 서호리	?	?		韓氏造
	봉산	장무이묘	단실+이실+연도	전석병용	288년? 348년?	중국 출신 장씨
	안악	로암리고분	단실+연도	전석병용	342년	중국계 장씨
제2단계	평양	영화9년재명전 출토고분	단실+연도	전석병용	353년	중국계 동씨, 고구려계 유물 출토
	강서	태성리3호	후실+중실+전실 +양 측실+회랑	only 석재	350년경	요동 평곽 출신
	안악	안악3호분	후실+중실+전실 +양 측실+회랑	only 석재	357년	요동 평곽 출신 동씨

---

29) 공석구, 「4~5세기 高句麗에 流入된 中國系人物의 동향 -文獻資料를 중심으로-」, 『한국고대사연구』 32, 2003.

	소재지	유적명	구조	무덤의 내부구조	조영시기	특기 사항
제3단계	강서	덕흥리고분	후실+통로+전실+연도	only 석재	409년	중국 출신 진, 고구려직 하사받음
	신천	북부면 서호리	?	?	404년	王君造
		복우리	?	?	407년	
	평양	양평역전2실분	후실+통로+전실+양 감실+연도	전석병용	400~427년	중국계. 무문전 사용
	순천	요동성총	4개 후실+전실+양 측실+2개 연도	only 석재	4세기	요양 출신

반면에 한 군현 멸망 이후부터 고구려가 평양으로 천도하기 이전까지의 한반도 서북부지역의 양상은 고구려의 중기 도성이었던 집안지역과는 사뭇 달랐던 것 같은데, 그 양상을 다음과 같이 단계별로 나누어 파악해 볼 수 있다.

1. 제1단계(313 · 314~350년)

한 군현이 멸망한 이후부터 350년경인 4세기 전반을 제1단계로 구분할 수 있다. 이 단계에는 안악 · 신천 · 봉산 일대의 황해도 각 지역을 중심으로 중국계 사람들에 의해 무덤이 만들어지는 반면, 요동성총이 조영된 순천지역을 논 외로 하면 평양지역 일대에서는 이 시기로 특정할 수 있는 고고학적 물질증거들이 발견되지 않는다. 이와 같은 양상은 고구려에 의해 괴멸적인 피해를 입은 낙랑지역과, 그보다는 사정이 나았던 대방지역의 정황을 대변해 준다. 앞서 살펴본 바와 같이 『三國史記』에서 보이는 2,000명의 낙랑 포로 획득이나 『資治通鑑』에서 확인되는 장통의 전연 귀순과 같이 고구려의 한 군현 축출로 인해, 한반도의 서북부지역은 기존의 묘제적 전통을 이어나갈 수 있었던 지역과, 더 이상 전통을 이을 수 없는 지역으로 나뉘게 된 것이다. 그 중심에는 신천지역이 있었던 것으로 보인다. 인접한 은율지역에서는 양동리나 관산리 등에서 3세기 단계의 전실묘가 조영되다가, 한 군현 멸망 이후에는 관련 자료들이 출토되지 않는다. 이와는 대조적으로 신천지역에서는 4세기 전반에 해당하는 전실묘나 기년명전이 한반도의 서북부지역 중에서 가장 많이 확인되는데, 5세기 초의 전실묘가 축조되는 점도 흥미롭다. 안악지역의 남쪽에 형성된 너른 평원을 발판으로 한 신천지역 일대는 4세기 전반의 한반도 서북부지역 중에서 가장 큰 집단이 존재했을 가능성을 시사해 준다. 한편, 인근의 안악지역의 경우에는 로암리고분의 사례 이외에는 3~4세기에 해당하는 전실묘로서 주목받는 무덤이 없다. 만약 장무이묘를 348년에 조영된 무덤으로 본다면, 이 시기에 봉산지역에도 중국 출자의 유력한 집단이 존재했을 가능성을 배제하기는 어렵지만, 신천지역을 뛰어넘을 정도의 규모이지는 않았던 것으로 생각된다.

한편 요양출신의 요동성총을 조영하던 중국 출자의 집단을 포함시켜 생각해 본다면, 4세기 전반의 한반도 서북부지역은 요동지역에서 유입된 외래인 집단과 기존의 전통적 묘제를 이을 수 있었던 집단이 서로 나뉘어 형성되고 있었던 것으로도 해석이 가능하다.

신천지역 일대를 중심으로 한 중국계의 전실묘 축조 집단이 3세기 단계부터 이어지던 묘제의 전통을 4세기 전반까지도 이어서 조영할 수 있었던 것은, 고구려에게서 일정 부분 그들의 전통을 유지할 수 있는 권한을 부여받았기 때문일 가능성이 있다. 고구려의 묘제를 강요당한 우산3319호의 경우와는 달리, 사생관에 대한 압박이 확인되지 않기 때문이다. 이 시기에 고구려는 선비족이 세운 전연과의 전쟁에서 수도가 함락되는 등의 상당한 피해를 입었던 점에서도, 기존의 재지집단을 이용해 고구려가 한반도 서북부지역을 간접 통치했을 가능성이 높다고 판단된다. 만약 요양지역의 집단이 4세기 전반에 요동성총을 조영했다고 한다면, 고구려에서는 일정한 자율적 권한을 부여한 신천지역과 떨어진 순천지역에 중국의 이주민들을 구분해 배치하고 관리했던 것으로 추정해 볼 수 있다.

2. 제2단계(350~390년)

평양·강서·안악지역 일대에서 중국 출자 혹은 중국계 집단들이 무덤을 만들게 되는 4세기 후반을 제2단계로 구분한다. 신천지역을 중심으로 한 황해도

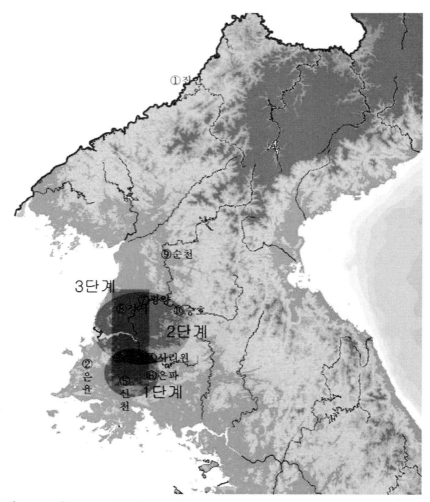

그림 11 4~5세기 초 고분의 단계별 분포지역

남부지역에서 북상해, 낙랑의 거점이었던 평양지역까지 중국 출자 혹은 중국계 집단들이 확장되는 양상을 보인다. 즉 안악·강서지역에는 안악3호분의 주인공인 동수나 태성리3호분의 피장자와 같이 중국 동북지역에서 넘어온 중국인들은 자신들의 전통을 고수하며 기존의 재지전통과는 단절된 석실묘 계통의 비전통적인 무덤을 만들게 되고, 대동강 유역의 평양지역에서는 영화9년재명전 출토 고분이나 승리동3호, 리천리1호 등과 같이 기존에 만들어지지 않던 전석병용전실묘들이 새롭게 조영된다.

이와 같은 현상이 일어나게 된 원인 또한 고구려를 둘러싼 국제정세의 변동과 무관하지 않은 것 같다. 힘의 균형이 일시적으로 기울어졌던 전연과의 전쟁이 마무리되면서 서부전선이 안정되자 고구려는 미천왕대에 점령한 남쪽 변경의 관리에 보다 적극적으로 나섰을 가능성이 있다. 기존의 재지집단에게 일정 권한을 부여해 관리하던 제1단계의 방식에서 탈피해, 승리동3호나 리천리1호와 같은 집단을 평양지역으로 이주시키고, 동리·동수·태성리3호분의 피장자처럼 중국에서 넘어온 망명인들을 요소요소에 지역 배치를 통한 관리체제로의 변환이 이루어진 것이다. 이는 곧 재령강 일대의 집단들과 중국에서 이주해 온 집단의 공생을 의미하는데, 집단의 새로운 재배치는 한반도 서북부지역에 대한 고구려의 직접적인 관여를 추정하게 해 준다.

하지만 이러한 양상이 그다지 오랫동안 지속되지는 못한 것 같다. 360년부터 400년 사이에 한반도 서북부지역에서 조영된 무덤이 확인되지 않는데, 이는 369-370년 사이에 벌어졌던 고구려·백제의 전투로 인한 결과로 생각된다. 한반도의 서북부지역을 둘러싼 양국의 대결양상으로 인해 더 이상 크고 화려한 무덤을 만들던 집단들이 지속되지 못했고, 고구려에서는 이 지역에 대한 통제력이 약화되었던 것으로 판단된다.

3. 제3단계(390~427년)

농업생산력 및 교통상의 이점을 생각해 보면 고구려에게 한반도의 서북부지역의 경략은 매우 중요했다고 볼 수 있다. 고구려가 제2단계에서 시도한 한반도 서북부지역에 대한 적극적인 통치가 백제와의 전쟁으로 인해 진전을 보지 못한 상황 속에서, 광개토왕의 정복전쟁은 이 지역에 대한 강력한 지방통치체재로의 전환을 의미한다. 제3단계에 강서·신천·평양지역에 조영된 무덤의 양상을 통해서 이와 같은 정황이 유추해 볼 수 있다.

강서지역에는 중국에서 이주해 온 집단이, 신천지역에는 새로운 집단이, 평양지역에는 명문전을 사용하지 않는 전석병용무덤에 생활풍속도가 그려진 벽화고분을 만드는 집단이 확인된다. 강서지역에 위치한 덕흥리고분의 묵서에서 고구려의 연호인 영락을 채택한 점이나 고구려의 직명인 국소대형이 확인되는 것은, 하북성 신도현 출신인 덕흥리고분의 중국인 피장자가 고구려에게서 더 이상 자유로울 수 없는 것을 의미한다. 한편, 일렬로 늘어선 신천지역의 복우리 고분군에서 327년에 조영된 2호분이나 350년에 조영된 8호분의 거의 중앙에 407년에 조영된 복우리5호분이 위치하는 것은, 이 지역에서 새로운 집단이 형성되었거나 혹은 기존의 집단과 일시적으로 단절되었던 집단이 재형성된 것으로 볼 수 있다. 이는 기존의 토착세력들의 질서체제가 완전히 해체된 후 재설정된 것을 의미한다. 양평역전2실분은 기존의 전석병용전실묘와는 달리 무문전을 이용해 무덤의 바닥면을 만들고 네 벽을 석실구조로 한 변화된 양상을 보인다. 대부분의 전실묘를 조영하던 전통이 이 시기에 종말을 맞이하게 된다. 더 이상 중국계 집단을 고구려에서 용인할 필요성이 없어졌기 때문에 전실묘 집단도 해체되는 수순을 밟았지만, 일부의 전통이 투영되어 양평역전2실분과 같은 무덤으로 발휘된 것으로 생각된다.

강력한 군사력을 바탕으로 영역을 확장시킨 5세기 초의 고구려는 한반도의 서북부지역을 적극적으로 통치하게 되었고, 이로 인해 평양지역으로 천도할 수 있는 발판을 마련하게 되었던 것이다.

V. 맺음말

고대의 무덤은 집단지성의 발로로서 한 집단이 전통을 장기간에 걸쳐 유지시키는 와중에 그 고유성이 드러난다. 이와 같은 무덤자료들은 문헌기록에서 확인할 수 없는 시대적 정황이나 지역사회의 개편을 고고학적으로 유추해 볼 수 있는 요소이기 때문에 중요하다.

본 연구는 한반도 서북부지역 일대에서 발견된 무덤 중에서도 특히, 한 군현 멸망에서 고구려 평양천도 이전시기까지 조영된 것들을 중심으로 그 입지와 구조상의 특징, 출토유물 등을 검토해, 한반도 서북부지역에서 무덤을 조영한 집단의 정체성과 중심지역, 고구려의 지배방식 등을 파악하는 것을 목적으로 한 것이다. 한반도 서북부지역의 무덤 양상은 고구려 중기의 도성이었던 집안지역과는 사뭇 달랐던 것 같은데, 제1단계는 안악·신천·봉산 일대의 황해도 각 지역을 중심으로 중국계 사람들에 의해 무덤이 만들어지는 4세기 전반으로, 제2단계는 평양·강서·승호·안악지역 일대에서 중국 출자 혹은 중국계 집단들이 무덤을 만드는 4세기 후반으로, 제3단계는 강서·신천·평양지역에 고구려의 무덤이 조영되는 5세기 초로 구분이 가능하다.

제1단계에는 한반도의 서북부지역에서 기존의 묘제 전통을 이어나갈 수 있었던 지역과 더 이상 그 이전의 전통을 이을 수 없는 지역으로 나누고, 그 중심에는 신천지역이 있는 것으로 상정했다. 이러한 신천지역 일대에서는 3세기 단계부터 이어지던 묘제의 전통이 4세기 전반까지도 지속되는데, 이는 고구려가 일정 부분 이전 묘제의 전통을 유지하려는 집단을 용인해 주었기 때문이다. 이는 곧 기존의 재지집단을 이용해 고구려가 한반도 서북부지역을 간접 통치했던 것으로 해석이 가능하다.

제2단계는 기존의 신천을 중심으로 한 황해도 남부지역에서 북상해 낙랑군의 핵심 거점이었던 평양지역까지 중국 출자 혹은 중국계 집단이 확장된다. 재지집단에게 고구려가 일정 권한을 부여해 관리하던 제1단계의 방식에서 탈피해, 재령강 일대의 집단들과 중국에서 이주해 온 집단들이 고구려에 의해 새로 재배치된다. 하지만 이러한 양상은 한반도의 서북부지역을 둘러싼 고구려와 백제의 대결양상으로 인해 더 이상 지속되지 못하고, 이 지방에 대한 고구려의 통제력이 약화되었던 것으로 해석할 수 있다.

제3단계에는 강력한 군사력을 바탕으로 영역을 확장시킨 고구려가 한반도의 서북부지역을 적극적으로 통치하게 된다. 이로 인해 고구려가 집안지역에서 평양지역으로 천도할 수 있는 발판을 마련하게 된 것으로 해석이 가능하다.

지금까지 한정된 유적과 유물만을 대상으로 논지를 전개했다. 한 군현의 멸망부터 고구려의 평양천도 이전까지의 한반도 서북부지역에 대한 보다 세밀한 검토는, 새로운 고고자료의 축적을 통해 향후 이루어질 수 있을 것으로 기대한다.

참고문헌

岡崎敬, 「安岳三號墳(冬壽墓)の研究」, 『史淵』 93, 1963.

姜賢淑, 「樂浪 塼築墳의 展開過程에 대하여」, 『同大史學』 1, 1995.

耿鐵華, 「集安出土卷雲文瓦当研究」, 『東北史地』 4, 2007.

고고학및민속학연구소, 『유적발굴보고 제3집 안악 제3호분 발굴보고』, 과학원출판사, 1958.

高久建二, 『樂浪古墳文化研究』, 학연문화사, 1995.

谷井濟一, 「黃海道鳳山郡における漢種族の遺蹟」, 『朝鮮古蹟調査略報告』, 1914.

공석구, 「4~5세기 高句麗에 流入된 中國系人物의 동향 -文獻資料를 중심으로-」, 『한국고대사연구』 32, 2003.

공석구, 「4세기 高句麗 땅에 살았던 중국계 移住民」, 『고구려발해연구』 56, 2016.

공석구, 「옮겨간 대방군과 남겨진 대방군」, 『백산학보』 117, 2020.

關野貞, 「朝鮮における樂浪帶方時代の遺蹟」, 『人類學雜誌』 29-10, 1914.

김인철, 「태성리3호 벽화무덤의 축조년대와 피장자 연구」, 『북방사논총』 9, 2006.

동북아역사재단, 『옥도리 고구려 벽화무덤』, 동북아역사재단, 2011.

리순진 · 김재용, 『락랑구역 일대의 고분발굴보고』, 백산자료원, 2002.

발굴소식, 「태성리에서 새로 발굴된 고구려벽화무덤」, 『조선고고연구』 4, 2001.

孫仁杰, 「通溝古墓群禹山JYM3319号墓發掘報告」, 『東北史地』 6, 2005.

안병찬, 「안악군 로암리 전실묘에 대하여」, 『조선고고연구』 3, 2003.

안정준, 「高句麗의 樂浪 · 帶方 故地 영역화 과정과 지배방식」, 『한국고대사연구』 69, 2013.

여호규, 「4세기 高句麗의 樂浪 · 帶方 경영과 中國系 亡命人의 정체성 인식」, 『한국고대사연구』 53, 2009.

오재진, 「西北韓地方 塼築墳의 展開過程」, 『研究論文集』 2, 2006.

李殿福, 「集安卷雲文銘文瓦当攷弁」, 『社會科學戰線』 4, 1984.

임기환, 「4세기 고구려의 樂浪 · 帶方地域 경영 -안악3호분 · 덕흥리고분의 墨書銘 검토를 중심으로-」, 『역사학보』 147, 1995.

張福有, 「集安禹山3319号墓卷雲文瓦当銘文識別」, 『東北史地』 1, 2004.

전주농, 「신천에서 대방군 장잠장 왕경의 무덤 발견」, 『문화유산』 3, 1962.

田村晃一, 「高句麗の積石冢」, 『東北アジアの考古学・天池』, 1993.

田村晃一, 「朝鮮半島北部の塼室墓について」, 『論苑 考古學』, 1993.

전호태, 『벽화여 고구려를 말하라』, 사계절, 2004.

정인성, 「대방태수 張撫夷의 재검토」, 『한국상고사학보』 69, 2010.

조선민주주의인민공화국 과학원고고학및민속학연구소, 『고고학자료집』 1, 과학원
　　　　출판사, 1958.

朝鮮民主主義人民共和國, 『德興里高句麗壁畵古墳』, 講談社, 1986.

朝鮮總督府, 『朝鮮古蹟圖譜 一』, 朝鮮總督府, 1915.

朝鮮總督府, 『昭和七年度古蹟調査報告 第一册』, 朝鮮總督府, 1933.

朱洪奎, 「高句麗積石冢出土卷雲文瓦の編年再檢討」, 『古文化談叢』 64, 2010.

주홍규, 「고구려기와의 분류와 특징에 관한 일고찰」, 『先史와古代』 41, 2014.

주홍규, 「해방전후(解放前後) 공간 속의 채병서(蔡秉瑞)와 한국고고학」, 『백산학
　　　　보』 119, 2021.

千田剛道, 「高句麗・高麗の瓦」, 『朝鮮の古瓦を考える』, 1996.

한인덕, 「로암리 돌천장전돌무덤에 대하여」, 『조선고고연구』 3, 2003.

제9장
한국사에서의 漢四郡 인식

이도학

(한국전통문화대학교 명예교수)

I. 머리말

주지하듯이 漢은 멸망시킨 고조선 故地에 漢四郡을 설치하였다.[1] 즉 樂浪·
眞番·臨屯·玄菟郡이다.[2] 이러한 한사군 소재지에 대한 비정은 너무나 분분
하지만 일반적인 견해를 옮기면 다음과 같다. 즉 기원전 108년에 위만조선 판도
내에 樂浪(평안남도·황해도)·眞番(자비령 이남 한강 이북의 옛 진번국 자리)·臨屯(함
경남도 옛 임둔국 자리)의 3개 郡을 설치하였다. 그 이듬해인 기원전 107년에는 과
거 창해군이 설치되기로 예정되었던 濊의 땅에 玄菟郡(함경남도~압록강 중류와 혼
강 유역)을 설치했다.[3] 그런데 이와는 조금 다르게 위치 비정을 하기도 한다. 가
령 樂浪(평안도·황해도)·眞番(압록강 중류의 南北 一帶?)·臨屯(강원도)의 3개 郡을
설치했다. 그 이듬해인 기원전 107년에 과거 창해군이 설치되기로 예정된 濊地
에 玄菟郡(함경도)을 설치했다는 것이다.[4] 다산 정약용은 임둔군을, 낙랑과 서로
인접해 열수의 북쪽에 소재한 것으로 보아 지금의 경기도 서쪽으로 비정했다.[5]
이러한 지금까지의 견해들과는 달리 한사군을 압록강 하구 서쪽, 북쪽 지역 일
부로 비정하기도 한다.[6]

　4군 설치 후 20여 년 만에 진반과 임둔 2郡은 폐지되었다. 기원전 75년에 현
도군은 압록강 방면에서 蘇子河유역인 新賓縣 永陵鎭(제2현도군)으로 이동했다.
그 후 撫順 방면에 새로 설치된 현도군이 제3현도군이다.[7] 建安 연간(196~219)

---

1) 『史記』권115, 朝鮮傳. "以故遂定朝鮮 爲四郡"

2) 『漢書』권95, 朝鮮傳. "遂定朝鮮爲眞番·臨屯·樂浪·玄菟四郡"

3) 李基白·李基東, 『韓國史講座(古代篇)』, 一潮閣, 1982, 66~68쪽.

4) 孫晉泰, 『朝鮮民族史槪論(上)』, 乙酉文化社, 1948, 93쪽.

5) 『我邦疆域考』其一, 臨屯考.

6) 손영종 외, 『조선통사(상) 개정판』, 사회과학출판사, 2009, 46~47쪽, 96쪽.

7) 노태돈, 『한국고대사』, 경세원, 2014, 62쪽.

에는 屯有縣 이남에 대방군이 설치되었다.[8]

　이러한 한사군 가운데 낙랑군에 이어 현도군이 가장 오랫동안 존속하였다. 이들 2郡의 공통점은 당초의 소재지에서 이동해 갔고, 한사군 가운데는 끈질긴 생명력을 누렸다는 데 있다. 한반도 서북 지역에 소재한 낙랑군의 경우 遺制가 적지 않았다. 가령 고구려 장군 온달의 출세 계기였던 사냥 대회 현장이 '樂浪之丘'[9] 즉 '낙랑의 언덕'이었다. 이곳은 지금의 평양 일원으로 볼 수밖에 없다. 그리고 延嘉7年銘 금동불상 광배에 적힌 '樂良東寺' 역시 평양 일대의 사찰로 지목되고 있다. 그 밖에 비록 한사군과는 무관하다고 하지만, 1959년부터 평양시 서남부 대동강 남쪽 구역을 '락랑구역(樂浪區域)'이라고 했다.

　낙랑과 현도 그리고 이보다 뒤에 설치된 대방은 한국 고대 정치사에 깊은 영향을 미쳤고, 후대까지도 어떤 형태로든 남아 있었다. 비근한 예로 우리나라 다방 문화사에서 빼놓을 수 없는 소공동의 '낙랑' 등을 꼽을 수 있다. 이와 관련해 "… [낭랑]으로 통했는데 상허 이태준은 [악랑]이지 [낭랑]이 무어냐고 역정을 냈다"[10]는 일화도 전한다. 그럴 정도로 낙랑은 우리에게 친숙한 고유명사였다.

　참고로 玄菟郡 · 樂浪郡 · 黏蟬縣 · 眞番郡의 菟 · 樂 · 黏蟬 · 番의 현재 음가는, '토'와 '악 · 락 · 요', 그리고 '점 · 념/ 선', '번 · 반'이다. 이와 관련해 전통시대 고유명사 음가를 보전하고 있는 1445년에 완성된 『용비어천가』에서는 玄菟郡과 樂浪郡 그리고 黏蟬縣의 '菟' · '樂浪' · '黏'의 음을, '徒' · '洛浪' · '女廉의 半切' 즉 '염'으로 각각 적었다. 眞番郡의 경우도 일반적으로 '진번군'으로 읽지만 '진반군'으로 읽는 게 맞다.[11] 『전운옥편』에서 '번'으로 읽는 경우는 '數也 夏

---

8) 『三國志』 권30, 東夷傳 韓 條.

9) 『三國史記』 권45, 溫達傳. "髙句麗常以春三月三日 會獵樂浪之丘 以所獲猪鹿 祭天及山川神 至其日 王出獵 羣臣及五部兵士皆従 於是 溫達以所養之馬随行 其馳騁常在前 所獲亦多 他無若者 王召来問姓名 驚且異之"

10) 윤석중, 『한국문단이면사』, 깊은샘, 1983, 186쪽.

11) 손영종 등, 『조선통사(상) 개정판』, 사회과학출판사, 2009, 96쪽.

也'라고 했다. 一番 · 二番할 때의 '번'인 것이다. 반면 '반'으로 읽는 경우는 '南海地名'이라고 하였다. 番 字는 '땅 이름'의 뜻일 때는 '반'으로 읽었다.

『용비어천가』에서는 고유명사 음가에 대한 언급이 많다. 가령 흉노 왕의 호칭인 單于를 '단우'가 아닌 '선우'로 읽을 것을 당부했다. 그런데 秥蟬縣과 관련해 『전운옥편』에 보면 '蟬' 자는 음이 '선' 밖에는 없다. 종전에 '蟬'을 '제'로 읽었던 것은 '제'로 발음 나는 '禪' 자로 인한 착오로 보인다. 물론 服虔이 『한서』 지리지 幽州 조에서 "蟬의 音은 提이다"[12]고 주석했지만, 이것을 염두에 둔 음가인지는 미지수이다. 그렇더라도 '점제'가 아니라 '염제'로 읽어야 맞다. 秥의 음은 '념'이지만 占에 이끌려 '점'으로 읽었다.

현토가 아닌 '현도', 악랑이 아닌 '낙랑', 점제가 아닌 '염제', 진번이 아닌 '진반'으로 발음해야 한다. 玄菟郡은 『전운옥편』에서도 '菟'를 '도'로 발음해야 함을 밝히면서 "朝鮮郡名 玄菟"라고 특별히 사례를 명시했다. 고조선 故地에 설치한 한사군 郡名일 때 玄菟郡은, '현도군'으로 읽어야 한다는 것이다. 다만 '菟'를 '토'로 읽는 경우는 '藥 名[이름]'으로만 한정했다. 때문에 지금까지는 '현도군'으로 제대로 표기되어 왔다.[13] 이병도 역시 특별히 '도' 음을 적시하였다.[14] 혹자는 현도군을 중국 발음으로 읽어야 한다며 上古音이 어떻고 中古音이 어떻고 한다.

이런 논리라면 朝鮮總督府도 일본인들의 발음 '초오센 소오토쿠후'로 읽어야 하는 것이다. 그러나 현재 한국인들은 자국 영역에 설치되었던 일제 식민통치기구를 '조선총독부'로 읽고 있다. 식민지 시기 이래로 현재까지 한국 발음으로 읽어왔다. 이와 마찬가지로 한국사 속에서의 중국 고유명사 역시 한국인들의 언어 전통에 따르는 게 온당하다. 물론 漢字는 중국에서 나온 문자이니 중국

---

12) 『漢書』 권28下, 地理志, 樂浪郡. "黏蟬 : 服虔曰 蟬音提"
13) 이도학, 「『龍飛御天歌』의 세계」, 『문헌과 해석』 3, 태학사, 1998 ; 『고대문화산책』, 서문문화사, 1999, 151쪽.
14) 李丙燾, 『韓國古代史研究』, 博英社, 1976, 97쪽.

音이 들어 온 것은 당연하였다. 그러나 본질은 한 개 글자에 2개 혹은 3개 音이 달린 경우의 기준 제시였다. 게다가 근대 이전 중국 고유명사는 모두 한국 음으로 읽고 있다. 唐을 '탕 táng', 李白을 '리바이 Líbái'로 읽지는 않는다. 이와 마찬가지로 玄菟 역시 조상들이 읽었던 '현도'로 읽자는 것이다.

한사군 가운데 낙랑과 현도 그리고 대방은 한반도에서 축출된 이후에도 어떤 형태로든 후대에 영향을 미쳤다. 가령 고구려 · 백제 · 신라 삼국의 왕들은 낙랑공 · 낙랑태수 · 낙랑군공에 책봉된 경우가 많았다. 백제 왕의 경우는 대방군공이나 대방군왕 등에 책봉된 사례가 적지 않았다. 이러한 작호는 통일신라를 이어 고려까지 존속했다. 封號로서 생명력을 유지한 것이다. 이와는 별도로 대방은 南帶方의 소재지로서 남원 지역이 운위되었고, 웅진도독부 산하에 帶方州가 설치되었다. 이러한 사례들은 한사군의 낙랑이나 현도 그리고 대방이 지닌 상징성이 적지 않았다는 반증이다. 본고에서는 이들 漢四郡名이 지닌 상징성의 효용이라는 차원에서 살펴보고자 한다. 한사군은, 고조선 故地에 대한 식민 지배지를 넘어 다른 의미로 받아들였을 가능성이다.

한사군 故地에 대한 지배권이나 위임권 장악을 넘어 황제권의 대행자로서 남만주와 한반도 및 일본열도에 대한 관할권 확보라는 의미도 존재했을 것이다. 그랬기에 고구려 · 백제 · 신라 삼국은 역사 무대에서 사라진 漢四郡名 封爵을 다투어 받고자 했을 수 있다. 여기서 나아가 신라의 통일 이후 한사군 봉작이 지닌 성격을 구명하고자 했다. 삼국기의 그것과는 차이가 보였기 때문이다.

참고로 본고에서 인용한 금석문의 경우는 판독상의 이견이 많지 않은 관계로 일일이 典據를 명시하지 않았다. 참고문헌에 일괄 기재했음을 밝혀둔다. 그리고 본고에서 서술하겠지만 전통시대에는 '漢郡縣'보다는 '漢四郡' 개념으로 받아들였다. 이와 관련해 대방군을 설치한 공손강은 '絶域'으로 지목된 요동의 지배자였다.[15] 漢 조정의 행정력이 미치지 못한 요동의 공손강이 대방군을 설치

---

15) 『三國志』 권30, 東夷傳 序. "而公孫淵仍父祖三世 有遼東 天子爲其絶域 委以海外 之事 遂隔斷東夷 不得通於諸夏"

했다. 漢은 대방군을 설치하지 않았다. 그렇지만 대방군 역시 낙랑군 屬縣 帶方縣에 뿌리를 두었다. 따라서 論題에 '한사군'을 붙였음을 밝혀둔다.

II. 삼국기의 한사군 인식

1. 낙랑군

낙랑군은 漢이 고조선을 멸망시킨 직후인 기원전 108년에 설치하였다. 그 위치에 대해서는 구구해질 수 있었지만 처음 설치된 장소가 대동강 남안인 지금의 평양 지역인 것은 부인할 수 없다.[16] 막대한 漢代 유물을 부장한 漢系 고분군과 治所였던 낙랑토성의 존재가 웅변하기 때문이다. 이러한 낙랑군의 이동 시기에 대해서는 313년이 정설이지만, 1세기 후반으로 지목하는[17] 등 다르게 해석할 여지는 남아 있다. 그런데 중요한 사실은, 적어도 313년 이후에도 '낙랑'이라는 이름은 정치적으로 중요한 의미를 지녔다는 것이다. 관련한 기사를 『삼국사기』를 중심으로 고구려·백제·신라 順으로 대략 뽑아보면 다음과 같다.

> a-1. 355년(고국원왕 25) : 以王爲征東大將軍·營州刺史 封樂浪公 王如故
> a-2. 413년(장수왕 1) : 安帝封王高句麗王·樂安(浪)郡公
> a-3. 494년(문자명왕 3) : 齊帝策王爲使持節·散騎常侍·都督營平二州·征東大將軍·樂浪公
> a-4. 508년(문자명왕 17) : 梁高祖下詔曰 高句麗王·樂浪郡公某
> a-5. 548(양원왕 4) : (太淸) 二年 三月甲辰 撫東將軍高麗王高延卒 以其息爲寧東將軍·高麗王·樂浪公[18]

---

16) 국립중앙박물관, 『樂浪』, 솔, 2001.
17) 이도학, 「樂浪郡의 推移와 嶺西 地域 樂浪」, 『東아시아 古代學』 34, 2014, 3~34쪽.
18) 『梁書』 권1, 武帝 2년 조.

a-6. 612년(영양왕 23) : 右翊衛大將軍于仲文出樂浪道 與九軍至鴨渌水

b-1. 372년(근초고왕 27) : 鎮東將軍領樂浪太守[19]
b-2. 472년(개로왕 18) : 樂浪諸郡 懷首丘之心

c-1. 565년(진흥왕 26) : 以王爲使持節 · 東夷校尉 · 樂浪郡公 · 新羅王[20]
c-2. 570년(위덕왕 17) : 拜王爲使持節 · 侍中 · 車騎大將軍 · 帶方郡公 · 百濟王
c-3. 594년(진평왕 16) : 拜王爲上開府 · 樂浪郡公 · 新羅王[21]
c-4. 624년(진평왕 46) : 冊王爲柱國 · 樂浪郡公 · 新羅王[22]
c-5. 635년(선덕왕 4) : 冊命王爲柱國 · 樂浪郡公 · 新羅王 以襲父封[23]
c-6. 647년(진덕왕 1) : 唐太宗遣使持節 追贈前王爲光樣大夫 仍冊命王爲柱國
          封樂浪郡王
c-7. 662년(문무왕 2) : 唐使臣在館 至是 冊命王爲開府儀同三司 · 上柱國 · 樂
          浪郡王 · 新羅王

    위의 인용에 보이는 '낙랑'은 실제적인 의미는 없고 대부분 封爵으로서 등장
하였다. 다만 472년에 개로왕이 북위에 보낸 국서에 등장하는 '樂浪諸郡 懷首
丘之心(b-2)' 구절의 '낙랑' 소재지는 검토가 필요하다. 그런데 이 구절 바로 앞의
"또 풍씨 일족의 군사와 말들은 새와 짐승이 주인을 따르는 정이 있고(且馮族士
馬 有鳥畜之戀)"[24]라는 문구는, 고구려로 쫓겨온 북연 잔당들이 북위에 귀속하고
싶어한다는 의미이다. 그러므로 이 구절은, "고향을 그리워하는 마음을 품고 있
다"는 낙랑제군 주민들의, 중국에 대한 歸巢 정서를 운위하고 있다. 고구려 영

---

19) 『晉書』 권9, 簡文帝 咸安 2년 조.
20) 『北齊書』 권7, 河淸 4년 2월 甲寅 조.
21) 『隋書』 권81, 新羅傳.
22) 『舊唐書』 권1, 高祖 武德 7년 정월 조.
23) 『冊府元龜』 권964, 外臣部 封冊 조.
24) 『三國史記』 권25, 蓋鹵王 18년 조.

역 안의 북연 잔당이나 낙랑제군의 漢人들은, 북위가 행동을 보이기만 하면 즉각 호응할 수 있다는 뜻이다.

封爵으로서 낙랑은, 동진에서 372년에 근초고왕에게 수여한 낙랑태수가 보인다(b-1). 그 이전인 355년에 前燕이 고구려 고국원왕을 樂浪公에 책봉한 바 있다(a-1). 494년에도 남제가 문자명왕을 낙랑공에 책봉했다(a-3). 548년에도 粱에서 고구려 왕에게 낙랑공을 내린 바 있다(a-5). 신라에서는 565년에 진흥왕이 북제로부터 낙랑군공에 책봉되었다(c-1). 594년에 隋는 진평왕을 낙랑군공에 책봉했다(c-3). 624년에 唐 역시 진평왕을 낙랑군공에 책봉하였다(c-4). 이후 635년과 647년, 그리고 662년에도 당이 선덕왕과 진덕왕, 그리고 樂浪郡王에 책봉된 문무왕의 '낙랑' 작호에 이르기까지 신라 왕들에게 지속적으로 이어졌다. 따라서 '낙랑'은 백제의 상징이 되지는 않았던 것이다. 그럼에 따라 '鎭東將軍 · 領樂浪太守' 책봉을 백제의 樂浪故地 확보와 결부 짓는 견해는 실효성을 잃었다. 실제 백제는 대방고지 일부라면 몰라도 낙랑고지를 확보하지도 못했기 때문이다.

물론 372년에 동진이 낙랑태수 직을 근초고왕에게 제수한 것은, 낙랑공이나 낙랑군공보다 의미가 지대한 실제적인 성격마저 지녔다. 그렇지만 이때의 낙랑군은 백제가 실제 통치할 수 없는 공간이었다. 동진이 그것을 몰랐을 리 없었다. 당시 낙랑군은 요동에 소재하였기 때문이다. 그렇지만 372년은 前燕 멸망 직후로서 고구려가 요동에 대한 지배권을 장악하려던 시점이었다. 이로 볼 때 동진은 백제를 통해 고구려를 견제하려고 했던 것 같다. 그 일환이 낙랑군에 대한 지배권 인정이었고, 낙랑태수 名義의 봉작 사여로 발현된 것이다. 즉 동진은 고구려가 지배하고 있는 낙랑고지에 대한 지배권을 백제에 넘겨준 형식이었다. 그리고 요동의 낙랑군은 대표성과 상징성을 함께 지니면서 復置되었다. 이렇듯 낙랑이 지닌 지배권으로서의 명분은 지대했기에 요동에 復置된 낙랑군은, 폐지와 부활을 거듭하면서 6세기대까지 존속할 수 있었다.[25]

---

25) 千寬宇, 『古朝鮮 · 三韓史研究』, 一潮閣, 1989, 130~133쪽.

2. 현도군

현도군의 소재지는 도합 3곳이었다. 이 가운데 제1현도군 소재지에 대해서는 이견이 많다. 그러나 이에 대한 근거 사료는 『삼국지』의 다음 기사에서부터 출발한다.

> d. 漢 初에 燕 亡人 衛滿이 朝鮮에서 왕이 되었을 때 沃沮가 모두 복속되었다. 漢 武帝 元封2년에 朝鮮을 정벌하고 위만의 손자 右渠를 살해 하고 그 땅을 나누어 四郡을 삼았다. 沃沮城으로 玄菟郡을 삼았는데, 뒤에 夷貊의 침략을 받아 郡을 고구려 西北으로 옮겼다. 지금 소위 玄菟故府가 이것이다.[26]

위의 기사를 토대로 다산 정약용은 3개의 현도를 상정했다. 즉 ① 沃沮故地 (동현도) ② 옛 고구려현(북현도) ③ 요하 동쪽 언덕(서현도)이었다. 『제왕운기』에서는 "… 眞番과 臨屯이 南北에 있고, 樂浪과 玄菟가 東西로 치우쳐 있었다"[27]고 했다. 현도군의 위치를 함경도 지역의 沃沮城으로 간주했음을 알 수 있다. 그러나 이와는 달리 『삼국유사』에서는 "… 朝鮮 舊地인 平那 및 玄菟郡等에 平州都督府를 두었다고 한다. 臨屯·樂浪等 2郡의 땅에는 東部都尉府를 두었다[내 생각에 朝鮮傳에는 眞番·玄菟·臨屯·樂浪 等 4곳이 있는데, 지금 平那는 있어도 眞番은 없으니 대개 땅 한 곳에 2 지명이 있는 것이다]"[28]고 했다. 이에 따르면 진반은 평나를 가리키는 황해도 평산에 소재한 것이다. 진반 在南說의 효시가 된다.

---

26) 『三國志』 권30, 東夷傳 東沃沮 條. "漢初 燕亡人 衛滿王朝鮮 時沃沮皆屬焉 漢武帝 元封二年 伐朝鮮殺滿孫右渠 分其地爲四郡 以沃沮城爲玄菟郡 後爲夷貊所侵 徙郡句麗西北 今所謂玄菟故府是也"

27) 『帝王韻紀』 권下. "因分此地爲四郡 各置郡長綏民編 眞番臨屯在南北 樂浪玄菟東西偏"

28) 『三國遺事』 권1, 紀異 二府. "前漢書 昭帝始元五年己亥置二外府 謂朝鮮舊地平那 及玄菟郡等爲平州都督府 臨屯·樂浪等兩郡之地置東部都尉府[私曰朝鮮傳則眞 番·玄菟·臨屯·樂浪等四 今有平那無眞番盖一地二名也]"

그러나 이에 대해 南九萬(1629~1711)은 "···『사기』조선전을 살펴보면 '예전에 燕이 전성기였을 때 진반을 점령하여 복속시켰다'하였으니, 만약 진반이 지금의 평산부에 있었다면 燕이 반드시 조선을 넘어와 점령하여 복속시키지는 못했을 것이다. 또『茂陵書』를 살펴보면 '진반의 治所인 霅縣은 長安에서 7640리 떨어져 있고, 임둔의 치소인 東暆縣은 장안에서 6138리 떨어져 있다'고 하였으니, 삽현을 동이현과 비교하면 1500여 리가 더 멀다. 동이현은 지금의 江陵이다. 장안으로부터의 거리를 가지고 말한다면 지금의 평산이 강릉보다 다소 가까워야 할 터인데, 어찌 1500여 리가 더 멀단 말인가. 이로써 미루어 보면 진반은 짐작컨대 지금의 요동 동북쪽의 먼 지역에 있었을 것이요, 오늘날 우리나라의 국경이 아니다. 이 때문에 낙랑 등 3郡의 치소는 우리나라 사람들이 모두 그 소재지를 알고 있으나 유독 진반의 삽현만은 고증할 수가 없는 것이니, 후세 사람들이 반드시 우리나라 국경에서 이곳을 찾고자 한다면 터무니없는 말을 만들어 내야 할 것이다. ··· 漢 요동군의 屬縣에 番汗縣이 있는데, 番汗의 '番'은 본음이 '盤'이고 眞番의 '番'도 본음이 '반'이니, 아마도 반한이 혹 진반의 옛 국경인가 보다"[29]는 반론도 제기되었다. 진반 在北說의 근거를 구체적으로 적시한 것이다. 다산 정약용은 燕人이 먼곳까지 와서 장사하려면, 진반은 흥경 남쪽 동가강의 양편에 소재해야 마땅하다고 했다.[30]

---

29) 『藥泉集』권29, 雜著, 東史辨證. "且遺事以平那爲眞番者 乃其刱言 而勝覽承其說 以平山府東平那山證之 其說亦不是 按史記朝鮮傳 始全燕時嘗略屬眞番云 若使眞番在今平山府 則燕必不能越朝鮮而略屬 又按茂陵書 眞番治霅縣去長安七千六百四十里 臨屯治東暆縣去長安六千一百三十八里云 霅縣比之東暆 更遠一千五百餘里 東暆今之江陵也 以去長安言之 今之平山當稍近於江陵 安得更遠一千五百餘里哉 以此推之 眞番意在今遼東東北邈遠之地 而非今日我國之境也 是以樂浪等三郡所治 我國之人皆知其所在 而獨眞番霅縣無可考 後人必欲求之於我境 宜其鑿空而爲之言也 ··· 漢遼東郡屬有番汗縣 番汗之番音盤 而眞番之番亦音盤 豈番汗或是眞番之舊境歟"

30) 『我邦疆域考』其一, 眞番考. "眞番之地 雖不可詳 要在今興京之南 佟家江之左右 興京之南 鴨水以北 今靉河以東 波猪江之左右沿江 千里之地 即非遼東 又非朝鮮

현도군이 고구려 주민들에게 축출되어 서북으로 옮겨간 것에 대한 이견은 없다. 기원전 107년에 세워진 현도군은 기원전 75년에 요녕성 신빈현 영릉남성지로 옮겼고, 기원후 106년에는 재차 무순 노동공원으로 옮겨 갔다. 일반적으로 알려진 이러한 현도군의 이동 경로는 고구려의 성장과 불가분의 관련을 지녔다. 다음 『삼국지』 기사를 통해 읽을 수 있다.

e-1. 漢 때는 고취기인을 내려주었고, 항상 현도군에서 조복과 의책을 받았다. 고구려령이 그 명적을 관장했는데, 뒤에 점점 교만해져 (현도)군에 오지 않았다.[31]

e-2. 殤帝와 安帝 사이에 이르러 고구려 왕 宮이 빈번하게 遼東을 도적질했으므로 다시 玄菟에 속하게 했다. 遼東太守 蔡風과 玄菟太守 姚光은 宮이 2郡의 害가 된다고 군대를 일으켜 이를 정벌하자 宮이 거짓으로 항복하고 화의를 요청했다. 2郡 (군대가) 나가지 않자 宮이 몰래 군대를 보내 玄菟를 공격하여 候城을 불태우고 遼隧에 들어갔다. …[32]

e-3. 靈帝 建寧 2년(169)에 玄菟太守 耿臨이 이들을 토벌해 數百級의 머리를 베거나 사로잡으니 伯固가 항복하고 遼東에 속했다. 熹平 연간(172~177)에 伯固가 玄菟에 속하기를 애걸했다.[33]

e-4. 建安(196~220) 연간에 公孫康이 군대를 내서 이들을 격파하고 그 나라를 파탄시켰다. … 그 후 다시 玄菟를 치자, 玄菟는 遼東과 더불어 함께 쳐서 이들을 大破했다.[34]

必古之眞番也"

31) 『三國志』 권30, 東夷傳 高句麗 條. "漢時賜鼓吹技人 常從玄菟郡受朝服衣幘 高句麗令主其名籍 後稍驕恣 不復詣郡"

32) 『三國志』 권30, 東夷傳 高句麗 條. "至殤·安之間 句麗王宮數寇遼東 更屬玄菟 遼東太守蔡風 玄菟太守姚光以宮爲二郡害 興師伐之 宮詐降請和 二郡不進 宮密遣軍攻玄菟 焚燒候城 入遼隧"

33) 『三國志』 권30, 東夷傳 高句麗 條. "靈帝 建寧二年 玄菟太守耿臨討之 斬首虜數百級 伯固降 屬遼東 熹平中伯固乞屬玄菟"

34) 『三國志』 권30, 東夷傳 高句麗 條. "建安中 公孫康出軍擊之 破其國 … 其後復擊玄菟 玄菟與遼東合擊 大破之"

위의 기사는 당초 현도군에 臣屬한 고구려가 성장하면서 현도군을 맹공한 사실을 알려준다. 그러나 상황이 여의치 않았을 때 고구려는 다시금 현도군에 속하는 일을 반복했다. 고구려와 현도군의 관계를 말해준다. 이러한 양자의 관계는 현도군 설치 당시까지 거슬러 올라간다. 한사군의 하나인 현도군의 屬縣으로 高句驪 · 上殷台 · 西蓋馬의 3縣이 보인다.[35] 이 高句驪縣이 추모왕이 건국한 고구려와 동일한 지 여부는 이견이 있다.[36] 그렇지만 전통시대에는 현도군의 속현에 고구려가 포함되었고, 현도군의 껍질을 뚫고 고구려가 솟아난 인식이 지배했다. 물론 순암 안정복은 "後人들은 玄菟郡의 高句麗縣을 朱蒙이 다스린 고구려 땅이라고 하지만 또한 그렇지 않다"[37]고 부정했지만, 현도군과 고구려를 일치시킨 인식이 적지 않았다. 『자치통감』에 註를 붙인 胡三省도 "현도군은 본래 고구려이다. 이미 조선을 평정하고 郡을 두었다. 옥저성이 군치였는데 뒤에 夷貊의 침략을 받아 구려 서북으로 군을 옮겼다"[38]고 했다. 이러한 인식의 適否를 떠나, 현상적으로만 본다면 현도군을 母胎로 출발한 고구려는, 현도군에 대한 臣屬과 離脫을 반복한 게 된다.

그리고 357년에 조성된 안악3호분 冬壽의 官歷에 '樂浪相'과 더불어 '昌黎 · 玄菟 · 帶方太守'라고 해 '현도태수'가 보인다. 336년에 고구려로 망명 온 동수가 묻힌 황해도 안악 일원은, 반독립적인 위상을 부여받은 듯하다. 그랬기에 당

---

35) 『漢書』 권28下, 地理志, 玄菟郡. "玄菟郡 武帝元封四年開 高句驪 莽曰下句驪 屬幽州 戶四萬五千六 口二十二萬一千八百四十五 縣三 高句驪 遼山 遼水所出 西南至遼隧入大遼水 又有南蘇水 西北經塞外 上殷台 莽曰下殷 西蓋馬 馬訾水西北入鹽難水 西南至西安平入海 過郡二 行二千一百里 莽曰玄菟亭"

36) 이도학, 「高句麗의 夫餘 出源에 관한 認識의 變遷」, 『高句麗研究』 27, 2007, 126~128쪽.

37) 『順菴先生文集』 권10, 書, 東史問答. "後人以玄菟郡之高句麗縣 爲朱蒙所治高句麗之地 亦爲不然矣"

38) 『資治通鑑』 권21, 元封 3년 조. "玄菟郡本高句驪也 旣平朝鮮 倂開爲郡 治沃沮城 後爲夷貊所侵 徒郡句驪西北"

초 독립 소왕국 통치자 호칭에서 연유한 '낙랑상'과 더불어 '玄菟·帶方太守' 역시, 고구려 영역 안의 四郡으로 보인다. 낙랑공에 책봉된 고구려 왕 휘하에 낙랑상이 존재한 이유를 생각하게 한다. 그리고 황해도 봉산군 張撫夷 塼銘의 '帶方太守'는 비록 자칭이라고 하더라도, 고구려 영역 안의 四郡인 것이다.

408년에 조성된 덕흥리고분의 來朝圖에서도 '玄菟太守來朝'라고 하여 현도 태수가 적혀 있다. 다음 기사는 현도군에 대한 장악을 놓고 고구려와 모용씨와의 공방전이다.

> f. 385년(고국양왕 2) : 王이 4만을 출병시켜 遼東을 습격했다. … 드디어 遼東과 玄菟를 함락하고 男女 1萬口를 붙잡아 돌아왔다.… 겨울 11월에 燕 慕容農이 군대를 이끌고 와서 침략해 遼東과 玄菟 2郡을 회복했다.[39]

이후 현도군에 대한 기사는 더 이상 보이지 않는다. 광개토왕의 치세와 더불어 고구려가 요동을 완점하면서 현도군은 고구려 영역에 편제되었음을 알 수 있다.[40] 645년에 唐의 이세적 군대가 요하를 건너 현도(성)에 이른[41] 기사를 끝으로 그 소재지를 가리키는 기록도 더 이상 찾기 어렵다.

3. 대방군

한사군과는 달리 대방군의 설치 과정에 대해서는 『삼국지』에 수록된 다음 기사를 중심으로 살필 수밖에 없다.

---

39) 『三國史記』 권18, 故國壤王 2년 조. "二年 夏六月 王出兵四萬 襲遼東 先是 燕王垂 命帶方王佐 鎭龍城 佐聞我軍襲遼東 遣司馬郝景 將兵救之 我軍擊敗之 遂陷遼東 · 玄菟 虜男女一萬口而還 … 冬十一月 燕慕容農将兵来侵 復遼東 · 玄菟二郡"

40) 李基白 · 李基東, 『韓國史講座(古代篇)』, 一潮閣, 1982, 169쪽.

41) 『三國史記』 권21, 寶藏王 4년 조.

g. 桓帝(146~167)와 靈帝(168~189)의 말기에 韓濊가 彊盛하여 郡縣이 제압하지 못하자 民이 韓國으로 많이 흘러들어 갔다. 建安 연간(196~219)에 公孫康이 屯有縣 以南의 荒地를 나누어 帶方郡을 만들었다. 公孫模와 張敞 등을 보내 遺民을 收集하고 군대를 일으켜 韓濊를 정벌하자 舊民들이 점점 나왔다. 이후 倭와 韓이 드디어 帶方에 속했다.[42]

위의 기사를 통해 건안 연간에 과거 낙랑군의 속현이었던 둔유현 이남의 荒地에 대방군을 신설했고, '遺民'을 모아 한예를 정벌해 '舊民'을 흡수한 결과 倭와 韓이 대방군에 臣屬했다고 한다. 여기서 '遺民'은 '망하여 없어진 나라의 백성'을 가리킨다. 그리고 '舊民'은 신설한 대방군의 주민을 가리키지는 않는다. 낙랑군 존속시의 원주민을 가리킨다고 본다. 이로 볼 때 대방군이 설치될 당시 낙랑군은 한반도 서북부에 소재하지 않았음을 알 수 있다. 낙랑군이 버젓이 건재한 상황이라면, 邊郡 증설은 결코 용이하지 않다. 재정 부담이 2중으로 늘어나는 일인 만큼, 차라리 기존의 낙랑군을 강화시키는 게 효율적이기 때문이다.

그리고 '民이 韓國으로 많이 흘러들어 갔다'고 한 요인을, 낙랑군현이 韓濊의 강성을 제어하지 못한 데서 찾았다. 그러나 이보다는 낙랑군현이 제 기능을 못하는 상황에 이르렀기에 주민들이 한국에 대거 유입한 것으로 보아야 사세에 맞다고 본다. 건안 연간에 신설된 대방군은 삼한과 倭에 대한 통제·관리 소임을 맡았다. 그리고 「광개토왕릉비문」에는 왜군의 기습 지역으로 '帶方界'가 보인다.[43] 고구려 본토와 구분되는 영역 '帶方界'의 표지였다. 그 밖에 신라와 당군의 격전장으로 '帶方之野'[44]가 눈에 띈다.

---

42) 『三國志』 권30, 東夷傳 韓 條. "桓·靈之末 韓濊彊盛 郡縣不能制 民多流入韓國 建安中 公孫康分屯有縣以南荒地爲帶方郡 遣公孫模·張敞等收集遺民 興兵伐韓濊 舊民稍出 是後倭韓遂屬帶方"

43) 「광개토왕릉비문」 영락 14년 조. "十四年甲辰 而倭不軌 侵入帶方界 △△△△△石城△連船△△△[王躬]率△△ [從]平穰△△△鋒相遇 王幢要截盪刺 倭寇潰敗 斬煞無數"

44) 『三國史記』 권43, 元述傳.

한편 중국 史書에 따르면 백제는 帶方故地에서 건국했다고 한다. 가령 당 태종 貞觀 연간(618~628)에 편찬된 『周書』에서 "仇台라는 이가 있어서 帶方故地에서 처음 나라를 세웠다"[45]고 했다. 그리고 백제 왕의 封爵에 帶方郡公과 帶方郡王이 자주 보인다.[46] 더불어 『삼국사기』에 수록된 백제 왕과 관련한 帶方郡王이나 帶方郡公 책봉 기사는 다음과 같다.

> * 570년 : 高齊後主拜王爲使持節 · 侍中 · 車騎 大將軍 · 帶方郡公 · 百濟王 (위덕왕 17)
> * 581년 : 隋高祖詔 拜王爲上開府儀同三司 · 帶方郡公(위덕왕 28)
> * 624년 : 春正月 遣大臣入唐朝貢 高祖嘉其誠款 遣使就冊爲帶方郡王 · 百濟 王(무왕 25)
> * 641년 : 太宗遣祠部郎中鄭文表 冊命爲柱國 · 帶方郡王 · 百濟王(의자왕 1)
> * 676~678년 : 儀鳳中 以隆爲熊津都督 · 帶方郡王(부여융)
> * 682년 : 大唐故光祿大夫 · 行太常卿 · 使持節熊津都督 · 帶方郡王 扶餘君 墓誌(부여융 묘지명)

이와 함께 472년 對北魏 使行團 가운데 '龍驤將軍 · 帶方太守 · 司馬 張茂'가 눈길을 끈다.[47] 개로왕이 보낸 張茂의 직함 가운데 '帶方太守'가 보이기 때문이다. 이러한 帶方太守의 實職 · 虛職 여부를 떠나 백제 왕의 신하에 대방태수가 존재하였다. 그러면 대방태수의 상위 신분인 백제 왕은, 帶方郡公이나 帶方郡王일 수 있다. 기록에는 보이지 않지만 472년 이전에 백제 왕은, 帶方郡公이나 帶方郡王에 책봉되었거나, 私署 형식으로 帶方郡公이나 帶方郡王을 칭했을 수 있다. 이는 385년 시점에서 "燕王垂가 農으로 使持節 · 都督幽 · 平二州 · 北狄諸軍事 · 幽州牧을 삼아 龍城을 지키게 했다. 平州刺史 · 帶方王 佐를

---

45) 『周書』 권49, 異域上 百濟 條. "百濟者 其先蓋馬韓之屬國 夫餘之別種 有仇台者 始國於帶方故地"

46) 李道學, 『백제고대국가연구』, 一志社, 1995, 185쪽.

47) 『三國史記』 권25, 蓋鹵王 18년 조.

옮겨 平郭을 지키게 했다"[48])는 구절에 보이는 '帶方王'에 대한 대응 封爵일 수 있다.

그리고 백제의 대방고지 건국설에 대한 재해석과 관련해 근초고왕의 대외 교역권 장악을 주목해 본다. 백제의 대방고지 건국설의 본질은 한반도에서 축출된 대방군이 기존에 행사하던 권한을 백제가 장악하려는 의도에서 비롯한 것으로 해석된다. 백제 왕의 帶方郡公이나 帶方郡王 封爵은, 기왕의 대방군이 행사하던 기반에 대한 계승을 공인받았음을 선포하는 차원으로 해석된다. 그럼에 따라 백제는 史書에서 왜국에 관한 위치 기록의 기준이 될 정도로 그곳과 정치적으로 연관이 깊던, 대방군이 이용하던 항로와 교역 창구의 장악이라는 차원에서 한반도 서남해안 지역과 일본열도와의 교역을 진행했던 것으로 보인다. 백제는 대방군이 마한제국과 왜국에게 행사하던 영향력 계승을 고려했을 수 있다.[49])

백제 왕의 작호인 帶方郡公이나 帶方郡王은, 백제 최고 통치권자를 가리키는 상징으로 유효했다. 백제 멸망 직후 檢校帶方州刺史의 직함으로 백제에 부임한 유인궤가 663년 9월의 백강전투 이후 正職의 대방주자사가 되었다.[50]) 이때 유인궤는 동시에 檢校熊津都督으로서 백제 주둔 唐軍의 총사령관이었다. 이렇듯 실질적인 백제 지배자의 직함에서 '대방'이 빠지지 않았다.

그런데 後燕으로부터 396년에 광개토왕은 '平州牧 遼東 · 帶方二國王'에 봉해졌다. 여기서 대방은 "동명의 후손에 구태가 있었는데 仁信이 두터웠다. 처음 대방고지에서 나라를 세웠다"[51])라고 했듯이 백제 건국지로 인식된 곳이다. 그럼에도 후연이 광개토왕을 대방왕으로 책봉한 것은, 대방고지에 대한 연고권을

48) 『資治通鑑』 권106, 太元 10年 條. "燕王垂以農爲使持節 · 都督幽 · 平二州 · 北狄諸軍事 · 幽州牧 鎮龍城徙平州刺史帶方王佐鎮平郭"

49) 李道學, 『백제고대국가연구』, 一志社, 1995, 185쪽.

50) 『舊唐書』 권199, 東夷傳 百濟 條 ; 『舊唐書』 권84, 劉仁軌傳.

51) 『北史』 권94, 百濟傳. "東明之後有仇台 篤於仁信 始立國于帶方故地"

인정해 주려는 의도로 보인다. 실질적으로는 후연이 쥐고 있던 요동의 '대방왕' 지위를 넘겨준 것이다. 즉 '대방고지'와 이동한 요동의 '대방' 모두의 지배권을 넘겨준다는 의미로 해석된다. 책봉의 성격이 조공국의 의사가 반영된 자발적 성격을 지녔기 때문이다. 실제로 372년에 근초고왕은 남중국의 東晉으로부터 '領樂浪太守'에 봉해졌다. 이는 고구려가 점유한 낙랑군에 대한 지배권을 오히려 백제에 인정해 준다는 차원에서 나온 것이었다. 광개토왕이 후연으로부터 대방왕에 봉해진 것은 이에 대한 대응으로 보여진다. 이렇듯 조공과 책봉은 자국의 국제적 입지의 강화라는 차원에서 이루어졌음을 생각하게 한다. 부여융 이전 역대 백제 왕들이 책봉받은 대방군왕 · 대방군공 작호는, 대방고지에 대한 지배권 승인과 결부된 것이다. 이 역시 책봉의 성격을 잘 암시해 주는 실례로 해석된다.

4. 隋 · 唐의 고토회복론에서의 한사군

당 태종을 비롯한 중국인들은 고구려 영토였던 遼東은 본시 중국 영역이라는 인식을 강하게 표출하고 있었다. 『隋書』 배구전에 따르면 箕子故地라는 遼東에 대한 연고권과 더불어, 고구려의 漢四郡 故地 건국론이 제기되었다. 『삼국사기』에 인용된 裵矩가 수 양제에게 말한 다음과 같은 기사도 중국인들의 영역관을 반영한다.

> h. 黃門侍郎 裵矩가 황제에게 말하였다. "고구려는 본래 箕子에게 봉해진 땅으로, 漢과 晉이 모두 郡縣으로 삼았습니다. 지금 신하노릇을 하지 않고 따로 異域이 되었으므로 선제께서 정벌하려고 한지 오래됩니다. 다만 楊諒이 불초하여 군대가 출동했으나 성공하지 못하였습니다. 폐하의 때를 당하여 어찌 취하지 않음으로써 예의가 바른 지경을 오랑캐의 고을로 만들겠습니까? 지금 그 사신은 계민이 온 나라를 들어 복종하는 것을 직접 보았습니다. 그가 두려워하는 것을 이용해서 위협하여 입조하게 하십시오"고 하자, 帝가 이 말을 따랐다.[52]

---

52) 『三國史記』 권20, 嬰陽王 18년 조. "黃門侍郎裵矩說帝曰 高勾麗本箕子所封之地

그 밖에 "돌아보건대 저 중국의 땅이 잘리어 오랑캐의 부류가 되었다"[53]는 수 양제의 詔書가 대표적이다. 이 같은 통일제국 隋 이래의 일관된 東方政策 基調를 唐이 계승하였다. 그리고 『삼국사기』에 인용된 『唐書』만 보더라도 "(고구려의) 평양성은 漢 樂浪郡이다"[54]고 했다. 혹은 "고구려는 본디 漢四郡의 땅이다"[55]고 하였다. 唐은 고구려 영역 가운데 魏代 이후의 요동군과 과거 한사군 영역을 수복지로 지목했다. 당 태종은 "遼東은 옛적에 중국 땅이었다. … 朕은 장차 가서 이를 經略하려 하는 것이다"[56]고 하였다.

이렇듯 隋人이나 唐人들은 고구려 정벌에 대한 확고한 명분을 갖췄다. 즉 빼앗긴 중국 영역 회복이라는 인식이었다. 예를 들어 "侍中 裴矩와 中書侍郎 溫彦博이 '遼東의 땅은 周代의 箕子國이요, 漢代의 현도군입니다. 魏·晉 이전까지는 封域 안에 가까이 있었으니 稱臣하지 않는 것을 허락하여서는 아니됩니다. 또 중국에 있어서 夷狄이란 太陽에 있어서의 列星과 같으므로, 이치상 尊을 격하시켜서 藩國과 같게 할 수는 없습니다'고 말했다라고 하니, 高祖는 그만 두었다"[57]고 한다.

648년에 당에 들어간 김춘추는 당 태종과 대면한 후 중대한 약정을 하였다. 이때 당 태종은 "내가 두 나라를 평정하게 되면 평양 이남 백제의 토지는 모두 그대들 신라에 주어 길이 편안하게 하겠소"라고 했다. 당이 백제와 고구려를 멸

漢·晉皆爲郡縣 今乃不臣 別爲異域 先帝欲征之久矣 但楊諒不肖 師出無功 當陛下之時 安可不取 使冠帶之境 遂爲蠻貊之鄕乎 今其使者親見 啓民擧國從化 可因其恐懼 脅使入朝 帝從之"

53) 『三國史記』 권20, 嬰陽王 23년 조.
54) 『三國史記』 권37, 雜志6, 地理4, 고구려.
55) 『三國史記』 권20, 榮留王 24년 조.
56) 『三國史記』 권21, 寶藏王 3년 조.
57) 『舊唐書』 권199, 東夷傳 高麗 條. "侍中裴矩·中書侍郎溫彦博曰 遼東之地 周爲箕子之國 漢家玄菟郡耳 魏·晉已前 近在提封之內 不可許以不臣 且中國之於夷狄 猶太陽之對列星 理無降尊 俯同藩服高祖乃止"

망시킨 후의 영역 분정과 관련해 백제는 신라로 귀속시켜주겠다고 했지만 고구려에 대해서는 '평양 이남'만 언급했을 뿐 '고구려 토지'에 대한 명시가 없다. 그 이유는 무엇일까? 당 태종을 비롯한 중국인들은 고구려 영토였던 遼東은 본시 중국 영역이라는 인식을 강하게 지녔다. 그리고 고구려의 수도였던 평양은 한의 낙랑군이 설치된 곳인 관계로 역시 중국 땅이라는 인식이었다. 그리고 그 후신인 대방군은 백제 건국지로 인식되었기 때문에 삼한 통합론을 제기한 신라의 지배를 인정하는 선에서 마무리되었다. 이와 더불어 대방군은 중국이 설치하지 않았다는 점이다. 漢의 통치권 밖 '絶域'에 소재한 요동의 공손강이 설치하였다. 그러므로 唐은 대방군에 대한 연고권을 주장할 수 없었다.

당은 당초 고구려 전역에 대한 지배를 기도했을 것이다. 그런데 신라가 제기한 백제의 대방고지 건국설에 따라 대동강 이북의 관할로 후퇴했다. 실제 대방군 영역의 북계는 대동강유역까지로 밝혀졌다.[58] 요컨대 당의 고구려 전역 장악 기도와, 신라의 대방고지 백제 연고권 주장이 충돌함에 따라 접점을 대동강선으로 확정한 것이다. 이로써 '평양 이남' 고구려 전역까지 장악하려는 당의 기도는 무산되었다. 그렇지만 신라와 당은 고구려 소멸에 합의했다.

고구려 영역 가운데 요동반도는 당의 지배로 마무리하였다. 반면 중만주와 동만주 일대가 방치된 것은, 이러한 당의 영토관에 기인했다. 일종의 무연고지였던 동만주를 기반으로 발해가 흥기할 수 있었던 요인이다. 요컨대 당의 고구려 침공은 명분상 고토회복전이었다. 신라로서는 결과론적으로 삼한통합전에 속한다. 고구려 멸망은 중국인들의 누대 숙원 해결이자 신라인들의 삼한통합대망론의 귀착점이었다.[59]

---

58) 李丙燾, 『韓國史 古代篇』, 乙酉文化社, 1959, 252~253쪽 사이 '高句麗興起 三韓比定圖'
59) 李道學, 「三國統一期 新羅의 北界 確定 問題」, 『東國史學』 57, 2014, 313~317쪽.

III. 통일신라 말기의 한사군 인식

1. 낙랑군

일반적인 인식과는 달리 신라와 낙랑은 연고가 깊다. 신라는 혁거세 거서간 건국 이래 끊임없이 낙랑의 공격을 받으며 부대꼈다. 이 낙랑의 정체에 대해서는 대동강유역의 낙랑군은 아니었다.[60] 그렇지만 『삼국사기』에 따르면 낙랑과 대방이 신라에 귀복해 왔다고 한다.[61] 귀복한 낙랑과 대방의 성격을 떠나 기록상 신라는, 낙랑 名義 정치 세력을 흡수한 주체였다. 이러한 인식이 신라 왕들에게 낙랑 작호가 부여된 배경인지는 불분명하다. 분명한 것은 다음에서 보듯이 통일신라 왕의 작호에도 낙랑이 여전히 보인다.

> i. 713년(성덕왕 12) : 封王爲驃騎將軍 · 特進 · 行左威衛大將軍 · 使持節 · 大都督雞林州諸軍事 · 雞林州刺史 · 上柱國 · 樂浪郡公 · 新羅王[62]

낙랑은 935년에 귀부한 신라 경순왕의 배필로서 등장한 왕건의 장녀 '낙랑공주' 이름에서도 보인다.[63] 이후 고려에서는 封號로서 '낙랑'이 자주 등장한다. 관련해 다음의 기사를 본다.

> j. 그 아버지인 이자연을 太尉로 삼고, 어머니인 樂浪郡君 金氏를 大夫人으로

---

60) 이도학, 「樂浪郡의 推移와 嶺西 地域 樂浪」, 『東아시아 古代學』 34, 2014, 26~29쪽.

61) 『三國史記』 권2, 基臨尼師今 3년 조. "三月 至牛頭州 望祭太白山 樂浪 · 帶方兩國 歸服"

62) 『唐會要』 권95, 新羅傳.

63) 『三國史記』 권12, 敬順王 9년 조. "十一月 太祖受王書 送大相王鐵等迎之 王率百 寮 發自王都 歸于太祖 香車 · 寶馬連亘三十餘里 道路塡咽 觀者如堵 太祖出郊迎 勞 賜宮東甲第一區 以長女樂浪公主妻之"

삼았다. 왕후는 順宗 · 宣宗 · 肅宗과 大覺國師 王煦, 常安公 王琇, 普應僧統 王規, 金官侯 王丕, 卞韓侯 王愔, 樂浪侯 王忱, 聰慧首座 王璟 및 積慶 · 保寧 두 宮主를 낳았다.[64]

위의 귀족들이 관칭한 낙랑후 · 낙랑군군 · 금관후 · 변한후 등이 封號였다. 이러한 고려의 봉호는 종실 및 공훈이 있는 신하들에게 왕실 藩屏으로서의 위상을 부여하기 위해 公 · 侯 · 伯 · 子 · 男의 爵을 수여해 준 것이다.[65] 이 가운데 '樂浪郡君'과 '樂浪侯'가 보인다. 그리고 戸長 智源의 딸인 '樂浪金氏'도 확인된다. '樂浪金氏'는 경주 김씨를 가리킨다.[66] 그 밖에 조선 세조와 혼인한 정희왕후의 처음 封號가 '樂浪府大夫人'이었다.[67] 이렇듯 封號로서 낙랑이 지닌 상징성은 지속적으로 이어져 왔다.

2. 현도군

앞장에서 살폈듯이 고구려의 胎生은 현도군이라는 인식이 엄존하였다. 一例를 제시하면 "대개 (고구려 시조) 東明이 처음 일어난 땅은, 본래 고조선의 玄菟 옛땅으로, 지금 모두 中國에 들어갔다"[68]고 했다. 사실 여부를 떠나 고구려와 현도군이 밀접히 관련되었던 것은 분명하다. 그런데 다음의 금석문을 보면 고구려 멸망 이후 '현도'가 고구려와 등가치로 인식되었음을 발견할 수 있다.

---

64) 『高麗史』권88, 后妃, 文宗仁睿順德太后 李氏. "以父子淵爲太尉 母樂浪郡君金氏爲大夫人 后生順宗 · 宣宗 · 肅宗 · 大覺國師煦 · 常安公琇 · 普應僧統規 · 金官侯丕 · 卞韓侯愔 · 樂浪侯忱 · 聰慧首座璟 積慶 · 保寧二宮主"

65) 김기덕, 『高麗時代封爵制研究』, 청년사, 1999, 13쪽.

66) 국립중앙박물관, 『다시 보는 역사편지 高麗墓誌銘』, 2006, 44~45쪽.

67) 『成宗實錄』成宗 14년 6월 12일(癸酉). "宣德戊申 世祖大王初出閤 世宗大王(妙)[抄] 擇賢配 太后以德容門望 被選來嬪 封樂浪府大夫人"

68) 『冠巖全書』권16, 記, 九梯宮遺墟記. "盖東明初起之地 本朝鮮之玄菟舊域 而今皆入中國"

k-1. 玄兔郡開國公 : 「천남생묘지명」 679년

k-2. 집안은 본래 융성한 가문으로 태어나면서부터 대대로 가문을 승계했다. 지난날에 玄兔에 거주하면서 홀로 웅번을 마음대로 좌우하였다(族本殷家 因生代承 昔居玄兔 獨擅雄蕃). : 「고족유묘지명」 695년

k-3. 영예는 고구려의 땅에서 뛰어났고, 타고난 신분의 기록은 금에 새겨질 정도였으니, 榮華는 玄兔의 땅에서 남달랐다(榮絕句驪之鄕 骨籍施金 寵殊玄兔之域屬). : 「천남산묘지명」 702년

k-4. 我皇唐征有遼之不庭 兵戈次玄兔之野 : 「두선부 묘지명」 741년

k-5. 발해 사신 輔國大將軍 兼 將軍 玄兔州刺史兼 押衙官 開國公高南申이 따라와서 來朝하였다.[69] 759년

k-6. 某는 玄兔의 미천한 儒子로서, 焦螟처럼 자질이 형편없지만, 일찍이 善을 사모한 인연으로, 우연히 이름을 이룰 수 있었습니다(某玄兔微儒 焦螟瑣質 早因慕善 偶獲成名).[70]

k-7. 마침내 (고구려와 백제의) 두 敵을 평정하여 兔郡의 사람들이 길이 편안하게 하였다(終平二敵 永安兔郡之人). : 「진경대사비문」 924년(立)

k-8. 唐 遣大僕卿王瓊 大府少卿楊昭業來 冊王 爲特進檢校太保 · 使持節玄兔州都督 · 上柱國 · 充大義軍使仍封高麗國王[71] : 933년

k-9. 大師法諱忠湛 俗姓金氏 其先鷄林冠族 兔郡宗枝 : 「진공대사비문」 940년(立)

k-10. 禪師法諱洪俊 俗姓金氏 其先辰韓茂族 兔郡名家 : 「자적선사비문」 941년(立)

k-11. 大師法諱逈微 俗姓崔氏 其先博陵冠盖雄府棟梁奉使鷄林流恩兔郡 : 「선각대사비문」 946년(立)

k-12. 持節 · 玄兔州都督 · 上柱國 · 充大義軍使[72] : 945년

k-13. 大師法諱行寂 俗姓崔氏 其先周朝之尙父遐苗 齊國之丁公遠裔 其後使

乎兎郡留寓雞林 :「낭공대사비문」917년(撰), 954년(立)
  k-14. 짐은 조상의 업을 계승하고 거대한 업을 이어받아 현도의 강역을 다스리
      며 황천의 은혜로운 명령을 받들고 있다.[73] : 1009년
  k-15. 그대는 朱蒙의 작위를 이어받아 현도의 강역을 넓혔으며[74] : 1065년

고구려 말기 권신 남생 작호에 '현도군'이 보인다. 그리고 현도는 k-2 · k-4에
서 보듯이 고구려를 가리키는 대명사로 사용되었다. 발해의 경우도 자국의 통
치권 일부를 '현도주'라고 하였다(k-5). 그러다가 k-6과 k-7에서 보듯이 현도는
우리나라 즉 신라를 가리키는 범칭으로 사용되었다. k-14는 고려 현종이 즉위
하면서 자신의 통치 영역을 '현도'라고 했다. k-15는 遼王이 고려 문종에게 내린
冊文에 적힌 글귀이다. 고려의 연원과 강역을 고구려 시조와 현도군에서 찾았
다. 이후 '현도'는 우리나라에 대한 범칭이 되었다. 가령 임진왜란과 관련해 明
皇의 詔에 "樂浪 · 玄菟의 땅에서 칼날과 화살촉이 서로 뒤섞였다"[75]고 했다.
1645년(淸 世祖 2) 淸帝가 조선에 보낸 祭文에도 "홀연히 돌아가시니, 현도는 구
름에 가리고, 압록강도 숨을 죽였으니, 짐은 마음으로 애도하노라"[76]며 '玄菟'
가 등장한다. 그 밖에도 현도 관련 기록은 고려 왕들의 冊封號 외에도 조선에
이르기까지 상당히 많다.

3. 帶方郡

다산 정약용은 역사상 4개의 대방을 지목한 바 있다. 첫째 평양 남쪽~임진강
이북, 둘째 요동, 셋째 羅州 會津縣, 넷째 남원이었다. 이 중 셋째의 나주 회진현
을 帶方州라고 한 것은, 그 땅의 본래 이름을 사용한 것은 아니고 이름을 빌려

---

73) 『高麗史』 권4, 顯宗 즉위년 조. "朕忝承祖業 恭紹丕基 御玄菟之封彊 奉皇天之眷命"
74) 『高麗史』 권8, 文宗 19년 조. "其有嗣爵朱蒙 申疆玄菟"
75) 『宣祖實錄』 宣祖 32년 8월 9일. "樂浪 · 玄菟之境 鋒鏑交加"
76) 『承政院日記』 91冊, 仁祖 23년 윤6월 4일. "忽焉殞凋 玄菟雲昏 綠江罷潮 朕心哀悼"

쓴 것에 불과하다. 넷째 南原府의 경우는, 帶方州刺史 유인궤가 주둔했던 곳이었기에 帶方 이름이 남겨진 것이다. 유인궤가 주둔지를 옮긴 이후에도 대방이라는 이름을 고치지 않아 남원이 대방의 이름을 얻게 되었다고 한다.[77] 여기서 남원=대방군설은 남대방을 운위하는 것이다. 다산은 북대방과 더불어 2개의 대방을 염두에 두었다. 2개의 대방은 『삼국유사』에 보이지만, 다음의 『고려사』에 남대방이 잘 정리되어 있다.

> l. 南原府는 본래 백제의 古龍郡으로, 後漢 建安 연간(196~220)에 帶方郡이 되었다. 曹魏 때는 南帶方郡이 되었다. 신라가 백제를 병합하자, 唐 高宗이 劉仁軌에게 詔書를 내려 檢校帶方州刺史로 삼았다. 神文王 4년(684)에 小京을 두었으며, 景德王 16년(757)에 南原小京으로 고쳤다. 太祖 23년(940)에 府로 고쳤다. 忠宣王 2년(1310)에 다시 대방군이 되었다가, 뒤에 南原郡으로 고쳤다.[78]

위의 인용 문구에 보이는 曹魏 때 남대방군 설치는, 전혀 근거도 없을 뿐더러 타당하지도 않다. 그리고 유인궤가 남원에 주둔했다는 다산의 주장도 근거는 없다. 다산은 "지금 南原에 아직도 井田遺址가 있는데, 이것은 劉仁軌가 만든 것이다"고 했지만, 小京城의 도시 구획 유구일 뿐이다.[79] 그리고 다산은 "모용수가 대방왕으로 하여금 龍城에 주둔하게 한 바 있다(慕容垂使帶方王鎭龍城)"[80]고 했다. 그러나 이 구절은 올바른 인용도 아니다. 설령 그렇더라도 이 龍城과 남원은 서로 아무런 관련이 없다. 다만 남원을 백제 때 古龍郡으로 일컬었다.

---

77) 『我邦疆域考』其一, 帶方考.
78) 『高麗史』 권57, 地理2, 南原府. "南原府本百濟古龍郡 後漢建安中 爲帶方郡 曹魏時 爲南帶方郡 新羅幷百濟 唐高宗 詔劉仁軌 檢校帶方州刺史 神文王四年 置小京 景德王十六年 改南原小京 太祖二十三年 改爲府 忠宣王二年 復爲帶方郡 後改爲 南原郡"
79) 朴泰祐, 「統一新羅時代의 地方都市에 對한 硏究」, 『百濟硏究』 18, 1987, 60~61쪽.
80) 『我邦疆域考』其一, 帶方考.

古龍郡을 '옛 龍郡'으로 해석하여 後燕의 '龍城'과 결부 지은데서 빚어진 오류로 보인다.

백제 멸망 후 唐은 웅진도독부 관하에 東明·支浸·魯山·古四·沙泮·帶方·分嵯의 7州를 두는 동시에 1도독부 7주에 모두 51현을 소속시켰다.[81] 7주 가운데 대방주가 보인다. 그리고 대방주는 남대방으로 일컬어졌다. 『삼국유사』에서 북대방과 남대방이 함께 적혔다.[82] 이때 남대방의 유래를 "曹魏時始置南帶方郡[今南原府 故云]"라고 하였다. 이규보의 시구에는 "다시 대방국에 들어갔다[남원은 옛날 대방국이다]"[83]·"대방이라 古郡은 남방의 오른팔이네"[84]라고 읊조렸다.

그리고 웅진도독부 관하 帶方州[竹軍城]의 관할 구역은 "1. 至留縣[知留], 2. 軍那縣[屈奈] 함평, 3. 徒山縣[抽山], 4. 半那縣[半奈夫里] 나주 반남, 5. 竹軍縣[豆肹], 6. 布賢縣[巴老彌] 나주시"[85]였다. 그런데 대방주에 속한 이러한 6개 현 가운데 남원으로 비정되는 지역은 없다. 남원을 대방주자사 유인궤와 결부 지을 수 있는 근거 역시 보이지 않는다. 따라서 앞서 제기했듯이 남원의 古名인 '古龍郡'을, 대방왕이 지켰다는 후연의 '龍城'과 결부 지은데서 비롯한 오류로 보인다.

4. 四郡

漢 武帝가 멸망시킨 위만조선 故地에 설치한 漢四郡은 '四郡'으로 略記하는 경우가 보인다. 그리고 四郡은 우리나라를 가리키는 범칭으로 사용되었다. 신

---

81) 『三國史記』 권37, 地理4.

82) 『三國遺事』 권1, 紀異 南帶方.

83) 『東國李相國集』 권9, 古律詩, 將向南原 槊樹驛樓上 次壁上詩韻. "再入帶方國[南原古帶方國]"

84) 『東國李相國集』 권19, 頌, 尹司業威安撫南原頌. "帶方古郡 維南右臂"

85) 정구복 외, 『역주 삼국사기4 주석편(하)』, 한국정신문화연구원, 1997, 440~441쪽.

라 효공왕이 당에 보낸 다음 謝恩表의 시점은 알 수 없지만, 冊命使가 신라에 도착한 906년 3월[86] 이전이 분명하다.

> m. 엎드려 四郡에 비루하게 거처하면서 九原의 슬픔에 뒤따라 북받쳐, 天庭에 급히 달려가서 雲陛에 눈물로 감사드리지는 못합니다.[87]

신라 효공왕이 자신의 통치 영역을 '四郡'으로 일컬었다. 四郡의 유래는 평양의 연혁을 서술하는 과정에서 다음과 같이 보인다.

> n. 西京留守官 平壤府는 본래 三朝鮮의 옛 도읍이다. … 이것이 衛滿朝鮮이 되었다. 그의 손자 右渠가 황제의 명령을 받들지 않자, 漢 武帝가 元封 2년에 장수를 보내 토벌하고 四郡을 정하면서 王險을 樂浪郡으로 하였다. 고구려 장수왕 15년에 國內城에서 옮겨 이곳을 도읍으로 삼았다. 보장왕 27년에 신라 문무왕이 唐과 함께 협공하여 멸망시키니 그 땅은 결국 신라에 편입되었다.[88]

위만조선 멸망 후 설치된 四郡 가운데 낙랑군은 고구려 수도가 되었고, 고구려 멸망 후 신라 영역이 되었음을 밝혔다. 四郡과 신라가 등가치가 된 연유를 설명했다. 실제 다음에서 보듯이 신라 말의 최치원도 자신의 母國 신라를 '四郡'이라 했다.

---

86) 『三國史記』 권12, 孝恭王 10년 조. "三月 前入唐及第金文蔚 官至工部員外郎 · 沂王府諮議叅軍 充冊命使而還"

87) 『東人之文四六』 권1, 事大表狀, 謝恩表. "伏限卑捿四郡 追慟九原 不獲奔詣天庭 泣謝雲階 臣無任"

88) 『高麗史』 권58, 地理3, 西京留守官 平壤府. "西京留守官平壤府本三朝鮮舊都 … 是爲衛滿朝鮮 其孫右渠 不肯奉詔 漢武帝元封二年 遣將討之 定爲四郡 以王險爲 樂浪郡 高句麗長壽王十五年 自國內城徙都之 寶藏王二十七年 新羅文武王 與唐夾 攻 滅之 地遂入於新羅"

o. 엎드려 생각해 보니, 최치원은 四郡의 미미한 족속이요, 七州의 천박한 서
  생입니다.[89]

신라 말에는 신라와 사군을 등치시켜 인식했음을 알 수 있다. 실제 아래에 인
용한 禪師들의 비문에도 잘 적혀 있다. 그리고 이러한 인식은 궁예를 제거하고
집권한 왕건의 발언(p-4)에서도 나타난다.

  p-1. 聖唐 때에 四郡 지역을 (신라가) 모두 차지하게 되면서 이제는 全州 金馬
    人이 되었다.[90] : 「진감선사비문」 887년(撰), 888년(立)
  p-2. 그 教가 일어남에 있어, 阿毘達磨大毘婆娑論이 먼저 이르자 四郡에 四諦
    의 법륜이 달렸고, 대승교가 뒤에 오니 전국에 一乘의 거울이 빛났다.[91] :
    「지증대사비문」 893년(撰), 924년(立)
  p-3. 災星이 三韓을 오랫동안 비추었고 독 같은 이슬이 四郡에 퍼져있어서 바
    위 계곡에도 숨어 피할 계책이 없었다. … 후에 高麗國이 四郡을 평정하고
    삼한을 鼎正함에 이르러 …[92] : 「낭공대사비문」 917년(撰), 954년(立)
  p-4. 前主는 四郡이 흙 무너지듯 무너지는 때를 맞아 도적의 무리를 제거하고
    점점 영토를 넓혀갔다.[93] 918년
  p-5. 龍德 4년 歲次 甲申 4월 15일에 글을 이미 완성하였으나 國家에 일이 많
    았기에 20여 년을 두었다가 갑자기 四郡에 연기가 사라지고 온나라에 먼
    지가 그쳤기에 天福 9년 歲在 甲辰 6월 17일에 세웠다.[94] : 「징효대사비

---

89) 『東人之文四六』 권13, 啓, 上襄陽李相公讓館給啓 崔致遠. "伏念 致遠四郡族微 七
  州學淺"
90) 「진감선사비문」 "爰及聖唐 囊括四郡 今爲全州金馬人也"
91) 「지증대사비문」 "其教之興也 毘婆娑先至 則四郡驅四諦之輪 摩訶衍後來 則一國
  耀一乘之鏡"
92) 「낭공대사비문」 "災星長照於三韓 毒露常鋪於四郡 … 至後高麗國几平四郡 鼎正
  三韓"
93) 『高麗史』 권1, 太祖 즉위년 6월 조. "前主當四郡土崩之時 剿除寇賊 漸拓封疆"
94) 「징효대사비문」 "龍德四年歲次甲申四月十五日 文已成 而以國家多事 時隔二紀 忽
  遇四郡煙消 一邦塵息 天福九年歲在甲辰六月十七日立"

문」924년(撰), 944년(立)

p-6. 菩薩戒弟子 大義軍使特進檢校太保玄兎州都督高麗國王王諱 … 엎드려 생각건대, 저는 태어나 온갖 근심을 만났고, 자라면서 많은 어려움을 겪었습니다. 軍兵이 兎郡에서 얽히고 災難이 辰韓을 어지럽게 하여 … 경쟁적으로 신하의 충성을 바치었습니다. 사군의 지역[四郡封陲]과 三韓의 강역이 열흘도 못 되어 모두 참된 정성을 보이니 모두를 석권하기가 바람 같았고 평평하게 하는 것이 화살처럼 빨랐습니다(競納臣忠 四郡封陲 三韓疆境 未經旬日 咸罄赤誠 悉使席卷風驅 砥平矢速).[95] : 「개태사화엄법회소」 940년

p-7. 우리나라를 가득 덮어 三韓을 協和하고 四郡을 어루만져 다시 君子國을 평안하게 했다.[96] : 「통진대사비문」958년(立)

위의 p-6 玄兎州와 兎郡은 '四郡封陲'에, 辰韓은 '三韓疆境'에 대응하고 있다. 태조는 자신이 통치하는 영역을 남북의 '四郡封陲'와 '三韓疆境'으로 각각 구분하였다. 그리고 '太保玄兎州都督' 高麗國王라는 작호에서 자신은 고려 왕 즉 고구려 왕을 표방하고 있으니 계통을 四郡 속의 현도에서 찾았다. 漢이 설치한 사군 영역 속의 개국을 표방한 것과 진배 없으니, 자신의 정치적 歸屬을 公表한 것이다.

위에서 보았듯이 우리나라에 대한 범칭으로 '四郡'을 운위하였다. 이는 한국의 역사 강역이 본시 중국 영역이었음을 밝히면서 藩屛이 될 수밖에 없는 연유와 내력을 제시한 것이다. 사실과는 무관한 인식에 불과하지만, 이 점 깊이 통찰해야 할 것 같다.

그리고 간과할 수 없는 사실은 고조선 멸망의 산물인 '四郡'을 부정적으로 인식하지 않았다는 것이다. 고려 후기에 집필된 『제왕운기』의 다음 기사를 통해서도 알 수 있다.

---

95) 『東人之文四六』 권8, 佛疏, 神聖王親製開泰寺華嚴法會疏.

96) 「통진대사비문」 "조冒海隅 協和三韓 奄有四郡 加復輯寧君子國"

q. 漢의 장수 衛滿은 燕에서 태어나 漢 高祖 12년(기원전 195) 병오년에 準王을 공격해 쫓아내고 나라를 빼앗았다. 손자 右渠王 때 이르러서는 허물이 가득차게 되었다. 漢 武帝 元封 3년(기원전 108) 계유년에, 장군에게 군대를 내어 토벌하게 하였다[國人들이 우거왕을 죽이고 (漢의) 군대를 맞아들였다]. 3대를 아울러 88년이었다. 한을 배반하고 준왕을 내쫓았으므로 재앙을 입는 게 당연하다. 이로 인하여 이 땅이 나뉘어 四郡이 되었다. 郡마다 우두머리를 두고 백성을 편안하게 하며 모여 살게 하였다. … 漢皇이 먼 곳을 안정시키려는 뜻을 생각해보면 …97)

漢의 고조선 멸망의 결과물인 '四郡'을, 찬탈한 위만과 손자 右渠의 허물에 대한 응징으로 해석했다. 이러한 기조와 정서는 조선에까지 이어져 특별히 '四郡'을 부정적으로 인식하지는 않았다. 그렇지만 분명한 사실은, 고려 후기에 이르러 우리나라=四郡 인식에서 벗어났다는 것이다.

IV. 맺음말

기원전 2세기 말에 설치된 한사군 가운데 진반군과 임둔군은 일찍 소멸되었기에 존재감이 거의 없다시피했다. 반면 낙랑군과 현도군, 그리고 가장 늦게 설치된 대방군의 경우는 직간접으로 한국 역사에 깊은 영향을 미쳤다. 이들 3개 군은 원 소재지와 이동 시기에 대해 논의가 분분한 편이다. 그런데 이들 3개 군이 지닌 상징성이 지대하였기에 실제 통치 여부와는 상관없이 관할권을 부여받은 양하는, 의제적인 관작으로서의 의미가 작동했다. 낙랑군공이나 낙랑태수 그리고 낙랑군왕 등이 그러한 호칭이었다. 고려 태조가 경순왕에게 시집 보낸

---

97) 『帝王韻紀』 권下. "漢將衛滿生自燕 高帝十二丙午年 來攻逐準乃奪國 至孫右渠盈厥愆 漢虎元封三癸酉 命將出師來討焉[國人殺右渠迎師] 三世并爲八十八 背漢逐準殊宜然 因分此地爲四郡 各置郡長綏民編 想得漢皇綏遠意 …"

長女를 낙랑공주라고 했다. 고려 경종대 경순왕의 작호에 '上柱國 · 樂浪王 · 政丞'라고 하여 '낙랑왕'이 보인다. 고려의 封號에도 '樂浪侯'와 같이 낙랑이 등장한다. 물론 이 낙랑은 舊國名으로 등장한 것에 불과하다. 그러나 경순왕의 작호 '낙랑왕'은, 신라 왕들이 전통적으로 중국으로부터 받은 봉작에 등장하였다. 이 사실은 낙랑이 지닌 상징적인 위상을 부여받았음을 뜻하는 準據였다. 그 만큼 낙랑이 지닌 정치적 위상은 지대했던 것이다.

고구려는 초기 단계에 현도군에 예속된 바 있었지만 종국에는 현도군을 축출하고 요동 지역을 석권했다. 그런데 당에서 사망한 천남생이나 고족유 묘지명에 따르면 고구려를 현도로 일컬었다. 신라 말 선사들의 비문에 따르면 현도는 고구려와 고려를 가리키는 범칭이자 봉작으로 사용되었다. 현도는, 고려 태조의 「개태사화엄법회소」에서도 보인다. 태조가 晉으로부터 받은 봉작에 '持節 · 玄菟州都督 · 上柱國 · 充大義軍使'가 있다. 현도는 '우리나라'를 가리키는 범칭으로 사용되었다. 결국 현도주 도독은 고구려=고려=우리나라를 등치시켜 볼 수 있는 국명(지역명)+작호 구성이었다. 遼王이 고려 문종에게 내린 冊文에서 "그대는 朱蒙의 작위를 이어받아 현도의 강역을 넓혔으며"라고 했듯이, 고구려 시조=고려 영역=현도가 등가치가 되었다. 우리나라를 가리키는 범칭인 현도에 대한 인식은 조선 후기까지 이어져왔다.

그리고 백제 왕들의 작호에 붙는 대방군공이나 대방군왕은, 대방군이 지닌 권한과 역할을 백제 왕에게 위임했다는 의미로 받아들일 수 있다. 대방은 백제 멸망 후 백제고지에 설치한 당의 웅진도독부 예하 조직인 帶方州나 유인궤의 대방주자사 작호에 보인다. 그리고 전라북도 남원을 가리키는 남대방을 비롯해 후대 역사에도 적용되었을 정도로 영향을 끼쳤다.

한사군 가운데 낙랑은 종국에는 신라를 가리키는 대명사격처럼 인식되었다. 그리고 현도는 고구려를 가리키는 의미에서 출발했다. 그러다가 현도는 신라 말~고려가 후삼국을 통일한 후, 우리나라에 대한 범칭으로 사용되었다. 반면 대방은 주로 백제 왕의 封爵에 보였다. 한반도 남부와 일본열도에 대한 통제권을 지녔던 대방군의 역할을 위임한 형식이었다. 황제권의 위임자로서 삼국 왕들은,

자국의 지리적 입지나 이해와 관련한 漢四郡名으로 책봉받았다.

삼국 정립이 종언을 고한 이후에는 '四郡'이 우리나라를 가리키는 범칭으로 인식되었다. 사실 여부를 떠나 四郡과 우리나라가 등가치가 된 것은, 당초부터 중국 황제권 질서에 한국 역사가 속했다는 의미였고, 또 그렇게 인식한 것이다. 그렇지만 고려 후기 이후 우리나라=四郡 인식에서 벗어났다.

참고문헌

1. 사료 및 전통 문헌

『三國史記』,『三國遺事』,『帝王韻紀』,『桂苑筆耕』,『東國李相國集』,『東人之文四六』,『高麗史』,『高麗史節要』,『成宗實錄』,『藥泉集』,『承政院日記』,『順菴先生文集』,『我邦疆域考』,『史記』,『漢書』,『三國志』,『北齊書』,『周書』,『晉書』,『隋書』,『舊唐書』,『唐會要』,『冊府元龜』,『資治通鑑』,『續日本紀』

2. 저서

국립중앙박물관,『樂浪』, 솔, 2001.

국립중앙박물관,『다시 보는 역사편지 高麗墓誌銘』, 2006.

김기덕,『高麗時代封爵制研究』, 청년사, 1999.

노태돈,『한국고대사』, 경세원, 2014.

손영종 외,『조선통사(상) 개정판』, 사회과학출판사, 2009.

孫晉泰,『朝鮮民族史槪論(上)』, 乙酉文化社, 1948.

윤석중,『한국문단이면사』, 깊은샘, 1983.

李基白 · 李基東,『韓國史講座(古代篇)』, 일조각, 1982.

李道學,『백제고대국가연구』, 일지사, 1995.

이도학,『고대문화산책』, 서문문화사, 1999.

李丙燾,『韓國史 古代篇』, 乙酉文化社, 1959.

李丙燾,『韓國古代史研究』, 博英社, 1976.

국사편찬위원회, 한국사 데이터베이스.

한국고대사회연구소,『譯註 韓國古代金石文 Ⅰ』, 駕洛史蹟開發研究院, 1992.

한국역사연구회,『譯註 羅末麗初金石文(上 · 下)』, 혜안, 1996.

정구복 외, 『역주 삼국사기4 주석편(하)』, 한국정신문화연구원, 1997.

3. 논문

朴泰祐, 「統一新羅時代의 地方都市에 對한 硏究」, 『百濟硏究』 18, 1987.
이도학, 「『龍飛御天歌』의 세계」, 『문헌과 해석』 3, 태학사, 1998.
이도학, 「高句麗의 夫餘 出源에 관한 認識의 變遷」, 『高句麗硏究』 27, 2007.
이도학, 「樂浪郡의 推移와 嶺西 地域 樂浪」, 『東아시아 古代學』 34, 2014.
李道學, 「三國統一期 新羅의 北界 確定 問題」, 『東國史學』 57, 2014.

한사군 관련 학술대회 발표 · 토론문에 대한 몇 가지 과제

이도학

(고조선단군학회 회장)

1. 머리말

한국 학계 최초로 한사군만의 학술대회를 개최했습니다. 종합토론 사회자로서 그에 대한 소회를 간단하게 밝히겠습니다.

쟁점과 논란이 많은 한사군에 대한 집중 토론을 통한 점검에 앞서 한 가지 당부 말씀드리겠습니다. 질의 응답하는데, 중간에 제3자가 끼어드는 일은 사회자 직권으로 막겠습니다. 사회자가 허락했을 때 질문이 가능하다는 것을 밝혀 드립니다. 열기가 뜨거워지거나 지명당한 분이 적절한 답변을 못한다고 느낄 때 자신이 대신 말하고 싶은 의욕이 분출할 수는 있습니다. 그러나 회의 진행상의 질서 유지 차원에서 사회자가 조정하도록 하겠습니다. 지명을 얻어 발언하시면 좋겠습니다.

그리고 원체 쟁점이 많은 주제이기는 하지만, 지금 이 자리에는 동류들끼리의 학술대회가 된 관계로 근원적인 차이는 없을 것으로 봅니다. 가령 낙랑군의 처음 소재지를 요서를 비롯한 북중국 지역으로 간주하는 분은 없고, 평양 지역을 인정하는 선에서 논의가 전개되는 것과 마찬 가지로, 기본적인 공감대가 마련되어 있습니다. 그렇지만 세부적인 사항에서 이견이 워낙 많은 주제이기도 합니다만, 그렇지만 토론자들이 누락했거나, 혹은 발표자와 토론자 모두 공감했다고 하더라도 제3자가 보았을 때 보완이 필요한 점이나 반드시 짚고 넘어가야 할 사안에 대해서는 사회자가 촌평한 후 질의하는 형식으로 종합토론을 진행하겠습니다.

사실, 연구자들도 믿고 싶은 것만 믿으려는 경향이 있는데, 반대 기록이 상존하고 기록이 相衝 즉 서로 충돌하는 경우가 많습니다. 이에 대한 처리나 분석 없이 건너뛰는 경향이 없지 않았습니다. 자신이 설정한 논리에 맞는 기록만 취한다면, 믿고 싶은 것만 믿는 식이 되므로 학문적 발전은 낙관하기 어렵습니다. 그리고 한국 학계와는 성격이 판이한 북한의 한사군 연구 성과와 동향, 그리고 문제점에 대한 분석이 차후에 이루어져야 할 것 같습니다. 오늘 학술대회에서는 검토되지 못했지만 반드시 짚고 넘어가야할 사안임을 환기시켜 드립니다.

그런데 기본적으로 동일한 논조를 지닌 이들끼리 일종의 내부자 거래나 담합하듯이 하는 연구는 학문 발전에 큰 도움이 되지 못합니다. 노파심에서 하는 말이라고 생각하면 되겠습니다. 다만 어느 길이 학문 발전에 기여하는 바인지에 대한 냉정한 판단은 필요하다고 봅니다. 말할 나위없이 치열한 논의가 필요하고 또 논쟁은 존중되어야 하겠지요. 그리고 異見은 수용 여부를 떠나 자극이 되므로 학문 발전의 촉매제 역할을 하지 않겠습니까?

본 학술대회와 관련해 가야사 연구에 대한 주보돈 선생의 憂慮(주보돈, 「가야사 연구의 새로운 진전을 위한 제언」, 『가야사연구의 현황과 전망』, 주류성, 2018)는 他山之石이 된다고 보았기에 인용해 보았습니다. 참고하시면 좋겠습니다. "대체적으로 가야사를 구명하는 연구자들은 자신들의 기존 주장에 대해서는 서로 비판없이 은근히 받아들이고 바깥으로부터 가해지는 새로운 문제 제기에 대해서는 타당성 여하를 함께 면밀히 검토해볼 여지를 가지려하지 않고 처음부터 무조건 외면하거나 아예 무시해버리는 경향성을 짙게 보여 왔다(21쪽)." · "…… 그런 과정은 반드시 필수적인 작업이었으나 대부분 건너뛴 채 오직 그럴듯하다는 막연한 느낌만을 갖고 다수 연구자들이 암묵적으로 동조함으로써 기정사실화 하다시피에 이른 것이었다(25쪽)." · "근거가 박약하고 모순되며, 논리가 대단히 허술한 주장임에도 기존 연구자들은 논쟁을 거치지 않고 합세해서 마치 움직일 수 없는 정설로 묵시적 동의를 함으로써 고착시켜 버리고 만 것이었다. …… 무조건 합심하여 방어하려함으로써 문제 제기가 스며들 틈을 원천적으로 차단해 버리고 만 것이 근본적 문제였다(27쪽)." · "그런 분위기를 통하여 볼 때 가야사 연구자들간에 일종의 암묵적 카르텔이 형성되어 있는 것이 아닌가 하는 의심이 들 정도였다(35쪽)."

2. 한사군 논의의 핵심

한사군 논의에서 가장 중요한 핵심은 3가지라고 봅니다. 첫째 위치 즉 소재지 문제가 있고, 두번째는 존속 기간이요, 세 번째는 성격이라는 것입니다. 첫째 소재지는 당초의 위치로부터 이동할 수 있다는, 소재지의 불변성이 아니라 가변성을 염두에 두어야 할 것 같습니다. 일례로 300년에 신라에 귀복한 대방의 위치 문제입니다. 연구자들 가운데는 대방이라는 이름을 사용한 것을 볼 때 원 소재지인 황해도 방면에서 멀지 않을 것으로 추측을 하기도 합니다. 그러나 뉴욕이나 뉴햄프셔의 경우를 연상할 수 있듯이 지명은 이동한다는 것입니다. 뉴햄프셔 지명이 영국의 햄프셔 지방에서 유래했듯이, 지명의 공간적 구속성에 얽매일 필요는 없다고 봅니다. 고려의 수도였던 江都 즉 강화도에도 개경 송악산과 동일한 산 이름이 남아 있습니다.

현도군의 경우도 제1현도군에서 제2현도군 그리고 제3현도군까지 이동하고 있지 않습니까? 낙랑군의 경우도 이동해서 6세기경에 베이징 근방에서 소멸하지 않았습니까? 그것도 신라에 귀복한 대방이 대방군 관내의 소국이라는 인식은, 공간성이라는 측면에서 볼 때 이해가 어려워집니다. 이러한 사례는 낙랑에도 적용되지만 뒤에서 논의하면서 말씀드리겠습니다. 물론 이 경우 발표자들은 전제한 고정 관념에 배척되거나 배치되는 기록에 대해서는, 상징성이니 뭐니하면서 얼버무리지만 좀더 유연하게 그리고 정직하게 사료를 대하자는 말씀을 드리고 싶습니다.

소재지 문제는 두 번째의 존속 기간과도 연계되어 제기됩니다. 그리고 세 번째는 성격인데, 낙랑이나 대방과 관련해 왕을 칭한 세력이 등장하고 있습니다. 이러한 세력에 대한 가장 손쉬운 해석은 낙랑군이나 대방군 관내의 소국이라고 명명하는 것입니다. 가령 "대방군의 관할 범위에 존재하였던 정치세력이었다(34쪽)"는 것입니다. 그러나 명색이 '왕'을 칭하고 있고, 또 '王女'의 등장은, 컨트롤 받는 세력이 아니라 컨트롤하는 세력의 등장을 뜻합니다. 그랬기에 대방왕은 백제의 힘을 빌어 고구려의 남진을 막으려고 하지 않았습니까? 대방국과 백제와의 혼인 동맹도 양자가 독립된 세력이었기에 가능하지 않았겠습니까? 대방국이 대방군 관내의 일개 세력에 불과했다면 어떻게 국가의 명운이 걸린 독자적인 외교 활동을 추진할 수 있었겠습니까?

3. 촌평과 질의

1) 낙랑군

(1) 낙랑의 소재지 확인

기본적으로 앞서 언급한 점을 전제하고 발표자와 토론자 선생님들께 여쭤보겠습니다. 먼저 신라와 백제 국초부터 『삼국사기』에 등장하는 낙랑은 소재지가 대동강유역입니까? 아니면 다산 정약용 선생이 말했듯이 영서낙랑입니까? 발표자들은 낙랑군이나 대방군의 관할 범위에 존재하였던 정치세력으로 지목하고 있습니다. 그러나 이러한 주장 제기에 앞서 상충하는 기사에 대한 整地 작업이 선결되었어야 하지 않았을까 싶습니다. 그러면 의문을 제기해 봅니다.

백제 서쪽에 자리잡았고, 백제 왕이 낙랑의 南邊이 아니라 西邊을 襲取하는 기록이 보입니다. 246년에 백제가 '樂浪 邊民'을 습취합니다. 낙랑과 백제 사이에 대방이 소재한다면 어떻게 이런 일이 발생할 수 있는지 여쭤봅니다. 그리고 304년에 백제는 몰래 군대를 보내 낙랑 서쪽 현을 습취합니다(潛師襲取樂浪西縣). 낙랑이 대동강유역에 소재했다면, 백제가 낙랑의 남쪽도 아니고 어떻게 서쪽에 소재한 縣들을 빼앗을 수 있었을까요? 낙랑은 백제가 대방 지역을 가로질러 올라가 영유할 수 있는 곳인가요, 아니면 단순히 방향 기록이 잘못된 것입니까? 이 점 묻고 싶습니다.

실제 이러한 의문과 관련해 국사편찬위원회 한국사 데이터베이스에서는 "대동강 유역의 낙랑군과 한강 유역의 백제 사이에는 지금의 황해도지역에 대방군이 있었기 때문에 백제가 낙랑군의 군현을 직접 빼앗는 일은 생각하기 어렵다. 그래서 '대방'을 '낙랑'으로 잘못 쓴 것이거나 군현의 상징성 때문에 대방 대신 낙랑으로 기록했다는 추정도 있지만 근거는 없다. 다만, 책계왕 때 백제와 대방군이 화친을 맺었으며 고구려가 침입할 때 군사적으로 도와주었다는 기록에 비추어보면 대방을 잘못 쓴 것이라고 하기는 어렵다"고 평가했습니다.

『삼국지』에 따르면 "진한 8국을 분할하여 낙랑에 주려고 했다(分割辰韓八國以

與樂浪)"고 했는데, 이병도 견해처럼 진한이 경기도에 소재했다면 모르겠지만, 지금의 영남 지역이라면 대동강유역의 낙랑과 연결 짓는 것은 현실성이 없어 보입니다. 그러나 신라를 국초부터 부단히 침공했던 낙랑과 결부 짓는다면, 『삼국지』에 등장하는 낙랑의 위치는 새롭게 모색할 여지가 없지도 않습니다. 물론 이러한 낙랑을 지역 세력으로 간주하지만, 그러나 『삼국사기』에서 "왕이 樂浪太守가 보낸 자객에게 해를 입어 薨하였다(분서왕 7년 조)"고 했듯이, 독자 세력으로 지목하는 '왕'이 아닌 '태수' 직함으로 등장한 이에게 위해를 입고 있습니다. 이 '낙랑태수'의 정체성에 대한 심도 있는 논의가 필요하다고 봅니다.

그리고 『삼국사기』에서 "왕이 낙랑 우두산성을 습격하려고 구곡에 이르렀으나 큰 눈을 만나 곧 돌아왔다(十一月 王欲襲樂浪牛頭山城 至臼谷 遇大雪乃還)(시조왕 18년 조)"고 한, 백제가 공격한 우두산성과 구곡은 지금의 어디로 파악하고 있습니까? 묻고 싶은 사안입니다.

물론 이러한 기록들은 낙랑에 대한 기존 관념과 상충하고 있습니다. 발표자나 토론자들께서는 상충하는 기사에 대해 언급하지 않고 뛰어넘는 방식을 택했습니다. 어떤 형태로든 분명히 소명이 필요하다고 봅니다.

이와 더불어 2세기 후엽 이후 경기도를 비롯한 중부 지역에서 갑자기 낙랑 토기 등 낙랑 관련 유물이 집중적으로 나타나는 이유는 무엇일까요? 근래의 고고학적 발굴성과에 힘입어 드러난 현상들입니다. 낙랑이 가장 강성했던 시기에는 보이지 않던 물질 자료가 낙랑이 쇠잔했고 존재감이 떨어졌을 때 한반도 중부 지역에서 나타난다는 것입니다. 그 이유에 대한 설명이 제시되지 않았다는 사실도 아쉬움으로 남습니다. 물론 '1세기경 고구려의 진출에 따른 낙랑 일부 지역 주민의 남하 가능성(45쪽)'을 제기하기도 하지만, 기왕의 "환제와 영제 말엽에 한예가 강성하여 군현이 제어하지 못하자 주민들이 많이 한국으로 흘러 들어갔다(桓·靈之末 韓濊彊盛 郡縣不能制 民多流入韓國)(『삼국지』권30, 동이전 韓 條)"는 기사를 원용하는 게 더 낫지 않을까요? 이 기사는 무엇에 쓰려는 것입니까?

(2) 한반도 내 낙랑의 존속 기간 검증

한반도 내 낙랑군의 존속 기간에 대해서는 해명해야할 과제들이 처처에 깔려 있습니다. 기존 인식과 상충하는 자료들이 곳곳에서 보이기 때문입니다. 이에 대한 대안 제시라든지 반론 제기 등이 보이지 않았다는 게, 어쩌면 피해 간다는 인상마저 주었습니다. 제가 몇 가지만 언급해 보도록 하겠습니다.

56년에 태조왕이 지금의 청천강인 살수까지 내려왔고(伐東沃沮 取其土地爲城 邑 拓境東至滄海 南至薩水), 114년에는 남해까지 순행했는데(王巡守南海), 이 남해가 황해도 앞 바다라면, 낙랑군과 대방군은 어디에 소재한 것인가요? 아니면 이 기사가 잘못되었다는 점을 부각시키든지, 아무튼 어떤 형태로든 상충하는 기사에 대한 해명이 필요했어야 한다는 것입니다. 물론 태조왕대에 '남해'와 '동해'라는 명칭이 모두 등장한다는 사실에 주목하여 이때 고구려가 지금의 동해를 도성인 국내성을 기준으로 남해와 동해로 구분하는 방위관념이 형성되었다고 보기도 합니다. 이러한 지견은 제2대 유리왕대 천도설에 따른 것입니다. 그러나 최근에는 209년(산상왕 13)에 "겨울 시월, 왕이 환도로 도읍을 옮겼다(冬十月 王 移都於丸都)"는 기록에 따라 환인에서 집안(국내성)으로 천도한 시점 역시 변경이 불가피해졌습니다. 따라서 입론 자체가 흔들리게 되었습니다. 남해까지 순수한 태조왕대의 도성은 여전히 환인이었기 때문입니다.

그리고 132년에 고구려가 서안평을 공격하는 상황에서 대방령을 살해하고 낙랑태수 처자를 포획했습니다. 모두 압록강 이북에서 벌어진 사건입니다. 아주 오래 전에 읽었던 기억에 따르면, 어떤 이는 낙랑태수 妻가 요동의 친정에 갔다가 변을 당한 것으로 해석을 했었습니다. 그러면 대방령은 왜 그곳에 함께 있다고 살해되었냐는 것입니다. 물론 우연의 일치라고 말할 수 있겠지만, 자연스럽지 않다는 것입니다. 이때 대방현은 낙랑군의 屬縣이었기 때문입니다. 고구려 영토가 56년에 청천강까지 내려왔고, 이후에도 계속 남진하였기에 114년에 남해 순수까지 가능해졌다고 봅니다. 이러한 고구려의 영역 확장 추세에 비추어 볼 때 대동강유역 평양의 낙랑이 본토와 어떤 방식으로 소통하고 교류했는지에 대한 해명이 뒤따랐어야 합니다.

이와 맞물려 평양 지역 2~3세기대 적석총의 성격을 어떻게 보아야 하는가라는 문제에 직면하게 됩니다. 오늘 발표자분께서도 평양 일대 적석총 자료를 제시했는데, 이 적석총의 성격에 대한 깊은 분석이 요망된다는 것입니다. 왜냐하면 "다만 평안남도 일대 적석총에 대한 발굴과 세밀한 편년이 이루어지지는 않았기 때문에 1세기 무렵 고구려의 진출을 파악하는 데 한계가 없지 않다(49쪽)"고 했거나 "무기단식 적석총까지 고려하면 고구려가 일찍이 평안남도 동부 산

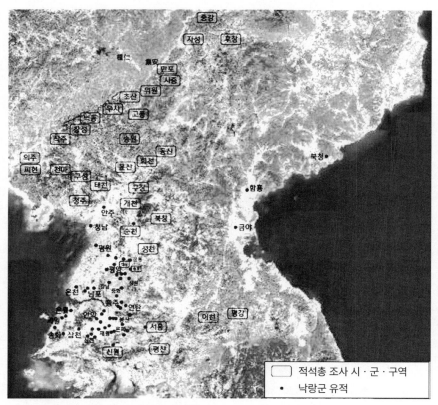

북한 일대 적석총 및 낙랑군 유적 분포도(49쪽)

간 지역까지 내려왔음을 확인할 수 있다(50쪽)"고 했지만, 여기서 한 걸음도 나가지 못했다는 것입니다. 특히 37년(대무신왕 20)의 낙랑국 소재지와 관련해 "고구려 적석총은 평안북도·자강도 일대뿐만 아니라 개천·순천·성천·북창 등 평안남도 동부 지역에서도 확인된다. 이를 통해 일찍이 고구려가 이 지역까지 세력을 확대했음을 알 수 있다. 평안남도 동부는 고구려 남쪽이고 낙랑군 외곽이면서 옥저에서 멀지 않다는 점에서 낙랑국의 정황에 맞아떨어진다(49쪽)"고 했습니다. 그러면 평양 지역의 적석총은 편년이 어떻게 됩니까? 1세기경 고구려의 영역 확대가 적석총을 통해 확인된다면, 2~3세기대는 더욱 확장되지 않았겠습니까? 시간의 흐름에 따른 고구려 적석총의 확산 범위를 좀더 추적하시면, 좋은 발견이나 성과가 기다리고 있을 것 같습니다.

예전에 일본의 고고학자가 집필한 서적에서는, 평양 지역의 적석총을 고구려에서 낙랑으로 망명한 이의 분묘로 해석을 했습니다. 그렇다면 망명한 고구려인이 자신의 정체성을 지켰다는 것이 됩니다. 그러나 망명한 입장이라면 위만처럼 망명처의 법속 즉 낙랑의 전통에 흡수되어 낙랑 분묘에 묻히는 게 자연스럽습니다. 이 건에 대한 좀더 구체적인 해명이 필요하다고 봅니다.

그리고 이 건과 관련해 반드시 납득할 수 있게 끔 공감대를 유발할 수 있는 대안 제시가 필한 기사가 있습니다. 『삼국사기』에 보면 247년에 동천왕이 환도성이 파괴된 관계로 수도 기능을 상실하자 평양성을 쌓고 평양으로 주민과 종묘와 사직을 옮긴 기사가 등장합니다. 실질적인 천도를 뜻하는 기사인 것입니다. 동천왕대에 옮긴 평양을 선인 왕검의 宅 즉 땅이라고 했습니다. 고려시대 문헌과 금석문에 보이는 평양은 지금의 평양입니다. 이와 관련해 『삼국사기』에 343년 시점에 보이는 평양은, '평양 동쪽 황성(移居平壤東黃城)[城在今西京東木覓山中](고국원왕 13)'의 위치 기사에서 서경 목멱산을 언급하고 있듯이, 지금의 평양을 가리키고 있습니다. 그럼에도 현재의 평양에는 313년까지 낙랑군이 건재했다고 믿었기에, 247년의 평양을 다른 지역에서 찾으려고 했습니다. 그래서 태동한 것이 강계 동황성설인데, '동황성'은 존재하지도 않았고, '평양 동쪽 황성'을 잘못 읽은 것일 뿐 아니라, 강계 지역에 평양으로 지목할 수 있는 산성도 없지 않습니까? 529년의 시점에서 "왕이 황성의 동쪽에서 사냥했다(王畋於黃城之東) (안장왕 11)"고 하여 보이는 '황성'입니다. 남창 손진태 역시 '동황성'이 아니라 '황성'으로 옳게 읽었습니다.

기존 낙랑군=대동강유역설을 누구말마따나 鐵案으로 간주하여 이곳을 피하게 하는 일종의 교통 정리를 하다 보니까 해괴망측한 설이 나왔고, 또 다른 곳으로 동천왕대의 평양을 지목하는 일도 용이하지 않자 그냥 따르는 경향을 보이고 있습니다. 그러나 평양=동황성설은 존재하지도 않은 '동황성'을 만들어서 제기된 것에 불과합니다. 입론 자체가 잘못된 것이므로, 이에 입각해 논의를 펼친다는 자체가 무모하고 낭비에 불과한 것입니다. 이 점에 대한 공감할 수 있는 성찰이 필요할 것 같습니다.

그리고 『삼국지』에서 景初 연간(237~239)에 "景初中 明帝密遣帶方太守劉昕 樂浪太守鮮于嗣 越海定二郡(『三國志』 권30, 동이전 韓 조)"라는 기사입니다. 魏 명제가 몰래 대방태수와 낙랑태수를 보내 바다를 건너 2郡을 평정했다는 것입니다. 상당히 구체적인 서술로 보입니다. 그러면 한반도에 소재한 게 분명한 '二郡'과, 魏에서 파견한 2 태수의 任地인 낙랑 · 대방군은 서로 어떤 관계인지 궁금합니다. 동일한 낙랑과 대방을 칭하고 있었지만 정치적인 소속이 相異했기에 魏에서 한반도의 낙랑과 대방을 제거했다는 것입니까? 몹시 중차대한 사안이므로 반드시 소명이 필요하다고 봅니다. 단순히 '대방과 낙랑 두 군을 접수'했다는 서술은, 현상 설명에 불과한 것입니다. 결과에 꿰맞추는 데 급급할 일이 아니라 237~239년 이전에 이곳에 어떤 일이 발생했는지? 어떤 상황이었는지에 대한 상황 복원에 몰입하는 게 마땅하다고 봅니다.

(3) 313년 낙랑 쟁탈전의 戰場 검증

313년 당시 낙랑군의 소재지 변동과 관련해 흔히 "遼東張統據樂浪 · 帶方二郡 與高句麗王乙弗利相攻 連年不解 樂浪王遵說統帥其民千餘家歸廆 廆爲之置樂浪郡 以統爲太守 遵參軍事(『資治通鑑』 권88, 建興 원년 조)" 기사를 거론합니다. 이 글의 문맥대로 한다면 요동의 장통이 낙랑과 대방 2군에 웅거하여 고구려 미천왕과 싸웠다는 것입니다. 그렇다면 장통이 평안도와 황해도에서 고구려와 싸웠다는 뜻인지요? 만약 평안도와 황해도에서 싸웠다면 요동으로 이동하면 되는 것입니다. 물론 지금의 평양에서 모용외가 소재한 요서로까지 이동할 수야 있겠지만 조금 부자연스럽지 않습니까? 왜냐하면 고구려가 56년에 살수까지, 114년에 남해까지 이르렀다고 하는데, 이 기록이 설령 과장이라고 하더라도 고구려 영역이 압록강 이남에 미친 것은 분명합니다. 이러한 상황에서 낙랑과 대방 땅에서 미천왕과 교전했던 장통이 육로든 해로를 이용하든 요서 이동은 간단하지 않다는 것입니다. 여러 가지 전제가 갖춰졌어야 가능한 일입니다. 그러니 오히려 요동에서 요서로 이동했다는 게 좀더 자연스럽지 않을까요? 이 점에 대한 해명이 필요합니다.

아울러 고구려가 121년(태조왕 69)과 122년(태조왕 70)에 현도군과 요동군을 각각 공격할 때 마한의 군대를 거느렸다는 것입니다. 즉 "왕이 마한과 예맥의 1萬餘騎를 거느리고 나아가 현도성을 포위했다"·"왕이 마한·예맥과 더불어 요동을 침략하였다"라는 기사가 되겠습니다. 만약 낙랑군이 지금의 평양에 소재했다면, 고구려가 마한의 군대를 어떻게 차출할 수 있었는지 해명이 필요합니다. 그냥 건너 뛰어 넘어갈 일은 아니라고 봅니다.

(4) 보이지 않는 낙랑군 문제

대방군의 設郡은 낙랑군 문제와 분리할 수 없습니다. 왜냐하면 낙랑군이 건재한 상황인데 굳이 그 남쪽에 대방군을 신설한다는 것은 경비와 운영면에서 결코 간단한 일은 아니라고 봅니다. 이 경우 대방군이 설치된 3세기 초 낙랑군의 호구 수, 그리고 낙랑군 호구수 증감에 대한 파악이 전제되어야 하며, 비록 자료가 없다 치더라도 대방군 설치 당시의 낙랑군 운영 실태에 대한 조사가 전제되어야 합니다.

3세기 후반에는 낙랑군과 대방군의 인구 수를 합쳐도 8,600戶에 불과했습니다. 300년만에 낙랑군의 戶口가 4분의 1로 줄어든 것입니다. 더구나 낙랑군 最終期에는 기원 이전보다 人口數가 무려 30분의 1 이하로 줄어들었습니다. 당장

3세기 후반의 낙랑군과 대방군 인구 수만 하더라도 1개 郡의 인구 數로는 턱 없이 적은 숫자였습니다. 이는 기원전 45년 당시 樂浪郡 관하 朝鮮縣의 인구 수인 9,678戶에 56,890名인 점과 비교해보더라도 알 수 있습니다. 그랬기에 3세기 후반 당시의 호구를 염두에 두고 "이 같은 형세의 낙랑과 대방이 온전한 郡縣일지는 의심스럽다(권오중, 「낙랑군 연구의 현황과 과제」, 『낙랑군 호구부 연구』, 동북아역사재단, 2010, 52쪽)"는 평가까지 내렸습니다.

게다가 『삼국지』에 따르면 지리 관련 기사에서 대방군은 엄존하지만 낙랑이 보이지 않는다는 것입니다. 동이전 고구려 조에서 "南與朝鮮"라고 하였고, 濊 조에서 사방 이웃을 설명하는 구절 가운데 "今朝鮮之東皆其地也"라고 했습니다. 모두 '조선'이 등장하고 있습니다. 반면 대방의 존재는 韓 조에서 "韓在帶方之南"라고 하여 명기되어 있지 않습니까? 왜 동일한 동이전 지리 관련 기사에서 대방과는 달리 낙랑은 보이지 않고 대신 낙랑 이전의 형태인 '조선'이나 '지금의 조선'을 말하고 있는지 납득할 만한 해명이 필요합니다.

2) 대방군

(1) 한반도 내 대방군의 존속 시점 검증

대방군의 이동 시점에 관한 건입니다. 『삼국사기』에서 미천왕대인 314년에 "秋九月 南侵帶方郡"라는 기사에 방점을 찍어 해석을 해 왔습니다. 가령 "학계는 이 사건을 대방군 멸망기록으로 인식한다. 사실 314년 이후 『삼국사기』·『삼국유사』를 비롯한 사료에는 대방군 관련 내용이 보이지 않는다(공석구, 「옮겨간 대방군과 남겨진 대방군」, 『白山學報』 117, 2020, 151쪽)"고 단언했습니다. 여기서 이 기사를 대방군 멸망 기록으로 학계 누가 제일 먼저 언급했는지 알려주면 좋았을 것 같습니다. 물론 『삼국사기』·『삼국유사』에서는 대방군 관련 내용이 보이지 않지만, 대방군 관련 물적 자료가 314년 이후에도 황해도 지역에서 지속적으로 생성되었습니다. 이 사실은 『삼국사기』와 『삼국유사』 기록이 대방군의 존폐를 나타내는 준거가 될 수 없다는 것을 반증합니다. 오히려 『삼국유사』에서는 '남대방'까지 거론해 헷갈리게 하고 있을 뿐입니다. 따라서 대방군과 관련해서는 『삼국사기』와 『삼국유사』 기록은 절대적인 지표가 되기는 어렵습니다.

앞에서 거듭 거론한 바 있지만 태조왕대인 114년에 고구려는 남해까지 확보하고 있습니다. 이 남해가 황해도 앞 바다라면 기존의 대방군 존속 기간 314년은 무의미해지는 것입니다. 그럼에도 상충되는 기사에 대한 명확한 이해를 돕거나 대안 제시를 하지 못했습니다. 이와 관련해 "惠帝元康三年九月 帶方等六縣 螟食禾葉盡"(『晉書』 권29, 오행지 하, 思心不容 羸蟲之孼)와 『宋書』 권34, 오행지 상, 羸蟲之孼을 보면, 이 사건을 292년의 사건으로 기록하였고, 대방군의 7현을 일일이 기록하여 약간의 차이를 보이고 있다(晉惠帝 元康二年九月 帶方 含資 提奚 南新 長岑 海冥 列口 蟲食禾葉蕩盡)고 합니다. 이 기록에 따르면 대방군이 최소한 292년까지 건재한 것처럼 비칩니다. 발표문에 인용된 다음 기사도 그러한 사실을 반증해 줄 수 있습니다.

> (291년) 조칙을 내려 (참소당한 동안왕 사마)요를 면직하고 또한 (그가) 도리에 어긋난 말(패언)을 일삼은 것에 연좌시켜 대방으로 귀양을 보냈다.
> (300년) 양왕 동과 동해왕 월이 말하기를 '배위의 아버지 배수는 왕실에 공이 있고 태묘에서 제향을 받고 있으니 그 후손을 멸손시키는 것은 옳지 않다'고 하자 (사마왕은 배위의 아들인 호와 해를) 죽이지 않고 대방으로 (귀양) 보냈다.

晉의 귀양지로서 대방이 보이고 있습니다. 그런데 이 기사는 『삼국사기』 기사와 상충합니다. 286년에 백제 책계왕은 대방의 구원 요청을 받았고, 또 고구려가 대방을 위협하는 상황이라, 왕도 주변의 虵城(삼성동토성)과 아단성(아차산성)을 수리하였습니다. 이처럼 고구려의 위협으로 대방이 몹시 불안정한 상황에 놓여 있었습니다. 그럼에도 286년으로부터 5년 후와 14년 후에도 대방에 유배를 보낼 수 있을까요? 유배지는 안정적인 자국 영역일 때 가능하지 않겠습니까? 이와 관련해 본 발표문에서는 "3세기 말 대방군이 유명무실하게 되면서 대방지역은 백제와 고구려가 각기 자신들의 영향력을 제고하기 위한 각축전을 벌이는 장이 되었다. 이러한 상황에서 대방 지역의 諸 지배세력은 자신들의 안위를 지키기 위해 고구려 혹은 백제와 결탁하기도 하였다(39쪽)"고 했습니다. 발표자 스스로도 '유명무실하게 되면서 대방 지역은'라고 했는데 유배지로서 기능한다는 게 적이 의아합니다.

이와 맞물려 유배지로서 낙랑이 보입니다. 魏 본국에서 집행한 죄인들의 유배지로서 233년과 254년에 樂浪이 각각 보입니다(『三國志』 권9, 夏侯玄傳). 이 기사 역시 고구려 영역의 압록강 이남으로의 진출 사실과 상충하고 있습니다. 이 件에 대한 해명이 없다는 게 아쉽습니다.

그리고 "신라로 歸服하였다는 대방이 나타나 있는 기림이사금 3년(300)의 기사는 이러한 정황이 담긴 것으로 해석된다. 즉, 종래 그들의 지배력이 안정적으로 유지되는 데 기능하던 대방군의 역할이 무너진 상황에서 그들의 생존을 위한 향방을 두고 기로에 섰던 상황이라 하겠다"는 해석이 이번 발표에서 제기되었습니다. 발표자 표현대로 '대방군의 역할이 무너진 상황에서', 어떻게 대방군이 중국 본토에서 보내는 유배지로 기능할 수 있었는지 설명 부탁드립니다. 덧붙인다면 『續日本紀』에 적힌 後漢 靈帝의 曾孫 阿智王이 대방에 거주하다가 왜로 건너 온 시점을 김성현 선생님 발표문에서는 "3세기 말엽 이후를 시기적 배경으로 하고 있다고 볼 수 있다(32쪽)"고 했습니다. 3세기 말엽~4세기 초 '郡이 아닌 별개의 세력이었다'고 하더라도, 대방 지역의 정정 불안 상황을 교차 확인할 수 있습니다. 어떻게 불안정한 대방 지역으로 유배 보낼 수 있느냐는 것입니다.

(2) 백제와 충돌했던 대상 검증

백제는 낙랑이나 대방과 교류하고 있었습니다. 그런데 "백제는 책계왕과 분서왕 두 왕이 연달아 대방 및 낙랑으로의 영향력 확대를 모색하다 사망하면서, 해당 지역으로의 진출 기도를 중단하고 내정에 보다 집중하였던 것으로 보인다(39쪽)"고 풀이 했습니다. 그러나 이러한 해석과는 달리 책계왕은 고구려의 침구를 두려워해 아단성과 사성을 수리했는데, 어떻게 낙랑 지역으로의 진출을 모색했다는 해석이 나올 수 있을까요? 해명이 필요하고 반드시 논문에서 거론하면서 공감할 수 있는 복안 제시가 필요하다고 봅니다.

이와 관련해 "漢與貊人來侵 王出禦 爲敵兵所害薨"라는 구절을, "이때 고구려가 대방 내 漢系 세력과 직접 결탁하여 백제를 공격한 것은 아닌 듯하며, 고구려의 후원 내지 일종의 지원을 받고 있던 세력을 貊으로 빗댄 것으로 짐작된다(38쪽)"고 했는데, 논평하기도 어려울 정도의 자의적이고 또 과도한 추측으로 생각됩니다. 백제와 대방은 장인과 사위의 나라이고 공동으로 고구려를 막고 있는 상황입니다. 이는 분명한 팩트입니다. 그런데 위의 기사에 보이는 漢은 대방 내의 漢人이고, 맥인은 고구려의 후원을 받고 있었기에 그러한 이름으로 불리었다는 것입니다. 이러한 논조에 의한다면 백제 책계왕은 고구려에 의해 살해된 것입니다. 『삼국사기』 백제본기에만 적혀 있는 내용이므로 백제 자체 전승으로 볼 수 있습니다. 그렇다면 백제인들은 책계왕 암살의 배후에 고구려를 지목했어야 하지 않았을까요? 알았음에도 굳이 고구려를 지목하지 못한 이유는 무엇일까요? 백제인들은 몰랐는데 발표자는 알았다는 뜻인가요? 정황에 비추어 볼 때 맥인과 함께 백제로 쳐들어 왔던 '漢'은, 애꿎게 아니 '답정너' 식으로 대방에 혐의를 둘 게 아니라, 304년에 낙랑태수가 보낸 자객에게 피살된 분서왕의 예에서 보듯이 이른바 '낙랑'일 가능성이 높지 않습니까?

막연히 漢人과 貊人의 합작으로 적어 놓을 게 아니지 않겠습니까? 발표자께서는 백제인들도 몰랐던 내면의 깊숙한 사정을 투시하듯이 들여다 본 것처럼 하였지만, 공감이 어렵다는 것입니다. 좀더 설득력 있는 논지와 근거 제시가 필요하다고 봅니다. 그리고 고구려의 후원을 받는 세력이라면 그 맥인의 소재에 대한 언급이 필요하지 않겠습니까? 가령 『삼국사기』 태조왕 53년 조에서 105년에 "(漢의 요동태수) 耿夔가 貊人을 격파했다"는 맥인은, 고구려를 가리키고 있습니다. 그럼에도 발표자께서는 백제는 고구려 부용 세력을 맥인으로 일컬었다는 것 아닙니까? 그러나 백제는 고구려를 '狛', 신라에서는 고구려를 '穢貊'으로 지칭한 바 있지만, 부용 세력까지 '맥'으로 일컬은 사례는 보이지 않습니다. 고구려의 대표적인 부용 세력은 동해안의 濊인데, '貊'으로 불리지 않았습니다. 게다가 '고구려를 염두에 둔 표현으로 貊(38쪽)'은, 중국 사서를 전재하지 않은 순수 한국 자료만의 『삼국사기』 기사에서는 등장한 바 없습니다. 이 점 직시해야 할 것 같습니다. 이와 관련해 역사문화권 정비 등에 관한 특별법으로, 최근에 강원도 중심의 '예맥역사문화권' 개정안이 국회를 통과해 신설되었습니다. 그러면 '강원도 중심'의 이 '예맥'은 '貊人'과는 관련이 없는가요? 각주 형식이라도 언급이 필요할 것 같습니다.

그리고 286년에 백제가 대방과 더불어 고구려의 위협을 느끼고 있는데, 그렇다면 이때 고구려는 낙랑을 제압했다는 것인가요? 그렇지 않다면 낙랑이 존재하는데 고구려가 어떻게 대방을 위협하고 나아가 백제까지 두려워하게 되었을까요? 낙랑의 존재가 보이지 않은 이유는 뭔가요?

게다가 "대방국은 대방군이 아닌 하나의 '國'으로서 이해될 수 있는, 그러면서도 대방군의 관할 범위에 존재한 세력을 가리키는 것으로 보는 것이 타당하다고 판단된다(39쪽)"고 하셨습니다. 이러한 주장은 양쪽을 모두 만족시키려고 한 것인데, 상호 모순된 내용 아닌가요?

그 밖에 "공손씨 정권이 낙랑군을 두고도 별도로 대방군을 신설한 데에는 크게 두 가지의 원인이 지적된다. 하나는, 濊 및 沃沮에 대한 교섭 사무는 낙랑군에게 맡기고, 대방군은 韓과 倭와의 사무에 주력하게끔 한 결과이며(35쪽)"라고 했습니다. 낙랑군과 대방군의 역할과 기능이 나눠졌다는 말인가요? 그런데 낙랑군과 대방군이 보조를 같이 해서 움직이는 기록이 보이는데, 그렇지만 낙랑과 대방의 역할과 기능상의 차이가 보이지 않는 것 같습니다. 가령 『삼국지』 동이전 濊 條의 "正始六年 樂浪太守劉茂·帶方太守弓遵 以領東濊屬句麗 興師伐之 不耐侯等擧邑降"라는 기사와 韓 條의 "時太守弓遵·樂浪太守劉茂 興兵伐之 遵戰死 二郡遂滅韓" 기사가 著例입니다. 이 기사에 대한 해명이 필요합니다. 물론 상황이 바뀌었다고 말할 수 있겠지만, 이는 '답정너'에 불과하다고 받아들일 수 있습니다. 많은 이들이 공감할 수 있는 疏明이 필요할 것 같습니다.

3) 현도군

현도군 속현에 고구려현이 있기에 집안 지역을 현도군 중심 영역으로 비정하는 경향이 없지 않아 있었습니다. 그러나 고구려현이 환인도 아니고 고구려 두 번째 수도가 있던 집안으로 비정하는 것은 고려할 사안이 있었다고 봅니다. 특히 환도산성의 환도와 현도의 음상에서 맞춰서 집안으로 비정하기도 했습니다. 이는 두계의 제자인 김철준의 다음과 같은 발언을 통해서도 가늠해 볼 수 있습니다.

> 예, 지금 「玄菟郡及臨屯郡考」는 선생님께서 고증하신 것이 옳은데, 일본사람들과는 어떻게 달리 고증할 수 있었던가 하는 점입니다. 대단히 죄송스럽습니다만 高句麗의 丸都하고 玄菟 하고 음이 비슷한 점에서 새로운 착상을 하시고 쓰신 것이 아닌가 하고 추측할 때가 있습니다(李丙燾, 「硏究生活의 회고(2)-斗溪先生 九旬紀念 座談會」, 『歷史家의 遺香』, 일조각, 1991, 292쪽).

이러한 음상사에 기초한 비정이 옥저성이 현도군 자리라는 『삼국지』 기록보다 우월한 가치를 지닌 것은 결코 아닙니다. 제1현도군 고구려현이 고구려 초기 건국지도 아니고 두 번째 건국지와 연관 짓고, 그것도 음상사에 근거한 바가 크다면, 원점에서 재고가 필요하지 않을까 싶습니다. 와다 세이(和田淸)가 주장한 것처럼 옥저성 기록과 환도성을 엮어서 제1현도군을 설정한 것은 너무 고구려현에 매인 그러니까 구속된 학설이 아닌가 싶기도 합니다. 사실 고구려현이 지금의 집안에 소재했다는 근거도 불분명하지 않습니까?

4) 고려할 사안

고조선 멸망 이후 중국인들이 통치했던 낙랑군의 성격은, 차후 집중적인 조사 연구 결과 낙랑 지역 非漢系 주민들의 정체성 유지에 대한 확인을 통해 일각이 드러나리라고 기대합니다.

진반과 함께 임둔은 위만이 정벌했다는 '其旁小邑'의 하나로 언급되었고, 그 성격에 대한 논의가 있었습니다(19쪽). 이와 관련한 기사는 『사기』 조선전의 "그런 까닭에 위만이 兵威와 財物을 얻어 그 곁의 小邑들을 침략하여 항복받았다. 진반과 임둔도 모두 와서 內屬하니 사방이 수천 리가 되었다"는 기사에 '小邑'이 보입니다. 그런데『說文解宇』'邑部'에서 "邑, 國也"라고 하였습니다. 이처럼 '邑'과 '國'의 互訓 · 互用 例는『尙書』·『左傳』等 先秦時代 文獻의 도처에서 散見되고 있습니다. 한편『爾雅』'釋地'에는 "邑外謂之郊 郊外謂之野 野外謂之林 …"라고 하여 '邑'을 邦人이 聚居하는 地方의 의미로 설명하고 있습니다. … 따라서 앞서 거론한 '小邑'도 단순히 大邑 · 小邑의 大 · 小 취락지라기 보다는, 정복국가적 성격을 갖는 위만조선에게 복속당하는 국가단계 이전의 사회로 파악하는 것도 가능할 것이다(국사편찬위원회,『中國正史 朝鮮傳 譯註1』, 신서원, 2004, 33~34쪽)"고 합니다. 이렇듯 國과 邑은 상호 통용됨을 알려주므로 논지 전개에 자신을 가져도 좋을 듯합니다.

「낙랑군 호구부」 3구역의 '浿水縣'은 패수 위치를 가늠할 수 있는 요체가 될 수 있습니다. 위만조선 멸망기의 패수가 한반도에 소재했다는 근거로 활용될 수는 없을까요?

4. 맺음말

고조선단군학회의 야심적인 기획 한사군 학술대회에서 발표문과 토론문을 一瞥할 수 있는 기회를 얻었습니다. 그러나 복잡하고 세밀한 그 많은 논의를 일일이 촌평하기에는 능력 뿐 아니라 시간상으로도 역부족이었습니다. 3월 31일 오늘도 종일 발표논문집 편집 작업에 매달렸습니다. 다만 한사군의 원 소재지 문제, 한반도에서의 존속 기간, 성격 등에 대해서는 이견이 많다고 하더라도 기본적인 규약 정도의 기준은 설정해야겠다는 의도에서 촌평을 달아 보았습니다.

사실 발표문과 토론문을 꼼꼼하게 읽을 시간이 없었습니다. 다만 편집을 하면서 대략의 개요를 짐작할 수 있었습니다. 이를 토대로 작은, 그야말로 소견을 뒤돌아 보지 않고 일필휘지로 피력해 보았습니다. 쏟아낸 말 가운데 한 두 줄이라도 자극이 되고 재고하는 소금 역을 한다면 다행으로 여기겠습니다. 발표자와 토론자 여러 선생님들께 고맙고, 또 감사드립니다.

　마지막으로 32년에 고구려 대무신왕이 멸망시킨 낙랑국과 37년에 멸망시킨 낙랑에 관한 논의가 긴요합니다. 그리고 44년에 후한 광무제가 군대를 보내 바다를 건너와 정벌한 낙랑이 존재합니다. 대무신왕대에 등장하는 모두 3개의 낙랑에 대한 정밀 분석이 필요합니다. 몹시 중요한 이 사안은 차후에 더 많은 연구인력을 통한 집중적인 탐구를 기다립니다.

　　　　　(본 글에 인용한 쪽수는 2022년 4월 1일 학술대회 발표문집에 따른 것이다.)

저자약력(집필순)

최슬기 _ 국사편찬위원회 편사연구사

김남중 _ 전남대학교 역사문화연구센터 학술연구교수

이종록 _ 고려대학교 강사

조원진 _ 한양대학교 문화재연구소 학술연구교수

이승호 _ 동국대학교 문화학술원 HK+사업단 HK교수

장병진 _ 연세대학교 강사

김성현 _ 서울대학교 역사교육과 조교수

주홍규 _ 건국대학교 아시아콘텐츠연구소 학술연구교수

이도학 _ 한국전통문화대학교 명예교수, 고조선단군학회 회장

한사군 연구

초판발행일	2022년 12월 30일
엮 은 이	고조선단군학회
지 은 이	이도학 외 8인
발 행 인	김선경
책 임 편 집	김소라
발 행 처	서경문화사
	주소 : 서울시 종로구 이화장길 70-14(204호)
	전화 : 743-8203, 8205 / 팩스 : 743-8210
	메일 : sk8203@chol.com
신 고 번 호	제1994-000041호
ISBN	978-89-6062-249-4 93910

ⓒ 고조선단군학회 · 서경문화사, 2022

정가 26,000원